Toward a Global Consensus

Patent Remedies and Complex Products

复杂技术产品与专利救济

迈向全球共识

［英］布拉德福德·比德尔 等◎主编

国家知识产权局专利局专利审查协作天津中心 译

中国科学技术出版社
·北 京·

图书在版编目（CIP）数据

复杂技术产品与专利救济：迈向全球共识 /（英）布拉德福德·比德尔等主编；国家知识产权局专利局专利审查协作天津中心译 . -- 北京：中国科学技术出版社，2022.7

书名原文：Patent Remedies and Complex Products：Toward a Global Consensus

ISBN 978-7-5046-9243-6

Ⅰ. ①复… Ⅱ. ①布… ②国… Ⅲ. ①专利权—研究—世界 Ⅳ. ① D913.04

中国版本图书馆 CIP 数据核字（2021）第 208631 号

著作权合同登记号：01-2021-0440

This is a simplified Chinese edition of the following title published by Cambridge University Press: Patent Remedies and Complex Products: Toward a Global Consensus and ISBN 978-1-108-42675-6.

© Cambridge University Press 2019

This work is in copyright. It is subject to statutory exceptions and to the provisions of relevant licensing agreements; with the exception of the Creative Commons version the link for which is provided below, no reproduction of any part of this work may take place without the written permission of Cambridge University Press.

This simplified Chinese edition for the People's Republic of China (excluding Hong Kong, Macau and Taiwan) is published by arrangement with the Press Syndicate of the University of Cambridge, Cambridge, United Kingdom.

© China Science and Technology Press 2022

This simplified Chinese edition is authorized for sale in the People's Republic of China (excluding Hong Kong, Macau and Taiwan) only. Unauthorized export of this simplified Chinese edition is a violation of the Copyright Act. No part of this publication may be reproduced or distributed by any means, or stored in a database or retrieval system, without the prior written permission of Cambridge University Press and China Science and Technology Press.

Copies of this book sold without a Cambridge University Press sticker on the cover are unauthorized and illegal.

本书封面贴有 Cambridge University Press 防伪标签，无标签者不得销售。

本书简体中文版由英国剑桥大学出版社授权中国科学技术出版社有限公司独家出版，未经出版者许可不得以任何方式抄袭、复制或节录任何部分。

未经许可，不得翻印。

策划编辑	单 亭	责任校对	焦 宁	封面设计	中文天地
责任编辑	彭慧元 陈 璐	责任印制	李晓霖	正文设计	中文天地

出 版	中国科学技术出版社	开 本	710mm×1000mm 1/16
发 行	中国科学技术出版社有限公司发行部	字 数	335 千字
地 址	北京市海淀区中关村南大街 16 号	印 张	23.5
邮 编	100081	版 次	2022 年 7 月第 1 版
发行电话	010-62173865	印 次	2022 年 7 月第 1 次印刷
传 真	010-62173081	印 刷	北京顶佳世纪印刷有限公司
网 址	http://www.cspbooks.com.cn	书 号	ISBN 978-7-5046-9243-6 / D·123

定 价 118.00 元

（凡购买本社图书，如有缺页、倒页、脱页者，本社发行部负责调换）

本书翻译编委会

主　编　岳宗全

副主编　刘　稚　周胜生　栾爱玲

编　委　王智勇　张　希　李　皓　张　玉　饶　刚
　　　　司军锋　刘　琳　王力维　温国永　韩　旭
　　　　王俊峰　李少卿

本书翻译组

组　长　刘　稚　栾爱玲

副组长　司军锋

成　员　邹伟彪　赵　睿　杨　钊　曲　丹　包毅宁
　　　　赵　伟　李海龙　任盈之　徐　灿

作者简介

科琳·V. 陈（Colleen V. Chien）
圣塔克拉拉大学法学院法学教授

陈教授是圣塔克拉拉大学法学院副教授，她在该校教书、写作及指导学生。2013—2015 年，她在奥巴马政府时期担任白宫知识产权与创新高级顾问，全面负责专利、版权、技术转让、开放式创新、教育创新以及其他事务。她以其在国内外专利法和政策方面的研究及出版物而闻名全国。她曾多次在美国国会、司法部、联邦贸易委员会和美国专利商标局就专利事务发表证词，经常在国家法律会议上进行演讲，并发表了一系列深入的实证研究成果，包括专利诉讼、专利主张实体（PAEs，其自创的术语）以及专利二级（衍生）市场。她在 2007 年加入圣塔克拉拉大学法学院之前，先后在旧金山的 Fenwick & West 律师事务所担任专利诉讼律师、特别法律顾问，随后在斯坦福大学法律与生物科学中心任研究员。2017 年，她被授予美国法律学会青年成就勋章（Early Career Medal）。她还获得了公共服务先锋奖，并被任命为埃里克·山本新兴学者，技术法律负责人，硅谷"有影响力的女性"之一以及世界 50 位最具影响力的知识产权人士之一。她毕业于斯坦福大学（工程学）和加州大学伯克利分校法学院，与丈夫及两个儿子马克斯（Max）和本杰（Benjie）一起住在奥克兰。

豪尔赫·L. 孔特勒拉（Jorge L. Contreras）
犹他大学昆尼法学院法学教授

孔特勒拉教授是犹他大学昆尼法学院法学教授和国际治理创新中心（CIGI）资深研究员。他就知识产权的体制结构和政策含义、技术标准化和科学研究方面进行了大量的写作和演讲。他是美国律师协会科技法跨学科部门的联席主席，还是美国国家标准协会（ANSI）知识产权政策委员会和美国国立卫生研究院（NIH）理事会成员。他曾担任美国国家科学院（NAS）标准流程制定 IP 管理委员会成员，撰写了《2013 年全球经济标准制定的知识产权挑战报告》。他还编辑了 ABA《技术标准专利政策手册》（2007 年）和《剑桥技术标准化法手册》（2017 年第 1 卷；2019 年第 2 卷），发表了 100 余篇学术文章、报告、白皮书及书籍章节，收录于《科学》《自然》《乔治敦法律杂志》《伊利诺伊大学法律评论》《北卡罗来纳州法律评论》《反垄断法杂志》《哈佛法律与技术杂志》《伯克利技术法律杂志》等出版物中。他是社会科学研究网络电子期刊法律、政治及经济学技术标准电子期刊的创始人，并且是 2011 年、2015 年标准工程学会（SES）学术论文竞赛的获奖者。在进入学术界之前，他是威凯平和而德国际律师事务所合伙人，从事国际公司法和知识产权交易法相关工作。

托马斯·F. 科特（Thomas F. Cotter）
明尼苏达大学法学院布里格斯和摩根（Briggs and Morgan）法学教授

科特教授是明尼苏达大学法学院布里格斯和摩根法学教授。他取得了威斯康星大学的经济学学士学位和硕士学位，并于 1987 年以优异成绩从威斯康星大学法学院毕业，在那里他担任《威斯康星州法律评论》的高级编辑。1987—1989 年，他担任美国第二巡回上诉法院劳伦斯·W. 皮尔斯（Lawrence W. Pierce）法官的书记员。1988—1990 年，他从业于 Cravath, Swaine & Moore 律师事务所；1990—1994 年，从业于 Jenner & Block 律师事务所。1994—2005 年，在佛罗里达大学法学院任教；2005—2006 年，在华盛顿和李大学法学院任教。2006 年起他任教于明尼苏达州大学。他主要从事知识产权法、反垄断法以及法律与经济学的研究和教学工作。他有 4 部著作:《法律与经济学: 积极、规范和行为的观点》（与杰弗里·L. 哈里森合著）（2013 年第 3 版）,《专利救济比较: 法律与经济分析》（2013 年）,《商标、不正当竞争和商业侵权》

（与巴顿·毕比、马克·A.莱姆利、彼得·S.梅内尔以及罗伯特·P.梅尔盖什合著）（2011年），《知识产权：权利与救济的经济和法律维度》（与罗杰·D.布莱尔合著）（剑桥大学出版社，2005年）。此外，他还有50多项其他学术作品，收录于《加利福尼亚法律评论》《乔治敦法律杂志》《艾奥瓦州法律评论》《明尼苏达州法律评论》中。

达米安·格拉丁（Damien Geradin）
蒂尔堡大学蒂尔堡法学院竞争法与经济学教授

格拉丁教授是蒂尔堡大学（荷兰）和乔治梅森大学法学院（华盛顿特区）竞争法与经济学教授，伦敦大学学院客座教授。他曾担任哥伦比亚大学法学院、哈佛大学法学院、密歇根大学法学院、加州大学洛杉矶分校法学院和布鲁日欧洲学院客座教授，担任巴黎第二大学（Assas）、伦敦国王学院、耶鲁法学院客座讲师，还是富布赖特学者。他是总部位于布鲁塞尔的高级律师事务所EDGE | 法律思维的创始合伙人，致力于研究欧盟竞争法和知识产权法。在过去20多年中，他在竞争法、知识产权法以及网络行业监管领域独著或者编辑有20余本书及100余篇文章，包括《欧盟竞争法与经济法》（与尼古拉斯和安妮·莱恩·法勒合著）（2012年）和《全球反垄断法与经济学》（与艾纳·豪格合著）（2012年第二版）。他担任《竞争法与经济学》杂志主编、国际竞争网络（ICN）的非政府顾问，是ABA反垄断部门的国际工作组成员。他的作品被欧盟法院、美国最高法院、各美国上诉法院以及监管程序引用。

约翰·M.戈登（John M. Golden）
得克萨斯大学奥斯汀学院卢默家族法学教授

戈登教授是得克萨斯大学奥斯汀分校的卢默家族法律教授，主要从事行政法、合同、专利法和涉及创新与知识产权研讨的教学工作。2011年以来，他一直担任安德鲁·本·怀特中心的法律、科学和社会政策系主任。他取得了哈佛法学院法学博士学位、哈佛大学物理学博士学位以及哈佛大学物理学和历史学学士学位。法学院毕业后，他担任美国第一巡回上诉法院迈克尔·鲍汀法官以及美国最高法院斯蒂芬·布雷耶助理法官的书记员。他还曾在威凯平和而德律师事务所担任知识产权部门助理。

金海军（Jin Haijun）
中国人民大学法学院法学教授

金教授是中国人民大学法学院法学教授。在过去的 10 年中，他曾在国外学习和工作，其中担任美茵河畔的法兰克福大学和华盛顿大学的客座教授，是哈佛大学法学院和慕尼黑马普知识产权和竞争法研究所的访问学者。他的研究涵盖知识产权和私法等领域中有关专利与商业秘密、知识产权许可及技术转让等方面。他著有独著和合著，发表过多篇文章，包括英文文章："现实与潜力：从比较角度看中国专利强制许可"，《欧洲知识产权评论》（2009 年）；"中国政府支持的专利基金：以其作为促进中小企业创新的政策工具"，《亚太技术监测》（2013 年）以及"从状态到合同：中国职务发明制度"，韩国忠北国立大学科学、技术与法律（2016 年）。他是中国知识产权法学会（CIPL）执行理事会成员，还是中国知识产权学会（CIPS）成员。

艾莉森·琼斯（Alison Jones）
伦敦国王学院潘森法学院法学教授

琼斯教授是伦敦国王学院法学教授，也是富而德律师事务所律师。1992 年进入国王学院之前，她曾在剑桥大学格顿学院学习法律，在司达利律师事务所工作，取得了牛津大学基督学院的文学学士学位。自加入国王学院以来，她从事竞争法（欧盟、英国和美国）、信托法、财产法和欧盟法的教学工作，目前主要研究领域是欧盟竞争和美国反垄断法。她与苏弗林合著《欧盟竞争法》，是《赔偿法评论》的区域编辑，撰写了《欧盟竞争法》中有关欧洲法的两部分核心内容。她也是欧洲法律研究项目中本科法律课程负责人。

郑尚柱（Sang Jo Jong）
首尔国立大学法学院法学教授

郑教授是首尔国立大学法学教授，曾担任首尔大学法学院院长。他毕业于首尔国立大学，取得伦敦经济学院博士学位，其博士学位论文为"计算机程序的法律保护"。他的研究和教学主要集中在版权、商标、专利、不正当竞争、反垄断和互联网法等方面。他在法律期刊上发表了100多篇学术文章（大部分为韩文），向政府机构提交了多份政策提案。他于2015年在哈佛大学法学院、2014年在华盛顿大学法学院教授韩国法律课程，并于2007年在乔治敦大学法学中心和2003年在杜克大学法学院教授关于知识产权法比较的课程。他是知识产权总统理事会的公职人员，韩国游戏法律与政策学会主席，首尔大学法律与技术中心主任以及世界知识产权组织仲裁与调解中心的小组成员。

奥斯卡·里瓦克（Oskar Liivak）
康奈尔大学康奈尔法学院法学教授

里瓦克教授是康奈尔大学法学院的法学教授，1994年以最高荣誉毕业于罗格斯大学，2000年取得了康奈尔大学物理学博士学位，专业方向是蛋白质结构技术，2005年取得耶鲁大学法学博士学位。2000—2001年，他作为博士后在位于加利福尼亚州圣何塞的阿尔玛登研究中心量子信息组从事量子计算的物理实现工作。在法学院学习之前，他曾在斐锐律师事务所波士顿办事处从事专利代理工作。最近，他担任美国联邦巡回上诉法院莎伦·普罗斯特法官的书记员。他在《康奈尔法律评论》《哈佛法律与技术杂志》《加州大学戴维斯分校法律评论》等出版物中发表了有关专利和知识产权法的文章。

莱恩·J. 乐福（Brian J. Love）
圣塔克拉拉大学法学院法学副教授

乐福教授是圣塔克拉拉大学法学院的副教授，还是高科技法律研究所的联合负责人，教授专利法、知识产权法和救济法相关课程。他的研究方向主要在于专利法和政策，重点是专利诉讼的实证研究。他的学术著作已被斯坦福大学、芝加哥大学、宾夕法尼亚大学、加利福尼亚大学伯克利分校、弗吉尼亚大学和圣路易斯华盛顿大学的《法律评论》收录。他的文章被美国联邦巡回上诉法院、美国联邦贸易委员会、美国司法部、美国经济顾问委员会以及美国国会研究处引用。他也是媒体的常客，在《华盛顿日报》《今日美国》《洛杉矶时报》《美国国会山报》《连线》《科技博客》中都有专栏文章。加入圣塔克拉拉大学之前，他曾在斯坦福大学法学院担任讲师和助教，负责科学和技术法法学硕士课程。他曾就职于斐税律师事务所的诉讼部门，并担任美国第九巡回上诉法院多萝茜·W. 尼尔森法官和美国得克萨斯州北部地区地方法院大卫·C. 戈德比法官的书记员。

雷纳托·纳齐尼（Renato Nazzini）
伦敦国王学院法学院法学教授

　　纳齐尼教授于2012年担任伦敦国王学院法学教授。在此之前，他曾担任南安普顿大学竞争法和仲裁法教授，随后任职于英国竞争管理机构公平交易办公室（现为竞争与市场管理局），担任法律和政策部副主任，并主要对执法和政策领域提供指导或建议。其间，他完成了对TFEU第102条中滥用支配地位政策的审查，通过了关于欧盟运行条例第102条的委员会指导文件，制定了针对竞争侵权的损害赔偿诉讼政策，导致英国和欧盟的重大改革。他目前担任国际竞争网络（ICN）的非政府顾问，完成单边行为工作组及合并工作组相关工作。他主要从事竞争法、商业仲裁和替代性争议解决方案领域研究工作，在竞争法方面主要集中于执法、救济以及程序。他著有《竞争执行与程序》（2016年），《欧盟竞争法基础》：第102条目标和原则（2011），《竞争法中的并行程序》：程序、证据和救济（2004）。他担任《全球竞争诉讼评论》总编辑和《欧洲商法评论》编委会成员。

约格什·派（Yogesh Pai）
德里国立法律大学（NLU）法学助理教授

派教授主要从事知识产权法研究工作，重点开展知识产权与竞争、贸易和经济政策的复合研究。他担任德里国立法律大学创新、知识产权与竞争中心（CIIPC）副主任，是华盛顿特区乔治梅森大学托马斯·爱迪生研究员（2017—2018年）。在加入NLU之前，他曾在NLU（焦特布尔）担任人力资源开发部IPR协调员。他担任全球国际贸易顶级期刊之一《贸易、法律与发展》的主管，还拥有在日内瓦南部中心任职的国际工作经历。此前，他曾在新德里贸易和发展中心工作，并在新德里的印度法律学院任教。他为世界贸易组织的区域贸易政策课程提供咨询，担任世界知识产权组织学院远程学习计划导师。他曾多次就知识产权发表演讲，包括在知识产权学者会议（纽约，2017年）、新加坡管理大学IPSA室内植物景观师协会（2016年、2017年）、新加坡国立大学（NUS）亚洲法律研究中心（2015年）等，并发表许多著名学术论文和报告。他还在《牛津反垄断执法杂志》《世界知识产权杂志》《印度法律学院杂志》《知识产权杂志》《印度国际法学会杂志》《NUS法律评论》《金达尔全球法律评论》等国内外期刊上发表多篇文章。

尼古拉斯·皮蒂（Nicholas Petit）
列日大学法学院法学教授

皮蒂教授是比利时列日大学法学教授，阿德莱德南澳大利亚大学（UniSA）法学院研究教授，他研究侧重于在技术变革背景下的反垄断法、知识产权以及技术变革下的相关法律。近期著作涉及在社会中引入人工智能和机器人技术所带来的法律挑战，他目前正在编著涉及技术平台竞争的书籍。他取得了比利时列日大学博士学位、欧洲大学（布鲁日）法学硕士学位、巴黎第二大学硕士学位以及巴黎第五大学法学学士学位。他曾在位于布鲁塞尔的一家顶尖美国律师事务所从事法律工作，并担任法国最高法院商会书记员。2005年，他参加了哈佛大学法学院的访问学者计划。他参与编著《欧盟竞争法与经济学》（2012年），独立完成《欧洲竞争法》（2013年）并获得法国宪法法院颁发的年度最佳法律书籍奖。2017年，他荣获全球竞争评论奖以表彰其卓越的学术研究成果。

彼得·乔治·皮克特（Peter George Picht）
苏黎世大学教授

皮克特教授曾在慕尼黑大学和耶鲁大学法学院学习法律，以优异成绩取得慕尼黑大学／马普创新与竞争研究所博士学位，并取得耶鲁大学法学院硕士学位。他曾任职于欧盟委员会竞争总局，担任马普创新与竞争研究所高级研究员，并就职于安理国际和年利达律师事务所。他目前为苏黎世大学商法学教授，并担任该大学知识产权与竞争法中心（CIPCO）负责人。他现在仍是马普研究所的研究员。他的教学、研究以及咨询工作主要集中于知识产权法、竞争法、国际私法和程序法领域，特别是商业仲裁（主要是知识产权和竞争）、信托以及财产领域。他为政府、公司、基金会、信托、其他法人实体以及私人和家族提供涉及上述领域的咨询服务。他还取得了德国和瑞士的律师资格。

克里斯托弗·B. 西曼（Christopher B. Seaman）
华盛顿与李大学法学院法学副教授

西曼教授2012年进入华盛顿与李大学的法律系任教。他的研究和教学内容侧重于知识产权、财产权以及民事诉讼程序领域，尤其是知识产权诉讼和知识产权侵权救济领域，其在知识产权方面的学术研究成果相继发表于《弗吉尼亚法律评论》《艾奥瓦州法律评论》《华盛顿法律评论》《BYU法律评论》《哈佛法律与技术杂志》《耶鲁法律与技术杂志》《伯克利技术法律评论》等各类法律评论和期刊。他在故意专利侵权和加重赔偿方面的实证研究作为专利救济领域的最新杰出研究成果获得三星－斯坦福专利奖，其关于联邦巡回专利禁令的合著文章在联邦主义者协会年轻法律学者论文竞赛中获奖。他2000

年取得斯沃斯莫尔学院文学学士学位，2004 年取得宾夕法尼亚大学法学院法学博士学位，担任《宾夕法尼亚大学法律评论》执行编辑，获得埃德温·R. 基迪（Edwin R. Keedy）奖。在担任宾夕法尼亚州东区地方法院 R. 巴克雷·苏瑞克法官的书记员后，2005—2009 年，他在芝加哥盛德律师事务从事知识产权法工作。在就职于华盛顿与李大学之前，他曾担任伊利诺伊理工大学芝加哥肯特法学院客座助理教授和洛约拉大学芝加哥法学院兼职教授。

诺曼·V. 席伯拉斯（Norman V. Siebrasse）
新布伦瑞克大学（UNB）法学院教授

席伯拉斯教授在取得芝加哥大学法学硕士学位后，1993 年进入 UNB 法学院任教，1991—1992 年担任加拿大最高法院麦克拉林法官的书记员，其研究方向及著作主要集中于专利法领域，尤其是药品专利法、专利救济以及知识产权法和商法的交叉领域，其博客"充分描述"对近期加拿大专利法相关案件进行评论，在加拿大专利律师协会中被广泛阅读，包括其博客在内的相关著作经常被加拿大法院所引用。他是加拿大知识产权学会（国家知识产权律师协会）的活跃成员，也是生命科学和专利立法委员会的成员。

拉法尔·西科尔斯基（Rafal Sikorski）
波兹南密茨凯维奇大学助理教授

西科尔斯基教授是波兹南密茨凯维奇大学助理教授，他还是波兰 SMM 法律律师事务所高级合伙人，负责管理知识产权部，为客户提供有关知识产权纠纷和交易、工业产权法、打击不正当竞争以及复杂竞争法的咨询服务。他 1999 年毕业于波兹南密茨凯维奇大学法律与行政学院，2000 年取得布达佩斯中欧大学国际贸易法学硕士学位，2005 年取得波兹南密茨凯维奇大学法律与行政学院法学博士学位，其学术成果涉及版权法、工业产权法、不正当竞争法、竞争法以及国际私法等领域，他目前正参与撰写《知识产权法纲要》（*Zarys Prawa Własnos'ci Intelektualnej*）系列丛书。科研工作方面，他主要研究竟争法和知识产权法之间的关系，尤其侧重于标准化和专利池。此外，他还负责知识产权合同及其侵权行为的管辖法律确定工作。

铃木将文（Masabumi Suzuki）
名古屋大学法学研究生院院长兼知识产权法教授

铃木教授是日本名古屋大学法学研究生院院长兼知识产权法教授。他现任日本经济产业省产业结构理事会知识产权委员会成员，日本政府文化事务局文化事务委员会版权司副主管。他曾担任日本工业产权法协会、日本版权法协会和日本国际经济法协会理事。他用日文和英文撰写并发表了"专利侵权的禁令救济：日本的新趋势？""FRAND的执行——妨碍标准必要专利""国际投资协定、知识产权和公共卫生""公共卫生政策和国际知识产权/贸易法的国内措施：以澳大利亚无装饰包装法为例""日本专利执法（与田村善之Yoshiyuki Tamura合著）"等诸多有关知识产权法的文章。他还著有《社会治理预防工具》（2017年）、《通过法律程序实现实体法》（2017年）、《商标法评论》（2015年）等书籍著作。在进入学术界之前，他曾是经济产业省官员，担任知识产权政策办公室主任及其他职位。

大卫·O. 泰勒（David O. Taylor）
南方卫理公会大学（SMU）戴德曼法学院法学、科学与创新蔡氏中心法学副教授兼联合主任

泰勒教授是SMU戴德曼法学院法学、科学与创新蔡氏中心的副教授兼联合创始人。他在美国联邦巡回上诉法院咨询委员会、美国和国际法律中心法律与技术研究所执行委员会、美国知识产权法协会的法庭之友委员会和专利主题工作组以及国际律师咨询委员会就职。在专利法与政策、专利诉讼、民事诉讼等领域的著作和演讲颇多，包括在《伯克利技术法杂志》《纽约大学法律评论》《康涅狄格州法律评论》《乔治亚州法律评论》《加州大学戴维斯大学法律评论》等期刊上发表诸多文章，在波士顿、伯克利、卡多佐、斯坦福和得克萨斯等美国各地法学院以及中国、越南等国际范围内进行演讲。他还是知识产权纠纷专家及顾问，并获得乔治·梅森大学安东宁·斯卡利亚法学院知识产权保护中心颁发的托马斯·爱迪生创新奖学金。在进入学术界之前，他曾担任美国联邦巡回上诉法院莎伦·普罗斯特法官的书记员，并在国际律师事务所贝克博茨从事专利诉讼、许可和起诉工作。他拥有得克萨斯州农工大学机械工程专业理学学士学位以及哈佛大学法学院法学博士学位。

雅克·德·韦拉（Jacques de Werra）
日内瓦大学合同与知识产权法教授

德·韦拉教授2006年以来一直担任日内瓦大学合同与知识产权法教授，自2015年以来任该大学副校长。1996年，他在慕尼黑马普知识产权、竞争法与税法研究所担任访问学者期间取得了版权法博士学位；1999年和2002年，他取得了瑞士律师资格和纽约律师资格；2001年取得哥伦比亚法学院法学硕士学位。他曾在哈佛大学伯克曼互联网与社会中心任教，并在斯坦福大学法学院、名古屋大学和香港城市大学担任客座教授。他的研究领域涵盖知识产权法、合同法以及互联网/信息技术与技术法等方面，尤其擅长知识产权商法、替代性争议解决方案机制下的知识产权与技术纠纷等方面。他在《哈佛法律与技术杂志》《哥伦比亚VLA法律与艺术杂志》等主要法律评论中发表大量文章，独著及合著有《知识产权许可研究手册》（2013年）、《商标交易的法律与实践》（与艾琳·卡波莉教授合著）（2016年）等多部著作。他负责组织了世界知识产权组织与日内瓦大学联合举办的知识产权暑期班及互联网法暑期班。他将其在日内瓦大学组织的年度知识产权会议记录汇编成系列丛书，并担任该知识产权丛书的执行编辑。

前　　言

　　2020年11月30日，习近平总书记在主持中央政治局第二十五次集体学习时强调，要强化知识产权全链条保护。要综合运用法律、行政、经济、技术、社会治理等多种手段，从审查授权、行政执法、司法保护、仲裁调解、行业自律、公民诚信等环节完善保护体系，加强协同保护，构建大保护工作格局。习近平总书记指出，要深化知识产权审判领域改革创新，健全知识产权诉讼制度，完善技术类知识产权审判，抓紧落实知识产权惩罚性赔偿制度。

　　司法救济作为知识产权行政保护和司法保护"双轨制"的重要组成部分，在知识产权的保护方面发挥了重要作用。随着知识经济和经济全球化的深入发展，知识产权日益成为国家发展的战略性资源和国际竞争力的核心要务，在对外贸易和经济交往中，世界各国对他国保护其知识产权的诉求也越来越强烈。《复杂技术产品与专利救济：迈向全球共识》聚焦技术密集型产品等新兴领域，通过不同国家和地区的法律视角，重新思考全球范围内的专利保护与救济制度，并试图在上述领域背景下寻求影响专利救济的国际共识。该书对于进一步提高我国知识产权保护工作法治化水平、深化知识产权保护工作体制机制改革，具有极高的学术研究价值。

　　希望本书能够帮助我国知识产权从业人员全面了解全球不同国家和地区关于专利保护问题的审判思路和解决方法，为我国立法部门完善相关法律提供思路，为法官与律师处理相关案件提供借鉴，为创新主体签订和履行专利许可合同、解决专利纠纷提供参考，为教学、研究人员进一步开展相关领域的比较研究提供资料。

　　《复杂技术产品与专利救济：迈向全球共识》中文版是国家知识产权局专利局专利审查协作天津中心自成立以来完成的首部国外知识产权译著。

本书翻译组成员分工：司军锋：作者简介，序，第 5 章的 5.1、5.3，第 7 章的 7.6，附录；赵睿：第 1 章的 1.3，第 3 章，第 7 章的 7.1；杨钊：第 1 章的 1.1，第 7 章的 7.7；徐灿：致谢，第 1 章的 1.2、1.4，第 4 章的 4.3；邹伟彪：第 2 章，第 4 章的 4.1、4.2；赵伟：第 4 章的 4.4，第 6 章的 6.3，第 7 章的 7.2；曲丹：第 7 章的 7.4、7.5；包毅宁：第 6 章的 6.1、6.2、6.4、6.5；任盈之：导言，第 7 章的 7.3、7.8；李海龙：第 5 章的 5.2。刘稚、司军锋、曲丹和包毅宁负责全书的统稿，杨钊负责翻译过程中的协调、统筹等工作。

本书由刘稚进行审稿和最终审定，本书翻译组力求既忠于原文，在符合中文习惯的同时尽可能使用专业术语，但难免有疏漏或不当之处，恳请广大读者批评指正。

本书翻译组
2022 年 4 月

序

专利制度旨在通过有限期间内保护因创新而产生的知识产权以激励创新。尽管并非总是被完美实现,但历史上的大多数专利制度都达到了这一目标。然而,随着创新性质发生变化,专利制度也随之努力适应这些变化。适用于简单专利技术的法律原则,曾在过多与过少专利保护之间达成良好平衡,但已不再适合当代世界不断涌现的复杂技术。我们不再生活在简单的发明世界中,专利技术提供了最终产品的大部分(如果并非全部)价值,即易于计算侵权行为的合理许可费赔偿或阻止持续侵权行为。

我们当前正处于一个充满复杂技术的世界——运行复杂软件的计算机、智能手机及类似多功能设备、交互式电视、自动驾驶汽车、虚拟现实、"物联网"。这些复杂技术给专利制度带来了不同种类的复杂性。单个最终产品(甚至最终产品的单个组件)可能包含多项专利技术,相对于传统机器或产品有时会呈指数级递增。专利救济法律是为简单发明而制定的,它已不能完美应对当前现实。

在新时代应如何使用禁令、合理许可费赔偿、利润损失、加重赔偿等是极具挑战的。尤其是要正确评估专利技术各个部分的价值贡献时,更是如此。评估复杂技术中由专利发明而产生的附加值是必要的,但这并非易事。源自专利法的救济以及源自竞争和合同法的合同(特别是专利持有人为了将其专利指定为标准必要专利所签订合同)之间的相互作用,加剧了这些挑战。

使这些挑战更为复杂的是,专利法及其附带的救济原则是国家性的,而技术销售以及鼓励创新的渴望却是全球性的。因此,各个制度体系在国家层面上针对复杂技术而施行的专利救济似乎是不充分且缺乏远见的。但是,将某一国家的处理方式强加于具有不同法律和经济传统的司法管辖区也是不可行的。理念的相互融合为寻找最佳实践提供了机会，这些实践既可能被采纳，也可能根据需要加以调整。在这些实践中达成共识绝非易事，这项工作需要一个由专利法和经济专家组成的国际联盟来完成，他们致力于协调不同的专利制度，同时尊重每个国家的价值体系和政策目标。

复杂技术产品国际专利救济（INPRECOMP）项目由20位优秀学者所组成，他们来自11个国家的杰出学术机构，旨在重新思考全球范围内的专利强制执行制度。本书试图努力在处理世界各地错综复杂的知识产权保护，并寻求在复杂技术产品领域中影响专利救济的问题上达成国际共识。

复杂技术产品国际专利救济项目参与者以严谨务实的学术态度完成了这项具有挑战性的任务。我有幸见证了该项目的整个过程。2017年3月，INPRECOMP项目组向由法官和专利法从业者组成的小组提出了其关于可能实现国际统一的想法和建议。我有幸成为项目组检验其内容并寻求反馈的对象之一。INPRECOMP参与者的工作目前得到了非常好的反馈。本书讲述了项目组对于一个重要且非常具有挑战性目标的大量思考和付出。随着与复杂技术有关的专利纠纷在国际范围内日趋广泛，深刻领会项目组的思想将会使法官、立法者和从业者受益匪浅。

凯思琳·M. 奥马利法官
（Hon. Kathleen M. O'Malley）
美国联邦巡回上诉法院

致　谢

　　复杂技术产品国际专利救济（International Patent Remedies for Complex Products）项目有一个雄心勃勃的目标，与世界各地的知识产权学者就复杂技术产品专利救济问题进行互动，以便确定已形成共识的领域以及需要进一步研究和讨论的主题。英特尔公司向亚利桑那州立大学桑德拉·戴·奥康纳法学院法律、科学与创新中心（CLSI）提供资金支持（具体细节由CLSI决定），以推进和扩大有关复杂技术专利救济的学术研究和对话。英特尔公司鼓励我们尽可能多地邀请来自不同领域和国家的学者。除了研究的大方向，英特尔公司未参与设计、参与者选择、主题确定或者该项目的工作成果。感谢英特尔公司对自主研究的支持，并感谢英特尔公司使该项目成为可能。

　　许多人在该项目中发挥了核心和不可或缺的作用，每个人都应因其对该项目的投入、用心和专业性而受到赞扬。首先，亚利桑那州立大学法律、科学与创新中心主任布拉德·比德尔，是启动和管理该项目的关键。布拉德首先提出了该项目的主题，并与英特尔公司进行了初步接触。他是我们的项目协调员，负责召集指导委员会的会议和电话会议，主持指导委员会的工作，温和且坚定地推动进度以确保按时完成任务，调和工作过程中的分歧或问题。布拉德对本项目的热情极具感染力，而且领导有力。

　　首先，布拉德要做的最重要的事情之一就是招募两名主题专家来担任该项目的思想领袖。他们是犹他大学昆尼法学院的法学教授豪尔赫·孔特勒拉和新布伦瑞克大学法学院的诺曼·席伯拉斯。乔治和诺曼不仅是专利和专利救济方面学识渊博的专家，而且追求平衡性、客观性以及学术上的精益求精。乔治和诺曼的深厚专业知识、在该领域的广泛研究、对主题的研究热情以及对项目的诚恳承诺都对项目的成功至关重要。

乔治和诺曼除了在项目研究的两年多时间内担任 INPRECOMP 指导委员会的成员外，还主要负责选择该项目的其他研究人员。他们组建了一个由 20 名优秀知识产权学者组成的出色团队，这些成员来自北美、欧洲和亚洲 11 个国家。这些学者参加了两次为期两天的会议，分别在伦敦和凤凰城。伦敦会议之后，该团队分成了六个成员相互叠加的工作组，每个工作组专门讨论一个独立章节。这些工作组通过电话会议和电子邮件进行多次交流以达成共识并完成本书内容，上述成果随后在整个团队内传阅以征求意见。他们的辛勤付出、专业知识和洞察力使该项目的知识极为丰富和具有深度。对此，我们深表感谢。

有些项目组成员承担了更多的工作。我们特别感谢以下工作组组长：汤姆·科特（第 1 章）、克里斯·西曼（第 2 章）、科琳·陈（第 3 章）、诺曼·席伯拉斯（第 4 章）、豪尔赫·孔特勒拉（第 5 章）以及艾莉森·琼斯和雷纳托·纳齐尼（第 6 章）。我们还要感谢艾莉森·琼斯和雷纳托·纳齐尼主持并协助组织了伦敦会议。

随着工作组开始起草并最终完成本书的章节，我们很快意识到需要一位首席编辑，首席编辑应对主题有深入了解，能够与作者团队合作，在可能的情况下协调意见达成共识，能够鉴别和协调分歧。我们找到了承担这一重要角色的完美人选莱恩·乐福，他是圣塔克拉拉大学法学院法律副教授兼高科技法律研究所联合主任，也是该项目的成员之一。莱恩与每一章的作者团队合作、讨论直至完成，并在征得每章作者同意的基础上编辑每章内容和撰写推荐语。莱恩富有热情并表现卓越，在这个过程投入大量的时间和精力。

促使本书付诸实践的另一个关键人物是亚利桑那州立大学法律、科技与创新中心知识产权主任杰·詹金斯。杰担任文字编辑，与莱恩紧密合作，逐行阅读每一章并进行编辑，使之清晰、连贯并具有影响力。杰还完成了所有参考资料的编写，这是一项艰巨的任务，因为完成这项工作所用的主要材料来自不同的国家和使用了不同的语言。如果没有杰孜孜不倦的付出，这本书将无法问世，我们非常感谢他的奉献精神和努力付出。

该项目的另一个重要组成部分，是有机会通过由知名法官组成的司法小组和由优秀从业者组成的专业人员小组对我们最初的想法进行"压力测试"。我们提供了各章的初稿，然后邀请这些法律专家在凤凰城会议上对我们的初步工作提出批评、质疑和挑战。我们的司法小组由美国第九巡回上诉法院玛莎·伯尔仲法官、德国联邦最高法院克劳斯·格拉宾斯基法官、美国联邦巡回上诉法院凯思琳·奥马利法官、美国华盛顿西部地区地方法院詹姆斯·罗伯特法官组成。专业人员小组由英特尔公司的蒂娜·查佩尔、专利许可平台的卢克·麦克莱罗伊、威凯平和而德的马克·塞尔温、格拉夫思，斯温 & 莫尔的李察·史塔克组成。这些专家给出了非常有见地和实效的反馈，并且极大地帮助了项目团队了解复杂技术产品专利损害赔偿所带来的实操问题和法律问题。我们还要感谢奥马利法官为本书撰写序言。

最后，我要感谢法律、科技与创新中心的工作人员为该项目提供的行政支持。中心负责人劳伦·布克哈特与英特尔公司进行协商并达成一致，负责该项目的预算编制，参加项目指导委员会，组织与该项目有关的会议、电话会议和其他活动。她得到了中心协调员德布·雷尔夫的大力协助，德布·雷尔夫负责协调行程安排、报销和后勤工作。他们的出色协助对于该项目的顺利完成非常重要。

通常，在这样一长串致谢词的末尾将声明所有错误和误解是作者的全部责任。但由于这本书是多位作者合作完成，因此无法做出这样的声明。相反，它代表了由不同知识领域专家所组成小组的团体历程，这些专家所撰写的章节是一种共识性文件，而不是轻易或简单的成果。实际上可以肯定地说，对于本书中所述任何内容及其描述方式，团队中没有任何一个成员是完全满意，甚至完全同意。更确切地说，这本书是我们所期望的持续和全球性共识过程的一部分。这项工作并不代表这些重要问题的最终结论。相反，我们希望通过推进共识领域和确定需要进一步研究的领域，能够产生一些可供研究、参考、引用、评论、同意或不同意的内容，并最终促进发展。所有这些目的都是改善全球复杂技术产品的专利救济。

格雷·马钱特（Gary Marchant）

亚利桑那州立大学法律、科学和创新中心

法律教授兼学院院长

桑德拉·戴·奥康纳法学院

目 录

第 1 章 合理许可费

- **1.1 引言** ·· 001
  - 1.1.1 实证文献 ··· 001
  - 1.1.2 理论依据 ··· 003
  - 1.1.3 主要方法 ··· 006
- **1.2 修正后的 *Gerogia-Pacific* 方法** ··· 009
- **1.3 增量价值和其他问题** ··· 015
  - 1.3.1 增量价值 ··· 015
  - 1.3.2 假想交易 ··· 019
  - 1.3.3 增量价值的分配 ·· 020
  - 1.3.4 假想交易的时间 ·· 025
  - 1.3.5 需要考虑的因素 ·· 028
  - 1.3.6 可参照许可 ·· 031
  - 1.3.7 全部市场价值规则与最小可销售单元 ························ 040
- **1.4 实际考虑因素** ·· 045
  - 1.4.1 美国的专家证据和道伯特守门人 ······························ 045
  - 1.4.2 合理许可费的"突破因素" ···································· 046
  - 1.4.3 调整举证责任或许可费赔偿的赔偿方式 ····················· 048

第 2 章　所失利润及追缴

2.1 引言 049
2.2 所失利润 050
　2.2.1 简介 050
　2.2.2 有关所失利润的具体问题 052
2.3 侵权人利润的追缴 073
　2.3.1 理论依据 074
　2.3.2 追缴方法的比较 075
　2.3.3 有关追缴的具体问题 082

第 3 章　加重损害赔偿、诉讼成本追偿及利息

3.1 引言 095
3.2 加重损害赔偿 096
　3.2.1 加重损害赔偿的方法 096
　3.2.2 刑事处罚 103
　3.2.3 有关加重损害赔偿的政策考虑 103
　3.2.4 建议和进一步研究 110
3.3 诉讼费用补偿 111
　3.3.1 诉讼费用补偿方法 112
　3.3.2 对费用补偿的经济学理论与实证研究 115
　3.3.3 对最佳做法和未来研究的建议 117
3.4 判决前和判决后的利息 119
　3.4.1 一些国家的做法 119

3.4.2 对最佳做法和未来研究的建议 …… 122

第4章 禁令救济

4.1 引言 …… 123

4.2 理论 …… 124

 4.2.1 专利权和禁令救济的性质 …… 124

 4.2.2 经济分析和复杂技术产品 …… 127

 4.2.3 临时禁令与永久禁令 …… 131

4.3 禁令救济实践的比较 …… 134

 4.3.1 综述 …… 134

 4.3.2 美国 …… 136

 4.3.3 英国 …… 145

 4.3.4 大陆法系 …… 152

 4.3.5 国际环境和TRIPS协议 …… 155

4.4 建议 …… 155

 4.4.1 禁令救济的基本原则 …… 156

 4.4.2 相称性 …… 157

 4.4.3 调整禁令救济 …… 167

 4.4.4 持续许可费赔偿代替禁令救济 …… 169

第5章 公平、合理、无歧视（FRAND）承诺对专利救济的影响

5.1 引言 …… 173

5.2 FRAND 承诺和专利的货币损害赔偿 ·············· 175
　5.2.1 美国 ·· 175
　5.2.2 欧盟 –Huawei v. ZTE 案中货币救济的适用性 ······· 179
　5.2.3 国家损害赔偿法 ···································· 181
　5.2.4 讨论与分析：货币损害赔偿与 FRAND 原则 ········· 181
5.3 FRAND 承诺和禁令救济 ······························· 187
　5.3.1 美国 ·· 187
　5.3.2 欧盟 ·· 192
　5.3.3 韩国 ·· 203
　5.3.4 日本 ·· 204
　5.3.5 中国 ·· 206
　5.3.6 讨论与分析：FRAND 和禁令 ······················ 207

第 6 章　竞争法对专利救济的影响

6.1 引言 ·· 211
6.2 知识产权法和竞争法的目标 ·························· 213
6.3 专利实施的反垄断责任 ······························ 219
　6.3.1 背景 ·· 219
　6.3.2 针对寻求恢复性专利救济的专利持有人的反垄断限制
　　　（以及专利的司法实施）···························· 222
　6.3.3 专利商业实施的反垄断限制 ······················· 230
6.4 反垄断救济 ·· 244
6.5 结论 ·· 248

第 7 章 专利劫持、反向劫持、许可费堆叠

7.1 引言 ... 251
7.2 专利权人回报基准 ... 252
7.2.1 事前增量价值贬值份额：$\theta\beta\nu$ ... 252
7.2.2 事前增量价值：ν ... 252
7.2.3 议价能力贬值：β ... 259
7.3 专利劫持的种类 ... 269
7.3.1 沉没成本劫持 ... 269
7.3.2 网络效应独占 ... 271
7.3.3 分配问题 ... 272
7.3.4 或然性劫持：莱姆利和夏皮罗模型 ... 273
7.3.5 沉没成本、转换成本和固定 ... 276
7.3.6 注意事项和反对意见 ... 277
7.3.7 参与竞争的专利权人 ... 283
7.4 缓解机制 ... 287
7.4.1 概述 ... 287
7.4.2 事前许可 ... 287
7.4.3 对事前有效性的质疑 ... 289
7.4.4 规范 ... 289
7.4.5 重复博弈 ... 290
7.5 财产规则和责任规则 ... 293
7.5.1 不准确的损害赔偿 ... 293
7.5.2 交易成本讨论 ... 294
7.5.3 有关潜在用途的信息 ... 294

  7.5.4 不准确的损害赔偿评估 ······ 295
  7.5.5 小结 ······ 301
7.6 反向劫持 ······ 301
  7.6.1 概述 ······ 301
  7.6.2 调查不足 ······ 305
  7.6.3 损害赔偿不足 ······ 306
  7.6.4 标准制定组织中的寡头垄断定价 ······ 307
  7.6.5 总结 ······ 307
7.7 专利许可费堆叠 ······ 308
  7.7.1 引言 ······ 308
  7.7.2 专利劫持的累积效应 ······ 308
  7.7.3 古诺互补 ······ 309
7.8 实证 ······ 313
  7.8.1 概述 ······ 313
  7.8.2 案例研究 ······ 313
  7.8.3 实证模型检验 ······ 319
  7.8.4 产业结构 ······ 322
  7.8.5 总结 ······ 323

附　录　国家法律对货币 FRAND 损害赔偿的考虑

1. 德国 ······ 325
2. 瑞士 ······ 328
  2.1 瑞士法律规定 FRAND 承诺的法律地位 ······ 328
  2.2 根据瑞士法律的专利损害赔偿 ······ 331

3. 韩国 ······ 334
4. 日本 ······ 335
5. 中国 ······ 336

导　言

信息和通信技术产品是全球现代化生活必不可少的。智能手机和笔记本电脑连接到庞大的全球计算基础架构。先进的医疗设备在医院无处不在。机器人技术越来越多地使制造各种产品成为可能。传感器网络促进了城市交通的畅通。自动驾驶汽车、增强和虚拟现实等产品，各种各样的"物联网"设备以及无数其他创新技术的出现均表明，这类产品将在现代全球经济中发挥日益重要的作用。

这些产品都是技术奇迹，它们由数千种不同技术天衣无缝的组合在一起，由数百家不同企业经过数十年的共同研发。从某种意义上说，它们也是法律奇迹。它们的设计、制造和使用在复杂而且充满风险的法律和经济环境中完成。

该环境的一个重要组成部分就是全球专利制度。正如智能手机包含数千种技术一样，它们包含了全球专利局公布的数千甚至数万数十万的个人专利。因此，从法律角度来看，智能手机以及大多数其他信息和通信技术产品也可以被视为"复杂技术产品"，尤其是相对于制药和机械设备而言，虽然技术上同样先进，但其通常仅包含少量专利。

当前，创新型企业经常在严峻的专利环境中将复杂技术产品推向市场，这一现实引发了许多具有挑战性的问题，即法律应如何评估专利价值并针对侵权行为提供救济。

例如，法院和陪审团（如适用的话）应如何计算此类设备中数千种发明（通常是互补的）中一项专利的侵权损害赔偿额？法院和陪审团如何判断数百种功能中的一项功能是否促进了整个产品的销售？对于快速发展领域的产品制造商来说，专利法是否应该考虑到即使在研发开始之前，也不可能对其产品中所包含的所有数千项专利申请许可，更不用说还要考虑成本效益？当禁令的作用是对整个产品本身投放市场进行禁止时，是否应该颁布禁令来阻止在复杂技术产品中使用涵盖微小特征的专利技术？如何（如果有的话）在不产生重大错误成本或其他意外不良后果的情况下降低专利劫持的风险？

本书的目的是通过阐述法律现状和未来研究进程来系统解决这些问题。我们确定现有达成共识的领域，在可能的情况下建立新的共识，找出分歧之处，并制定有助于解决这些分歧的研究类型和方向。我们希望本书可以帮助世界各地的决策者、法官、律师等，以合理、可预测和具有成本效益的方式解决这些问题，并希望能够由此激发对我们的建议和研究提案进行富有成效的讨论。

在开始之前，我们要向读者指出一些重要前提，这些前提是本书分析基础。

第一，我们从实用的角度来看待专利制度。建立专利制度最常见的政策依据是，专利是对投入时间精力进行新颖、实用以及发明创造的一种激励，也是向公众公开这些发明的激励，以便其他人可以知晓发明、改进发明、外围设计、许可发明，并在专利到期后自由地使用发明。与此同时，专利能够产生各种社会成本，有时包括垄断以及其他进入成本、交易成本和管理成本。因此，与诸如公共或私人资金、赠款、奖金、税收抵扣、先发优势、贸易保密和合同等替代方案相比，理想的专利制度将使社会效益相对于社会成本的盈余最大化。所有这些时有冲突的目标都是基于从实用的角度来看待专利制度，基于该观点，专利被证明是为促进公共利益而授予的私人权利。尽管这种观点尚未得到普遍接受，但其仍是主流，我们也相应地采纳了这一观点。

也就是说，当前的专利制度就是理想的制度，我们对此没有任何质疑，根据这种说法，甚至可以说理想的制度实际上是可以实现的。尽管理论经济学和实证经济学都在不断发展，但任何社会政策的效益和成本的准确量化仍然是个未知数。考虑到这些局限性，以及个体通常不同的价值体系和将这些统一为一种通用体系的困难，在对现有专利法修正案所可能产生的影响权衡利弊后，理性思维通常会产生分歧。然而，由发明创造而产生的专利权是为了服务于公共利益的普遍认知，是非常有益的。因此，我们认为，尽管存在局限性，但我们在本书中所提供的法律政策分析可以帮助政策制定者预测专利法的各种应用或修改，特别是专利救济法律，是否会朝着或背离假设的理想方向发展。

第二，我们以实质性（例如，非救济性）专利法作为既定条件。尽管我们承认现有专利制度是不完善的，但出于本项目的目的，我们以实体专利法为既定条件，试图找到与实体法相一致的救济措施。例如，尚不清楚现有的专利制度是否为发明提供了最佳激励。也许专利期限应该更短或更长一些，或者专利权范围应该更窄或更宽一些。我们不对这些有争议的问题做深入研究，相反，我们的方法是考虑将救济法律应用于专利法时，救济法律会如何改善整个专利制度。

我们认为，立法机构和法院应通过直接修改实体专利法来解决其中存在的缺陷，而不是通过修改救济法律来间接弱化实体法的缺陷。例如，对于一项仅仅是由于非显而易见性的法律要求太低而被授予权利的不稳定专利权，我们不认为法院应通过将针对该专利的侵权行为判予最低限度或名义上的损害赔偿来谋求纠正专利法中的缺陷。诚然，立法改革在实践中难以实现，在某些情况下，通过调整救济措施来纠正问题是最佳的实际解决方案。但是，在这一点上，关于实体专利法的哪些方面存在缺陷并没有达成共识，更不能以通过修改救济法律这一最好方式来纠正实体专利法中的这些缺陷。

因此，我们将专利救济本身作为一个领域进行研究。即使以实体专利法作为限定条件，仍存在许多难以解决的救济问题。本书的目的是使当前的救济制度达到最佳状态。因此，尽管我们原则上不反对这种替代方法，但在本书中并未对此进行介绍。

第三，我们试图在理论与实践之间达到平衡。在提出以下各章中的建议时，我们至少在两个重要方面努力缓解最佳改革与现实改革之间的紧张状况。首先，我们认识到准确性和可管理性之间通常需要权衡取舍。例如，随着付出更多努力来提高损害赔偿计算的准确性，行政成本也会上升，并且在某些情况下成本可能会超过收益。专利救济法律必须在若干重要考虑因素之间进行取舍，其中包括准确性、可预见性、可管理性以及错误风险和其他意外后果。其次，我们承认全球范围内的完全统一是不太可能实现的。许多国家的专利法包含有长期存在的、普遍适用的法律传统和规则，在可预见的未来，这些传统和规则在实践中不太可能改变。如第3章所讨论的，虽然在美国通常会因故意或恶意侵权行为而判定加重损害赔偿，但大多数其他国家并没有大量判定加重损害赔偿的惯例。相反，费用转移在许多司法管辖区是违约行为，但在美国却是例外。此外，美国通常使用陪审团来评估损害赔偿，而大多数其他国家从不这样做。对于专家证人使用和审前证据出示范围，各法律制度也有很大不同，这些差异都影响到事实审理者评估货币救济时所能获取的信息。鉴于这些差异，对于某一种法律体系而言似乎是最佳做法，对于另一种法律体系而言可能并不是最佳的。因此，对于各种问题的最佳实践方法在各司法管辖区之间有所不同。

此外，我们认识到，即使有可能实现完全统一也未必是可取的。我们无法总是对我们的建议所带来的结果进行充满自信的预测，在不同司法管辖区中进行一定程度的试验将有助于检验哪些可行、哪些不可行。根据我们的经验，不同司法管辖区的法院在对涉及复杂技术产品的专利问题进行判决时，通常会了解世界其他地区的法院是如何审判，至少当出现新问题时，偶尔也会考虑可供选择的其他处理方法。因此，这种为共性问题提供多样化解决方案的实验主义方式，最终可能会从世界范围内选择出最佳解决方案。

因此，我们的建议试图达成平衡。虽然我们通常会提出我们认为最好的改革方案，但最佳解决方案无法实现时我们也会提供替代方案。

第四，我们不考虑国家法律的域外适用。尽管我们的项目着眼于国际范围，但我们对各国应如何处理跨越领土边界的侵权行为不持任何立场。引发这些顾虑的一种常见情况是，当产品供应链涉及多个国家时，可能会在多个司法管辖区引起侵权诉讼，同样也包括如下情形，即专利权人可能试图在一个司法管辖区实施在另一个司法管辖区所获得的救济。另一种情况是，在一国境内发生的侵权行为，可能会在该国领土之外产生损害。我们认为，在这种情况下产生的法律问题（包括国际用尽、近因果关系、法律冲突、礼让原则和国际贸易协定）已超出本项目的研究范围。

第五，本书的重点是对通常称为"实用"专利的侵权救济，包括发明专利。我们不涉及所谓的外观设计专利，这些专利也被称为工业外观设计和外观设计权，而且这些专利本身就受到丰富的法律体系以及持续不断的争论和讨论的约束。我们也不涉及实用新型（有时被称为小专利），这些专利通常被理解为其无需经过国家专利局的主动审查或复审即可提供保护。虽然我们承认，所有这些其他类似于专利的权利，诸如版权、商业秘密、商业外观、商标等，都可能涉及复杂技术产品，未来对于其他类型知识产权开展跨国境分析研究可能会形成丰硕成果，但这些分析超出了当前项目的研究范围。

最后，需要指出，我们是在假设读者对专利"劫持"和"反劫持"等理论概念具有一定熟悉程度的情况下讨论的专利救济，并对竞争法有基本的了解的情况下讨论的专利救济。不熟悉这些概念的读者不妨先跳到第 6 章和第 7 章，然后再回到第 1 章。第 6 章概述了专利法与竞争法的交集，第 7 章概述了有关"劫持"和"反劫持"的学术文献。这两章均不同于前五章，因为它们主要是描述性的，并没有提出规范性建议。也就是说，这两章都为未来研究工作提供了推荐方向。

第1章

合理许可费

托马斯·科特，约翰·戈登，
奥斯卡·里瓦克，莱恩·乐福，
诺曼·席伯拉斯，铃木将文，大卫·泰勒

1.1 引言

本节将简要描述：①依据现有统计情况，主要司法管辖区内合理许可费的赔偿程度；②合理许可费赔偿的主要理论依据；③通常情况下，合理许可费计算的一般原则。

1.1.1 实证文献

在合理许可费的实证文献中，主要包括描述性的统计数据，这些统计数据报告了所选国家专利损害赔偿金额的中位数、平均值或有史以来的最大值。这些统计数据让我们深入了解不同司法管辖区对于损害赔偿的处理方法及优先考虑的问题。

实证文献大多来自美国。例如，依据 Lex Machina 发布的《2014 年度专利诉讼损害赔偿报告》，在 2000—2013 年提起诉讼和审结的 708 项美国专利诉讼案件中，美国联邦地区法院判决的合理许可费赔偿额超过 80 亿美元，所失利润的赔偿额接近 30 亿美元，而未区分类型（合理许可费或者所失利润）或者未指定二者分摊比例的一次性赔偿额超过 20 亿美元。[1] 上述三种赔偿方式的赔偿额中位数表明，判决合理许可费比所失利润更为常见，但在某些年份，所失利润赔偿额的中位数超过了合理许可费赔偿额的中位数。[2] 在 Lex Machina 发布的《2016 年度专利诉讼报告》中指出，判予合理许可费赔偿的 36 件专利案件中，赔偿额的中位数为 3552600 美元；在判予所失利润赔偿的 8 件专利案件中，赔偿额的中位数为 1631231 美元；在判予"其他或未区分类型赔偿"的 18 件专利案件[3]中，赔偿额的中位数为 67785 美元。

普华永道（PwC）每年发布年度专利诉讼报告。PwC 报告，在美国判决（不包括即决审判和缺席判决）的中位数专利损害赔偿额没有区分所失利润或者合理许可费赔偿。有趣的是，在普华永道的报告中，1997—2016 年的赔偿额中位数（2016 年为 580 万美元）远远高于 Lex Machina 报告中 2000—2015 年的赔偿额中位数，这可能是由于其所使用的研究方法不同而导致的。[4] 普华永道的报告中还指出，2007—2016 年，在向专利实施主体支付赔偿金的法院判决中，80% 为合理许可费赔偿[5]，40% 为所失利润赔偿（二者比例相加超过 100%，这是由于法院有时会基于部分侵权销售额计算所失利润，剩余部分侵权销售额计算合理许可费）。此外，尽管在研究报告涉及的时间段内，非专利实施主体（NPEs）的获胜率低于专利实施主体，但在 2012—2016 年，在诉讼中获胜的非专利实施主体（NPEs）所获得的赔偿额中位数却几乎是专利实施主体所获赔偿额中位数的四倍（1570 万美元相对于 410 万美元）[6]。而在针

---

[1] Byrd et al. 2014, 1-4。

[2] 同①，在第 6 节。

[3] Howard & Maples 2016, 32。

[4] 针对研究方法的相关讨论内容，参见 Cotter & Golden 2018, 15 n.65。

[5] 我们使用上面的"法院判决"一词，即使在大多数美国案件中损害赔偿是由陪审团判决的，法官最终必须根据判决结果和适用的民事诉讼规则，决定是否作出终审判决。

[6] Barry et al. 2017, 9-11, 16。

对非专利实施主体的赔偿额[1]组成中,几乎都包括合理许可费赔偿,而并非所失利润赔偿。

其他国家的可用数据较少,并且通常不够精确。针对日本专利侵权损害赔偿的研究表明,大多数案件都判予了合理许可费赔偿[2],但相对于美国的判决标准,赔偿额往往较低。例如,在2014年,对1999年1月1日至2013年3月5日被法院判予合理许可费赔偿的全部68件案件进行研究发现,其中仅有5件案件的赔偿额超过2亿日元(相当于170万美元)。[3]在28%的案例中,其许可费费率为5%;在22%的案例中,许可费费率为3%;在16%的案例中,许可费费率为10%(费率计算的基础为从被控侵权产品中获得销售收入)。在法国,其判予赔偿额的平均值或者中位数同样没有区分合理许可费赔偿或所失利润赔偿。[4]在中国,通常采用法定赔偿额的方式,而合理许可费赔偿则相对较少。[5]

1.1.2 理论依据

如前言中所述,本书将专利法视为实体法,因此,我们不建议法庭使用救济法来纠正实体法中存在的瑕疵。在这样的前提下,关于专利损害赔偿的法律,

---

[1] Barry et al. 2017,9-11,16。

[2] Matsunaka 2004,根据对最高法院网站上公布的知识产权判决清单上所有案件的审查,其中权利持有人要求与知识产权有关的损害赔偿。在1998年1月1日至2003年12月31日期间作出了确认全部或部分权利要求的判决,报告称"判决合理许可费覆盖了上述专利中的大多数,1999—2003年的发明(79例中有40例)和实用新型(42例中有22例)"。

[3] 2014年第二专利委员会第二小组委员会(日文);Cotter 2015。另参见Nakamura 2014,407-410(其中列出2003年1月1日至2014年1月30日的所有日本专利损害赔偿判决);Yamaguchi 2016,136(报告称,2014年共有13起专利损害赔偿判决,其中最重的判决金额为156804万日元,与2016年12月21日的1330万美元相当)。

[4] Dumont 2015(根据对2008—2013年在巴黎大法院提起的"483起专利侵权诉讼(包括673项专利)"的分析,报告的平均损害赔偿额和中位损害赔偿额分别为323270欧元和60000欧元)。参见République Française, Ministère du Redressement Productifs 2014,58,154-156(在一项对2010年1月1日至2013年8月1日法国、德国和英国的赔偿费用的比较研究中,该研究涵盖了上述时期内所有判决25%的案例,在法国和德国的判决中,分别有36%和50%的合理许可费赔偿超过10万欧元)。其他有关法国的研究,请参阅Cotter & Golden 2018,17。

[5] Cotter & Golden 2018,18。

通常来说，应当通过恢复专利权人在未被侵权情况下本应享有的地位来维护专利的激励作用。基于这样的理论基础，法庭和其他观察人士常常将判决的合理许可费赔偿视为对于专利权人本应获得专利许可费的替代，而所述合理许可费赔偿是假设未发生侵权的情况下，侵权人本应支付给专利权人的。尽管如此，评论人士依然表示担忧，认为这种判决方式会鼓励侵权行为（并阻碍事前协商），这是由于侵权人并未因侵权行为而受到更大的损失。特别是，当被判予的专利许可费赔偿与专利权人协商可能达成的许可费完全相同时，如果侵权是故意的，并且侵权人能够预期侵权行为在一定程度上可以避免被发现，这种担忧就会成为事实。[①]此外，侵权人还可以避免在实际情况下被许可人可能承担的一些风险[②]——当然，如果侵权人被起诉，可能最终要支付由于辩护而产生的本可以避免的巨额律师费。[③]因此，在一定程度上，鉴于恢复性赔偿原则不足以遏制侵权行为，美国法律中已经明确许可费赔偿额不应与协商可能达成的许可费相同，这是因为许可费赔偿额的计算必须基于所涉及专利是有效和被侵权的假设，然而实际的协商中，双方往往会根据专利权被无效或者未被侵权的可能性而降低许可费。[④]此外，为

---

① 当专利权人寻求所失利润赔偿而不是合理许可费赔偿的情况下，对于威慑力不足的担忧可能不那么明显。由于在某些情况下，专利权人或者其专有被许可人生产专利产品的效率较高，因此，专利权人一般只有在彻底拒绝向侵权人发放许可的情况下才会寻求所失利润赔偿，参见 Blair & Cotter 2005，58。此外，存在一种顾虑，即合理许可费可能阻碍专利所有者将其技术商业化，而非考虑商业化带来的价值。但当事实调查者认为投资会对专利权人的相关交易产生事前的影响时，例如：时间安排和相关信息、各方之间发明价值的适当划分、选择适当的可参照许可，这种顾虑将得到一定程度的缓解。参见 1.3.1 至 1.3.6 节。

② 在许多国家，一旦专利被宣布无效，被许可人有可能不再需要支付专利使用费，但也无法收回其在专利无效之前支付的许可费。相比之下，如果专利被宣告无效，质疑有效性的侵权人可以完全避免支付专利许可费（在有些侵权和有效性诉讼相互独立判决的国家，"侵权人"甚至有权收回其在无效宣告前支付的任何损害赔偿额）。此外，被许可人在签订许可时可能面临对产品的不确定需求，而与被许可人不同，侵权人可能从开始侵权之时就意识到专利产品存在市场，并可能避免其他不利因素，例如预付专利许可费或应对专利权人的定期检查。

③ AIPLA 2015，I-105-8（报告称，在低于 100 万美元的专利侵权诉讼中，判决的诉讼费用中位数为 60 万美元；风险为 100 万美元至 1000 万美元的诉讼费用为 200 万美元；风险为 1000 万美元至 2500 万美元的诉讼费用为 310 万美元；风险超过 2500 万美元的诉讼费用中位数为 500 万美元）。有关在其他国家提起专利侵权诉讼费用的估算，请参见 Elmer & Gramenopoulos 2016；Heath 2015。

④ Taylor 2014。

了解决由于侵权行为未被发现而导致的威慑力不足的问题，政策制定者可以授权法院采取以下措施：①颁布禁令；②返还侵权获利；③胜诉方费用转付；④施加刑事制裁；⑤提高赔偿金额。本书的其他章节将对上述方面进行深入讨论。但是，正如第三章中将具体讨论的那样，许多国家出于公共政策的考虑，拒绝给予加倍或者惩罚性赔偿，尽管在这些国家，法院偶尔会判决高于"正常"费率的合理许可费赔偿，以体现侵权人规避善意被许可人可能承担的风险。[①]

可以将合理许可费赔偿视为一种返还的形式，在某种程度上迫使侵权人返还不正当剥夺的本应支付给专利权人的专利许可费。[②] 将许可费定性为恢复性或返还性是否存在实际差别，可能取决于赔偿的重点，是当事人在没有侵权行为时本应协商达成的专利许可费，还是根据某些法律的要求侵权人应支付的专利许可费。在美国经常使用的判断方法是"假想交易"或者被称为"自愿许可-自愿被许可"做法，可将第二种方法视为第一种方法的实例。因为它试图构建双方在侵权之前就已经谈判好的交易条款。即使是这种方法也不能够完全反映双方确切的交易情况，正如前文所述，合理许可费赔偿额是在假设所涉及专利是有效且被侵权的基础上进行计算的。如果没有这种假设，那么将合理许可费赔偿视为恢复性或者返还性没有任何区别。法院认为，在未发生侵权时，专利权人所获得的合理许可费应与侵权人的获益完全相同（即在不足以反映出专利的有效性和侵权的确定性情况下，无需支付许可费赔偿）[③]。

[①] Cotter 2013a，269-270（根据法国和德国法律）。尽管这一理论在经济上是合理的，但法国和德国的法院和评论员并没有普遍接受这种理论，因为它们类似于非意愿的增加或被称之为惩罚性赔偿。

[②] Restatement（THIRD）of Restitution and Unjust Enrichment. § 42 cmt.a。

[③] Cotter 2013b. 这种试图构建双方达成的协议的方法存在的缺点是：①在没有达成任何协议的情况下，它没有提供太多的指导，因为专利权人倾向于排他性，并且不会以任何侵权人可能接受的费率许可侵权人，但是②原告不能或选择不证明自己的所失利润。它也没有在当事方的证据有缺陷时提供太多指导，但法院在法律上有义务判决一定的合理许可费赔偿，例如 35 U.S.C. § 284 的案例。在这种情况下，依赖行业标准费率或其他非特定证据可能是唯一可用的备用方法。还要注意的是，当侵权人被要求放弃使用专利发明而获得的全部利润或成本节约时，补救办法更恰当地被定性为"申报"或"利润核算"，而不是合理许可费。有关进一步讨论，请参阅第 2 章。

另外，由于侵权而确定的许可费赔偿并不能真实反映现实中双方协商达成的许可费情况（尽管此类方法都需要遵循具体的法律规定）。近期一些学术研究主张将考虑的重点更多地放在侵权人的获利上，该获利是基于对发明的使用而非对未来的预期，因此最终的赔偿结果与发明对现有技术的贡献更加紧密地联系在一起。在本章的1.2、1.3节，讨论了如何在各方当事人之间分配侵权获利。理论上，这种分配可以基于各方当事人可能进行的事先谈判，也可以基于某些行业惯例或其他标准。[1] 其他最近的学术研究也表明，对专利损害赔偿采取返还性的方法将使法院具有更大的灵活性，可以根据涉及的利害关系和侵权人的过错程度等因素调整必要的证明度。[2]

1.1.3 主要方法

各国法院在计算合理许可费时通常要考虑多种因素。美国、英国和其他一些国家/地区经常使用的一种方法是构建假想交易，法院认为当事人会同意避免侵权。[3] 如前文所述，假想交易方法可以被视为恢复性或返还性的。如果通过这种方式确定的合理许可费赔偿能够反映当事双方实际谈判的结果，

---

[1] Risch 2018（主张合理许可费赔偿应反映侵权人使用专利发明的价值）；Siebrasse & Cotter 2016（提议与德国法院认为的标准一致，美国法院希望在充分了解所有事后公布的相关信息情况下，构建双方事先谈判的协议）；Taylor 2014（主张合理许可费赔偿应反映专利技术的使用价值）。比较 BGH v.14.3.2000–X ZR 115/98（德国）（声明"所欠款项是在能够预见未来发展的情况下（特别是专利的使用期限和数量），缔约方在签订许可协议时达成一致的金额"），General Tire & Rubber Co. Ltd. v. Firestone Tyre & Rubber Co. Ltd.（HL 1975, 186–187）（英国）（案件中，审判法庭判决合理许可费赔偿为每磅轮胎胎面胶（TTS）1美分，这是因为有证据表明，专利方法的使用使侵权人每磅 TTS 成本降低了1.8便士。而上诉人认为，根据专利权人就使用本发明向他人收取的"现行费率"，合理的许可费仅为每磅扩油橡胶（O.E.R.）节约成本的3/8。

[2] Golden & Sandrik 2017. 同样可以想象的是，如果针对专利损害赔偿的恢复性方法是公平的，那么根据美国法律，可能陪审团没有宪法赋予的对判决金额进行审判的权利，虽然这一点有很大的争议。参见 Cotter 2013b, 25–29。

[3] 例如，Georgia-Pacific Corp. v. U.S. Plywood Corp.（S.D.N.Y. 1970, 1120）（美国）；General Tire & Rubber Co. Ltd. v. Firestone Tyre & Rubber Co. Ltd.（HL 1975, 178–179, 威尔伯福斯勋爵的观点；188–189, 萨尔蒙勋爵的观点）（英国）。

那么与当事双方实际可能达成的协议情况相比，专利权人不会损失更多的利益，而侵权人也不会获得更多的利益。在随后的章节中会进行说明，法院在构建这种假想交易时需要考虑很多因素：①交易的时机；②法院对于双方应掌握情况的考量（如前文所述，专利的有效性及侵权的情况）；③证明交易条款的相关因素。另外，如前文所述，将侧重于对侵权人的实际侵权获利进行分配的方法仍然可以视为一种假想交易，尽管在这种假想交易中，双方当事人是在事先对如何分配事后侵权人获得的利益达成了一致。[1] 与更常见的 *Georgia-Pacific* 方法相比，这一方法不太关注如何准确构想双方事前谈判时的实际条件。

根据美国法律，另一种确定合理许可费赔偿的方法被称为"分析法"，"分析法"侧重于对于侵权人对侵权产品的利润预测。[2] 最著名的案例是 *TWM Mfg. Co.v. Dura Corp*，[3] 在该案中，联邦巡回上诉法院在判决中涉及"从销售侵权设备中获得的预期净利润中减去侵权人通常或可获得的正常利润"。虽然法院有时允许专利权人在使用"分析法"时，将侵权人的实际利润作为预期利润，[4] 但这种方法似乎并未被经常使用。而且，对"分析法"也存在一些批评，其中，主要有以下几点：

1）无法区分分析法与返还不当得利；

2）"通常或可获得的正常利润"这一概念并不清晰准确；

3）这一方法没有考虑其他各种因素，例如包括其他产品特征的存在，或不同产品可能不同利润率，这些因素用于解释常规返还率的差异；

4）对由于生产效率提高而获得较高利润率的侵权人，基于这种方法的处

---

[1] Siebrasse & Cotter 2016。

[2] *Lucent Techs.*, *Inc. v. Gateway*, *Inc.*（美国联邦巡回上诉法院，2009年，第1324页）。

[3] *TWMMfg. Co.*, *Inc. v. Dura Corp.*（美国联邦巡回上诉法院，1986年，第899页）。侵权人所预期的从销售包含专利技术的产品中获得的利润，也是第二巡回法院修改 *Georgia-Pacific Corp.* 的专利使用费时的一个重要因素。参见，*Georgia-Pacific Corp. v. U.S. Plywood Corp.*（2d Cir. 1971, 289–299)（美国）。关于分析法的进一步讨论，参见 Skenyon et al. 2016, § 3.8; Cox 2017; Gooding 2012; Pedigo 2017; Rooklidge 2014。

[4] Pedigo 2017。

罚可能不够公平。[1]

当存在既定的专利使用费率时，法院通常会使用该费率来计算合理许可费赔偿，而非试图构建假想交易，或者对使用该发明所预期获得的利润进行适当的分配。[2] 如果不存在这种既定的合理许可费赔偿，法院仍然经常求助于可比许可费率，作为构建假想交易的辅助手段。在一些国家，法院也会广泛使用各种技术领域的行业标准费率。例如，根据日本发明家和创新研究所的出版物（*Hatsumei Kyokai*）的报道，在日本，法院通常从某一特定技术领域的标准专利许可费出发，根据诸如发明的技术或经济价值和重要性、原告自身的高利润率、发明对侵权人的利润率或最终产品价值的贡献、是否存在替代方案以及侵权人的销售量等因素上下调整费率[3]。

另一种可能的方法是"自上而下"（top-down）的方法，如在 *In re Innovatio IP Ventures, LLC* 专利诉讼[4]中采用的，法院首先确定一个适当的许可费赔偿基础，并将该基础的收益作为总的许可费赔偿，然后根据涉案专利的相关性，确定该许可费赔偿总额中的哪一部分应归于涉案的专利。在涉及复杂技术产品的案件中，可以使用某种形式的"自上而下"的方法，但在估算涉案专利价值时，这种方法的准确性通常取决于大量难以获得的信息[5]。第五章"FRAND

---

[1] Cox 2017（认为分析法在经济上存在缺陷，原因见上文）；Gooding 2012, 7（对分析法进行实地批评，除了其他原因，"假定每一分钱的额外利润，高于侵权人的'正常'或'可接受的'利润，完全归因于专利发明"。因此，它不试图解释侵权技术在产生这些增量利润方面的重要性，也不反映"发明对侵权产品或服务的贡献"）。

[2] 例如 *Rude v. Westcott*（U.S. 1889, 164-165）（为了使得专利许可费率符合相关要求，该费率"必须在被起诉的侵权行为之前支付或担保"，"必须由一定数量的人支付，以表明有机会使用该发明的人普遍默许其合理性"，"必须在颁发许可的地方相统一"，并且不应是为解决其他侵权索赔而被支付。相关讨论，请见 Cotter 2013a, 108。

[3] 第二专利委员会第二小组委员会 2014（Second Subcommittee of the Second Patent Committee）（日本）；Cotter 2015, 例如 *Fulta Elec. Machinery Co. v. Watanabe Kikai Kogyo K.K.*（IP High Ct. 2015）（日本）。

[4] *In re Innovatio IP Ventures, LLC Patent Litigation*（N.D. Ill. 2013）（美国）. 也可参见 *Samsung Elecs. Co. v. Apple Japan LLC*（IP High Ct. 2014, 132-138）（日本）（采用的是"自上而下"的方法）；*Unwired Planet Int'l Ltd. v. Huawei Techs. Co.*（Pat 2017, 475-480）（英国）（采用具有可比性的"自上而下"的方法对分析得出的 FRAND 合理许可费进行交叉检查）。

[5] Cotter 2018, 206-211。

原则对于专利救济的影响"将进一步讨论这一方法。

1.2 修正后的 *Gerogia-Pacific* 方法

世界各地的司法制度通常都允许事实调查者在计算合理许可费赔偿时考虑一系列与其有争议的相关因素。例如，在美国，损害赔偿专家证人的意见往往基于 *Georgia-Pacific Co. v.U.S. Plywood Co.* 案中首次提出的 15 个因素（如下所示）[①]。

[①]（1）专利权人已经接受的专利许可费，用以证明或试图证明已确立的许可费；

（2）与涉案专利相类似的其他专利技术的许可费率；

（3）许可的性质和范围，如：是独占许可还是非独占许可，有无许可的地域限制或者销售对象限制；

（4）专利权人不许可他人使用专利以维持专利垄断，或者为许可证设置特殊的许可条件来保护该垄断的既定政策和营销安排；

（5）专利权人与侵权人的商业关系，比如他们是否为在同一地区、同一商业链条上的竞争者，或者他们分别是技术的开发者或者推广者；

（6）被许可人因销售专利产品而对促进自身其他产品销售产生的影响，该项专利技术带动专利权人销售其他非专利产品的既有价值，这种衍生销售的程度；

（7）专利权的有效期限和许可证的期限；

（8）授权专利产品的获利能力，商业成功情况，实际的市场普及率；

（9）该项专利权与能够获得相同效果的旧的模式或者装置（如果有的话）相比，所具有的用途和优势；

（10）发明创造的性质，专利许可方对其拥有和生产的专利商品的特征，给使用这项专利技术的人所带来的利益；

（11）有关侵权人在多大程度上使用了专利技术，以及使用后所带来的实际利益；

（12）在特定商业领域或者类似商业领域中，商业习惯所允许的该发明或类似发明在产品利润或销售价格中所占的比例；

（13）在可实现利润中，与由非专利因素、制造方法、商业风险或侵权人附加的重要特征和改进所产生的利益相区分，应归因于专利技术的部分；

（14）具有资质的专家证言；

（15）假设许可人（例如专利权人）与被许可人（如侵权人）合理地、自愿地达成协议，这种情形下双方会（在侵权开始时）达成的许可费数额，也就是说，这一数量是当被许可人渴望获得制造、销售覆盖该专利的商品的许可时，他本该愿意为许可费支付的金额，而支付该许可费仍然具有合理的盈利空间，而且该数额对于愿意发放许可证的专利权人而言是可接受的。

Georgia-Pacific Corp. v. U.S. *Plywood Corp.*（S.D.N.Y.1970，1120）（美国）。该案件中提到的 *Georgia-Pacific* 15 个因素是一种假想交易。一种观点认为，其前 14 个因素最好被视为第 15 个因素的辅助因素（Durie & Lemley 2010，643）。

包括加拿大[①]、德国[②]和日本[③]在内的其他国家的法院有时也会考虑类似的因素。

批评人士也指出，Georgia-Pacific 框架存在一些潜在问题。第一，根据案件的事实，Georgia-Pacific 因素之间可能没有相关性[④]，从而可能分散事实审理者的注意力，使其无法集中于与经济有关的因素[⑤]；第二，该框架几乎或根本没有为事实审理者或法官提供关于如何衡量或优先考虑这些因素的指导[⑥]；

---

① *Allied Signal Inc.v. DuPont Canada Inc.*（Fed. Ct. 1998，209）（加拿大）列出构建假设许可的潜在相关因素：a. 专利权人是否需要将技术转让给实施者；b. 当事人对发明的实践有差别；c. 专利权人是否同意独占或非排他性许可；d. 许可证所涵盖的地域；e. 许可期限；f. 是否存在竞争技术；g. 专利权人和实施者是否为竞争对手；h. 对侵权产品的需求；i. 产品无法销售的风险；j. 发明的新颖性；k. 对研发成本的补偿；l. 发明是否能够增加被许可人的收入；m. 专利权人自身是否有能力满足市场需求。

另参见 *Jay-Lor Int'l Inc. v. Penta Farm Sys. Ltd.*（Fed. Ct. 2007，147，160-173）（加拿大）（运用了上述因素）。

② Cotter 2013a，268［其中声明了德国法院可考虑一系列因素，包括非侵权替代方案的存在；可参照许可的条款；被告的盈利预期所暗示的发明重要性；专利使用是否会干扰专利权人的垄断地位；使用专利发明所带来的增量价值，包括与专利发明一起销售和使用的其他商品的收入；侵权所得的收入是否部分归因于侵权人（或第三方）的技术。］

③ 同②，321-322（指出日本法院通常以日本发明者和创新研究所（*Hatsumei Kyokai*）报告中确定的技术领域的标准费率以及"各种与美国和加拿大使用类似的附加因素，包括专利范围和重要性以及被告从专利使用中获得的利益"）作为起点；第二专利委员会第二小组委员会 2014（讨论并解释了日本法院合理许可费费率的因素）；Cotter 2015（对前述文章进行了讨论）。

④ *Ericsson，Inc. v. D-Link Sys.*（美国联邦巡回上诉法院，2014 年，第 1231、1235 页），除其他事项外，由于一些与案件事实无关的因素，陪审团被告知撤销了损害赔偿判决。Durie & Lemley 2010，628，指出，Georgia-Pacific 因素法使得陪审团过多地考虑了那些无关的、重复的甚至是相互矛盾的因素。

⑤ Contreras & Gilbert 2015，1499（指出"Georgia-Pacific 15 因素分析法扰乱了合理许可费的判断，该方法使得诉讼当事人和法院分散了对于专利技术价值调查这一核心的注意力，而着眼于那些使人困惑的因素"）；Durie & Lemley 2010，628。

⑥ Durie & Lemley 2010，631（指出"这一非排他性的 15 因素在考虑过程中需要平衡各因素之间的相互作用，而这其实对陪审团的实际判决几乎没有实际的指导作用"）；Patent Reform Act of 2009 认为：根据对于 H.R.1260 的审理（H. Comm. on the Judiciary 2009，75）乔治敦大学法律中心的约翰.R. 托马斯（John R. Thomas）教授准备了一份声明，其在声明中认为"Georgia-Pacific 因素的适用标准很难一致"，因为"其没有提供任何方法，即在确定的条件中，并没有相关的原则来权衡这些因素哪个更为重要"（引用于 Seaman 2010，1703-1704）；Schlicher 2009，22（指出"陪审团未获得有关如何应用 Georgia-Pacific 因素的实际指导"）。

第三，根据前两点，如果专家足够聪明，他可以依据这些因素来支撑几乎任意的损害赔偿[1]。因此，当事人很难预测事实审理者将如何应用这些因素，上诉法院也很难发现其在应用中的错误[2]。综合起来，这些问题不仅会降低准确性、增加成本，而且会使事实审理更加困难，并将本应处在风险规避程度更高的一方置于不利地位[3]。

针对这些问题，最近一些学者和其他倡议主张调整合理许可费赔偿的相关分析因素，将关注的重点放在少数与经济相关的因素上。其中，最著名的也许是美国联邦巡回法院律师协会的专利陪审团示范指南（The Federal Circuit Bar Association's Model Patent Jury Instructions），建议美国法院指导陪审团"考虑侵权开始时双方已知和能够获得的所有事实"，但是"在作出决定前，可能会考虑的一些因素包括：①所主张的发明对于被控侵权产品的价值影响；②所主张的发明以外的因素对于被控侵权产品的价值影响；③可参照的专利许可

---

[1] Cotter 2018, 193（指出"除非法官对证据的提交施加非常严格的条件，否则某些人可以通过操作这些因素来支持其想要获得的任意赔偿金额"）；Durie & Lemley 2010, 632（指出"现有的这些考虑因素由于其涉及范围很大，因此，无论多么特殊的损害赔偿金额，都能够找到相应的证据或者证言支持。这是因为在'Georgia-Pacific'因素中，对于选择哪些因素作为重要的指导意见很有限，因此，无论相关专家对于损害赔偿的最终结论多么极端，都能够通过至少一些因素组合来对其予以支撑"）。

[2] Durie & Lemley 2010, 628, 632［指出"由于陪审团得到的结论是基于复杂的、多因素的结果，因而，这一结果几乎完全不受采取遵从性审查标准（deferential standard）的法院审查，"并且，"15 因素法使得法官很难去审查陪审团作出的损害赔偿裁决的实质性证据，这在判决或是上述过程中都将成为一个法律问题（JMOL）"］；The Evolving IP Market place（Fed. Trade Comm'n 2009, 15）（休斯敦大学法律中心的保罗.M. 詹尼克教授的证词）"Georgia-Pacific"因素会导致一些"不确定的结果"，因为这一过程就像是"抓包"，"法官将所有的因素都交给陪审团，告诉他们'去做你认为是对的结论'"（Seaman 2010, 1704）；Seaman 2010, 1665, 1703（指出"这一过程被称为"Georgia-Pacific"测试，其由于会导致无法预测的损害赔偿金，因此在复杂的专利审批中越来越少地被陪审团使用"，这也因为"Georgia-Pacific 因素缺乏合理的可预测性和指导性，因此也导致合理许可费在可确定性和可预测性方面的缺乏"）；Taylor 2014, 151-152（指出"毫无疑问的是，造成合理许可费不准确、不确定以及不可预测的一个原因是，Georgia-Pacific 因素以及假设谈判允许相对不受限制的证据和专家证词。"）

[3] Cotter 2018, 168［指出"可能结果的范围越大（即预期平均值的方差越大），当事方解决争议的可能性就越小（行政成本就越高），而规避风险程度越高的一方越有可能处于不利的条件下"］。

协议，例如涵盖要求保护的发明或类似技术的专利许可协议"[1]。

同样的，杜里和莱姆利认为 Georgia-Pacific 因素重点可以归结为三个基本问题：①专利发明相对于现有技术的边际贡献是什么？②为了实现所述边际贡献还需要多少其他投入，这些投入的相对价值是多少？③是否有确凿证据表明，市场选择了一种不同于①、②的计算方式[2]。

加洛斯和查普曼另提出了一个三步框架，重点关注于发明高于替代方案、可比专利许可和规避设计所需成本的增量价值[3]。

基于上述情况，我们的主要建议是，在采用"自下而上"（bottom-up）[4]的方法估算合理许可费时，法院应将 Georgia-Pacific 案中的 15 因素（以及在美国境外用于计算合理许可费赔偿的类似因素）调整为较少因素。更具体地说，法院应将 Georgia-Pacific 因素分解为以下三个步骤（我们将在下文第 3.1 节中详细阐述本建议的各个部分）。

第 1 步 计算发明的增量价值，并在当事人之间适当分配。专利技术的使用许可[5]通常要求被许可人与许可人分享被许可人从使用该技术而获得或预

---

[1] FCBA 2016. 孔特勒拉和艾森伯格提倡统一采用联邦巡回法院律师协会对于陪审团的指南，详见 Contreras & Eixenberger 2016。

[2] Durie & Lemley 2010，629。

[3] Jarosz & Chapman 2013。

[4] 本章使用"自下而上"方法用来指明，在不同情况下应付给专利权人的专利许可费在很大程度上是相互独立确定的。如第 8 页脚注③和及其所附文本所述，作为"自下而上"方法的替代方法，法院有时采用"自上而下"的方法，即首先确定特定产品或标准的总专利权许可费负担，然后将该负担分摊到该产品或标准的专利中［参见 TCL Commc'ns Tech.Holdings，Ltd. v.Telefonaktiebolaget LM Ericsson（C.D.Cal. 2017）（美国）；Unwired Planet Int'l Ltd. v. Huawei Techs. Co.（Pat 2017）（英国）；Samsung Elecs.Co. v. Apple Japan LLC（IP High Ct. 2014）（日本）］。虽然"自上而下"方法可能有助于减少专利劫持和许可费叠加的问题，但它们可能更多地适用于涉及专利的案件，这些专利对体现一系列独立技术的标准的实践至关重要。在这种情况下，由于缺乏既定的已声明的专利集和应缴纳专利费的技术特征集，因此，采用"自上而下"方法所需的证据可能更难以获得。鉴于本章总体上将重点放在复杂技术产品上，因此本章的重点在改进"自下而上"方法上，而最终在 FRAND 或其他复杂技术产品案件中采用"自下而上"方法还是"自上而下"方法，可能取决于法庭中证据的质量和适用性。

[5] 简而言之，我们在这里使用的"使用"一词，其含义与"将发明使用于替代方案"相同，但严格来说，侵权人的争议行为可能包括任何可能构成侵权的特定活动的选择或组合，例如制造、使用或进口。

期获得的部分增量价值。为确保未经授权使用专利技术的合理许可费赔偿准确地反映了这一增量价值，理想情况下，法院会采用以下的做法：①估算侵权人使用专利发明所获得的价值（与最终侵权产品的其他特征所贡献价值不同）与侵权人使用次优的非侵权替代方案所获价值之间的差额；②在专利权人和侵权人之间分配所述差额；③作为进行分配的辅助手段，应考虑所有相关证据，包括可能会推翻的双方事先同意平分（50/50）的假设。

第 2 步　评估市场证据。在对专利技术的使用许可进行谈判时，双方通常会考虑其他相关的、可参照的专利许可所披露的费率和其他条款（或在适用的情况下，相关专利池收取的费率或公开披露的行业标准费率）。尽管需要进行适当调整，并充分认识到第 1.3.6 节中讨论的此类证据的潜在局限性，但法院还应考虑此类证据，以计算未经授权使用专利技术的合理许可费赔偿。

第 3 步　比较。在可行并且成本合理时，法院应按上述两个步骤（指步骤一或二）——每一个步骤都是对另一个步骤准确性的"检验"，依据相关证据要求，尽可能对结果进行调整使其与实际情况相符合。也就是说，期待法院在现有证据的情况下做出最佳的判断。但是，当步骤 2 所需的证据存在，而步骤 1 所需的证据不存在时[①]（在涉及复杂技术产品的诉讼中通常会出现这种情况），法院可能需要完全依赖市场证据（当现有证据仅涉及步骤 1，而不涉及步骤 2 时，反之亦然）。此外，正如第 5 章中关于 FRAND 原则对合理许可费赔偿影响进行的更详细的讨论，在适当的情况下，法院也可以考虑采用"自上而下"方法，作为直接证据，或作为使用可参照数据和其他市场证据得出价值的检验。

解释。如下文第 1.3.1 节所述，经济学家通常接受"增量价值"——即源于专利发明所获的价值与次优的非侵权替代方案之间的差额——作为专利技

[①] *Unwired Planet Int'l Ltd. v. Huawei Techs. Co.*（Pat 2017，182）（英国）（其指出"有大量的证据表明，基于 SEP 许可的谈判实际上使用的是那些基于专利计数的方法。这些证据相应地支持了'FRAND 方法对于专利许可费率的评估是进行某种专利计算'这一发现。事实上，至少在考虑任何种类的专利组合时，某种形式的专利计数才是唯一实用的方法。试图评估单个发明的重要性则变得不那么合适。"）

术价值的准确衡量。① 在必要的情况下，这样的调查还要求事实审理者将归属于专利发明的价值与侵权产品其他特征的价值进行分割，前提是假设侵权人最终出售的非侵权替代方案将保留这些特征。② 因此，上述步骤1的第一部分将 Georgia-Pacific 因素中的第8、9、10和13项合并为一个总体概念。③ 然而，当侵权产品包含相对较少的专利特征时，第1步可能更容易完成。我们将在下文第1.3.3节中对增量价值分配的建议进行说明。

步骤2建议法院适当使用可参照的且其他能够表明实际情况下行为人如何在诉讼中评价技术价值的市场证据。可以肯定的是，法院和评论人士已经发现了在使用可参照的证据方面存在许多潜在隐患，我们将在下文第1.3.6节中详细讨论。尽管存在这些理论问题，我们并不主张放弃使用可参照的证据（我们认为也不存在这种可能性），而是强调在应用可参照的证据时需要进行仔细判断。此外，至少在某些情况下，尽管专利池许可费率或其他类似费率可能需要调整，但其仍然具有非常高的证明价值（例如，考虑专利权人没有加入专利池的原因）④。

步骤3建议在可行的情况下，法院同时适用第1步和第2步，然后对结果进行比较。如果产生的数值出现分歧，法院必须根据所有相关事实和实际情况决定如何更好地调整这些数值。例如，当最终产品只包含少量专利，或

---

① 正如前文所讨论的那样，对于焦点应该集中在实际优势还是仅仅集中于预期优势上，以及在下一个最佳替代方案本身获得专利时如何进行，存在着合理的争论。

② 最简单的例子，侵权人在类似的市场条件下出售了两种可比产品，一种含有专利特征，另一种不具有该特征，因此可以推断该专利所赋予的增量利益。参见，例如，*Grain Processing Corp. v. Am. Maize-Prods. Co.*（美国联邦巡回上诉法院，1999年）；*Carson et al. v. American Smelting & Refining Co.*（W.D. Wash. 1928）（美国）。在专利发明与侵权人产品的其他特征互补的情况下，对于增量价值如何认定变得更加复杂。参见下文第1.3.1节（其中讨论了一种假设，在该假设中，获得专利的发明为智能手机提供了超过本身20%的电池寿命）。

③ Cotter 2018, 192.133, 指出, *Georgia-Pacific* 因素中最重要的因素是"因素8至10, 这些因素都与专利技术的价值有关，并反映了与替代方案相比专利技术对于设备的利润以及成本的影响。"以及"因素13, '与非专利要素区别开来的应计入发明的可变利润部分, 非专利要素例如制造工艺、商业风险或者侵权人增加的重要特征或者改进部分'"。

④ 例如 *Microsoft Corp. v. Motorola, Inc.*（W.D. Wash. 2013）（美国）。

者当几乎没有可参照的许可时，法院可能对第1步产生的结果更有信心。相比之下，当产品的复杂性使得很难区分单个专利相对于次优替代方案所贡献的价值时，第2步似乎更有说服力。（即使在复杂技术产品案例中，有时也可以通过使用联合或离散选择分析、技术专家证词，或者采用如FRAND一章所述某种形式的"自上而下"方法，估算特定专利特征相对于其他特征的价值。）[1] 此外，在以下情况下：①涉及的风险相对较小，或②在对审前取证或专家证人的使用上有实质性限制的国家，或③当事人关于损害赔偿的证据是不可接受或不适当的，在上述情况下尽管这种方式存在潜在的缺陷，最佳做法可能是考虑可参照的证据、行业标准费率或其他此类市场证据，而不是判为0损害赔偿，或者依赖其他更具投机性的、技术价值高于替代方案的证据作出判决。

1.3 增量价值和其他问题

在本节中，我们将对1.2节所述的主要建议进行分析，并提出了与各种问题相关的建议，这些问题可能是在采纳我们的主要建议中产生的，也可能是在法院继续采用类似 *Georgia-Pacific* 的方法来处理合理许可费赔偿时产生的。

1.3.1 增量价值

1.3.1.1 概述

我们发现，创新经济学家和律师普遍认为，技术的社会价值是其超过次优替代方案的增量价值，专利技术对于实施者的经济价值是实施者通过使用专利技术获得的（实际的或预期的）利润或节省的成本，而不是现有的次优

---

[1] 对于联合或离散选择分析在诉讼中使用的相关讨论，可参见，例如，Platt & Chen 2013；Sidak & Skog 2016；Verma et al. 2002（其中提供了对于离散选择分析的相关讨论）。

非侵权替代方案。① 因此，在前言中提到系统性考虑因素时，我们推荐决策者采用在诉讼中判予的合理许可费赔偿应与专利技术价值相称的指导原则。② 然而，我们也认识到，在评估这种价值时，无论是在实践上还是在概念上都存在很大的困难，尤其是涉及复杂技术产品时，专利技术只占产品总价值的一小部分。在这种情况下，专利技术带来的功能可能只是少数购买者决定购买该产品的因素，但专利技术可能会增加产品其他部分的价值，而对大多数购买者来说，专利技术可能只是改变整体购买偏好的众多因素之一。我们在下面将讨论概念上的难点。

1.3.1.2 补充

第一个概念上的难点涉及侵权技术和同时在同一产品中实施的其他专利技术之间的互补性，这个问题在两种类型的复杂技术产品的销售案例中得到了非常清晰的体现，两种类型产品之间没有区别，只是一种类型产品体现了专利技术，而另一种没有。③ 在这种情况下，似乎很容易确定专利技术的增量价值，它可能只是两个价格之间的差异。然而，在通常情况下，如果某项专利技术依赖于同一产品中的其他专利技术，这种说法就不正确。例如，假设这项专利发明使智能手机的电池寿命延长了20%，那么电池寿命较长的智能手机比电池寿命较短的手机多卖50美元，即专利发明的增量价值似乎是50美元，但是消费者愿意为手机支付的价格取决于手机的专利无线技术，若没

---

① 例如Swanson&Baumol 2005，10-11；Farrell et al. 2007，610-611；Elhauge 2008，541；Denicolò et al. 2008，577-578；Layne-Farrar et al. 2009，448；Shapiro 2010，286；Gilbert 2011，864；Camesasca et al. 2013，304；Cotter 2013a，128；Carlton & Shampine 2013，536，545；Jarosz & Chapman 2013，812；Taylor 2014，95-97；Cotter 2014a，357；Sedona Conference 2014，23-24；Contreras & Gilbert 2015，1467-1469，1499-1500；Siebrasse & Cotter 2017a；Lee & Melamed 2016，411-412；Epstein & Marcus 2003，557-558. 也可以参见Taylor 2014，91-97（将技术价值与专利权价值进行对比，后者可能包括使用禁令来提取滞留价值的能力）。

② 我们建议专利许可费应与技术的价值"相称"，但这并不意味着法院应授予专利权人其发明的全部社会价值。有关讨论，请参见Frischmann & Lemley 2007；Golden 2010，529-539；Lemley 2005，1036-1037；Taylor 2014，138-141。

③ *Samsung Elecs. Co. v. Apple Japan LLC*（IP high Ct. 2014，134）（日本）。

有无线技术，无论电池寿命多长，手机将一文不值。在这种情况下，50美元的差价只有部分是由于电池技术，部分也可归于无线技术。[1] 换言之，持有无线技术的专利权人可以合理地要求使用长电池寿命技术手机的许可费高于普通手机，所以，50美元中只有一部分由电池专利权人和手机供应商分摊。在这种情况下，无线专利权人是否真的要求提高许可费则是另一个问题——尽管这样做的可能性不大。专利权人，尤其是拥有基础技术专利的专利权人，通常依照产品价格收取从价许可费，结果就是手机越贵无线技术的专利许可费越高。

1.3.1.3 获得专利的替代方案

第二个概念上的难点来自主张发明的价值高于最优非侵权替代方案的价值。只要替代方案未获得专利，这个主张就没有争议，但是如果替代方案已获得专利，这个主张的适用性就不是那么明确了。一项专利技术的最优替代方案也具有专利，这并不少见，因为几个发明人针对同一问题设计了不同的解决方案。[2] 当发明是近似最优替代方案时，这个问题得到了最清楚的体现，[3] 而且在标准必要专利（SEPs）的情况下这个问题尤其突出，因为在标准必要专利中，常常多个替代专利技术竞相纳入标准。

一种可能是，在假想交易中，设想侵权使用者挑起专利所有人之间的讨价还价，直到达到侵权使用者愿意接受的最低值，在这种情况下，专利发明的价值为零。[4] 更常见的情况是，不考虑使用该替代方案必须支付的许可费，发明的价值在于它相对于已获专利的替代方案的增量价值，理由是，替代方案的专利许可费反映的是替代方案的专利权的价值，而不是替代技术的价

---

[1] 在经济理论中，互补技术的独立价值是由夏普利值给出的。参见 Siebrasse & Cotter 2017a。然而，几乎不可能直接计算夏普利定价。

[2] 在标准背景下，实际上所有相关技术都有可能获得专利，这正是因为标准中包含的前景所带来的激励；参见，例如 Layne-Farrar 2014（讨论专利权人之间的竞争，以将其技术纳入标准）。

[3] 例如，考虑一下万艾可和西地那非几乎同时被发明。

[4] Swanson & Baumol 2005，10–21（拍卖模式）。

值。[1]同样地，如果被侵权技术不优于专利替代方案，被侵权技术的价值将为零。我们反对这种做法，理由是尽管从静态的盈利角度看它有意义，但它提供了一个表面上并不充足的发明激励（零补偿），这与传统上专利制度的目的不一致。

另一种可能是，假设市场上有一种专利替代方案可以以既定的市场价格获得，该价格通常高于边际成本。换言之，"恰当的比较应该是在专利权人产品与替代产品的成本和价值之间进行的，包括在适当的情况下为替代方案支付的专利许可费。"[2] "这一方法在判例法中得到支持，虽然判例法不被视为既定法律。[3] 尽管如此，当这两种技术都已成熟且有既定价格时，这种方法似乎很有吸引力，但如果这两种技术对于市场来说是新技术且没有既定价格，则可能难以适用。因此这个提议在标准必要专利情况下可能毫无用处，因为替代技术之间会为纳入标准而竞争，而未被纳入标准的替代技术根本没有市场，或者其价值将远远低于在被纳入标准的替代技术。当替代技术已经成熟并有既定的价格时，而被侵权的技术是新技术时，另一个问题就产生了。如果这些技术是近似替代方案，即使没有侵权，我们也会期望新技术能够拉低现有技术的价格。因此，如果与替代方案的既定价格进行比较，相比于没有侵权时本应获得的许可费，专利权人将会获得过度补偿。那么原则上正确的做法也许是评估在没有侵权发生时，专利替代方案的价格如何随被侵权技术的引入而演变。从易于证明的角度来看，简单地使用既定价格有明显的优势。我们还没有发现有任何文献对这个问题进行全面的理论分析。[4] 因此，我们建议就此问题做进一步研究。

---

[1] Taylor 2014, 161。

[2] Lemley & Shapiro 2007a, 2039 n.153。

[3] *Innovatio IP Ventures, LLC* 专利诉讼（N.D.Ill. 2013, 20）（美国）（声明法院将考虑专利替代方案，但"它们不会像公共领域的技术那样降低假想交易中的专利许可费"）。

[4] 有关简要讨论，请参见 Siebrasse & Cotter 2017a。

1.3.2 假想交易

在美国，评估合理许可费赔偿最常见的方法通常被称为"假想交易"[1]。假想交易试图尽可能地重现事前的许可谈判场景，并描述最终达成的协议。换句话说，如果没有发生侵权，有合作意愿的当事人执行许可协议，具体规定某一具体的许可费支付方案。[2]

尽管这种方法现在已经根深蒂固，但一些典型案例表明，假想交易框架的目标并不是去复制有意愿谈判的当事人可能达成的协议；这是"不准确的，甚至是荒谬的，"[3]考虑到"双方都没有真正的意愿，也没有进行任何许可，侵权人通常被禁止……专利产品的进一步制造、使用或销售。"[4]假想交易是一种"法律虚构，"[5]"被法院用来作为达成合理赔偿的方法"[6]，并将"作为一种'协助司法的手段'灵活运用"[7]。我们建议法院接受这种假想交易框架的观点，将其作为一种如何从发明中分摊盈余的工具，而不是将其本身作为目标。[8]例如，美国法律已明确规定，即使实际协商的当事人并不知道，假想交易的当事人假定已经知道专利是有效的并且已被侵权。这一规则是为了实现公平的补偿，因为相反的观点——认为当事人应该考虑专利维持有效的可能性从而使许可

---

[1] Lucent Techs., Inc. v. Gateway, Inc（美联储，2009年，第1324页）。有时也被称为"假想交易"或"自愿许可方/自愿被许可方"的方法。

[2] 同①，第1325页。

[3] Rite-Hite Corp. v. Kelley Co.（美联储，1995年，第1554页，第13页）（银行）。

[4] Panduit Corp. v. Stahlin Bros. Fibre Works Inc.（1978年第六巡回法庭，第1159页）（美国）。

[5] 同④。

[6] Hanson v. Alpine Valley Ski Area, Inc.（美联储，1983年，第1081页）（批准引用 Rite-Hite Corp. v. Kelley Co.（美联储，1995年，第1554页）。

[7] TWM Mfg. Co., Inc. v. Dura Corp.（美联储，1986年，第900页）（批准引用 Rite-Hite Corp. v. Kelley Co.（美联储，1995年，第1554页）。

[8] 类似地，参见Janicke 1993，726-727（在合理许可费上的关于有效性、侵权和商业信息的植入"假设"最好被视为提醒决策者，以帮助他或她达到公正的结果，而不是在人为谈判中被人为地视为"已知"的事实）。

费贬值（就像实际协商中当事人可能会做的那样），这将导致所谓的双重贬值；法院批准假想交易产生的许可费赔偿不仅包括无责任风险时的贬值，而且在诉前谈判中，若预期法院作出这种判决的可能性不到100%，那么将进一步加大无责任风险的贬值。[1]出于上述原因，我们赞成美国法律这一确立已久的原则是合理的。此外，基于类似的原因，假想交易应包括责任的承担，而不仅仅是专利有效性和侵权，以及救济和强制执行的权利。[2]更一般来说，为了再现当事人在实际交易时的所作所为是公平的，调整一成不变的标准作为实现合理补偿的更优手段，特别是在反映专利技术相对于最优非侵权替代方案价值的补偿方面。的确，如果公平补偿原则要求调整假想交易框架的次数太多，那么正确的做法就是放弃框架，而不是放弃公平原则。[3]

1.3.3 增量价值的分配

步骤1的第二和第三部分涉及增量价值的恰当分配。双方通常都可以对专利权人增量价值的至少一部分提出实质性要求，因为增量价值是由所主张专利权的使用产生，而被判侵权人是由于其进行了互补的或补充性的投资，从而导致该发明的商业化实施。那么，该如何分配价值呢？

理论上，一项发明可以产生纯经济收益，反映了该发明优于最佳非侵权替代方案的价值。如果双方，比如专利权所有人和被许可人必须合作才能实

---

[1] Cotter 2013a，135-136；另见 Choi 2009，154-155（认为使用事后信息是解决这一问题的必要条件）；Taylor 2014，115-116（回顾了法律在这一点上的发展，并认为问题不仅是双重贬值，而且是循环性问题，因为当事方将谈判本身反映在损害赔偿裁决书中，双方当事人预计到这一点，将进一步降低谈判价格，以此类推）。

[2] Taylor 2014，127-129。

[3] Janicke 1993，726（建议"鉴于越来越多的假设被植入假想交易的基础假设中，联邦巡回法院应考虑是否已经到了完全废除这种假设的时候了。"）；Taylor 2014，125-126。同样，虽然在涉及复杂技术产品的案件中，实际谈判有时可能会导致一定程度的专利许可费堆积，但为了判给合理许可费赔偿，法院可以假设当事人本可以通过讨价还价避免这种结果，以便更好地校准技术价值与许可费。

现这些收益，针对双方之间如何分配收益并没有确定的答案，因此即使是非常不平衡的分配，与使用非侵权替代方案相比，双方都将受益。该问题最突出的解决方案是纳什议价解决方案（NBS），它意味着50/50的分配比例。然而，纳什议价解决方案需要对当事各方进行与实际不符的限制性假设，比如各当事人在所有方面都是相同的。当对各当事人进行更现实地建模时，在如何细化纯收益的分配方面经济理论相对不成熟。[1]有时会使用纳什议价解决方案，不是因为它是特别精确的模型，而是因为缺少更好的方案。

此外，由于发明产生的增量利润的分配不可能是单纯的收益分割。将专利发明转化成在市场上实际需要的商业化创新成果，需要部分或全部制造、销售、市场化、方法改进、专利权人提供给被许可人的技术支撑和终端用户的支持等，所有这些涉及一方或另一方的风险和投资。被许可人支付给专利权人的许可费并不代表单纯收益的分割，而是对进行投资并承担与这些辅助服务相关的风险一方的补偿。[2] Georgia-Pacific 方法的第13个因素承认了这种可能性，[3]与 Tights, Inc. v. Kayser-Roth Corp. 类似的案例也承认了。

法院认为，在本案中，专利权人理应有权收取25%—50%的节约成本作为合理许可费赔偿。法院认为，如果各方当事人预期被许可人将不得不为实际商业化付出实质性代价，那么专利权人收取25%的节约成本是合理的；如果各方当事人预期被许可人只需以常规的方式实现商业化，则专利权人收取50%的节约成本是合理的[4]。

---

[1] 主要的理论改进是由阿里尔·鲁宾斯坦提出的，他指出在某些条件下，折算率较高（货币时间价值较高）的一方讨价还价的能力会降低。参见 Rubinstein 1982。

[2] Siebrasse & Cotter 2016, 954–955：在实际的许可协议中，双方在将一项发明转化为具有商业价值的创收产品的过程中，都会拿出一些东西来。专利权人最明显的贡献是发明，但将最终产品推向市场通常需要进一步的开发和技术实施，如临床试验、市场营销、制造和分销，所有这些都需要在风险下的进一步投资，而不只是专利权人在发明本身的投入。任何一方都可以提供这些进一步的服务，双方在实际谈判中如何分配增量利润取决于谁提供了哪些服务以及这些服务的相对重要性和成本。

[3] Georgia-Pacific Corp. v. U.S. Plywood Corp.（S.D.N.Y. 1970, 1120）（美国）(13 与非专利要素、制造工艺、商业风险或侵权人增加的显著特征或改进不同的可实现利润部分)。

[4] Tights, Inc. v. Kayser-Roth Corp.（M.D.N.C. 1977, 164）（美国）。

因此，我们建议增量利润的分配应尽可能地反映专利权人或侵权人实际承担的此类辅助服务的价值或风险。我们认为这与假想交易框架是一致的，因为它反映了双方在类似情况下本应达成的协议。回想一下，假想交易的主要理由是，通过将专利权人恢复到在未遭受侵权时所处的位置来保持专利激励作用。这种位置在一定程度上取决于与替代方案进行比较时双方当事人如何事先同意分配使用专利发明所产生的价值。但是我们强烈建议考虑这些服务实际发生的程度，即使实际的被许可人会为发明提供市场化，且实际的许可费会反映出该价值，而合理许可费赔偿只能反映出侵权人实际上是否进行了市场化。①

更广泛地说，我们建议进一步研究以揭示和提炼"议价能力"的本质，因为它涉及发明增量价值的分配。②我们怀疑在所述的这些案件中，其分配规则部分是由对附加服务的补偿决定的，部分是由行业规范（本身反映了附加服务的实践标准）决定的。在某种程度上，这种拆解是为了获得更好的证据，以说明在实践中究竟是哪些因素影响了增量利润的分配。此外，还有一些概念性或规范性问题有待解决。尤其对"议价能力"的一种直观理解是，财力雄厚的一方拥有更强的议价能力，因此能够在实际的谈判中获得更大份额的增量价值。例如，如果专利权人是一家资金短缺的小公司，而潜在的被许可人是一家大公司，那么被许可人实际上可能会获得非常有利的条款。应当承认的是，在合理许可费赔偿的分摊中重复这种不平等的分配是适当的，这种观点认为，专利权人的境况不应比实际获得许可的当事人的境况更好。另一方面，有利的条款可能视为被许可人不正当的反向劫持，不应以合理许可费赔偿加以重复，因为它不能反映发明的增值价值，如果它能够在实际的谈判中进行劫持，则不应给予专利权人更高的许可费赔偿。这些问题值得进一步

---

① Siebrasse & Cotter 2016，989–990。

② 在经济理论中，"议价能力"主要用作一个标签，而不是一个解释变量。如果可见的分配是 80/20，并且没有明显的理由造成不均衡的分配，那么我们说，一方比另一方有更大的议价能力。

探讨。

在决定了哪些因素应该与增量利润的分配有关之后,第二个问题是应该使用哪些证据来进行分配。我们想到几种可能性,第一,可参照数据可能会明示或暗示地证明当事各方将如何同意分配盈余。正如上面所讨论的,证据还可以反映专利权人或侵权人实际上已经产生的附加服务或风险,以便调整从可参照许可中获得的许可费赔偿。第二,根据各方当事人事先的谈判、专利权人与其他当事人的谈判过程或行业惯例,那么可能会找到各方达成一致的证据。为了说明这一点,在美国 *Frumentum Co. v. Lauhoff* 案中,美国第六巡回上诉法院认为,关于利润或销售份额的多少是可以接受的证据,"在这种或类似的商业行为中,以这种方式使用发明可能是一种惯例。"[1](当然,"类似商业行为"可能会产生很多类似的疑问) 然而,如果没有证据表明当事各方将如何同意分配增量价值,那又怎样呢? 此外,不给了专利权人任何补偿似乎是错误的,而且在任何情况下,美国法律通常会排除这种结果,因为美国专利法第 284 条规定,法院判决 "足以补偿侵权行为的损害赔偿,在任何情况下不得低于侵权人使用该发明的合理许可费。"[2] 事实上,美国在 20 世纪初至中期逐渐采用合理许可费赔偿救济的原因之一,正是为了避免由于难以确定专利权人的损失或侵权人的收益而导致法院只能判决象征性损害赔偿的情况。相反,正如 1933 年莱昂德汉德法官所表达的那样:"合理许可费赔偿的整个概念是一种有助于司法公正的手段,通过这种手段可以估算出实际上无法

---

[1] U.S. *Frumentum Co. v. Lauhoff*(第六巡回法庭,1914 年,第 617 页)(美国);另见 *Georgia-Pacific Corp. v. U.S. Plywood Corp.*(S.D.N.Y. 1970,1120)(美国)(上市系数 12,指的是 "在特定业务或可比业务中为使用发明或类似发明而可能惯用的利润或销售价格的一部分",并且很可能是基于利润。)

[2] 《美国专利法》,《美国法典》第 35 卷第 284 条;另见 *Apple,Inc. v. Motorola,Inc.*(美国联邦巡回上诉法院,2014 年,第 1328 页)(指出,即使专利所有人未能提出可接受的证据来量化其损失,法院也有义务 "从记录证据中确定什么构成合理的专利使用许可费");参见 Schonknecht 2012,311-313(讨论了德国法院根据《民事诉讼法》第 287 条估算损害赔偿的 "自由裁量权",并声明 "受害方无需证明其损害的确切金额;相反,如果它提供了一个法院可以确定'至少粗略估计'的事实依据,就足够。)[引用 BGH v.6.3.1980-X ZR 49/78-Tolbutamin(德国)]。

估量的权利,[1]而不是让遭受了明确侵权的专利权人空手而归。"[2] 出于同样的原因,仅仅因为侵权人不能证明合理的分配(除非专利权人寻求并根据相关实体法有权获得侵权人利润作为赔偿),将侵权人从使用所主张的发明中而获得的 100% 利润判给专利权人,这同样是错误的。[3]

可以说,最佳做法是允许当事人引入他们关于利润分配的任何有力证据,包括可参照数据,同时也允许事实审理者注意到,例如行为心理学和经济学的研究结果(例如最后通牒游戏)表明西方人普遍认为 50/50 的利益分配是公平的。(类似地,纳什议价解决方案的应用通常可能导致 50/50 的分配,这是博弈论中广泛使用的一种结构——尽管经济学家通常将 50/50 分配作为一种貌似合理的假设,而不是将其作为两个实际当事人如何议价的事实加以证实。[4])例如在 *Summit 6, LLC v. Samsung Electronics Co.* 案中,联邦巡回法院最近确认了一项损害赔偿判决,该判决基于一名专家证人,其声称三星没有从使用这项专利发明中获得增量利润,并通过对议价能力的分析和纳什议价解决方案的应用对双方的利润进行分配。[5]

因此,我们建议,当面临如何分配使用发明与次优替代方案所产生的增量价值时,法院应允许当事各方就此问题引入有力的证据,包括在必要时估算"有助于司法公正"的合理许可费赔偿。实证研究发现,西方人普遍认为 50/50 的利益分配是公平的,经济学家经常使用纳什议价解决方案来模拟议价行为。因此,政策制定者不妨考虑采用一个可辩驳的推定,即双方当事人同意以 50/50 的比例分配。然而,这种推定只有在初步确定了使用发明所产生的增量利润之后才能发挥作用,而且当事人不难通过更具体的证据(可参照数

---

[1] Taylor 2014, 97-101, 112-113(介绍合理许可费发展史)。

[2] 例如,Cincinnati Car Co. v. New York Rapid Transit Corp.(第二巡回上诉法院,1933 年,第 594-595 页)(美国)。

[3] 如第 2 章所述,除了外观设计专利案件外,美国不再提供此类裁决。

[4] 例如 Henrich 2015, 191-92, 358-359; Stout 2011, 52-54。

[5] Summit 6, LLC v. Samsung Electronics Co.(美国联邦巡回上诉法院,2015 年,第 1297 页)。Compare VirnetX, Inc. v. Apple Inc.(美国联邦巡回上诉法院,2014 年,第 1333-1334 页)(反对使用纳什交易方案,理由是使用 50/50 分割作为损失计算的起点"与案件事实的关联不足")。

据、行业惯例、风险分配等）予以反驳。[①]

相比之下，我们不建议出于某种考虑而使用更强的推定？（例如，只有通过明确和令人信服的证据才能推翻的推定），因为事实审理者（特别是非专业陪审团）可能过于重视此类推定。并且，此类推定的不足之处与美国法院先前使用的 25% 经验法则截然不同，后者在 Uniloc USA, Inc. v. Microsoft Corp.[②] 案中被联邦巡回法院推翻。根据该经验法则，损害赔偿专家可以推定"被许可人支付的许可费费率相当于其所涉及知识产权产品预期利润的 25%"[③]，与此不同的是，只有在恰当地将所主张发明的增量利润与整体收入和所有利润分开后，所述的假设价值分配的推定才适用。在复杂技术产品案例中，除了所主张的发明外，可能还有多项创新对整体收入和利润都有贡献。因此，在这种情况下，可预期因所主张发明而产生的 50% 增量利润通常只是复杂技术产品整体利润中一个很小的百分比，甚至只是整体利润的百分之一。

1.3.4 假想交易的时间

美国判例法中的标准观点是，假想交易发生在侵权发生日之前。[④] 这一

---

① 各种法律体系，包括专利法，在利益事实（称之为 X）难以证明但可能与其他更容易证明的事实（称之为 Y）相关的各种情况下使用推定。在这种情况下，根据事实证据 Y 假设事实 X 的存在，可能会降低判决成本，并更好地促进准确事实认定的目标，而不是要求在没有有效事实 X 的情况下，事实调查者必须找到非 X 的规则，可推翻的推定鼓励所针对的当事人提出背离推定的证据，如果该当事人可能比其相对人更容易获得这类信息，这是有道理的。关于一般假设的功能和作用的讨论，参见 Mueller & Kirkpatrick 1999, 126-131; McGowan 2010, 582; Posner 1999, 1503-1504。

② Uniloc USA, Inc. v. Microsoft Corp.（美国联邦巡回上诉法院，2011 年）。

③ Goldscheider, 2002, 123。

④ Lucent Techs., Inc. v. Gateway, Inc.（美国联邦巡回上诉法院，2009 年，第 1324-1325 页）（声明"假想交易或'自愿许可方／自愿被许可方'方法……试图确定双方当事人在侵权开始前成功协商达成的合理许可费。事前许可谈判场景和最终协议"）; Georgia-Pacific Corp. v. U.S. Plywood Corp.（S.D.N.Y. 1970, 1120）（美国）。在标准必要专利中，法院已经开始改变假想交易的时间框架，从专利被侵权之前调整到标准被采纳之前。参见 In re Innovatio IPVentures, LLC Patent Litigation（N.D.Ill 2013, 19）（美国）; Microsoft Corp. v. Motorola, Inc.（W.D.Wash 2013, 19）（美国）; Apple, Inc. v. Motorola, Inc.（N.D.Ill 2012, 913）（美国）。

时间主要在两个方面存在争议。首先，假想交易应仅基于以双方事前可获得的信息，这是支持美国法律主流观点的基础，事后信息仅作为双方事前预期的间接证据（"智慧之书"方法）。[1] 相比之下，德国的标准认为，法院应考虑各方当事人预见到的所有相关事后信息本应在事前就达成协议。[2] 还有少数人主张在美国法律中广泛使用事后信息，认为这样可以对专利技术进行更准确的估价。[3] 其次，大量的学术评论认为，特别是在涉及标准必要专利时，假想交易的时间应该早于发生沉没成本[4]的时间，该评论反映了这样一种观点，即专利使用者在首次侵权时不可避免地会产生沉没成本，因此，当时协商的许可会允许专利权人劫持专利使用者的一部分沉没成本，从而导致许可费赔偿超过发明价值。[5]

基于这些问题，我们建议，在法院继续采用假想交易框架时，应采用灵活的做法，考虑到假想交易只是一种法律虚拟的情况，作为达成合理赔偿的辅助手段，而不是作为基本原则必须严格按照字面意义适用。特别是在时间方面，在许多情况下，假想交易的确切日期不会对合理许可费赔偿产生任何影响，美国早期援引假想交易方法的判决通常也没有涉及交易发生的时间。另一方面，在将首次侵权时间确定为适当时间的案件中，法院之所以选择该侵权时间，并不是因为它反映了真正愿意谈判的当事人之间协商的时间，而是因为这个时间对具体案件的事实来说是公正的。如第1.2节和第1.3.5节所讨论的，我们的首选方法不是采用假想交易，而是确定双方正在协商的盈余，并以适当的方式分配盈余。但无论使用哪种框架，最终目标都是确保分配不会被固化而是反映任何一方承担的附加服务或风险。

---

[1] 参见第1.3.5节。
[2] Schonknecht 2012。
[3] Siebrasse & Cotter 2016。
[4] "沉没成本"一词在经济意义上是指已经发生且无法恢复的费用，而不是会计学意义上的固定成本。
[5] 例如Taylor 2014, 129（注意到"为了避免从专利劫持中提取价值，假想交易的时间应假定为侵权人在开发或使用专利技术进行投资之前"）。

为了说明我们的建议，可以假设这种情况：法院认为假想交易发生在首次侵权时，但在侵权人已经产生沉没成本之后。此时，专利权人可以获取一些与沉没成本相关的价值，即使它与专利技术的价值没有实质性的关系，这与普遍认为专利权人通常不能获取这种不相关价值的观点相反。[1] 幸运地是，我们尚未发现法院允许专利权人获取以侵权日为基础进行假想交易而产生的沉没成本。我们认为，关键是要确保用于确定合理许可费赔偿的证据以避免与沉没成本有关的问题。例如，如果交易是使用可参照许可构建的，那么应严格遵守以下原则：若假想交易发生在侵权日之前，将禁止使用该日期之后签订的可参照许可。但是，如果涉及相关可参照许可的当事人在产生沉没成本之前已经就许可进行了协商，那么该许可或该许可的许可费都不会反映沉没成本的劫持，因此没有理由拒绝使用以此日期为基础的可参照许可。

此外，虽然合理许可费赔偿不应反映侵权人的沉没成本这一观点通常是合理的，但并不一定要求许可费赔偿以沉没成本之前的证据为基础，上述情况就是说明。另一个例证是，通常确定侵权开始的日期可能比确定侵权人开始产生沉没成本的日期更容易，在沉没成本不太大的情况下，假想交易日期的提前会使得准确确定沉没成本的边际行政成本增加，这样做可能是不合理的，可以参考 *Tights, Inc. v. Kayser-Roth Corp*[2] 案的事实，在该案中，法院指出，如果被许可人需要为实际商业化作出重大贡献，则将支付较低的合理许可费赔偿；如果被许可人对商业化的贡献较少，则会支付较高的合理许可费赔偿。假想交易的日期很重要，因为在首次侵权发生时产品市场已经相对成熟，合理许可费赔偿要比侵权人进入新生市场时要高。[3] 如果为了避免沉没成本的劫持而推迟假想交易的日期，意味着在 *Tights* 案中合理许可费赔偿将相应减少。在我们看来，*Tights* 案根据事实作出了正确的决定，而降低合理许可

---

[1] 除非有具体的理由允许补偿性补救，如第 3 章所述，需要处理投机主义侵权问题。
[2] *Tights, Inc. v. Kayser-Roth Corp.*（M.D.N.C. 1977）（美国）。
[3] 同[2]，第 164 页。

费赔偿以从理论上避免沉没成本的劫持（这不是问题所在）将是不合适的。

这说明了解决根本问题的重要性，而不是仅仅关注假想交易的日期。出于某些目的（避免沉没成本的劫持）的假想交易日期可能不适合其他目的（确保合理许可费赔偿反映侵权人对商业化的贡献）。推迟假想交易日期以解决一个问题可能又会引起其他问题，而真正需要做的就是，确保合理许可费赔偿所依据的具体证据并没有不恰当地导致沉没成本的劫持。

1.3.5 需要考虑的因素

现在，我们将注意力转到信息变化的问题上。假设在首次侵权时，当事人预期发明会非常成功，所以他们计划会以很高的许可费签约，但事实上发明是失败的。如果许可费仅基于当事人在首次侵权时获得的信息，则赔偿金额将非常高；但如果是基于发明实际上毫无价值的认知，那么许可费就会非常低。例如，2012年，联邦地区法院在针对杜邦公司的专利侵权纠纷中做出孟山都胜诉10亿美元的判决。尽管杜邦公司从未出售过任何侵权的种子，但这个数额反映了陪审团预计在侵权发生之前杜邦公司会同意支付并且孟山都愿意接受的一次性最佳许可费金额。[①] 值得注意的是，相反的情况也可能发生，预期毫无价值的技术也可能被证明是有价值的。美国法律的主流观点是，事后信息只可用于确定当事人在首次侵权时相信什么，如果可以确定当事人是错误的，那么合理许可费赔偿将根据当时的错误认知进行计算，而不是基于实际发生的情况进行计算。

我们的建议，与美国的主流做法相反，法院应采用西布拉斯和科特所称的"取决于事前事实的方法"（contingent ex ante approach），根据该方法，假想交易通常假定发生在任何沉没成本产生之前（受上一节中所述注意事项的

---

① *Monsanto Co. v. E.I. DuPont De Nemours & Co.*（U.S. 2013）。宣判后没有发表意见，案件很快就完结了。有关讨论参见 Chao & Gray 2013。

约束），并受到事后信息的积极影响。[①] 这种方法的基本原理是，必须假定交易是在事前发生的，以便专利权人无权提取任何劫持价值；同时，使用事后信息可以更准确地反映发明真实的增量价值，从而为专利权人提供了更准确的回报，这实际上与假想交易的框架并不矛盾，因为各方通常是在有条件的基础上进行协商的。例如，协商浮动的许可费是惯例，这样做的效果是根据事后确定的专利价值大小等来调整给专利权人的浮动许可费。在假想交易中使用事后信息是假定双方会在充分考虑所有条件的基础上签订合同，而不仅仅是销售数量。这种方法并不会排除表明当事人实际上会商定一次性许可费的证据，而只是假定当事人更倾向于考虑专利技术有失败风险时的合理许可费。这种方法也与既定规则相一致，即假定假想交易的当事人知道专利是有效的且被侵权，即使在实际谈判过程中，他们会因无责风险而降低许可费。

这一观点在美国判例法中也得到一些支持，其中最突出的是卡多佐法官在 *Sinclair Refining* 案中指出：如果交易的客体是未开发完的专利时，假想买方根据违约时所获信息进行的假想出价并不构成补偿的限制因素。当时的信息可能太少且不够完善，以至于出价只是名义上的。如果价值标准仅考虑专利受让人立即处置专利时拿到的价格，而不考虑拿在自己手中会带来的价值，那么专利受让人得到的价值比公平补偿的少。[②]

通常认为，事后信息可以作为当事人在首次侵权时相信什么的证据，但从表面上看，它支持更广泛地使用事后信息。同样，在 *Georgia-Pacific* 框架中，地区法院实际上确实考虑了事后侵权证据，第二巡回法院在上诉中裁定地区法院这样做没有错误[③]。最近，法院似乎在使用事后证据方面开始更加

---

① Siebrasse & Cotter 2016; Sidak 2016a。塞多纳会议还讨论了事后信息的扩大使用：参见塞多纳会议 2016，22–28。但是正如上一小节所讨论的，在某些情况下，为避免沉没成本而进行的假想交易的时间可能并不特别相关。

② *Sinclair Ref. Co. v. Jenkins Petroleum Process Co.*（U.S. 1933，699）。

③ *Georgia-Pacific Corp. v. U.S. Plywood Corp.*（第二巡回上诉法院，1971 年，第 297 页）（美国）。

开放。①

另一方面，对使用事后信息的另一个反对意见是，法院倾向于不对称地援引"智慧之书"来使专利权人而不是侵权人更受益。②对这一反对意见的明确回应是我们认为这样做是错误的。假定通常允许使用澄清事后证据，这将有助于避免无原则的信息不对称做法。③李和梅拉米德进一步指出，大量使用在首次侵权时的事后证据，而不仅是当事人当时能够知道或相信什么作为证据，将导致两个错误：第一，基本原理假设实际利润在假想交易时完全不可预见，当事先谈判的当事人可能已经了解到会有一系列可能的结果（有些会导致侵权人获得更高的利润，有些会导致侵权人获得利润很少或根本没有），并且会在事先选择合理许可费时考虑到所有这些结果。第二，根据事后证据确定的合理许可费赔偿通常包括基于事后经济发展的溢价，这种经济发展增加了侵权人对专利尤其是固定成本的依赖性，而与专利带来的增量利益无关。

第一个反对意见没有抓住重点。如果各方当事人事先的预期是准确的，那么使用事后信息的方法与不使用事后信息的方法没有区别。④如果当事人发生错误，使用事后信息能够更准确地确定合理许可费赔偿。就目前而言，第二个反对意见是合理的，它实际上同样适用于标准立场，即假想交易发生在首次侵权时，那时侵权人通常已经产生了固定成本。无论是否考虑事后信息，答案都是拒绝给予反映固定成本的合理许可费赔偿，换句话说，李和梅拉米德隐含地假设为了考虑事后信息，有必要假设假想交易发生在事后，但根据西布拉斯和科特的提议，假想交易发生在沉没成本发生之前，应考虑所有事后信息，而不仅仅是关于专利有效性和侵权信息。

简言之，无论事后信息对合理许可费赔偿有何影响，与其完全排除事后

---

① Lee & Melamed 2016，414. 回顾案例并建议"遵循 [*Fromson .v.W.Litho Plate & Supply Co.*（美国联邦巡回上诉法院，1988年，第1575页）]，法院经常依赖智慧之书原则来考虑事后发展，无论这些事后发展是否提供了对双方事前谈判立场的立场，或案件是否涉及故意侵权"）。

② Janicke 1993，725-727。

③ 同②（批评法院不对称地使用事后信息，并辩称适当的回应是正式承认"法院应审查侵权开始时以及随后发生的假想交易的理论之外的商业现实"）。

④ 除非在诉讼案件中存在偏见：参见 Siebrasse & Cotter 2016。

信息，不如清楚地阐明理由，这不是简单地增加专利权人的赔偿，由此明确事后信息是可接受的。因此，我们认为，"取决于事前事实的方法"是合理的。

1.3.6 可参照许可

如果我们将合理许可费想象为各方当事人使用某些假设进行的假想交易的产物，那么使用可参照许可（处于类似情况的当事人"实际上同意"[①]）以便于做出决定似乎是合理的。[②] 事实上，当可参照许可满足了作为一个"既定"许可的严格要求时，它用于检验价值就很明显。[③] 然而，使用可参照许可（甚至是"既定"许可[④]）作为合理许可费赔偿的证据，仍存在重大的实际和概念

[①] Durie & Lemley 2010，641；Masur 2015，120（乍一看，这种方法是有道理的；如果法院必须重建一个假想的合理许可费谈判，那么实际存在的许可协议很可能构成此类谈判框架的最佳可用证据。毫不奇怪，学者、评论员和法院几乎一致赞成使用现有的许可来计算专利损害赔偿额）。

[②] 例如，前两个 *Georgia-Pacific* 因素特别侧重于先前的许可协议。参见 *Georgia-Pacific Corp. v. U.S. Plywood Corp.*（S.D.N.Y.1970，1120）（美国）（列举专利权人就专利权诉讼中的许可而收取的合理许可费，证明或倾向于证明已确定的专利许可费。被许可人使用与诉讼专利相当的其他专利而支付的费率）。其他因素通过添加具体内容来细化在先许可的相关性。例如，第三和第四个因素通过权衡在先许可的排他性和任何地理限制或其他特殊条件来考虑专利权人的许可计划。美国以外的法院也经常参考类似的许可，或者有时是行业标准费率，以帮助计算合理的许可费。关于在德国和日本实践的讨论，参见 Cotter 2013a，268，321-322；第二专利委员会第二小组委员会，2014。因此，我们在上文中对"可参照性"的讨论应理解为适用于其他类似的证据形式，例如行业标准费率。

[③] *Dowagiac Mfg. Co. v. Minn. Moline Plow Co.*（U.S. 1915，648）（指出，如果专利权人承担"授予许可的过程"，那么这些"既定的合理许可费提供衡量损害赔偿的依据"）；鲁德诉韦斯科特（U.S. 1889，164-165）（声明，为了有资格成为既定的合理许可费，费率"必须在被投诉的侵权行为之前支付或担保""必须由一定数量的人支付，以表明有机会使用该发明的人普遍默认其合理性""必须在许可上实现颁发地统一"，并且不应在解决另一项侵权索赔时支付）；*Nickson Indus., Inc.v. Rol Mfg. Co.*（美国联邦巡回上诉法院，1988年，第798页）（如果存在既定的合理许可费，则通常认为是衡量合理许可费的最佳标准。）

[④] 例如 *Consol. Rubber Tire Co. v. Diamond Rubber Co. of NY*（S.D.N.Y. 1915，459）（美国）（描述了在被许可专利被普遍认为无效的情况下授予既定专利许可费的不恰当性）；Taylor 2014，101-104［解释说，在持续沿用的情况下，后来的法院遵循了汉德法官的推理（在 *Consol. Rubber Tire Co.* 中）。橡胶轮胎公司给予合理许可费，而不是减少"名誉受损"和"公开违反"专利的时期］。

问题。尽管我们并不建议法院放弃使用可参照许可,但建议法院应注意以下将讨论的问题,并在使用可参照许可时尽其所能考虑这些因素。

1.3.6.1 可参照性

使用可参照许可最直接的困难是确保可参照性。很难找到在假想交易的情况下签订的实际许可。从理论上讲,尽管随后考虑到差异可能需要进行调整,即使未在与假想交易完全相符的情况下进行交易,一项可参照许可也可以被视为合理许可费赔偿的证据。如果可参照许可很不相似,则可以适当地将其排除在外,特别是在美国的实践中,法官通过将证据排除在陪审团的考虑之外而发挥了重要的守门人作用。

虽然涉及不同相关专利技术的可参照许可在原则上可以作为有效的比较标准,但在确定不同技术是否具有足够可参照性方面存在明显的问题。因此,法院更倾向于依赖专利权人对同一专利授予的许可,[①]但即便如此,问题仍然存在。可参照许可通常将所涉专利的许多专利捆绑在一起,很难区分出所涉专利技术的专利价值。与仅仅承诺不起诉相反,涉及技术转让的许可通常包括其他形式的知识产权,如与专利技术相关的商标或商业秘密,以及双方的其他义务,如回授条款或持续提供技术支持的义务。在诉讼中,假想交易涉及一种完全不同的交易,通常只涉及专利本身的简单许可。但是也可能作出调整,以补偿因其他因素产生的价值。[②]美国法院似乎很好地处理了这个问题,通常会排除包括大量非专利利益在内的许可[③]。

此外,即使是具有类似附加条款的同一专利的许可,在许可费方面也不

[①] Masur 2015, 123-124(记录下使用不同技术的困难);另见 Cotter 2011, 748(严格来说,可以从经济层面上进行比较的许可应该涉及相同的专利或者同一事务中的专利);Weinsteinet al, 2013, 553(*ResQNet* and *Lucent* 认为,可参照许可只能包括专利诉讼本身的许可,并在必要情况下,基于 *Georgia-Pacific* 因素 2 和 12 去除对价许可)。

[②] *Microsoft Corp. v. Motorola, Inc.*(W.D.Wash 2013, 79-92)(美国)(量化技术对微软的价值);*Unwired Planet Int'l Ltd. v. Huawei Techs. Co.*(Pat 2017)(英国)(根据相关专利转让人获得的合理许可费调整给予 FRAND 合理许可费)。

[③] Hovenkamp & Masur 2017, 407 n.48。

一定具有可参照性,因为专利权人很可能会进行价格歧视,即向不同用户收取反映这些用户价值差异的价格。[1] 在血管移植中使用几平方厘米的戈尔特斯可以挽救生命,而使用一平方米的戈尔特斯可以增加雨衣的舒适度。如果专利权人向雨衣生产商收取与心脏支架生产商相同的单位面积费用,则要么放弃支架许可的可观利润,要么完全放弃雨衣许可。价格歧视与本章开始所阐述的原则是一致的,即相对于次优替代方案而言,专利权人有权获得与其技术价值相匹配的报酬。如果该技术价值在不同申请中有所不同,专利权人可能会对这些申请收取不同的费用,这意味着即使附加条款(甚至被许可人)完全相同,在雨衣中使用所述专利技术与在支架中使用所述专利技术的许可费在诉讼中可能不具有可参照性。(事实上,即使是既制造支架又制造雨衣的被许可人也可能为不同的用途向专利权人支付不同的许可费。)[2] 同样地,即使是对于相同的应用,如果其中一个用户具有互补技术,而另一个用户没有[3],专利权人也可能对上述不同用户进行价格歧视。

1.3.6.2 循环性

使用可参照许可的另一个可能的问题是循环性。由于使用可参照许可来确定合理许可费赔偿是合理许可费赔偿评估中最容易预测的方面之一,因此,如果要提起诉讼,可以期望各方当事人会使用可参照许可作为假想交易的考量因素。因此,如果法院对许可费赔偿的评估产生任何系统性和可预测的错误,那么该错误将通过可参照许可的使用而放大。此外,即使当事人从未提起诉讼,循环性问题也会产生,因为这只取决于当事人对诉讼结果的期望。[4] 循环性可以有两种不同的形式,我们将其称为"劫持/反向劫持循环性"(holdup/holdout circularity)和"或然的循环性"。首先,假设在被许可人受到

---

[1] Hovenkamp & Masur 2017,12。

[2] *Samsung Elecs. Co. v. Apple Japan LLC*(IP High 2014,134)(日本)(向同一手机和平板电脑制造商判予相同技术的不同专利许可费赔偿)。

[3] Hovenkamp & Masur 2017,395-396。

[4] Masur 2015,133;Taylor 2014,112-115。

专利劫持或专利权人受到反向劫持的情况下协商了用作可参照许可的在先许可，可参照许可将反映专利劫持或反向劫持的价值，而不仅是专利技术相对于非侵权替代方案的价值。① 一种解决专利劫持循环的方法是通过拒绝禁令救济来消除专利劫持本身的风险，尽管在更广泛的各类案件中，拒绝禁令救济是否可取本身就是一个重要问题（可能不是由专利劫持循环问题带来的）。另外，即使法院通过排除在导致专利劫持情况下协商达成许可的证据来授予禁令救济，法院也可以避免专利劫持的循环性。这意味着要排除在被许可人产生沉没成本之后协商达成许可的证据。但这可能并不容易，因为它不仅需要了解在先许可本身，还需要了解协商时的情况。此外，莱姆利和夏皮罗认为，当专利使用者在诉讼后不得不将其产品退出市场以进行重新设计，就会形成另一种形式的专利劫持，这种形式的专利劫持也会因循环性而放大。通过排除在这些情况下协商达成的可参照许可能够避免这种"与重新设计有关的专利劫持循环性"问题，但这一规则似乎也很难实施，因为它需要了解被许可人在与实际情况相反的情况下，许可协商失败后的最佳选择是什么。正如第4章关于禁令救济所讨论的，如果通常允许对产品进行重新设计而中止禁令救济，"与重新设计有关的专利劫持的循环性"问题就可通过产品的重新设计得到缓解。②

由于专利的或然性，可能会出现另一种循环性。如第7.3.1节所述，实际交易的当事人将按担责的可能性对专利技术的价值进行折算，因此，如果

---

① Shapiro 2010, 314-315; Lemley & Shapiro 2007a, 2021-2022。如第4章所讨论的，Lemley & Shapiro 模型假设法院将始终向成功的专利权人授予永久禁令，并为判决前侵权行为支付合理的许可费。审判占专利期限的比例越大，合理许可费对诉讼结果的影响就越大，因此乘数也就越大。在夏皮罗的模型中，如果诉讼总是花费相同的时间，那么循环效应将产生一个与审判后专利期限成反比的乘数。参见 Shapiro 2010, 314。

② Lemley & Shapiro 还认为，专利的或然性可能会导致劫持，即使许可是在事前协商的：参见第7.3.1章中关于"概率劫持"的讨论。概率劫持并不会导致循环性问题，因为超额收费的产生原因是，潜在被许可人的威胁点是不完全使用专利技术；也就是说，被许可人的行为就好像专利是有效的和被侵权的。然而一旦在审判中确定了专利有效性和被侵权性，这是一个合理的假设。

法院使用经过协商的许可费作为合理许可费赔偿的基础，则有可能产生双重折算问题（法院判决的双重折算的合理许可费赔偿将作为交易下一个许可的基础，然后再进行三倍折算等）。① 与专利劫持循环性问题相比，相较于专利技术的基准值可能会增加交易的许可费，而"或然的循环性"问题可能会使协商的合理许可费有所降低。（尽管如上所述，即使是已确定的许可费在可参照性等级中的地位更高，它也会受到影响）此外，不同于如果双方不期望获得永久禁令则不会出现劫持循环性的情况，无论双方是否期望获得永久禁令，都会产生或然的循环性问题。可想而知，劫持循环性和或然的循环性在某些情况下可能互相抵消，但由于考虑到评估这两种循环性问题的难度，不可能准确确定这两种循环性的程度。最有可能出现的是，当在先许可涉及一项尚未被确认为有效和被侵权的专利许可，并且若在被许可人产生沉没成本之后进行协商，则协商的许可费可能会过高或过低，这取决于哪种影响占主导地位。

原则上，通过适当提高合理许可费赔偿来补偿贬值，可以避免"或然的循环性"问题。② 然而，这种解决方式存在两个问题。首先，在实践中，似乎很少进行这样的提高。③ 其次，也是更根本的问题，难以作出适当的调整。理想的倍数将取决于可参照许可的当事人在协商许可时对担责可能性进行的协商，但这将很难证明，因为它涉及"只有第一份许可协议的当事人才能获得有关原告在诉讼中胜诉概率的私人信息"。④ 这些信息可能根本不在协商者的考虑范围之内，而且，由于在先的被许可人不是当前诉讼的当事人，因此可能无法找到任何揭示被许可人对担责可能性看法的内部备忘录（在某些情况

---

① Taylor 2014，115-116。

② 同①，130-131。

③ Masur 2015，132 n.76；Taylor 2014，144-148（解释原因）。一个少见的例外，参见 *St.Lawrence*（E.D.Tex.2 月 21 日，2017 年）（圣劳伦斯专家提出意见，认为圣劳伦斯先前与三星就中兴和摩托罗拉未决诉讼案中的专利许可费谈判的许可费率应提高 50%，以反映"和解贬值"，18% 应考虑"无效贬值"）。

④ Masur 2015，120；Taylor 2014，147。

下，专利权人的内部备忘录可能会阐明这一问题，但即使使用此信息也会有问题，因为它通常只代表专利权人的观点。[①]）无论如何，这种调查将需要耗时且昂贵的附加诉讼。或者，法院尝试根据相对于特定在先许可有关的客观因素，例如专家关于责任可能性的证词，来估计折算情况。但是，对于不必提起诉讼的新问题，这是一种困难的调查，而且似乎也不太容易产生可靠的结果。[②]因此，在许多情况下，法院不调整隐性折算的情况反而更好，而是只要注意到可参照许可提供了"专利估价的底线，而不是一定合理的估价"。[③]最后，人们可以试着使用标准倍数。例如，如果"任何特定的专利权人在事前对任何特定的所谓侵权人都有25%的胜诉机会，那么，适当的倍数是4"。[④]但是，在特定情况下未针对折算证据进行校准的标准倍数仅仅是重新调整了循环性。[⑤]这是因为标准倍数会对拥有强大专利的专利权人进行过度补偿。因此，在预期审判结果的背景下进行议价的各方将根据夸大的损害赔偿价值协商合理许可费，而夸大的合理许可费将反作用于未来的赔偿中，以此类推。[⑥]这实际上将导致一种新形式的专利劫持，使拥有强大专利的专利权人能够获得相比其发明更多的价值。同样的情况也会在另一个方向上发生，即专利低

[①] 尽管假定专利权人的估计责任概率与被许可人的估计责任概率处于同一水平并非不合理，如果不这样做，他们将无法达成协议。

[②] Masur 2015，149-152（有说服力地认为此类调查不令人满意）；Taylor 2014，147-148（同上）。

[③] 同②，131。

[④] 同②，149-152；另见 Taylor 2014，146（如果侵权和有效性是自变量，则由承担责任产生的乘数应为 4；也就是说，陪审团应将反映 50% 有效性概率和 50% 侵权概率的协商合理许可费乘以 4，以获得合理的结果，合理许可费反映了责任的确定性）。

[⑤] 标准乘数的另一个问题是，由于与案件事实无关，因此在美国法律中可能不被接受。Masur 2015，146。不管怎样，即使在与案件事实相关的可靠证据的情况下，也有理由认为陪审团不会使用适当的乘数。Taylor 2014，146（有人真的认为在结案案件中，陪审团会将诉讼前的合理许可费乘以 4，而在责任明确的案件中，陪审团根本不会增加起诉前的合理许可费赔偿吗？）。

[⑥] 例如，如果实际谈判的各方认为有 90% 的可能性承担责任，那么在先可参照许可中的合理许可费几乎不会折算，基于在先许可证的合理许可费加上几乎 4 倍的标准乘数。参见 Masur 2015，154。

于平均价值水平的情况下。①

因此，在大多数情况下，要可靠地提高在先可参照许可的合理许可费似乎非常困难，即使在先可参照许可本身与诉讼中涉及的许可非常相似。另一种方法是尝试选择合理许可费不折算的许可，因为它们是在担责发生可能性很高的情况下进行协商的。其中一种示例是专利在其他诉讼中被认定为有效之后进行协商的许可。但即便如此，在涉及不同侵权人的诉讼中，先前的有效性判决也不会具有约束力，因此，基于专利无效的可能性可能仍然会有一些贬值。除非专利实施的情况完全相同（就像在标准必要专利中的情况一样），否则就侵权而言也可能存在很大的贬值，更不用说由于专利权无效或无法强制执行的风险而引起的贬值。此外，这一方法将严重限制案件中可参照许可的使用。

一些作者提出，实际上应该优先考虑美国法院通常（尽管并非总是）排除证据的先前和解②，特别是在专利权人似乎要赢得潜在诉讼时达成的和解③。由于先前和解并不总是可用，因此这一提议只在相对少的案件范围中有用。此外，必须明确的是，专利权人胜诉是基于客观因素，例如对专利权人有利的预审动议，否则贬值问题将无法解决。④此外，如果在先诉讼中的专利权人成功获得禁令，和解可能反映出专利劫持价值，从而解决或然的循环性问题，而又引发专利劫持的循环性问题。和解的另一个问题是，和解可能反映的是避免诉讼费用的价值，而不是专利技术的价值，尽管只有当诉讼费用至少与专利技术的价值相当时，这才是一个重大问题。⑤

---

① Masur 2015，155。

② 例如 *Rude v. Westcott*（U.S. 1889，164），但见 ResQNet（美国联邦巡回上诉法院，2010 年，第 868 页）（根据案件事实，批准使用和解作为可参照案件；Narechania & Kirklin，2012）。

③ Taylor 2014，131（这表明"如果和解协议反映了更多关于责任的确定性，经济学家可能能够利用它们而不是其他协议，更容易地确定专利技术的真正价值"）。这一建议在 Masur 2015，145–146 中得到了更充分的解释。另请参见 TechPrism（美国联邦巡回上诉法院，2017 年）（根据案件事实批准使用和解许可，并讨论在何种情况下的和解可以或多或少的作为证明）。

④ Masur 2015，145–146，148。

⑤ 在这种情况下，甚至可能是许可费太低，而不是太高。如果专利权较弱，诉讼价值和解可能是有意义的，但一旦被判定为有效侵权，这些低价值和解就不再反映专利技术的真实价值。

1.3.6.3 动态考虑因素

在专利权人可以预期合理许可费赔偿将是主要救济措施的情况下，其中一些问题可能会变得更糟，因为我们预计他们会调整其许可做法以反映这种预期。[1]这些调整可能会产生两种不良影响。首先，在特定情况下，确定准确的损害赔偿将更加困难。一种可能是，专利权人担心在未来的诉讼中出现的贬值会抑制其追偿，会坚持人为地将不必要的商业秘密或其他虚假条款捆绑到专利许可中，以确保其随后不能用作可参照许可，这本身就毫无意义，尽管如果双方都谨慎地加入他们知道实际上毫无价值的条款，但也不会以其他方式破坏交易。[2]另一种可能是，鉴于不可追偿的重大风险会出现大幅贬值，专利权人会在许可协议中包含自我保护的声明。[3]相反，专利权人可能会在协商许可时试图通过人为收取高额费率来钻制度的空子，以期望可以用作可参照许可[4]。从增加交易成本的角度来看，这种策略是没有意义的，如果法院能够发现并不将此类许可用作可参照许可，它也不会对更普遍的许可条款产生影响（但这是值得商榷的）。其次，这种调整可能会破坏专利权人的一般许可行为，从而产生更广泛的影响。如上所述，价格歧视意味着专利权人合理地向高价值用户收取高额许可费，向低价值用户收取低额许可费。但是，如果专利权人预期其对低价值用户的许可将在随后针对高价值用户的诉讼中用作可参照许可，则可能更倾向于根本不许可低价值用户。这既损害了双方，也损害了整个社会[5]。原则上，解决这一问题的办法是，法院将与低价值用户协商的许可排除可参照许可之外，但法院能否可靠地并可预测地区分这两种情

---

[1] 如第 4 章所述，授予持续的合理许可费代替禁令会在计算此类合理许可费时产生错误的风险，尽管此类错误是否系统地有利于一方或另一方，以及鉴于禁令导致的劫持风险，这些错误是否合理，都是值得商榷的问题。

[2] Hovenkamp & Masur 2017，406。

[3] Taylor 2014，149。

[4] Hovenkamp & Masur 2017，406-409；Cotter 2018，195 [*Microsoft Corp. v. Motorola, Inc.*（W.D.Wash）案似乎就是这样，2013 年]（美国）。

[5] Hovenkamp & Masur 2017，403-404。

况还远不确定。①当然，第一步将是让法院承认这样做的必要性。否则，使用可参照许可来评估合理许可费赔偿实际上可能会导致对该技术的许可受到限制。如果目前这在实践中是问题，或者很可能成为问题，那将是非常不可取的。

所有这一切并不是说可参照许可根本就不能证明，或者说上述问题永远无法减轻或避免。例如，罗巴特法官在 *Microsoft v. Motorola* 案中使用 MPEG-LA H.264 专利池费率，并没有引发严重的贬值问题，因为即使专利池中的某些个别专利可能被无效或未被侵权，专利池的各方当事人也可能非常自信地认为，有必要获得专利池许可来实施相关技术。在这种情况下，价格歧视问题似乎也不会出现，因为专利池除了以数量②为基础之外不存在价格歧视，而且侵权人可以获得专利池许可。沉没成本的循环性也很可能不会出现，至少从表面看是这样的，专利池费率的设定是为了吸引尚未产生沉没成本的被许可人。此外，上述提到的循环性问题也可能是理论多于实际。尽管在第 1.1.1 节中讨论的由普华永道和莱克斯·马奇纳所做的年度专利诉讼研究揭示了每年都有的一些变化，但在过去的十年里，美国似乎并没有出现任何持续提高（或降低）损害赔偿额中位数的趋势。因此，撇开理论上的困难不谈，可能是法院已经充分抵消了循环性的潜在螺旋效应。

因此，总体而言，我们建议法院谨慎运用可参照许可和其他市场证据。这类证据往往可能是现有的最佳证据，即使有其他证据表明技术的价值超过替代方案，但通过比较的方式来考虑市场证据仍然是有用的。尽管如此，如果更多的许可条款可以公开获取，法院可能会做出更准确的裁定。因此我们

---

① Hovenkamp & Masur 2017，403–404。请注意，法院仅仅作出区分是不够的；他们必须在实践中以充分的可预见性这样做，专利权人就不必担心低价值许可会影响其在高价值诉讼中的追偿。

② *Microsoft Corp. v. Motorola*, *Inc.*（W.D.Wash，2013，78）（美国）（声明"MPEG-LA H.264 专利池"根据以下附表向包含 H.264 编解码器的产品向被许可方收取专利许可费：前 10 万台免收许可费；对于单位容量在 10 万到 500 万台的产品，许可费为每台 0.20 美元；以及对于超过 500 万台的单位，许可费为每单位 0.10 美元"）。

建议（并进一步研究）持续鼓励此类许可条款公开。①

1.3.7 全部市场价值规则与最小可销售单元

将多因素方法应用于合理许可费赔偿时，另一个经常出现的实际问题是，当事人可能就其提供给事实审理者的合理许可费基数和许可费率作出战略选择。为了获得特定的合理许可费赔偿，专利权人可以主张（或者事实审理者可以确定）应将相对较小的许可费率应用于相对较大的许可费基数，或者相反，可以将相对较大的许可费率应用于相对较小的许可费基数。例如，对 10000 美元的基数适用 1% 的许可费率，对 400 美元的基数适用 25% 的许可费率，均会获得 100 美元的许可费。

从理论上讲，当事人在向法院提出损害赔偿诉讼时选择哪种方法应该是无关紧要的，而事实审理者应该能够使用这两种方法来确定合适的许可费。与此一致的是，在许多司法管辖区，法院通常使用最终产品的价值作为许可费基数。②

近年来，美国法律限制了对专利权人引入证据证明整个被诉产品销售所得利润或收益的能力，这些限制至少在一定程度上是由于人们很早就认识到有必要确保将损害赔偿适当地分配给被诉产品的专利功能而不是其他要素

---

① 例如 Contreras et al. 2016（提议开展一项研究，旨在"以不损害公司级机密信息的方式，向研究人员、诉讼当事人、法官、决策者、监管机构和公众提供在先无法获得的商业专利许可做法信息，包括专利许可费费率"）；另见 Ward 2017（讨论近期德国判例法，旨在根据保密令而增加可参照数据的披露，以用于 FRAND 许可争议）。

② 例如，在德国，即使专利仅涵盖最终产品的一部分，法院也会考虑合理的当事方会选择什么作为专利许可费基数，并且通常（尽管并非总是）使用最终产品的价值，同时考虑到行业惯例、当事方的便利性等因素；发明是否占了最终产品的全部或大部分价值；组件是否经常单独出售；以及是否在产品上投资有自己特有的思路。参见 Cotter 2013a, 268；Kuhnen 2015, 700–702；Schonknecht 2012, 322–324。同样，在日本，法院通常以最终产品的价值为基础。见第二专利委员会第二小组委员会 2014；Cotter 2015；*Samsung Elecs.Co. v. Apple Japan LLC*（IP High Ct. 2014）（日本）。

上。① 对于大基数导致过度补偿的担忧致使联邦巡回法院明确规定，许可费基数应为被诉产品中"最小可销售专利实施单元（SSPPU）"，只有当专利推动了对最终产品的需求时，才允许使用最终产品的"全部市场价值"作为基数。② 在最近的案例中，在当事人自身根据全部被诉产品进行事前协商③，或者在全部产品的基础上协商可参照许可时，联邦巡回法院允许使用全部市场价值作为基数。④

除了对分配的担忧，联邦巡回法院倾向于许可费基数是最小可销售单元的理由是，如果所主张的专利仅仅涵盖整个产品的众多组件或功能中的一个，则整个被诉产品的价值往往会对陪审员产生不应有的影响，在这种情况下，可能会导致过度的损害赔偿。⑤ 这种担忧可能源于一种被称为"锚定"的认知偏见，即人类倾向于过分重视所遇到的第一个数据点，即使该数据点是任意的或无关的。⑥ 在美国诉讼中，锚定往往可能会加人原告首次提出的损害赔

---

① *Garretson v. Clark*（U.S. 1884，121）（专利权人必须在每一种情况下提供证据，使被告的利润和专利权人的损害赔偿在专利特征和非专利特征之间分开或分摊）。

② 例如 *VirnetX, Inc. v. Apple Inc.*（美国联邦巡回上诉法院，2014年）（撤销基于被控智能手机的全部价值而非最小可销售侵权组件的损害赔偿裁决）；*LaserDynamics, Inc. v. Quanta Comp.*（美国联邦巡回上诉法院，2012年，第67页）（通常要求专利许可费不基于整个产品，而是基于"最小的可销售专利实施单位"。虽然"整个市场价值规则"一词现在通常被理解为具有这一含义，但早期的判例法给予了这一原则更广泛的适用范围）。参见 Love 2007，272（讨论旧的判例法，在该判例法下，整个市场价值规则充当了"一般分摊规则的例外"）。

③ 参见 *CSIRO v. Cisco Sys., Inc.*（美国联邦巡回上诉法院，2015年，第1301–1304页）（认为允许一个法庭考虑双方先前谈判的证据，这些证据是基于被诉产品的价值）。

④ 参见 *Ericsson, Inc. v. D-Link Sys.*（美国联邦巡回上诉法院，2014年，第1225–1229页）（认为允许法院承认基于涉嫌侵权产品的全部价值的可参照许可证据）。另见 Teece & Sherry 2016（批评判例法要求诉讼当事人使用最小的可销售单位许可费基数，理由是"很少有真实的许可符合 SSPPU 原则，使得在评估时很难诉求符合实际许可证条款的合理许可费"）。

⑤ 参见 *VirnetX, Inc. v. Apple Inc.*（美国联邦巡回上诉法院，2014年，第1327页）（注意到"最小可销售售单元"要求基于"对损害范围倾斜的基本担忧"，即"误导性地建议损害范围不适当"；*LaserDynamics, Inc. v. Quanta Comp., Inc.*（美国联邦巡回上诉法院，2012年，第68页）（承认总收入与专利特征的价值没有明显的相关性，相比之下，只会使专利权人获得损害赔偿的数额不大，而且人为地夸大了陪审团认定的损害赔偿，超出了"足以赔偿侵权行为"的数额）。

⑥ 例如 Furnham & Boo 2011，35（将"锚定效应"定义为"对决策者做出偏向于初始呈现价值的判断的不成比例的影响"）。

偿[1]，而侵权人有时候根本不会反驳[2]。利用涉及人身伤害案件和惩罚性赔偿裁决的事实模式进行的实验研究发现了锚定效应的证据，并表明在其他条件相同的情况下，要求更多损害赔偿的原告往往会得到更多的赔偿。[3] 因此，存在这样一种风险，即基于被诉的多组件产品的全部价值进行的合理许可费赔偿有可能整体地高估仅涵盖产品一部分组件或功能的专利权。

相关的问题是，根据一项基于 1982—2005 年合理许可费赔偿的研究，美国陪审团倾向于将合理许可费赔偿率定在 10% 之内，而无论适用该费率的基数有多大。[4] 一方面，结合锚定效应，该事实（如果仍然有效）表明，允许向陪审团或法官[5] 出示高收入数据的专利权人可能会因此获得高额的损害赔偿，即使收入额本身与专利技术的价值关系不大。另一方面，我们还未发现任何关于该问题的最新研究，而且这种影响可能随着时间的推移而减弱（也许是由于取消了 25% 的经验法则）。也有人担心，即使证据表明适当的费率低于 1%，陪审团还是更喜欢整数值费率。因此，考虑到分配、锚定和对特定

---

[1] Greene & Bornstein 2003，149-173（回顾关于锚定效应对陪审团影响的文献）。另见 Posner & Sunstein 2005，593（陪审团缺乏参考依据，因此他们的判断将在很大程度上取决于律师提供的证据，以及公民向陪审团展现的锚定、偏见和期望）。

[2] Chao 2012，136-137（注意到原告的合理许可费基数的锚定效应"通常因被告在审判中使用的策略而加深"，包括由于"担心提出损害赔偿案将被解释为承认责任"而未能提供反锚定）。

[3] Campbell et al. 2016，546（在模拟陪审员决定医疗事故案件的实验研究中发现，"强大的锚定效应支配着更小但在统计上仍然显著的可信性影响"，这是由于提出大锚定造成的）；Chapman & Bornstein，1996，519（在模拟陪审员决定人身伤害案件的一项实验研究中发现，"锚定发生在法律应用中，原告最好要求大额赔偿"）；Hastie et al，1999，445（在一项要求模拟陪审员判给惩罚性赔偿金的实验研究中发现，"原告要求的判决赔偿额对判决产生了巨大影响：要求越高，裁决越高"）。

[4] Lemley & Shapiro 2007a，2034（在对 1982—2005 年授予的 58 项专利判决的研究中发现，"组件的专利许可费率约为 10.0%，而所有的发明专利许可费率为 13.1%，综合产品索赔为 14.7%"）。

[5] 总的来说，我们认为法官凭借其法律培训和经验，可能比非专业陪审员更容易受到这种影响。因此，在陪审团判决损害赔偿的国家，这种担忧可能特别严重，而在损害赔偿由法官判决的国家则不那么令人担忧。然而，我们不认为法官是完全免疫的。实验研究表明，法官在判给损害赔偿金和确定刑事判决时容易受到锚定效应的影响。参见 Rachlinski et al，2015，695（发现"误导性数字参考点或'锚定点'的存在影响了法官在一系列假设案例中的决定"）。

许可费费率的倾向，我们建议对陪审团是否易于裁定不适当的高额损害赔偿这一问题做进一步的研究。

此外，使用全部市场价值作为许可费基数可能存在风险，因为这会鼓励专利权人起诉不适合为专利诉讼辩护的下游当事人，从而歪曲诉讼结果。设想一下，例如，一个由制造商 M 生产的涉嫌侵权的组件，该组件被并入 C 公司生产的电子消费产品中，运至零售商 R 并出售给用户 U。由于侵权可以通过制造、销售或使用专利技术而发生，毫无疑问，M、C、R 和 U 都是潜在诉讼目标。但是，很有可能是 M 最适合为专利诉讼辩护。① 尤其是 R 和 U，可能对组件的工作原理一无所知，更不用说专利法的复杂性了。尽管如此，锚定效应会使专利权人期望从 C、R 或 U 处获得更高的损害赔偿额。尽管 M 可能以几美分或几美元的价格将芯片出售给 C，而 C 向 R 的每台销售可能会赚取几十或数百美元，R 可能会以每台几百美元的价格将最终产品卖给用户。② 此外，U 可能会将产品作为每年产生数千美元业务的一部分。一方面，假定可以选择，专利权人会发现（从与专利技术价值关系不大的原因中）向组件购买者、零售商甚至用户寻求损害赔偿是有利的，因为所有这些人都不太可能挑战专利的有效性和专利权人的侵权主张。③ 另一方面，如果专利权人为了获得不合理的高额许可费而起诉无法为自身辩护而处于不利地位的零售商和

---

① Love & Yoon 2013，1620–1635（解释说，与下游客户相比，制造商不太容易受到诉讼成本劫持的影响，并且能够更好地测试侵权指控并适当地评估专利侵权）。另见 Europe Economics 2016，5，28，48。

② 例如，在零售价为 500 美元的智能手机中安装了一个涉嫌侵权的价值 6.50 美元的 3G 无线芯片组。参见 Love & Yoon 2013，1634 n.104（以 2013 年新款 Iphone4s 为例）。

③ Love & Yoon 2013，1628（辩称"处于相似地位的客户和制造商之间，事实上总是制造商最适合以质疑专利有效性并划定其索赔范围的方式积极起诉，因为客户通常是'处于技术行业之外'。对被告的技术没有专业知识。没有参与被控技术的设计、开发或制造，不了解专利领域，也不了解专利的现有技术。"）。虽然一个专利权人通常会发现起诉多个下游方而不是一个制造商的成本更高，但经验表明，许多专利权人仍然会做出这种选择。在美国，零售商通常因销售涉嫌侵权而被起诉。例如，根据莱克斯·马奇纳的数据，沃尔玛、塔吉特公司和百思买在 2012—2016 年分别因专利侵权被起诉超过 80 次。此外，一些专利权人甚至起诉了大量涉嫌侵权产品的最终用户。

用户，第一个最佳解决方案可能是控制在分销链下游继续提起专利侵权诉讼的能力，而不是改变损害赔偿法。

将损害赔偿限制在最小可销售单元可能有一定的实际好处。例如，默认使用较小的合理许可费基数将有助于减少合理许可费费率选择错误的影响。① 这还将缩小可能的审判结果范围，使规避风险的当事人受益，并增加审前和解的可能性。

同时，有一些经济论据支持使用全部市场价值作为许可费基数。将损害赔偿计算限于组件可能会低估专利技术的价值，因为未能与专利权人分享其发明创造溢价部分。② 例如，新的高分辨率计算机屏幕可能因美国专利法被低估，尽管对计算机的需求主要不是由屏幕驱使的，但更好的屏幕能够实现或改善其他计算机功能，如视频游戏和电影观看。③ 虽然在许多情况下，我们希望溢出价值能够反映在专利组件的销售价格中，但在某些情况下可能并非如此。正如佩蒂特所说，在针对那些将技术用于不常见的应用而产生特别大的成本节约或利润的专利诉讼中，具有许多相对较低价值用途的"通用"技术可能会被低估。④

与此相关的是，就价格歧视在经济上有效的程度而言，允许专利所有人从

---

① Stern 2015，554 n.26（[C] 在 500 美元智能手机中集成 1 美元芯片。假设发明贡献了芯片价值的 10%，而合理许可费是芯片价值的一半或 5 美分，即 1 美元芯片价格的 5%。原则上，基于智能手机价格的合理许可费为 5 美分，即 500 美元的 0.02%。但是，陪审团或法官如何确定 0.02% 和 0.01% 甚至 0.1% 之间的差别呢？错误的现金价值乘以一个虚增的许可费基数开始，在无穷小之间进行选择是很容易出错的）。

② Petit 2016（主张使用"最小可销售单位"基准计算专利损害可能低估"产生无数可有效扩展"的"通用技术"）；Geradin & Layne-Farrar 2010，774-776（认为严格适用美国整个市场价值规则可能会低估复杂技术产品组件的专利权，"如果相关组件'启用'了其他组件，但没有上升到驱动需求的水平"）。

③ Geradin & Layne-Farrar 2010，775（使用相同的例子）。

④ Petit 2016（以无线技术为例，该技术在飞机上使用时，通过减少飞机重量和燃料成本，实现了大量成本节约）。另见 Regibeau et al. 2016，77（将智能手机中的无线技术"似乎会影响许多重要功能"与汽车中的无线技术进行比较，后者认为"为消费者对特定汽车的价值贡献非常可观的份额"）；Layne-Farrar 2017（建议法院将重点放在评估实施者的技术使用上，而不是试图确定其在特定部件中的位置；应允许专家将实施者的收入进行合理分配，不向陪审团披露侵权人的总收入或利润）。

销售相对昂贵最终产品的实施者那里获得更高的许可费赔偿是有意义的，因为专利赋予了这些产品相当大的价值。另外，如上所述，在实际的许可交易中，当事人通常（尽管并非一成不变）以全部市场价值为基础。在某种程度上，合理许可费赔偿应参考实际的许可，全部市场价值的使用通常看起来并非例外。①

鉴于支持和反对美国采用的全部市场价值／最小可销售专利实施单元规则的论据种类繁多，我们首先提议就上述经济问题以及法官和陪审团的心理进行进一步研究（例如，锚定和其他偏见能否通过其他方式克服？）。考虑到锚定可能在陪审团审议中发挥作用，因此我们进一步建议，至少目前，联邦巡回法院保留严格限制使用全部市场价值的规则。考虑到专业法官受到锚定影响的可能性较小（尽管可能并非不受影响），目前我们不建议其他国家（不聘请陪审团来裁决专利案件）改变其对使用全部市场价值更为宽松的做法。

1.4 实际考虑因素

在本节中，我们简要讨论一些国家的法院已经考虑或者将来可能进一步关注的三个实际问题，即①对各个专家证据进行评估以满足基本要求；②提高合理许可费赔偿以期获得更多威慑作用；③根据具体环境因素对损害赔偿进行调整。

1.4.1 美国的专家证据和道伯特守门人

在美国，法官主要有两种方式来审查合理许可费损害赔偿的证据。首先，在适当且必要时他们可以执行并且确立用于构成合理许可费损害赔偿的充分证据的法律规则。其次，在适当和必要时他们可以执行并且确立调整证据可采信性的法律原则，以达到证明的目的。

以证据可采信性为导向的机制在美国显得尤为突出。在美国，主要的事实

---

① Baron & Pentheroudakis 2017，93-94（注意到"在组合许可的背景下，SSPPU 的实用性和可追溯性是值得怀疑的：通常不可能将数百甚至数千种不同的专利组合映射到单个 SSPPU"）。

审理者通常是陪审团而不是初审法官。根据美国联邦证据规则 702，该规则实质上体现了美国最高法院先前在 Daubert v. Merrell Dow Pharmaceuticals. Inc.[1] 案中明确提出的要求，审判法官审查专家证词的可采信性，以确保证据"将有助于事实审理者理解证据或确定有争议的事实""以充分的事实或数据为基础"，是应用"可靠的规则和方法"的结果[2]。由于专家证词通常是合理许可费损害赔偿证据中至关重要的组成部分，在"道伯特"规则下的司法守门人已经成为限制此类损害赔偿证据所依据的有效手段。美国联邦巡回上诉法院以"道伯特"规则为由推翻或撤销了许多专利案件中的损害赔偿。[3]

在没有陪审团或其他不同于作为法律问题审判级审判者的事实审理者的情况下，以下两者之间的区别可能没有多少意义：①对支持损害赔偿证据总体充分性的最终评估；②对专家证词的相关性和可靠性的把关。但是，尽管专家证词的具体标准在美国一直存在争议[4]，但类似"道伯特"式的审查，通常在没有陪审团时可能也是有用的。我们建议法院除了单独审查所有相关证据的总体充分性之外，还要考虑个别专家证据是否满足证据的基本要求。

1.4.2 合理许可费的"突破因素"

在美国，人们一直在讨论是否有可能基于多种原因，例如对诉讼费用的

---

[1] Daubert v. Merrell Dow Pharm. Inc.（U.S. 1993）；另见 Bernstein & Lasker 2015，6（2000年，美国司法会议。修订联邦证据规则 702，以明确解决法庭上关于 Daubert 含义的冲突）。

[2] FED. R. EVID702。

[3] 例如 VirnetX, Inc. v. Apple Inc.（美国联邦巡回上诉法院，2014年，第 1329、1333-1334 页）；LaserDynamics, Inc. v. Quanta Comp., Inc（美国联邦巡回上诉法院，2012年，第 79 页）（认为损害赔偿专家关于合理许可费费率的证词"根据联邦证据规则 702 是不可靠的，应当排除在外"）；Uniloc USA, Inc. v. Microsoft Corp.（美国联邦巡回上诉法院，2011年，第 1318 页）（确认同意对损害赔偿进行新的判决，其中专家证词基于"25%的经验法则"，即构成合理许可费的产品价值比例"未能通过 Daubert 规定"）。

[4] 例如，Bernstein & Lasker 2015，9（报告"美国联邦巡回上诉法院在采纳专家证词的适当标准方面存在分歧"）；Faigman & Imwinkelreid 2013，1695（"即使 Daubert 是联邦司法机构的正确选择，一个州也可以合理地得出结论，这不是它要走的正确道路"）。

补偿[1]、威慑[2]，对于许可费率不能正常反映所失利润的补偿[3]，以及由于专利有效性或范围的不确定性而对现有已贬值的许可费率进行校正，根据"突破因素"将损害赔偿增加到高于合理许可费[4]。美国联邦巡回上诉法院表示，法院可以将合理许可费赔偿与许可费赔偿无法涵盖的其他损害赔偿相结合，例如，由于侵权滋生了"广泛而公开的对相关专利权的漠视"，导致从他人处获得的许可费赔偿减少而造成利润损失。[5] 但是联邦巡回法院也认为，用于赔偿诉讼费用或惩罚侵权人的货币赔偿，只能根据法律规定和赔偿律师费或者加重损害赔偿的在先具体判例予以裁定。[6] 因此，根据美国现行法律，法院在评估标准补偿性损害赔偿时，无需包括"突破因素"。

对于涉及合理许可费赔偿以外"突破因素"的考量似乎在本书的其他部分得到了更好的阐述。在本章中，我们已经解决了有关在假想交易框架下纠正诉前不确定性的必要问题。同样地，关于何时以及如何裁决所失利润的问题将在第 2 章中讨论，关于何时和如何惩罚侵权或赔偿诉讼费用的问题将在第 3 章中讨论。与其通过在合理许可费赔偿中使用"突破因素"来间接处理这些问题，我们建议直接通过针对这些特定目的而确立的救济原则来解决这些问题。

---

[1] Cotter 2004，316（美国联邦巡回上诉法院的判决，即法院不得将损害赔偿金纳入合理许可费裁决中，以补偿专利权人的诉讼费和其他费用）。

[2] 表明一个损害"破除"可能会推进干扰目标。

[3] Lee & Melamed 2016，459（由于专利许可费可能包括基于 *Georgia-Pacific* 因素 4 专利持有人许可或不许可专利的政策的"破除"，专利持有人通常至少在一定程度上因失去市场排他性而获得补偿）；Yang 2014，655（注意到学术界的猜测，即"我们担心专利权人补偿不足，无法证明利润损失，在合理许可费奖励中增加了'破除'"）。

[4] Lemley & Shapiro 2007a，2019—2020（辩称"我们已经认识到贬值问题，并定期寻求通过添加'破除'（明示或 sub-rosa）来修改基于市场的合理许可费数据。"；注意到法国和德国偶尔会增加合理许可费以说明侵权人已经避免风险）。

[5] *Maxwell v. J. Baker，Inc.*（美国联邦巡回上诉法院，1996 年，第 1109 页）（引用陪审团指示）。

[6] *Whitserve，LLC v. Computer Packages，Inc.*（美国联邦巡回上诉法院，2012 年，第 34 页，第 18 条）。

1.4.3 调整举证责任或许可费赔偿的赔偿方式

除了在每个案件中适用相同的标准来衡量或证明合理许可费赔偿外，法院还可以根据特定的环境因素来恰当衡量或证明合理许可费赔偿的标准。这些因素可以包括：①当事人的相对过错；②现有技术的水平或证明损害赔偿证据的可获得性，包括更容易提供相关证据的一方当事人；③要求赔偿的数额。[①] 在其他法律领域，例如《合同法》[②] 和《赔偿法》[③]，还要根据具体情况对损害赔偿的赔偿方式和举证责任进行调整。在这些法律领域中，针对被认为有过错当事人的怀疑常常能够得到确认[④]，并且法院放宽了"对合理确定性的要求，当现有技术水平或其他情况不允许对损害赔偿进行更精确或更有力的证明。"[⑤] 这种调整的范围扩展到包含"所控损害赔偿额"的敏感性调整程度似乎是有道理的，对于以"合理"一词命名的货币救济形式来说，甚至是自然的。至少如果法律希望确保较小的损害赔偿主张是切实可执行的，则法律一般不应要求此类有限损害赔偿的索赔人花更多的费用来证明这些损害赔偿是切实可执行的，法律一般不应要求对此类有限损害赔偿的索赔人在证明这些损害赔偿上所花的费用超过索赔人所控损害赔偿额。尽管如此，由于在阐明计算合理许可费赔偿的基本原则方面面临迫在眉睫的挑战已经足够多了，我们建议对更具体的调整做进一步的研究。

---

　　① Golden 2017，274；Chiang 2017（主张在损害赔偿法中分配证据责任的两个原则：①法院只应在信息的社会效益方面要求一方提供信息。超出提供信息的成本和②法院应将举证责任强加给能够以较低成本提供所需证据的一方）。

　　② Golden 2017，272（注意到，在合同法中，"法院允许在零售和批发的基础上对确定性标准进行务实或公平的调整"）。

　　③ Golden & Sandrik，2017（恢复原状法说明，在处理难以量化的货币救济时，法院可以制定一种内容敏感但连贯一致的方法以区分相对责任或过失的方式，部署[货币救济]措施和举证责任。）

　　④ Golden 2017，271（讨论第一次和第二次合同重述中疑问和责任的处理）；Golden & Sandrik 2017［讨论恢复原状和不当得利的重述（第三次）如何解决有利于"针对有意识的不法行为的索赔人"不确定性问题］。

　　⑤ Golden 2017，272。

第2章
所失利润及追缴

克里斯托弗·希曼，
托马斯·科特，莱恩·乐福，
诺曼·席伯拉斯，铃木将文

2.1 引言

本章论述了两种典型专利侵权的经济救济：①专利权人所失利润的恢复，②侵权人利润的追缴。从某个方面来讲，上述两种救济措施属于一个问题对应的两个方面。[①] 这两种分析将专利被侵权的实际情况和未发生侵权的"若非侵权"假设情况进行了比较。专利权人的损失利润是指专利权人在未遭受任何侵权行为时所应获得的利润与专利权人实际获得的利润之间的差额。对于侵权人利润的追缴，情况正好相反——侵权人利润的核算是基于侵权人实际

[①] Cf. Eisenberg 2006，561（注意到《合同法》中的救济"是预期利益的镜像"，也就是说将守约方置于缺席违约的位置）；参见 infra note 210 及其附带文本（更详细地解释了为什么专利权人所失利润的恢复和侵权人利润的追缴在方法上是镜像）。

获得的金额与其在"非侵权"假设情况下获得利润之间差额来核算的。①

尽管存在一定的关联性，但是对于所失利润以及利润追缴的理论解释，在世界各地的专利制度中被接受的程度有很大的不同。更详细地说，这两种救济有不同的目的：所失利润的目的是恢复专利权人在未被侵权时的地位（即恢复专利权人的全部地位）；追缴还可能有其他目的，包括制止侵权行为、重新获得侵权人的非法所得，以及鼓励潜在的专利技术使用者为获得许可进行议价。②

此外，尽管所有主要司法管辖区都允许实施专利的专利权人追偿所失利润（至少在理论上，尽管在实践中某些国家比其他国家更为普遍），但面对不同的专利制度，在是否以及何时需要侵权人偿还其利润的问题上，主要专利制度之间存在更大的差异。

2.2 所失利润

2.2.1 简介

全世界的专利制度对于已经发生的侵权行为都是主要依靠金钱赔偿来补偿专利权人。③对于使用专利技术销售商品或服务的专利权人来说④，损害赔偿

---

① 严格地说，补偿通常意义所指侵权人的利润，并不一定局限于侵权人实际获利的情况。这种补偿也适用于侵权人因销售侵权产品或服务而实际遭受损失的案例，但如果侵权人行为引发的损失"不仅仅是因为侵权"，那么损失的可能会更多。Cotter 2013a, 68。例如，如果使用专利技术进而节约了成本，侵权人造成损失则有可能会增加。

② Roberts 2010, 655–656, 671–672, 684–685；Cotter 2013a, 68–69 [进一步解释了为什么利润追偿成为侵权者发起谈判的动机，至少与自愿谈判相比，它更能将侵权者置于更为不利的处境。此外，在某些司法管辖区（例如日本）中，侵权人的利润被假定等于专利权人的实际损害赔偿额。ID.323 中，在这种情况下，侵权人的利润可以作为一种替代的弥补所失利润的补救措施（即使是不完善的）]。

③ Cotter 2013a, 63；另请参见 Lemley 2009, 669（专利损害赔偿规则的目的最终是……为了赔偿发明人因为侵权造成的损失……）。

④ 所失利润通常不适用于主要通过许可和/或诉讼将其专利主要或专门用于货币化的非执业实体（NPE）和其他专利权人。参见 Lee & Melamed 2016, 398（越来越多的诉讼是由非执业实体提起的，因为他们不生产或销售任何产品或服务而无法主张所失利润）。

通常包括由于侵权人销售其竞争产品或服务[①]而损失的销售利润。其中还可能包括"价格侵蚀",即专利权人实际销售价格低于没有侵权人竞争时的价格而损失的利润[②]。在两种情况下专利权人都须证明因果关系,即证明侵权人实际进行的销售[③]或(针对价格侵蚀主张)专利权人的实际售价会在没有侵权的时候以更高的价格进行销售,从而带来更高的边际收益[④]。因此,所失利润调查需要对假想交易进行重构,即"若非侵权"行为而原本就存在的市场。[⑤]

在本节中,第一,讨论在主要专利制度中判予所失利润的可获得性和标准,包括确定所失利润所有权的标准,以及专利权人是否必须确定侵权人存在某种程度的过失以作为追偿的先决条件。第二,在此分析探讨了非侵权替代方案的作用,包括非侵权替代方案的可获得性是否应限制或排除对所失利润的赔偿。如下所述,主要的专利制度对这个问题采取了不同的方法。第三,讨论专利权人是否以及在什么情况下可以从与专利产品相关的非专利商品或服务追偿所失利润。第四,考虑切分问题,最主要的问题是是否应该对复杂技术产品的所失利润进行切分,以区分产品的专利特征的价值和其他非专利特征的价值。第五,评估专利权人是否应有权就侵权人造成的与市场竞争相关的其他损害(如道德偏见、商誉损失和机会损失)获得补偿。

---

① Cotter 2013a, 63(专利权人应有权至少追偿其因侵权造成的自身所失利润)。

② 例如 Thiele 2010, 207(当被告的侵权活动迫使专利所有人以低于没有专利保护的情况下的价格出售专利产品时,侵权产品价格就会下跌)。

③ 例如 *BIC Leisure Prod, Inc. v. Windsurfing Int'l, Inc.*(美国联邦巡回上诉法院,1993年,第1218页)(要收回所失利润……专利所有人必须证明是因果关系。侵权与其所失利润之间的关系)。

④ Parr & Smith 2005, 621(指出专利权人必须证明"侵权人的行为与专利持有人专利产品的价格侵蚀之间存在因果关系");另请参见 Marchese 1994, 749(无论寻求何种形式的所失利润,专利权人都必须建立因果关系,即侵权活动与专利权人的所失利润之间的联系)。

⑤ *Grain Processing Corp. v. Am. Maize-Prods. Co.*(美国联邦巡回上诉法院,1999年,第1350页)。

2.2.2 有关所失利润的具体问题

2.2.2.1 可获得性和标准

尽管在所失利润的赔偿标准和方法的实施方面都存在着差异，但大多数主要的专利制度都认识到专利权人的所失利润是损害赔偿的一种恰当的衡量标准。在这里，我们总结了在主要司法管辖区证明所失利润的所有权的可获得性和标准（在可确定的情况下），提供了一些建议。在美国，《专利法》第284条规定，"法院应裁定给予'胜诉的专利权人'足以补偿侵权的损害赔偿，但在任何情况下，不得低于对侵权人使用该发明收取的合理许可费[1]"。法院根据第284条承认两种类型的补偿性损害赔偿：①专利权人的所失利润和②专利权人通过公平谈判会获得的合理许可费。[2]

典型的所失利润是销售了专利产品或服务造成的[3]。销售损失包括专利权人由于侵权而未能进行的销售，以及侵权人销售了专利权人本应该进行的销售[4]。例如，在 Seymour v. McCormick 案（1853年）中，美国最高法院认为，胜诉的专利权人"有权获得因侵权而遭受的实际损害，

---

[1] 35 U.S.C. § 284。

[2] Lucent Techs., Inc. v. Gateway Inc.（美国联邦巡回上诉法院，2009年，第1324页）；Lemley 2009，655（解释该规定的法院将专利损害赔偿分为两类：①损失的利润，可供专利所有者证明他们"在没有侵权的情况下会进行销售"；②合理的许可费，对其他所有人来说都是一个回落。）所失利润和合理的许可费不一定是排他的方法；例如，在美国，混合专利裁决也可以使专利权人从某些损失的销售中收回损失的利润，并为剩余的销售收取合理的许可费。Lemley 2009，673（在某些情况下，专利权人可以证明它会取得部分但并非全部被告的销售。在那种情况下，混合裁决是有道理的，专利权人从可证明的损失中获得所失利润，并在其他销售中获得合理的许可费。）但是并非在所有司法管辖区都是如此。

[3] Rite-Hite Corp. v. Kelley Co.（美国联邦巡回上诉法院，1995年，第1545页）（解释"确定对本身生产专利项目的专利权人的实际损害的一般规则是确定侵权导致专利权人的销售和所失利润"）。由于销售损失造成的所失利润有时称为"转移销售"。Chisum 2017，20.05[2][a]节。

[4] Skenyon et al., 2016, §2: 3。

这些损害可以通过利润来确定。……利润指在被告没有干涉专利权人的权利时，他本该得到的利益[1]。"但是，最高法院驳回了初审法院的决定，即"如果'侵权人'没有制造和销售机器，那么所有购买'侵权人'机器的人都将不得不从专利权人手中购买机器。"[2] 相反，法院要求专利权人提供在没有侵权的情况下销售这些产品的证据——这是专利权人无法承担的举证责任。[3]

现代美国判例法采用了大致相似的方法，认为所失利润不是假定的[4]，而是要求专利权人"证明合理的可能性，即'若非'侵权，专利权人本应像侵权人那样销售。"[5] 这通常是通过四因素 Panduit 检验[6] 实现的，该检验要求专利权人证明：①对专利产品的需求；②并无可接受的非侵权替代方案；③专利权人满足需求的制造和营销能力；④专利权人本应获得的利润额。[7] 实际上，最好将这些需求中的前三个视为建立因果关系的原因。

第一，对专利产品的需求，表明至少有一些消费者会因为专利技术而更喜欢专利权人的产品。第二，将在下面详细讨论，询问消费者是否愿意用非侵权

---

[1] *Seymour v. McCormick* 案（U.S. 1853，486）。

[2] 同①，487–488。

[3] 在第 490 条中（坚持认为法院"只能找到实际上已被证明能够承受的损害赔偿"，"动产损害赔偿必须得到实际证明，并且不能被认为是从任何事实中得出的法律推论事实的实际证明"）。

[4] 例如，*Kaufman Co. v. Lantech, Inc.*（美国联邦巡回上诉法院，1991 年，第 1141 页）（"推定所失利润不会自动归因于销售侵权"）。

[5] *Rite-Hite Corp. v. Kelley Co.*（美国联邦巡回上诉法院，1995 年，第 1545 页）；另请参阅 *Aro Mfg. Co. v. Convertible Top Replacement Co.*（U.S. 1964，507）（确定损害赔偿额时要问的问题是专利持有人……遭受了多少损失。这个问题主要是：侵权人是否没有受到侵权，专利权持有人—被许可人将做出什么？）。

[6] *State Indus. Inc. v. Mor-Flo Indus. Inc.*（美国联邦巡回上诉法院，1989 年，第 1577 页）（将 Panduit 称为"证明所失利润的标准方法"，但同时提到它是"非排他性的"）。

[7] *Panduit Corp. v. Stahlin Bros. Fiber Works Inc.*（6th Cir. 1978）；另请参阅 *Mentor Graphics Corp. v. EVE-USA, Inc.*（美国联邦巡回上诉法院，2017 年，第 1284 页）解释说 Panduit 是一种"有用但非排他性的方法，用以建立专利权人的所失利润权"。

替代方案代替专利权人的产品。① 如果这样,替代效应将使专利权人更加难以获得独占性利润。② 第三,询问专利权人是否能够增加产量(至少部分),以实现侵权人实际进行的销售。③ 第四,也是最后一个要素包括 "若非侵权" 市场重建 – 即未发生侵权行为时,专利权人的利润将是多少?美国法院认为这是一个相对苛刻的因素,需要"可靠的市场经济证据"来证明"'若非'侵权,市场本来会怎样发展",以足够准确地确定所失利润额。④

美国法院还允许补偿专利权人因侵权而损失的其他可预见的利润⑤。例如,这可能包括由于价格侵蚀而造成的损失⑥,直接与侵权产品竞争的专利权人出售的非专利产品的销售损失⑦,以及(以下将详细说明)与专利产品"功

---

① 随后,该要求被 State Industries, Inc. v. Mor-Flo Industries, Inc. 中宣布的所谓市场份额规则修改,该规则允许专利权人即使在侵权人的销售中获得部分利润,也可以追回损失的利润。通过在专利权人和非侵权公司之间按其各自的市场份额划分侵权者的销售额,并在剩余部分中收取合理的专利权费,从而获得非侵权选择。State Indus., Inc. v. Mor-Flo Indus., Inc.(美国联邦巡回上诉法院,1989 年,第 1578 页); Blair & Cotter 2001, 25 (后来的判例法已经确认,Mor-Flo 的市场份额原则实际上构成了 Panduit 因素 2 的例外)。

② 参见 Blair & Cotter 1998, 1634 (当有专利发明的替代方案时,需求的弹性就会改变,专利权人的垄断机会减少); cf. DOJ & 联邦贸易委员会 2017, 第 4 期 ("通常会有足够的实际或潜在的类似替代方案"来代替"防止行使市场支配力"的专利"产品或过程")。

③ 这并不一定要求专利权人能够完成侵权人的全部销售。如果专利权人在没有侵权人的情况下拥有市场支配力,则由于每单位较高的价格会导致总销售损失专利权人收取的费用,从而减少了总销售额(即无谓损失)。此外,它并不需要专利权人本身必须能够提高产量,例如,如果专利权人可以与第三方签约以生产其他专利产品就足够了。例如,Ristvedt-Johnson, Inc. v. Brandt, Inc. (N.D. Ill.1992, 562)(美国)。

④ Grain Processing Corp. v. Am. Maize-Prods.(美国联邦巡回上诉法院,1999 年);Lemley 2009, 658 (指出"法院认真对待'Pandui'要求,并且常常拒绝获得所失利润的索赔)。

⑤ Rite-Hite Corp. v. Kelley Co.(美国联邦巡回上诉法院,1995 年,第 1546 页)(如果在相关市场中侵权竞争对手合理地预见了某种损失,或者应该合理地预见到这种损失,如果没有相反的说服力,通常可以赔偿损失)。

⑥ 例如,Yale Lock Mfg. Co. v. Sargent (U.S. 1886, 551)(由于侵权竞争而导致的价格降低和随之而来的所失利润,是判给损害赔偿的适当理由。);Minn. Min. & Mfg. Co. v. Johnson & Johnson Orthopaedics, Inc.(美国联邦巡回上诉法院,1999 年)(确认审判法庭判给因价格损失而导致的近 2900 万美元的所失利润)。

⑦ 例如,King Instruments Corp. v. Perego(美国联邦巡回上诉法院,1995 年)(确认授予专利权人销售无专利的磁带装载机的所失利润)。

能相关"的非专利组件和产品的销售损失。[①]

此外，如果专利权人能够证明自己有权获得只因部分销售损失而产生的所失利润，则可以"追回对上述所失利润和对其他销售的既定或合理许可费的混合赔偿。"[②]

尽管如此，在美国，所失利润的赔偿越来越少见。咨询公司普华永道的最新研究发现，从1997年到2006年，所失利润仅占专利损害赔偿的26%，而仅基于合理许可费而判予损害赔偿的比例接近60%。[③]这种趋势从2006年一直持续到2015年，其中仅有21%的专利损害赔偿是完全基于所失利润。[④]此外，研究报告的作者指出，"近年来几乎不存在价格侵蚀索赔。[⑤]"对此种发展有以下几种解释。首先，只有在部分专利纠纷中才能获得所失利润，即"专利权人和侵权人都在同一市场上积极竞争的情况。[⑥]"因此，未实施专利的专利权人提起的案件（在美国提起的专利侵权诉讼中占相当比例）[⑦]不具有获得所失利润的资格。其次，在复杂多功能产品背景下，专利权人可能很难证明侵权人涵盖专利功能而导致其销售损失。[⑧]最后，一些可能有资格追偿所失利润的专利权人似乎是在有意回避，而倾向获得合理许可费赔偿。[⑨]造成这种

---

① *Am Seating Co. v. USSC Group, Inc.*（美国联邦巡回上诉法院，2008年，第1268-1269页）（描述"车队销售"）。

② Chisum 2017，§20：05。

③ Berry et al. 2017. 另外14%的奖项涉及所失利润和合理的许可费。

④ 同③，据报告，专利损害赔偿金的61%仅基于合理的专利使用费，而其余的19%则代表了所失利润和合理的许可费。

⑤ Berry et al. 2015。

⑥ Lee & Melamed 2016，394；Lemley 2009，658（[P]被许可人可能无法满足"Panduit"的要求，除非他们与侵权人直接竞争进入市场）。

⑦ Cotropia et al. 2014，674，图1（发现2012年在美国提交的专利案件中，不到一半是由运营公司提起的）。

⑧ 参见 *Mentor Graphics Corp. v. EVE-USA, Inc.*（美国联邦巡回上诉法院，2017年，第1289页）（"复杂"多组分产品，通常可能是没有一个专利权人获得整个产品的所失利润 – Panduit 测试是一项苛刻的测试）。例如，由于完全与专利功能无关的原因，例如价格较低或侵权产品其他不相关的方面，购买者可能更喜欢侵权产品。

⑨ 参见 Lemley 2009，657-661（详细说明了专利权人即使与侵权者直接在产品市场上竞争也可能无法创造所失利润的各种原因）。

情况的原因可能有几个：专利权人怀疑自身能否满足 Panduit 的严格要求；专利权人希望避免向竞争对手披露有关其业务的详细财务信息；或者是专利权人认为，使用更为灵活的合理许可费方法，至少可以获得同等金额的赔偿。

英国和英联邦国家，例如加拿大和澳大利亚，同样允许对所失利润进行赔偿。《英国专利法》第 61 条授权专利权人提出"与侵权有关的损害赔偿"，与美国一样，英国的判例法也解释了专利损害赔偿的目的是使专利权人恢复到"若非侵权"本应占据的地位。[1] 一般而言，这涵盖了专利权人的所有损失（包括所失利润和价格侵蚀）：①可预见的；②侵权造成的；③公共或社会政策不排除的补偿。[2] 实际上，该标准似乎比 Panduit 更灵活，要求更低。高等法院特别指出，尽管举证责任由专利权人承担，但"损害赔偿额理应灵活评估。[3]" 加拿大和澳大利亚都允许补偿专利权人因侵权而遭受的实际损失[4]，包括所失利润和价格侵蚀，但须遵守可预见性原则[5]。例如，在加拿大，为了补偿所失利润，专利权人"必须权衡各种可能性，证明'若非侵权'的不法行为，其不会遭受损失"。[6]

美国与英国和澳大利亚之间的重大主要分歧差异是，后者可能拒绝对不知情且没有理由相信专利存在的侵权人判予损害赔偿（包括所失利润）。[7] 换句话说，在这些司法管辖区，对不知情的侵权人仅会颁布禁令。相比之下，在美

---

[1] Gerber Garment Tech. v. Lectra Systems Ltd.（1997 年 4 月，第 445 页）（英国）。

[2] 同①，444；Ultraframe Ltd. v. Eurocell Building Plastics Ltd.（Pat 2006，47）（英国）（索赔人通过制造和销售利用其专利的情况下，可以主张①被告在销售中所失利润；②会因侵权行为被迫降低自己的价格……而使自己的销售所失利润）。

[3] Ultraframe Ltd. v. Eurocell Building Plastics Ltd.（Pat 2006，47）（英国）。

[4] 1990 年《专利法》第 122（1）条（澳大利亚）；Patent Act，R.S.C. 1985，P-4（加拿大），第 55 节。

[5] Cotter 2013a，187 n.87 及其引用的案例。

[6] Apotex Inc. v. Merck & Co.（美国联邦巡回上诉法院，2015，第 45 页）。

[7] 在这种情况下，英国法规禁止任何金钱赔偿，而澳大利亚法规则规定，在这种情况下，初审法院有权决定是否判给损害赔偿。比较《1977 年专利法》c. 37，§ 62（1）（英国）（在专利侵权诉讼中，不得向……证明被告或辩护人证明在侵权之日他尚未意识到并且没有合理依据的……根据《1990 年专利法》第 123（1）条，以为该专利存在的理由……）（如果专利权受到侵害，法院可以拒绝就专利的侵权行为判给损害赔偿……被告人向法院证明，在侵权发生之日，被告人不知道并且没有理由相信该发明的专利已经存在）。

国直接侵犯专利权是严格的责任犯罪，即使是不知情的侵权人也可能被判损害赔偿[1]。但是，这种区分在实践中并不那么明确，因为"在典型的所失利润判例中，被告是原告的竞争者，因此不太可能成为无辜的侵权人。"[2] 此外，在这些国家，专利权人在其产品上标注专利号[3]或含有专利信息的互联网链接，这一事实可能会推翻不知情的侵权主张。[4]

尽管在实践中，欧盟国家所失利润的情况比美国和英国少得多[5]，但所失利润作为原则问题在每个欧盟国家都同样存在[6]。例如，在德国专利权人可以追偿他们在未被侵权的情况下所获得的利润与其实际利润之间的差额[7]。这可能包括"既由于侵权而损失的销售利润，也包括因价格侵蚀而蒙受的损失"，以及诸如市场混乱之类的"更长远的损害"，前提是这种损害很可能是侵权造成的。[8] 同样，在法国专利权人可以从专利商品销售损失和价格下跌中追偿所失利润[9]。但是，即使考虑到美国经济规模较大，法国所判的所失利润也明显低于美国。[10]

在亚洲，尽管许多司法管辖区要求侵权人承担一定程度的责任，但大多数主要司法管辖区都存在所失利润赔偿的情况。例如，日本国会议会在其

---

[1] *Commil USA, LLC v. Cisco Sys, Inc.*（U.S. 2015, 1926）（"直接侵权是严格的犯罪。"）；*Global-Tech Appliances, Inc. v. SEB SA*（U.S. 2011, 761）（长期以来，人们一直认为直接侵权只要求未经授权使用专利发明，侵权人的知识或意图无关紧要）。

[2] Cotter 2013a, 190。

[3] 一些工作组成员质疑专利标记要求的可取性及其与侵权人精神状态的关系。

[4] 例如，在澳大利亚，如果专利产品上标有专利信息并在侵权前被广泛销售，则假定侵权人"已经知道专利的存在"（1990 年《专利法》第 123（2）条）；cf. 1977 年专利法，c.37. § 62（1）（英国）规定"不得仅凭某人对某产品的应用就认为某人已了解该专利"或"具有合理理由"。除非一个或多个相关字词带有专利号或相关的互联网链接"。

[5] 例如，Pitz & Hermann 2007, 190。解释说"基于损失的利润计算损害赔偿在德国法院实践中起着很小的作用"，因为"德国确定损害赔偿的最常用方法是合理的侵权者使用费"。

[6] 例如，《欧盟知识产权指令》规定，成员国司法机关应向知识产权权利人（此处为专利权人）支付"与所遭受的实际偏见相称的损害"……由于侵权……包括所失利润……受害方所遭受的损失。"指令 2004/48 / EC，第 7 条 13（1）。

[7] Cotter 2013a, 262。

[8] 同[7]。

[9] 同[7], 264。

[10] 同[7], 259（描述 Pierre Ve'ron 对法国专利诉讼的实证研究中，发现 2000—2009 年的平均损害赔偿金为 40000 欧元，而美国同期的平均损害赔偿金超过 500 万美元）。

1998年对日本专利法的修正案中"将所失利润赔偿……作为专利侵权案件的一般或默认救济措施。[1]"这些修订的结果是，日本专利的所有者或排他被许可人可以"由于故意或过失侵犯专利权而受到损害……要求侵权人赔偿[2]"日本《专利法》还假设专利权人的所失利润与侵权人的利润相同[3]。尽管有这些变化，一项研究发现，所失利润赔偿是补偿专利权人的为数不多的方法：在日本，约20%的专利损害赔偿是基于所失利润，而只有17%成功索赔。[4]韩国的专利法与日本的专利法极为相似，但仅对故意或过失的侵权行为判予所失利润赔偿[5]。在中国，《专利法》第65条规定了"专利权人因被侵权所受到的实际损失"作为优先赔偿，尽管也允许在难以确定实际损失的情况下，使用侵权人的利润来代替专利权人的损失额。[6]此外，"第65条并未明确规定损害赔偿责任是以被告的故意或过失为条件……通常，中国法律将被告过失作为损害赔偿责任的条件。[7]"尽管有此优先赔偿原则，但在中国所失利润很少得到赔偿。在超过90%的案件中，改判为法定赔偿。[8]几项实证研究还发现，与美国标准相比，中国专利损害赔偿的金额往往较低[9]。

印度有关专利损害赔偿的法律受到英国法律的影响[10]。印度《专利法》授予专利权人选择追偿实际损害赔偿或核算侵权人的利润的权利[11]。同样，如果侵权人"不知道并且没有合理的理由相信专利已经存在，则印度也排除了任

---

[1] Cotter 2013a，313（引自 Takenaka 2009，478）。
[2] Tokkyo-hō [专利法]，1959年第121号，第7条102（1）（日本）。
[3] Cotter 2013a，308。
[4] Matsunaka 2004，170。
[5] 专利法，第14691号法，2017年3月31日，第11条128（1）（韩国）。
[6] Cotter 2013a，353。
[7] 同[6]，354（引用曹晶晶）。
[8] Cotter & Golden 2018，17：77。
[9] Cotter 2013a，354-355；Love et al. 2016，733-734；但比照 WatchData Co. v. Hengbao Co.（Beijing IP Ct.2016）（中国），在 Ge 2017 上进行了讨论 [裁定对 USB 安全令牌技术的侵权造成的所失利润赔偿为4900万元人民币（约合700万美元）]。
[10] Cotter 2013a，375。
[11] 印度专利法，1970年第39号，第108（1）条。

何损害赔偿，包括所失利润赔偿"。① 但是，印度法院似乎很少有针对损害赔偿提供具体指导的判例②。

根据前面的讨论，我们对所失利润赔偿的可获得性和标准提出一些建议。第一，当专利权人因侵权行为而在产品市场上受到损害时，所失利润赔偿（包括销售损失和价格侵蚀）应作为损害赔偿的首选措施。正如美国最高法院在 Aro Manufacturing v. Convertible Top Replacement Co 案中解释的那样，专利权人因专利侵权而遭受的损失是"专利权人在侵权后的经济状况之间的差异……以及如果不引起未发生侵权行为的实际情况将会如何。③"补偿专利权人因侵权人进入市场而造成的实际损失，所失利润赔偿最符合这一整体目标。尽管在所有主要司法管辖区都可以使用，但实际上所失利润赔偿要比其他方法确定的损害赔偿（例如合理的或确定的许可费或侵权人的利润分配）少得多。尤其是，我们担心法院的做法会使得专利权人在另外一种方式的损害赔偿中（例如合理许可费赔偿），获得的可能比其所失利润赔偿更多，但这往往会给专利权人带来过度补偿④。

第二，只要实施专利的专利权人能够以优势证据证明"若非侵权"因果关系，就应当赔偿所失利润。⑤ 关注因果关系是所失利润赔偿分析的核心，但在美国等一些司法管辖区国家，已明确提出了更为详细的标准或要求作为此

---

① 印度专利法，1970 年第 39 号，第 111（1）条，与 1977 年英国专利法相比 c. 37，第 62（1）条。

② Cotter 2013a，375。

③ Aro Manufacturing v. Convertible Top Replacement Co（U.S. 1964，507）[引述 Yale Lock Mfg. Co. v. Sargent（U.S. 1886，582）]。

④ 见 Love 2009，915–923（批评美国联邦巡回上诉法院的判决，建议在某些情况下通过合理的许可费进行超额赔偿可能是恰当的）；Rite-Hite Corp. v. Kelley Co.（美国联邦巡回上诉法院，1995 年，第 1576–1578 页）（Nies, J., 持异议）（主张"合理的专利使用费"超过专利产品的"专利使用费"。销售价格不合适）。我们将在第 3 章中讨论可能超出专利权人实际损失的非补偿性损害的适当性。

⑤ 我们的建议仅限于在特定辖区内发生的侵权行为的补救措施。对于专利权人是否应有权追回在特定司法管辖区之外本应赚取的所失利润，对于该司法管辖区内的侵权行为（即域外所失利润），我们目前没有任何集体立场（截至 2018 年 5 月初）。参见 WesternGeco LLC v. Ion Geophyiscal Corp.，第 16-1011 号案（美国）。

项审查的一部分（即 Panduit 因素）。严格遵守此类标准可能会使专利权人在实践中更难行使获利的权利[①]。我们建议各司法管辖区应将重点放在"若非侵权"因果关系上，作为对所失利润赔偿主张的主要审查。

第三，对于是否需要某种程度的过错或过失来支持赔偿所失利润，各司法管辖区之间存在差异。无论侵权人的过错程度如何，我们都无法就是否应该获得所失利润赔偿达成共识。但是，这可能是值得进一步研究的主题。[②]

第四，无法就某些国家的（可推翻的）推定达成共识，即专利权人的损失等于侵权人的利润。赞成这种方法的观点包括，它可以简化损害赔偿计算并因此减少审判成本[③]，并且专利权人可能更愿意依赖侵权人的利润，因为它不需要披露专利权人敏感的财务信息（例如净收入、固定成本、可变成本、研究和设计成本）。反对这种方法的观点包括，侵权人的利润可能不足以弥补专利权人的所失利润，有可能导致补偿金过高或补偿不足。例如，如果侵权人比专利权人更高效（因此其销售的单位利润更高），则使用侵权人的利润作为确定专利权人损失的基础，将导致过度补偿[④]。相反，如果侵权人的效率不如专利权人（因此其销售的单位利润较低），那么使用侵权人的利润作为确定专利权人损失的基础，将导致赔偿不足，除非专利权人可以推翻这一推定。然而，目前尚不清楚这种推定在多大程度上导致了补偿的过度或不足。我们建议从理论和经验两个角度对此问题进行进一步研究。

2.2.2.2 非侵权替代方案

值得进一步讨论的具体问题是非侵权替代方案在所失利润分析中的作用。如果侵权人可以通过提供发明专利的非侵权替代方案而同样有效地与专利权人竞争，那么专利权人将损失与侵权相同的销售（从而失去利润）。在这种情

---

① Lemley 2009。
② 联邦贸易委员会，2011年，第131–134页（讨论对无意侵权责任的潜在修改）。例如，一些学者提出，独立发明应该是对专利侵权的抗辩。参见例如 Shapiro 2006。
③ Cotter 2016b（描述了日本推定专利权人的利润与侵权人的利润相同的潜在利弊）。
④ 在这种情况下，从效率角度来看，我们宁愿侵权者是生产者，而不是专利权人。例如，这可能会通过专利许可证发生。

况下，专利权人不会因为侵权而损失任何利润，因为他无论如何都会损失这些利润，并且他最多追偿反映专利侵权人部分价值的合理许可费（例如，他在提高利润或降低成本方面优于次优的替代方案）。换句话说，如果存在非侵权替代方案，对所失利润进行赔偿将使专利权人比"若非"侵权的情况要好，从而使专利权人可以获得超过其发明经济价值的赔偿。[1] 长期以来，美国[2] 和法国[3] 的法院已经认识到在这些情况下非侵权替代方案的重要性，加拿大最近也认识到这一点[4]，而英国和德国的法院则没有。

特别是英国继续遵守上议院 1888 年的判决：*United Horse-Shoe & Nail Co. v. John Stewart & Co.* 案[5]，该判决驳回了非侵权替代方案与损害赔偿计算的相关性[6]。在充分尊重上议院的情况下，我们认为 United Horse-Shoe 案未能掌握非侵权替代方案概念中体现的经济逻辑，并且当代专利制度没有理由继续遵守该决定。因此，我们建议推翻 *United Horse-Shoe* 案和其他地方的类似判决，并让法

---

[1] 或者如果专利权人根据国内法有权追回侵权人的侵权收益（以下第 2.3 节深入讨论），则这些收益应反映专利技术在次优选择上的价值，而不是侵权专利产品销售的全部利润。赔偿全部利润将使侵权者因侵权而变得更糟，因此，在缺乏额外威慑力的紧迫理由的情况下，如第 3 章所讨论的，专利政策就很难辩解。

[2] 例如 *Grain Processing Corp. v. Am. Maize-Prods. Co.*（美国联邦巡回上诉法院，1999 年，第 1350-1351 页）［公平、准确地重建"但因"市场……在适当时，必须考虑到侵权人可预见的替代行动。如果没有侵权产品，那么一个理性的侵权者很可能会提供一个可以接受的非侵权替代方案（如果有的话），与专利所有人竞争而不是完全退出市场。］；*SmithKline Diagnostics, Inc. v. Helena Labs. Corp.*（美国联邦巡回上诉法院，1991 年，第 1166 页）（分析专利技术的非侵权替代方案的适用性，并推断如果市场的实际情况是"非侵权第三方"可能已经知晓侵权者进行销售，尽管产品有所不同，但可以理解为"没有达到"所失利润的"但为"测试）。

[3] Cotter 2013a，265 n.171（引用法国关于所失利润分析中非侵权替代方案的案例）。

[4] *Apotex Inc. v. Merck & Co.*（美国联邦巡回上诉法院，2015 年，第 1 段）（结论是，在计算时，"根据法律，非侵权替代方案的适用性是相关考虑"专利侵权损害赔偿）；另请参阅 Crowne 2015。

[5] *United Horse-Shoe and Nail Co. Ltd. v. John Stewart & Co.*（HL 1888）（英国）。

[6] 值得注意的是，Lord Watson's 在 United Horse-Shoe 的观点确实（与其他人相反）承认，在所失利润分析中非侵权替代方案是相关的，尽管他最终以未证明替代方案为由对侵权人做出裁决。请参阅编号第 267 条中（估算"专利权人"的损害，必须考虑到如果"侵权"的产品没有在市场上出售，他们可能会遭受的所有合法竞争。无视它就等于只是给予"专利所有人"补偿，而是给他们本来不会获得的利润……）。

院明确认识到考虑使用非侵权替代方案对准确计算专利损害赔偿的重要性。[1]

与此相关的是，对于国内法允许追偿侵权人因侵权所获得的利润而言[2]，我们还建议法院或立法机关明确将"利润"一词定义为从优于次优替代方案的侵权行为中获得的利益。尽管与使用非侵权替代方案获得的利益相比，该利益最常见的形式是通过增加侵权人的利润来实现的，但在侵权人最终亏本的情况下（例如，没有销售足够的侵权产品来回收成本），如果没有侵权行为侵权人损失会更大。因此，在允许追缴的范围内，即使从会计的角度来看没有"利润"，也应要求侵权人返还因侵权而节省的成本。

另一个问题是什么才可以作为专利技术的非侵权替代方案。例如，美国判例法规定，所谓的替代方案必须具有与专利技术相似的功能和相当的价格。[3]但是，该定义未能认识到在产品市场上替代是一个多维度的问题[4]，尤其是对于多功能产品而言，消费者对某些功能的重视程度可能超过其他功能。即使是提供专利发明某些功能但不是全部功能的有瑕疵替代方案，也可能会影响专利产品的价格以及消费者的选择[5]。因此，我们建议法院在评估侵权人的销售数量时，应将重点放在非专利替代方案的可替代性上，所述销售数量指用"若非侵权"分析确定专利权人会得到的销售数量。

除了这些建议之外，关于非侵权替代方案还有几个问题值得进一步研究。第一，正如第一章所讨论的那样，迄今为止，在法律和经济文献中，几乎没

---

[1] 例如 *Grain Processing Corp. v. Am. Maize-Prods. Co.*（美国联邦巡回上诉法院，1999年，第1356页）（替代方案的适用性将影响定义"但针对"市场的市场力量……）。我们同意对谷物加工的决定是正确的，并建议通常遵循该步骤。

[2] 参见下文第2.2.2节（说明司法管辖区对非法所得补救措施的认可）。

[3] *BIC Leisure Prod, Inc. v. Windsurfing Int'l, Inc.*（美国联邦巡回上诉法院，1993年，第1219页）（认为这是可以接受的，"所谓的替代方案"不得具有较高的价格或具有明显不同于专利技术的特征）；*TWM Mfg. Co., Inc. v. Dura Corp.*（美国联邦巡回上诉法院，1986年，第901-902页）（缺乏该专利优点的产品很难被认为是该产品的"可接受"替代方案）。

[4] Mahurkar 双腔血液透析导管专利诉讼案（美国司法部，1993年，第1389-1390页）（竞争不是一个全有或全无的过程。有一定程度的可替代性）。

[5] Blair & Cotter 2005，214（一种产品是否替代另一种产品，不仅取决于这两种产品的功能，还取决于它们向公众提供的价格）；另请参见 Seaman 2010，1715-1718（提出类似论点）。

有关于当次优替代方案获得专利时如何进行法院诉讼的讨论。[①] 在涉及合理许可费赔偿时，专利替代方案的存在所提出的主要问题是，是否应该假设两项专利的所有人都参与了伯特兰竞争——如果两项专利彼此相比没有明显的优势，最终可能会使两项专利的价值降到零，或者这种假设是否有可能破坏专利的激励作用。在这种情况下，由专利替代方案存在所引起的问题是，法院是否应该假定侵权人无法获得专利替代方案，还是应该要求提供证明替代方案专利无效或已获得许可的证据？（如果是这样，以什么价格获得许可。）后一种选择无益于当事人双方，因为双方都可能会面临增加诉讼成本的风险。[②] 我们也欢迎对此问题进行进一步的研究。

第二，需要进一步研究应该要求哪一方当事人来证明不存在非侵权替代方案是更有利的，因为在此问题上，各司法管辖区之间存在明显的冲突。在美国，判例法有点混乱，但专利权人通常必须将其作为泛达检验所失利润赔偿的一部分体现出来。[③] 这实际上要求专利权人证明否定的事实，即在侵权期

[①] Sichelman 2018，319-320（提及此问题）。

[②] 有关此问题的简短讨论，请参见 Cotter 2018，191-192。

[③] 例如 *Presidio Components*，*Inc. v. Am. Tech. Ceramics Corp.*（美国联邦巡回上诉法院，2017年，第1381页）（撤回陪审团对所失利润的裁决，因为专利权人"未能提供证据证明[非侵权产品]不是可接受的或可用的替代方案"）；*Datascope Corp. v. SMEC，Inc.*（美国联邦巡回上诉法院，1989年，第822-823页）（确认地区法院否决了所失利润的判决，因为专利权人"未能证明……中的……两分之三"）。Panduit 测试 - 没有可接受的非侵权替代方案"；另请参见 *Panduit Corp. v. Stahlin Bros. Fiber Works Inc.*（6th Cir 1978，1156）（美国）（[A]专利拥有人必须证明……没有可接受的非侵权替代方案……）。但在 *Grain Processing Corp. v. Am. Maize-Prods. Co.*（美国联邦巡回上诉法院，1999年，第1353页），联邦巡回法院将负担转嫁给了侵权人，并解释说："在侵权期间，当涉嫌的非侵权替代方案不在市场上时，初审法院可以合理地推断当时不能将其作为非侵权替代方案使用。被告侵权人有责任通过证明在侵权期间可以使用替代方案来克服这一推论。"

此外，当"相关市场上只有两个供应商"（即专利权人和侵权人是唯一的卖方）时，存在所失利润的"但因果关系推定"，而"负担……然后转到侵权人"，以证明专利权人不会进行部分或全部转移销售。*Micro Chem.，Inc. v. Lextron，Inc.*（美国联邦巡回上诉法院，2003年，第1125页）。侵权者可以反驳这种推定，例如，"证明其在相关市场上出售了另一种可用的非侵权替代方案"。另请参阅集成技术。*Corp. v. Rudolph Tech.，Inc.*（美国联邦巡回上诉法院，2013年）（裁定，在只有两个供应商的市场中，事实发现者可能会推断侵权人的任何销售本来都是原告的，尽管有证据表明侵权人本可以通过非侵权替代方案进行竞争）。

间没有可行的非侵权替代方案。相比之下，在加拿大，侵权人承担证明存在非侵权替代方案的举证责任。[1] 据我们所知，在法律或经济文献中很少讨论哪种方法是最优的。有人可能会推测，与专利权人相比，侵权人通常比专利权人更容易提出和证明证实非侵权替代方案的存在，如在 Grain Processing 案中，侵权人能够轻松地创造和实施专利规避设计。即使表面看起来如此，但专利权人对此另有看法，或者在实践中如何分配举证责任并不重要，因为双方都有足够的动机提出最有利于自己立场的证据。

第三，确定侵权人实际上可以获得非侵权替代方案所需的确定性程度并不总是很清晰。例如，美国在 Grain Processing 案的判决认为，在侵权期间可以获得非侵权替代方案（即使实际上并未投放市场），因为对侵权人来说，这可以使研发非侵权（但成本略高）替代方案的方法来生产（未申请专利权的）最终产品变得容易。解决该问题的其他判例则基于其特定事实[2]，然而，必须证明在侵权时市场上尚未有可获得的替代方案会增加审判和错误成本的风险。[3] 尽管如此，我们仍倾向于同意 Grain Processing 案的框架基于为提高事实认定的准确性而增加成本是值得的，进一步的研究有助于该分析，以便法院能够以一致、可预测及符合成本效益的方式加以应用。

2.2.2.3 销售相关的但非专利产品的所失利润

另一个重要的问题是，胜诉的专利权人能否追偿与专利产品销售有关的非专利产品的所失利润。

在美国，法院采用了三种（至少部分重叠）原则以确定可以通过所失利润来赔偿哪些潜在的销售损失。通常，这些原则分别适用于：①包含侵权和非侵权组件产品的销售；②不同但相关产品的同期销售；③预计未来更换或

---

[1] 例如 Apotex Inc. v. Merck & Co.（美国联邦巡回上诉法院，2015 年）（原则上，被告人有责任在概率均衡中确定非侵权替代方案的事实相关性）。

[2] 例如 Kidd 2014. 有关加拿大在此问题上的相关法律的讨论，请参见 Siebrasse 2017。

[3] Kidd 2014。

维修零件的销售。

首先,在复杂技术产品的背景下,法院运用了所谓的全部市场价值规则来界定可能损失利润涉及的主要"销售"损失范围。尽管有关全部市场价值规则的大多数现代判例法都是在合理的许可费赔偿裁决的背景下提出的,[1]但法院还讨论了与具有专利和非专利组件的侵权产品或部件销售损失的有关原则。在这种情况下,全部市场价值规则规定,可以将与侵权组件或具有相同"功能单元"的其他组件的销售损失,类似于类比于"单个总成的零部件或整机的零部件"作为所失利润赔偿。[2]例如,销售卷纸设备的专利权人可以因整个生产线设备(包括非专利的支架、装载机、压花机和封口机)的销售损失而弥补所失利润,因为这三者都是与侵权的卷纸设备一起工作的单个组件的一部分,而专利权人几乎总是捆绑在一起销售的。[3]

其次,法院还提出了"随同"或"搭售"销售的相关概念。同步销售是指虽然与侵权产品在物理上是分开的商品,但通常还是与侵权产品一起出售。尽管该领域的判例法混乱,但法院有时认为若仅因习惯上与侵权设备同时购买,则专利权人可以追偿因所述设备零部件的销售损失而获得损害赔偿。[4]例如,在 *Golden Blount, Inc. v. Robert H. Peterson Co.* 案中,美国联邦巡回上诉法院确认了一项所失利润赔偿的判决,除了侵权燃气壁炉的所失利润,还包括用于美观的人工原木和壁炉的所失利润,因为将这三种产品同时出售是"行业的标准

---

[1] 见第 1 章。

[2] *Rite-Hite Corp. v. Kelley Co.*(美国联邦巡回上诉法院,1995 年,第 1550 页)。

[3] *Converting Mach. Co. v. Magna-Graphics Corp.*(美国联邦巡回上诉法院,1984 年,第 22–23 页)。

[4] *Kaufman Co. v. Lantech, Inc.*(美国联邦巡回上诉法院,1991 年,第 1144 页)(在确定专利权人是否应因未获得专利的附件销售而被授予所失利润时,决定因素是专利权人是否预期出售未获专利的产品以及已获专利的产品。);*Paper Converting Mach. Co. v. Magna-Graphics Corp.*(美国联邦巡回上诉法院,1984 年,第 23 页)(确认地方法院裁定与非专利"辅助设备"的销售损失有关的损害赔偿专利发明的"部分",并认为此类损失在"通常情况下,专利权人可以预料到这种未专利成分的销售以及专利的");另请参见 *Rite-Hite Corp. v. Kelley Co.*(美国联邦巡回上诉法院,1995,第 1578–1581 页)(Newman, J. 持异议)(拒绝多数人的结论是被保护的物品必须"在功能上与专利物品不可分离")。

做法"。① 但是，在大多数涉及随同销售的情况下，联邦巡回法院要求专利权人证明非专利组件必须在功能上与专利产品相关或在某些方面与专利产品相关。②

第三，至少有些判例法区分了随同销售与维修或更换零件销售之间的区别，有时也称为"衍生产品销售"，这些销售通常是在最初侵权销售之后的将来进行的。③ 但是，原则上，适用于随同销售的相同规则似乎也同样适用于这种情况。如美国联邦巡回上诉法院在 King Instrument Corp. v. Otari Corp. 案中所述，当专利权人若非侵权"通常会预期备件的销售"时，可以追偿备件的所失利润。④ 在 Leesona Corp. v. United States 案中，专利权人被允许追偿因专利电池更换阳极造成的销售损失，在正常的"寿命周期"中，预计每个电池的 22 个阳极将被更换 50 次。⑤

这三项原则的核心都是在可预见的因侵权造成的销售损失和不会损失之间划清界限。我们建议，与所有三类销售相关的损失一般应予以追偿，只要专利权人能够证明①"若非侵权"因果关系和②直接因果关系即可，即证明非专利部件、零件或商品的销售是"在相关市场中侵权竞争对手可以合理地预见的"。⑥ 这种变化似乎与其他几个国家的法律相符，这些国家允许在正常情况下基于直接因果关系原则，根据搭售商品的销售损失追偿所失利润。⑦

---

① Golden Blount, Inc. v. Robert H. Peterson Co.（美国联邦巡回上诉法院，2006 年，第 1370–1372 页）。

② 例如 Am. Seating Co. v. USSC Group, Inc.（美国联邦巡回上诉法院，2008 年，第 1268 页）("A 车队销售"指专利产品的销售与功能相关的非专利产品之间的关系……独立运行专利时不存在功能关系且仅出于客户需求而将未专利产品打包出售）；Rite Hite Corp. v. Kelley Co.（美国联邦巡回上诉法院，1995 年，第 1550 页）（我们的先例未将责任扩展至包括与专利发明基本上没有功能关系并且可能仅出于方便或业务优势的目的而与侵权设备一起出售）。

③ 见 Carborundum Co. v. Molten Metal Equip. Innovations, Inc.（美国联邦巡回上诉法院，1995，第 881–888 页）["运输销售"一词最好仅限于与基本物品；最好是备件（如果有的话，在原侵权销售之后出售）被称为"衍生产品销售"]。

④ King Instrument Corp. v. Otari Corp.（美国联邦巡回上诉法院，1985 年，第 865–866 页）。

⑤ Leesona Corp. v. United States（Ct.Cl. 1979, 975）(美国)。

⑥ Rite-Hite Corp. v. Kelley Co.（美国联邦巡回上诉法院，1995 年，第 1546 页）。

⑦ Cotter 2013a, 187（讨论英国、加拿大和澳大利亚的适用规则）；另请参见 Cotter 2013a. 262 n.160, 264, 320–321（讨论德国、法国和日本的适用规则）。

该观点有一个可能的限定条件，即在若非侵权情况下，专利权人通常应能够追偿他本应获得的因非专利产品的销售而损失的利润，只要这些损失是由侵权行为直接造成的。假设专利权人没有制造、使用或出售涉诉专利的任何产品，而行使专利权以维持相对于非专利产品的市场地位。就其性质而言，专利往往会抑制与技术使用方面有关的竞争。但是，行使专利权仅仅是为了消除抑制使用更新的、可能更好更优的技术的使用，这与专利制度的基本目的是否一致是有争议的。在这种情况下，对所失利润赔偿（和颁布禁令）的裁定有损公共利益也是合理的。另一方面，要求专利权人"行使"其专利权以追偿所失利润，将与通常规避此类要求的国家（例如美国）的传统做法相抵触。此外，专利所有人可能很容易通过象征性地使用对其专利所涵盖的技术来规避此类要求。因此，我们建议进一步研究专利权人寻求行使"闲置"专利权的频率，以及解决此类行为的适当法律规则。[1]

2.2.2.4 分配

对于复杂多功能产品而言，特别重要的一个问题是，是否要求专利权人量化其所失利润中因专利功能带来的部分，而不是整个产品的非专利功能和其他组件带来的部分，这就是所谓的分配。

从历史上看，分配是美国早期专利案件中的重要问题[2]。例如，在 *Seymour v. McCormick* 案[3] 中，法院区分了针对全新机器的专利和仅要求对现有机器进行改进的专利。在前一种情况下，专利权人"将有权对侵权人的任何销售要求获得全部的所失利润，因为这些销售必然归专利权人所有。[4]"与此相反，法院认为，如果因为"与整台机器相比微不足道的改进"而判定类

---

[1] 有关讨论法律问题和更广泛的经济抑制技术话题的其他资料的讨论和引用，请参见 Blair & Cotter 2005, 246–254; Hovenkamp & Cotter 2016。

[2] Bensen 2005, 3（指出"最高法院在 1853—1915 年，在专利损害赔偿决定中处理了超过 35 次的分配，有时在同一年进行了两三个决定"）。

[3] *Seymour v. McCormick*（U.S. 1853）。

[4] Bensen 2005, 6。援引 *Seymour v. McCormick* 案（U.S. 1853, 489）。

似的损害赔偿,那将是"严重错误"。① 因此,v. McCormick 案"认识到,如果在专利发明与现有技术之间分配价值后没有核算专利损害赔偿",将对专利权人造成过度补偿。②

其他法院和学者得出的结论是"不需要分配……因为专利权人只需要显示'若非侵权'因果关系即可追偿所失利润。"③ 例如,在 *W. L. Gore & Associates v. Carlisle Corp* 案中,法院认为:"一旦销售损失的事实得到证实,便没有理由适用分配。"④ 换句话说,"若非侵权"的所失利润标准在很大程度上消除了进一步分配的必要性。⑤

美国联邦巡回上诉法院最近在 *Mentor Graphics Corp. v. EVE-USA,Inc.* 一案中解决了所失利润赔偿的分配问题⑥。在 *Mentor Graphics* 案中的双方均制造并出售了仿真和验证系统,它们是允许一个计算机系统像另一个通常不兼容的系统一样运行的软件程序⑦。由英特尔等芯片制造商用于测试半导体设计的仿真系统,非常复杂且昂贵。涉及的专利技术涵盖了通过在一系列逻辑门中插入能够测量"中间值"的"测试探针"来调试芯片设计的方法和设备。⑧ 此功能后来被合并到侵权的仿真系统中。⑨

---

① *Seymour v. McCormick* 案(U.S. 1853,490–491)。
② Love 2007,268。
③ Bensen 2005,4;另请参见 Rabowsky 1996,285,295(现行法律,永远不需要在专利和非专利项目之间分摊损失的利润……[A]整个市场价值规则和通用"因果关系检验消除了分摊的需要");Conley 1987,371,373("法院统一采用的追回所失利润的概念,不允许将专利所有人的所失利润根据专利权人的任何感知价值进行划分"。发明……据认为,W.L. Gore 地区法院提出了确定因销售损失造成的损害范围的适当方法)。
④ *W. L. Gore and Assoc. Inc. v. Carlisle Corp.*(D. Del 1978,364)(美国)。
⑤ Cotter 2013a,116([A]如果目标是根据原告自己的销售来估计原告的所失利润,则分配没有多大意义)。
⑥ *Mentor Graphics Corp. v .EVE-USA,Inc.*(美国联邦巡回上诉法院,2017 年)。
⑦ 同⑥,1280,1286。
⑧ 美国专利 6,240,376(1998 年 7 月 31 日提交);另请参阅 *Mentor Graphics Corp. v. EVE-USA,Inc.*(美国联邦巡回上诉法院,2017 年,第 1281 页)(描述了专利技术)。
⑨ 两位发明者最初是 Mentor 的雇员,并已将诉讼专利分给 Mentor。随后,他们离开了 Mentor,成立了主要被告公司 EVE–USA,Inc.。*Mentor Graphics Corp. v. EVE-USA,Inc.*(美国联邦巡回上诉法院,2017 年,第 1280 页)。

在审判中，陪审团判予专利权人超过3600万美元的所失利润赔偿[1]。在上诉中，侵权人主张应撤销裁决判决，因为地区法院未能将所失利润赔偿分配为限于"仅涵盖专利权人的发明的贡献。"[2] 美国联邦巡回上诉法院同意"分配通常是损害赔偿法的重要组成部分"，并且"在合理的许可费和所失利润赔偿分析中都是必需的"，但美国联邦巡回上诉法院拒绝了侵权人的观点，认为"分配已适当地纳入所失利润赔偿分析中……"通过 Panduit 因素[3] 具体来说，它解释了 Panduit 的前两个要求，一是"专利权人证明了对产品的整体需求，且没有非侵权替代方案"；二是适当地"将所失利润与特定索赔限制联系起来，并确保损害赔偿与专利功能的价值相当。"[4] 根据 Mentor Graphics 案的事实，基于 Panduit 进行的所失利润分析变得非常简单；相关市场包含两个供应商（专利权人和侵权人），一个购买者（英特尔），且没有可接受的非侵权替代方案，因此，侵权人的每笔交易必然会导致专利权人的销售损失。[5] 此外，侵权人对上诉中的证据没有提出任何异议。[6] 因此，联邦巡回法院裁定"符合 Panduit 因素也符合分配原则。"[7]

---

[1] *Mentor Graphics Corp. v. EVE-USA, Inc.*（美国联邦巡回上诉法院，2017年，第1283页）陪审团还裁定专利权人获得的专利权使用费少得多（242110美元）。

[2] 同[1]，1287。

[3] 同[1]，1288。

[4] 同[1]，然而美国联邦巡回上诉法院明确拒绝考虑确定所失利润的其他（非 Panduit）方法是否应进行分摊。

[5] 同[1]，1289（Mentor 将把 Synopsis 出售给 Intel 的每一笔交易）。

[6] 同[1]，1286–1288。

[7] 同[1]，1288；另请参见第1290页（我们认为，在陪审团通过 Panduit 因素作出裁决后，地区法院拒绝进一步分配损失的利润是没有错的。因此，当 Panduit 因素得到满足时，它们将其价值纳入其分析之中。适当归因于获得专利的功能）。联邦巡回法院最近拒绝了重新审理 Mentor Graphics 案的请愿书，五名法官加入斯托尔法官的意见，宣布该小组的决定"符合长期的专利法损害赔偿原则"，并且"基于陪审团无可争议的事实调查结果"在这种情况下的 Panduit 因素……小组"决定"正确地说明了分配问题。*Mentor Graphics Corp. v. EVE-USA, Inc.*（美国联邦巡回上诉法院，2017年9月1日，第1299–1300页）(Stoll, J, 同意拒绝进行庭审）。戴克法官和休斯法官不同意排演的说法，认为"小组裁决……不恰当地认为，在通过 Panduit 测试得出的专利侵权损失被判给利润时，"专利和非专利特征之间无须分摊。"第1300页（Dyk, J. 不同意拒绝全民重审）。另请参见 Chao 2018, 1345(断言 Mentor Graphics 中的小组决定由"无法区分归因于功能的所失利润和归因于整个产品的产品损失")。

我们认为，联邦巡回法院在 Mentor Graphics 案中的做法是正确的。如果侵权行为导致专利权人销售遭受损失，按照专利权人应当全部补偿的原则，则要求专利权人从这些销售损失中获得本应获得的利润，即使专利功能只是更加复杂技术产品的一个方面。[1] 相比之下，未取代专利权人销售的侵权销售应导致合理许可费赔偿，其中在确定时也应考虑其他非专利功能的价值。[2] 正如 Mentor Graphics 案中的联邦巡回法院所指出的，由于侵权而产生的部分而非全部销售损失的情况下，法院可能会对所失利润和合理的许可费给予混合补偿；[3] 在涉及复杂的多组件产品时尤其可能发生，因为不同的客户在购买决策中重视不同的功能。这些混合补偿使得法院无须对所失利润赔偿进行进一步分配以仅涵盖专利功能价值。

2.2.2.5 其他损害的潜在补偿

最后要考虑的是，除了前文所讨论的损害赔偿，是否还需要补偿专利权人因侵权人的非法竞争而遭受的其他类型损害。

一般来说，侵权法旨在恢复受害人在未发生侵权时应有的地位，但世界各地的法律体系通常对该恢复性原则予以大量限制，以降低审判成本并维护其他社会政策。同样，如果专利制度的目标是将专利权人完全恢复到若非侵权行为原本应占有的地位，法院将允许专利权人不仅追偿其因侵权造成的销售损失而产生的所失利润，而且允许补偿由此造成的其他已证明和可量化的损害。例如：①由于侵权人加速进入市场，专利权人今后可能遭受的损

---

[1] Cotter 2009，1178 n.137(指出 "任何其他规则都会使专利权人的侵权行为变得更糟")。

[2] Georgia-Pacific Corp. v. US Plywood Corp.（SDNY 1970，1120）（美国）（"与非专利要素，制造过程相区别的应计入发明的可变现利润部分"，商业风险或侵权人添加的重要功能或改进）；另请参阅 Lucent Technologies, Inc. v. Gateway, Inc.（美国联邦巡回上诉法院，2009 年，第 1332–1333 页）推翻了陪审团的 3.57 亿美元赔偿金，部分原因是被告产品是 "一个极其复杂的软件程序，包含数百个甚至更多个功能"，诉讼中的专利仅涵盖了该产品的 "一个小功能"。

[3] Mentor Graphics Corp. v. EVE-USA, Inc.（美国联邦巡回上诉法院，2017 年，第 1286 页）。

失；②由于消费者将侵权人的产品与专利权人的产品混淆，使专利权人的商誉或声誉、或体现发明专利的商品信誉受到损失；③专利权人子公司的所失利润①；④规模经济损失造成成本增加导致的所失利润；⑤因侵权而不得不花费时间处理在诉讼、广告或营销费用上的机会成本；⑥侵权造成的精神损害。但是，由于各种原因，即使专利权人能够证明损失，任何法律制度也不可能对所有这些损失判予赔偿。据我们所知，没有任何法律制度允许专利权人（或其他侵权受害人）就不得不花费时间进行诉讼的机会成本而追偿损失。鉴于准确量化此类损失存在巨大困难，这一结果也算是合理的。

另外，英美法系中直接因果关系的一般原则以及其他地方的相对原则并不一定会阻止专利权人对可证明的其他损失进行追偿。例如，美国和其他地方的法院已经允许因侵权人通过侵权行为加快了占据市场而造成的专利权人的所失利润而判予赔偿，尽管这种损失可能难以证明，而且赔偿似乎也并不常见。②

关于商誉、名誉或信誉的损害以及精神损害，欧盟执法指令第13条第1款规定，在为侵犯知识产权设定损害赔偿时，成员国司法机关"应考虑到所有适当的方面，例如负面经济后果，包括受害人遭受的所失利润、侵权人获得的任何不正当利益以及在适当情况下经济因素以外的其他因素，例如对权利人造成的道德偏见……"③欧盟法院在其2016年 *Liffers* 案的裁决判决中，根据第13条第1款，知识产权所有人除了可以收取合理的许可费，还可以追偿因道德偏见而产生的损害赔偿④，尽管"道德偏见"在专利侵权案件中仍不

---

① 例如，如果专利权人的子公司向专利权人提供未经专利申请的活性药物成分以专利配方生产，则可能会发生这种情况。

② Blair & Cotter 2001，10-11（美国法院已裁定或考虑赔偿因侵权而产生的额外费用，例如广告和营销支出，以及"未来所失利润、专利损害、劣质侵权商品的销售导致所有者的声誉以及专利到期后侵权者加速进入市场"，尽管"后者损害……通常被认为归于一个或多个"其他类别，或者非常不相关或无法推测的。）；另请参见 Cotter 2013a，187，262 n.160，314 n.110，320-321（在英国、德国和日本，讨论了因更不相关的损害而补偿的可能性）。

③ 指令 2004/48/EC，第1条13（1）（重点添加）。

④ *Liffers v. Producciones Mandarina SL*（E.C.J. 2016）（欧盟）。

是很清晰（*Liffers* 案本身是一个版权案件，它所指的道德偏见可能包括对作者名誉的损害）。据福克斯等人（2015年）所述，就专利而言，整个欧盟对该概念的解释各不相同。

即使根据欧盟执法指令，道德偏见在欧洲各司法管辖区之间也几乎没有任何确切的含义，因此没有明确的界限可循。除德国外，上述所有司法管辖区都可以将其作为诉讼请求，尽管在荷兰、英格兰和威尔士非常罕见（极端情况）。在法国，虽然理论上与声誉有关，但它似乎被用作平衡调整量值的机制。在意大利，必须证明道德偏见存在（本质上是对名誉的损害），然后将其量化为所失利润赔偿的比例可达50%之多。①

同样，马德里上诉法院最近的一项专利侵权裁决判决认为，"精神损害赔偿"包括"心理痛苦或困扰"，例如心理或精神上的打击或痛苦、无助、忧虑（作为对不安、悲伤、恐惧或预感忐忑的心理感觉）、焦虑、苦恼、忐忑、震惊、折磨等其他类似情况，从理论上讲是可以赔偿的（尽管专利权人没有证据支持其指控的事实），以及"信誉损失"的赔偿，赔偿的依据是有证据表明侵权产品的质量低于原告产品的质量，例如体现为"与专利权人产品的奢华形象相反，侵权产品仅仅进行了简单包装。"② 相比之下，在美国，虽然专利侵权对商誉或名誉造成的损害在理论上是可以赔偿的③（显然很少见），但精神损害却未必能够赔偿④。

关于根据直接因果关系标准的法律和经济解释表明，违反精神道德责任的侵权人不应对事前发生概率低的损失负责，因为在这种情况下确定责任将增加审判成本，而不会实质性降低（已经很低）损害的风险。⑤ 关于这一解释

---

① Fox et al. 2015，572–573。

② Cotter 2016c（引用 Miquel Montan-a 的翻译）。

③ *Lam，Inc. v. Johns-Manville Corp.*（美国联邦巡回上诉法院，1983年，第1068页）。

④ *Rite-Hite Corp. v. Kelley Co.*（美国联邦巡回上诉法院，1995年，第1546页）（陈述"远程后果，例如发明人的心脏病发作或普通股价值的损失。侵权造成的专利权公司的赔偿不予赔偿"）。

⑤ 例如 Landes & Posner 1983，119–120，125–133；Shavell 1980，490–493。

（或其他解释）直接导致在专利案件中律师是否支持对"道德偏见"主张更多的损害赔偿，在学术文献中（据我们所知）并未进行充分的论述；如果此类损失是可以赔偿的，那么也没有任何有关补偿和量化此类损失度的文章。可能需要对这些问题进行进一步研究。

与这一系列问题有关的最后一个问题是，在专利或其他案件中，法院是否应就"机会损失"判予损害赔偿，即由于若非侵权行为，这些利润本来是可以从损失的销售中获得的，但这些利润是用这些销售的可能性体现出来的。例如，如果原告可以证明有 30% 的机会再销售 10 次，那么在丧失机会原则下，原告有权追回其在销售中所获利润的 30%。一些国家的法院在此基础上判给专利权人损失利润，而美国却没有。在美国，除非能够证明专利权人遭受损失的可能性更大（即可能性大于 50%），否则将不给予专利权人赔偿。[①]

主张对机会损失赔偿的主要论点是，这样的规则可以使总体上对专利权人的赔偿更加准确。例如，如果专利权人能够证明有 40% 的机会完成 100 笔单独销售，根据美国的规则，也不会追偿任何所失利润。相反，如果专利权人可以证明有 60% 的机会实现 100 笔销售，即使有可能没有全部实现，也可以追偿全部 100 笔销售的所失利润。另一方面，人们可能会质疑法院（或陪审团）是否有能力就如此精准的可能性作出判决，即使是，也可以通过边际准确性收益来证明额外的审判成本是否合理。对这一领域的进一步研究将不仅仅有理论上的意义。

2.3 侵权人利润的追缴

在本节中，我们首先讨论侵权人利润追缴的几种理论依据。然后，我们介绍全球主要专利制度中的追缴救济措施的可获得性和要求。最后，我们对与追缴这种救济措施有关的具体问题进行了分析，包括作者关于其可获得性、计算方法和举证责任的建议。

---

① 有关更多讨论，请参见 Cotter 2014b。

2.3.1 理论依据

如 2.2.2 节所述，追缴侵权人利润与判予专利权人因侵权造成实际损失的根本理由在目标上存在不同。特别是"对被告利润的判决可能会破坏法院不应过度补偿专利所有人的原则。[1]"例如，在侵权人比专利权人更有效率的情况下（即单位利润更高），通过追缴，专利权人可能会比从未发生过侵权时获得更好的利益[2]。对于侵权人利润的追缴，各国都提出若干理由。

首先，追缴救济通过确保侵权人不会因侵权而获得更好的利益来防止不公平获利。换句话说，它"纠正了侵权人保留不公平利益所造成的不平衡……保留所述不公平利益而不支付专利权人的费用。[3]"例如，1888 年，美国最高法院判决专利权人应追偿侵权人的利润，理由是衡平法不允许"不法分子通过自己的过错来获利"。[4]《关于返还和不公平获利的重述》（第三版）更广泛阐明了追缴救济的相似基本原理。它解释说"返还的目的……就是尽可能避免处罚，同时消除不法行为带来的利润。"追求该目标的返还救济措施通常被称为"追缴"或"核算"。[5] 根据《关于返还和不公平获利的重述》方法，"故意的不法分子的不当不公平获利……是归因于根本错误而产生的净利润[6]"反过来，"故意的不法分子"被定义为"明知不法行为"或"不顾所涉

---

[1] Cotter 2013a，68。

[2] 例如，如果专利权人每销售单位获利 3 美元，侵权人每销售单位获利 5 美元，而专利权人向侵权人损失了一百单位的销售量（假设没有其他变化），则侵权人的利润被没收与假设的"但"从未发生侵权的事件相比，专利权人获得的 200 美元的盈余高于其损失的利润。

[3] Roberts 2010，670。

[4] *Tilghman v. Proctor*（U.S. 1888，145）。

[5] 恢复和不正常致富的重述（第三次）第 51（4）条；另请参见 ID。在 cmt.a（第 51 条的主要重点在于以被告的利润衡量不当得利的情况，恢复原状的目的是剥夺被告的不正当收益……通常以被告的不正当收益来衡量的恢复原状）。

[6] 同[5]，第 51（4）条。

其次，追缴可以通过确保侵权人不会因侵权而获得更好的利益来阻止专利侵权行为。在没有追缴的情况下，专利技术的潜在用户可能会选择侵权而不是获得许可②，尤其是如果对专利权人的全部救济措施（所失利润和/或合理的许可费赔偿）会给侵权人留下一些利润③。追缴也可以与对专利权人的全部损害相结合，以确保不法分子的境况比没有侵权的情况更糟，尽管这也冒着给予专利权人超额赔偿和过度威慑潜在侵权人的风险。④

最后，追缴可能会鼓励专利许可。如果没有追缴救济措施，专利技术的潜在用户事前可能会"缺乏谈判的动力"，因为如上所述，如果侵权被抓并支付专利权人的损失，他们的状况可能不会更糟。如果他们侵权并能够避免被发现，他们的处境将会更好。⑤因此，追缴能"确保被告的境况至少比他们自愿谈判时的境况更糟。"⑥

2.3.2 追缴方法的比较

2.3.2.1 北美洲

在美国，从历史上看，可以通过追偿侵权人的利润来作为专利侵权的衡

---

① 恢复和不正常致富的重述（第三次），第51（3）条。
② Lemley 2005，1045（认为在美国，"专利法在知识产权制度中最不强调威慑力"，因为"它不需要牟取暴利"）。
③ 例如，当侵权人比专利权人更有效率时（因为侵权人不承担专利权人的研发费用），侵权人的侵权收益超过了专利权人的损失时，可能会发生这种情况。
④ Cotter 2013a，69（尽管允许授予被告利润的规则确实存在一定的威慑风险；而且，在专利持有量令人担忧的情况下，过度补偿性损害赔偿可能会加剧该问题）。
⑤ 同④。当然，这简化了分析，因为侵权人可能由于其他原因而希望避免诉讼，例如诉讼费用，支付专利权人的律师费和费用的可能性，以及在可能的情况下针对有意识的侵权行为增加赔偿的可能性（例如美国）。
⑥ 同④；Lemley 2005，1046（"归类"通过防止未经授权的使用并因此鼓励许可，"帮助知识产权所有者将其发明的积极外部性内部化"）。

平救济[1]。1819年的《专利法》确立了衡平法诉讼的联邦管辖权,从而授权美国联邦巡回上诉法院颁布禁令和其他衡平法救济,包括"对侵权人非法利润的衡平法解释。"[2] 1870年的《专利法》明确地将追缴扩展到法律诉讼中,规定"原告有权要求追偿……被告人获得的利润。"[3]

但是,在1946年的《专利法》中,国会不再提及侵权人利润的相关内容。[4] 立法历史表明,国会担心计算侵权人利润花费的时间和费用,在某些情况下,需要花费多年的诉讼时间。[5] 在 Aro Manufacturing Co. v. Convertible Top Replacement Co. 案中,最高法院大法官布伦南(Brennan)得出结论,他认为,1946年修正案的目的"恰恰是为了消除取消利润的追偿和损害赔偿的追偿",[6] 在九位法官中共有四位法官同意该意见。[7] 尽管"这是未超过半数的最多数量法官们的意见,而且可以说是宣示一种态度",[8] 但后来法院的判决也以相同的方式解释了该修正案。[9] 因此,大多数评论员认为,在美国,对侵权人

---

① Chisum 2017,第20:02[3]节,最早的[美国]专利法(1790年和1793年)和1819年法均未在美国联邦巡回上诉法院授予专利侵权诉讼以公平管辖权的法律中提到利润的回收或任何其他金钱救济,法院承认,由于申诉人的禁制令请求而获得了对一个案件的管辖权的平衡法院的权力,可以通过命令对侵权人的非法利润进行核算来给予全面和完全的救济。尽管侵权人不是专利所有者的真正受托人,但利润会计的补救方法(一种公平的信托法中的惯用手段)很容易被采用并适用于专利案件。最后,1870年法明确提到了申诉人有权收回"被告应承担的利润"。

② Stevens v. Gladding(U.S. 1854,455)(获利账户的权利与在复制权和专利权案件中的禁令权有关);Roberts 2010,657-658。

③ 美国1870年7月8日法案,第55、206条。

④ 国会对1946年修正案的意图据说"不清楚"。参见 Chisum 2017,第20.02[4][a]节([众议院和参议院专利委员会的报告]强调了分配过程中的错综复杂且无法解决的问题,以及复杂且技术上的会计程序在主张人面前的费用和延误。但是,报告的最后一段指出,该法案"不会排除将利润的回收作为一般损害赔偿的一部分。"这表明,在专利拥有人愿意的情况下,取消强制性的利润核算是另一种选择和狭义的意图。可以根据合理的使用费获得收益。")。

⑤ Roberts 2010,662-663(解释说"美国1946年专利法的大多数立法历史"为总的主张提供了支持,因为"由于浪费时间和金钱,大会取消了侵权人的利润的追回"。利润分配问题产生的费用)。

⑥ Chisum 2017,第20.02[4][b]节。

⑦ Aro Mfg. Co. v. Convertible Top Replacement Co.(U.S. 1964,505)。

⑧ Chisum 2017,第20.02[4][c]节。

⑨ Zegers v. Zegers, Inc.(U.S. 1972,Vol 7)。有关其他示例,请参阅 Chisum 2017,第20.02[4][c]节。

的利润额可能不适用于实用新型专利。[1]

但是，对于外观设计专利，《专利法》第289条规定，侵权人"应以其总利润为限对专利所有人承担赔偿责任，但不少于250美元。"[2]1887年《专利法》引入了具有同样效力的条款，[3]当国会于1946年废除侵权人利润的追偿时，保留了外观设计专利"总利润"的特殊条款。[4]

尽管第289条规定，制造或出售已应用外观设计专利或其彩色仿制的"制造品"是非法的，并规定侵权人"应以其总利润为限"对专利权人承担赔偿责任，[5]但外观设计是组件产品的情况下，出现了如何识别"制造品"的问题：它必须始终是最终产品还是也可以是产品的组成部分。在涉及智能手机外观设计的侵权案件中，美国联邦巡回上诉法院采纳了前一种解释，并将整个智能手机确定为计算侵权人"总利润"的唯一允许的"制造品"，因为"智能手机的内部并未作为单独的产品与外壳分开出售给普通购买者。"[6]但是，在Samsung v. Apple案中，最高法院最近推翻了联邦巡回法院的判决，并发回重审。[7]在索托马约尔（Sotomayor）法官的一致意见书中，法院指出，"制造品"的范围足够广泛，既涵盖销售给消费者的产品，也涵盖产品的组成部分。[8]因此，最高法院采纳了另一种解释，根据该解释，专利持有人将"有时有权从最终产品的组成部分中获得侵权人的总利润。"[9]法院将其交由下级法院来决定如何定义相关的"制造品"以及如何计算可归于该物品的利润。[10]

---

[1] Roberts 2010，665（声称 Aro Mfg 中的相关部分可以说是服从性规定，但承认"后来的法院，包括最高法院"已将其视为消除歧义的一种权威）。

[2] 35 U.S.C. § 289。

[3] 1887年2月4日法案，第1节，387–388。

[4] Chisum 2017，第23.05［1］［a］节（解释说，实用新型专利和外观设计专利之间区别的原因是"不清楚"）。

[5] 35 U.S.C. § 289。

[6] Apple，Inc. v. Samsung Elecs. Co.，Ltd.（美国联邦巡回上诉法院，2015年，第1002页）。

[7] Samsung Elecs. Co.，Ltd. v. Apple，Inc.（U.S. 2016）。

[8] 同[7]，435。

[9] 同[7]，434。

[10] 编号第436条（拒绝"在第289条损害赔偿查询的第一步中提出一项用于识别相关制造物品的测试……"）。

在加拿大，获胜的专利权人有权获得赔偿，但可以要求对侵权人的利润进行核算。[1] 核算权的授予属于法院的自由裁量权，尽管通常是在主张时才给予，但在缺乏理由的情况下不应被允许的。[2] 尽管会考虑传统的衡平标准，但没有固定的标准来拒绝核算[3]。实践中，"在加拿大，利润核算一直是专利侵权的主要金钱救济方式"，自 1990 年以来至少有 12 起已做出判决[4]。

2.3.2.2 欧洲

在欧盟，知识产权执法指令（2004/48 / EC）第 13 条规定："成员国应确保司法管辖机关应受害方的请求，命令知情或有合理理由知道从事侵权活动的侵权人向权利所有权人支付与其因侵权行为所遭受的实际损害相称的损害赔偿。"当司法机关确定损害赔偿时：他们应考虑所有适当的方面，例如受害方遭受的负面经济后果，包括所失利润，以及侵权人的任何不正当利润……[5]

该条款要求成员国的司法机关"考虑到……任何由侵权人获得的不正当利润"，如果国家仅仅允许法院在估算原告自身的"实际损害"时考虑被告的利润，那么这个国家可以说是遵守了上述指令。[6] 委员会工作人员在 2010 年 12 月发布的工作文件《执行指令分析》中指出：[7] 侵权人非法获取的利润（"不公平获利"）构成了评估某些成员国损害赔偿的新的考虑因素，并以各自不同的方式在国家立法中得到体现。

---

[1] R.S.C. 专利法 1985 年，C P-4（加拿大），第 55 条（损害），第 57 条（会计）。
[2] Siebrasse 2016（案例审查）。
[3] 例如 J.M. Voith GmbH v.Beloit Corp.（美国联邦巡回上诉法院，1997 年，第 110、113、119 页）；Philip Morris Prod. S.A. v. Marlboro Canada Ltd.（美国联邦巡回上诉法院，2015 年）。
[4] Siebrasse et al. 2008，85；另请参阅 Cotter 2013a，198（清单案例）。
[5] 指令 2004/48 / EC，第 13（1）条。
[6] Cotter 2013a，257. 对于在合同纠纷中对违约方利润的分配进行类似分析以反映非违约方的预期利益，参见 Anderson 2015（主张就违约案件中的非金钱损失提供补偿性赔偿，补救措施是根据表明非金钱损失的证据分配违约方的利润）。值得注意的是，这种方法不依赖于违约方的心态，因此代表了一种补偿性而非惩罚性的方法。
[7] 欧洲委员会，第 22-23 页，COM（2010）779 最终审理（2010 年 12 月 22 日）。

许多成员国要求权利人证明利润是利用或由于侵权产品而得到的（因果关系）。侵权人有时可能通过侵权产品获得比权利人使用其品牌产品更高的利润。权利人似乎很难证明自己会获得与侵权人相同的利润，特别是在侵权人提供其产品的条件与合法渠道明显不同的情况下（例如，较低的价格、较低的制造成本和缺少相关配套服务）。此外，在一些成员国[①]，侵权人的利润似乎只能考虑一次，要么作为不正当利润的追偿，要么作为损害赔偿（或部分损害赔偿），不能以累加的方式考虑。在其他成员国[②]，当利润高于权利人计算的损害额（例如，权利人的所失利润）时，判定移交上述侵权人的利润是一种方式。在一些成员国[③]，除了损害赔偿外，还可以责令侵权人移交其利润。

在德国，因专利侵权而判予的损害赔偿在本质上是补偿性的，可以因过失或故意侵权而予以赔偿。[④]几十年来，侵权人利润的移交已被广泛接受为计算专利侵权损害赔偿的方法，在2008年，该方法的适用性已被编入《德国专利法》[⑤]第2条第139节第1段。根据该条款，专利权人可以从三种计算损害赔偿的方法中进行选择，例如，所失利润（遭受的实际损害），参照类似的许可（许可费）和侵权人的利润，但不得对单一的侵权行为合并或累加上述方法[⑥]。

传统上，专利权人很少选择参照侵权人的利润来计算损害赔偿，这主要

---

① 欧洲委员会，22 n.52（例如，斯洛伐克共和国）。
② 欧洲委员会，23 n.53（例如，德国和意大利）。
③ 欧洲委员会，23 n.54（例如，恶意情况下的荷比卢三国）。
④ Kamlah 2014，904。
⑤ 同④，915。针对欧盟执行指令第13条，对专利法第139条进行了修改。放弃侵权人利润的理论依据尚不明确，也存在争议。普遍的观点似乎是由于对虚假代理规则的类似适用进行补救式的解释［适当的专有管理；BGB 687节，第2段（民法典）］。一些学者批评了这种观点，指出虚假代理需要有意为之，而专利侵权却可以过失实施。Kamlah 第139条第2款规定，将侵权人的利润的缴纳作为计算补偿性赔偿金的不同方法之一，正在得到学者和从业者的更多支持。参见 Melullis 2008，679；Grabinski 2009，260-261（指出不再需要诉诸虚假代理法律，至少对于新的第139条第2款而言）。另请参阅 Schönknecht 2012，311（指出基于侵权人的利润和许可类推的方法仅仅是对单一损害赔偿要求进行核算的不同形式）。有关在德国对这三种方法进行表征的争论，请参阅 Cotter 2013a。
⑥ Kamlah 2014，907；Schönknecht 2012，311。

是因为法院通常允许侵权人从其销售侵权产品的收入中扣除生产成本。但是，美国联邦巡回上诉法院（BGH）在2000[①]年对 Gemeinkostenanteil 案的判决为损害赔偿计算带来了根本性的变化。在该判决中，法院认为，尽管可以扣除制造和销售侵权产品的可变成本，但侵权人的固定成本可能不再抵消其收入。尽管此案涉及外观设计权侵权，但法院采用了与专利侵权的损害赔偿相同的规则。德国在 Gemeinkostenanteil 案之后，因涉嫌侵权人的利润要求赔偿的案件明显增多。[②]

在法国，《知识产权法》第615-7条规定了两种不同的计算方法：实际损害赔偿可参照类似的许可。所述条款规定："在确定损害赔偿金额时，法院明确考虑到：侵权的负面经济后果，包括收入损失和受害方遭受的任何损失，对受害方造成的道德偏见以及侵权人的利润，包括从侵权中获得的知识、材料和宣传投入的节省。[③]""侵权人的利润在计算损害赔偿中的地位在判例法中尚不明确""有些判决认为可以将侵权人的利润判予原告，而另一些判决则持不同立场。"[④]

在英国，"允许获胜的专利权人选择对损害赔偿进行调查或对已发生侵权行为的利润进行核算是标准做法。[⑤]"专利权人有权要求有限度地披露侵权人的财务信息，以便在损害赔偿或者利润赔偿中进行选择[⑥]。利润核算是一种公

[①] BGH v.2.11.2000 – I ZR 246/98 – Gemeinkostenanteil（德国）。

[②] Kamlah 2014，907；Grabinski 2009，262，报告说，近年来，基于侵权人利润的方法至少在四分之三的 LG 杜塞尔多夫专利侵权或实用新型侵权案件中使用了（杜塞尔多夫地方法院）。有关侵权者利润的计算方法的详细信息，请参见 Kuhnen 2017，863–878；Kamlah 2014，916–920。另请参见 Cotter 2013d（讨论 BGH v。24.7.2012 – X ZR 51/11 –Flaschenträger）。

[③] Romet et al. 2015，170；Fox et al. 2015，569。

[④] Romet et al. 2015，170。在随附的脚注中，作者引用了 *TYC Europe v. Valeo*（CA Paris 2013）(Fr.)；*Hydr Am v. Gimaexand Weber Hydraulik*（TGI Paris 2013）(Fr.) 和 *Time Sport International v. JCR*（TGI Paris 2013）(Fr.) 作为判决的决定，同时引用了 *Saint Dizier Environment v. Materiel Sante' Environment and CME*（TGI Paris 2013）(Fr.) 作为判决的决定。

[⑤] *Glaxosmithkline UK Ltd. v.Wyeth Holdings LLC*（Pat 2017，31）（英国）；另见 Birss et al. 2016，21–52。

[⑥] Birss et al. 2016，21–53（引用 *Island Records Ltd. v. Tring Int. Plc.* 1995年，英国）。

平和可补偿返还的救济措施，其目的是剥夺侵权人因侵犯原告权利的不法行为而获得的不当利润，并将该利润移交给原告。[①] 要求利润赔偿是"比要求损害赔偿更少见的选择，因为结果更不确定。[②]"

2.3.2.3 亚洲

日本《专利法》第102条规定了三种计算损害赔偿的具体方法：使用专利权人的利润率、侵权人的利润或假想许可费的方法。该条第2款规定："若专利权人或排他被许可人针对侵权人因故意或过失侵犯专利权或排他许可而遭受的损害以及侵权人从侵权行为中获得利润要求赔偿，则侵权人所获得的利润应推定为专利权人或排他被许可人所遭受的损害。"尽管法院最初将这种形式的损害赔偿限于正在实施专利发明的专利权人，但知识产权高等法院大法官小组在2013年放宽了这一要求，认为只要专利权人因侵权而损失利润，即使利润不是由于诉讼专利所涵盖商品或服务的销售损失而产生的，也可以随时提出追缴。[③] 例如，现在普遍认为，对于销售含非专利组件的专利产品，且与侵权人提供的侵权产品竞争的专利权人来说，追缴是可用的救济措施。然而，仅将诉讼中的专利许可给第三方的专利权人是否有权请求追缴作为救济措施，目前尚不清楚，也存在争议。此外，在判决追缴时，至少有一些法院已经将侵权人的利润进行了分配，以反映因侵权特征带来的侵权销售所占的百分比。[④]

---

① Birss et al. 2016, 21–136; Rennie-Smith 2015, 81, 104。关于利润的计算，请参见 Birss et al. 2016, 21-137 至 140；如果仅产品或过程的一部分受到侵权，则应在由发明的使用引起或与之相关的利润之间进行分配"但是，如果发明是被告整个产品或过程的必要组成部分，则不宜分摊。（引自 Celanese Int'l Corp. v. BP Chemicals Ltd., Pat 1999, 46）（英国）。有关最近对 Design & Display Ltd. v. OOO Abbott & Anor（2016年4月）（英国）案判决的讨论，请参阅 Cotter 2016a。

② Fox et al. 2015, 568。

③ Sangenic Int'l Ltd. v. Aprica Children's Prod. Inc.（IP High Ct. 2013）（日本）（废物存储设备）。

④ 例如，法院在第2014（Ne）10022号案件（IP High Ct. 2014）（日本）（电话号码自动创建设备）案中，基于侵权人的利润，考虑到了65%的"部分推定推翻"，记下专利发明对利润的贡献。

中国《专利法》第 65 条规定了确定损害赔偿金额的几种方法：专利权人的实际损失、侵权人的利润和合理许可费，在实践中，中国专利诉讼的绝大多数专利权人选择法定损害赔偿①。虽然极少判予利润追缴，但最高人民法院认为，侵权人的利润可以通过将每件侵权产品的利润乘以在市场上销售的侵权产品的数量计算得出。②2009 年，最高人民法院认为，可以对利润追缴进行分配，"以从侵权利润总额中扣除由专利侵权以外的因素带来的利润。③"

澳大利亚参照英国和加拿大，采取类似的做法，并允许对侵权人的利润进行追缴。④主要相关机构明确指出，与英国一样，专利权人可以选择核算来代替金钱损害赔偿。⑤

2.3.3 有关追缴的具体问题

2.3.3.1 可获得性

关于在所有主要专利制度中是否都应存在追缴的问题，无法达成共识。各司法管辖区在该问题上的做法以及支持和反对追缴的政策观点都存在差异⑥。赞成追缴的小组成员指出了一些潜在的益处。首先，它鼓励潜在的侵权人进行专利权的事前许可，而不是像惩罚性赔偿那样严重的制裁。尽管核算不会鼓励真正不知情的侵权人（即不知道诉讼中的专利，并且在进入市场之前无法合理地确定涵盖产品所有专利的侵权人⑦）事先进行谈判，但它可以鼓

---

① Pattloch 2015，315，343。另请参见 Hu 2016，5，8 [显示在 2008 年 6 月 1 日至 2011 年 12 月 31 日判给损害赔偿的专利（发明专利）侵权案件中，有 5.26%、2.26%、0 和 92.48% 分别基于专利权人的损失、侵权者的利润、许可费或法定损害赔偿]。

② Hu 2016，16（引用 Wu 2014）。

③ 同②，(引自《中华人民共和国最高人民法院，2009 年》，第 16 条)。

④ Cotter 2013a，198。

⑤ Dart Indus. Inc. v. Decor Corp. Pty Ltd.（HCA 1993）（澳大利亚）。

⑥ Chisum 2017；同⑤。

⑦ 联邦贸易委员会，2011 年，第 55-56 页（解释了有关 IT 产品的争论，"大量潜在相关、重叠的专利使得在产品推出前确定适用的权利的成本过高"）。

励过失或故意的侵权人这样做。其次，对于希望避免在损害赔偿评估中将财务信息泄露给竞争对手的专利权人来说，追缴可能是有利的。这似乎是制药公司在加拿大等国家例行选择核算的动机，即使基于专利权人损失的损害赔偿额会更大[①]。

相比之下，不太热衷于将追缴作为救济措施的小组成员则指出了该救济措施的若干潜在弊端。首先，追缴可能会造成过度威慑的重大风险，导致公司不太愿意引进新的创新产品，特别是包含多种不同技术的复杂技术产品[②]。此外，诸如追缴等非补偿性损害赔偿的裁决可能会加剧专利劫持[③]。再者，计算因侵权而要追缴的利润数额，可能会产生大量诉讼费用[④]。最后，在复杂的多功能产品的情况下，追缴可能会加大计算救济措施时出错的风险，因为法院需要确定由于侵权人因侵犯专利功能而获得的利润、非专利或许可的组件的利润以及侵权人对侵权产品的贡献所获得利润的比例。

鉴于缺乏共识，本节其余部分中的建议针对的是适用追缴作为救济的司法管辖区。在像美国这样目前还没有将追缴作为救济措施的国家中，我们建议进一步研究，是否可以考虑采用核算来代替加重损害赔偿，以阻止故意侵权行为。

2.3.3.2 自由裁量权

在将追缴侵害人利润作为救济措施的司法管辖区中，存在的一个问题是应当自动判予还是由初审法院自由裁量。尽管核算是衡平的救济措施，但在

[①] Siebrasse et al. 2008；cf. Michel 2010，11（指出保护性命令的需求"在发现损害赔偿的情况下尤为突出，通常包括与当事方的成本、收入、利润等有关的极其敏感的财务信息。公开披露此类信息可能会严重损害当事方的业务或竞争地位。"）。

[②] Cotter 2013a，69；另见 Cotter 2011，740 n.69（表达了对专利案件中恢复原状裁决造成过度威慑风险的类似担忧）。

[③] Cotter 2013a，69。

[④] Chisum 2017，第 2002［4］［b］节及其所附文字（描述诉讼费用和美国在 1946 年之前因从实用新型专利中获取利润而被拖延的情况）。

英国法律中，获胜的专利权人一旦选择，便有权进行核算。①同样，当这种救济措施在美国法律下是可以获得的，作为一种权利例行就能够获得批准。相反，在加拿大法律中，尽管通常能够获得批准，但这种救济是自由裁量的结果②。

考虑到侵权人承担核算责任的潜在负担，特别是在复杂技术产品案件中，我们建议在选择允许核算的司法管辖区，由法院自由裁量决定是否准予核算。应当考虑的一个因素是，核算是否会给侵权人造成不应有的负担，因为核算的成本很可能会不成比例地落在侵权人身上③。也就是说，当核算被作为骚扰侵权人的工具时，不应当准予核算。

这并不是说我们建议谨慎地进行准予核算，还应当认识到，当寻求主张损害赔偿时，尤其是以所失利润赔偿的形式，发现举证责任将不成比例地落在专利权人身上，专利权人为了避免该责任而选择核算来代替所失利润赔偿是完全正当合理的。下文更详细地解释，专利权人在选择核算时，常常会以放弃损害赔偿的形式付出隐含的隐形代价④，这是对核算救济措施滥用的内在抑制因素。在有限证据披露的司法管辖区，核算会给侵权人造成不适当负担

---

① 例如 Siddell v. Vickers（Civ 1892，162）（英国）（对案件进行审查，并指出"原告在专利侵权诉讼中胜诉，有权在其当选时获得损害赔偿或利润账户，这是法律状态"）；Celanese Int'l Corp. v. BP Chemicals Ltd.（Pat 1999，35）（英国）（"在专利诉讼中胜诉的原告有权选择在损害赔偿和账户之间进行选择。"）；Hollister Inc. & Dansac AS v. Medik Ostomy Supplies Ltd.（PCC 2011，7）（英国）（引用塞拉尼斯）。但是，对于无辜的侵权人，既没有损害赔偿也没有会计依据。《专利法》，1977年，第37页，§62（1）（英国）。在澳大利亚法律中，如果需要，通常可以进行财会核算，但是法院可以"拒绝"就无辜侵权人下达赔偿金或会计核算令。1990年《专利法》第123（1）条（澳大利亚）。

② 成功的专利权人在寻求财会核算时，可以从某种意义上推定为有获得财会核算的权利，通常是在没有任何理由不予许可的情况下进行的。请参阅 Siebrasse 2016（审查案例）。在决定拒绝财会核算时考虑传统的公平因素。参见，例如，J.M. Voith GmbH v. Beloit Corp.（美国联邦巡回上诉法院，1997年，第110、113、119页）；Philip Morris Prod. S.A. v. Marlboro Canada Ltd.（Fed. Ct. 2015）（加拿大）。

③ 参见 Eurocopter v. Bell Helicopter Textron Canada Lte'e（Fed. Ct. 2012，412）（部分拒绝提供财会核算，因为在这种情况下难以计算一项获得专利的直升机起落架发明的财会账目，"尽管对于直升机的正常运行和安全至关重要，但它仅仅占直升机总成本的一小部分"）。

④ 见本书91页④和案文所附段落。

的担忧将进一步缓解。因此，我们不应当仅因为对侵权人带来的负担而拒绝核算，而应仅在与评估损害赔偿相比，该负担与所涉金额不成比例的情况下才拒绝核算。

还应当强调，在确定是否应准予核算时，对侵权人负担的关注并不一定是确定是否应准予核算的唯一考虑因素。我们之所以关注这一点，是因为从美国法律的核算救济历史中汲取了教训。由于美国没有对利润进行核算，而且不是大多数司法管辖区可使用的主要救济措施，因此，无论是在案例判例中还是在文献中，关于何时应当准予核算这一更广泛的问题并未得到持续的关注。我们建议对此问题进行进一步研究。

2.3.3.3 计算侵权人的利润

（1）差额利润法

计算侵权人利润的基本原则是："发明人只有权获得侵权人因发明而获得的那部分利润[1]"。为了完成满足这项因果关系要求，计算利润的正确方法是"差额利润"法，其中"将被告人因发明而获得的利润与其使用最佳非侵权替换方案时的利润进行比较[2]"。因侵权而产生的利润是侵权人的实际利润与侵权人"若非侵权"情况下获得利润的差额。加拿大最高法院2004年在 *Monsanto Canada Inc. v. Schmeiser* 案中将差额利润法作为正确利润核算方法，且目前已在加拿大专利法中确立[3]。

由于发明所获利润的增加可能体现为增加的销售、增加的利润或降低的成本：如果侵权的存在使侵权人获得了10笔原本无法获得的销售，则使用专利所获利润的适当衡量标准就是从这10笔销售中获得的利润。同样，如果侵

---

[1]　*Monsanto Canada Inc. v. Schmeiser*（Sup. Ct. 2004，101）（加拿大）。

[2]　Cotter 2013a，197（严格来说，侵权所带来的利润仅是被告在使用第二种可能的最佳选择之后所获得的利润）。另请参见 *Monsanto Canada Inc. v. Schmeiser*（Sup. Ct. 2004，101）（加拿大）（发明人仅有权享有侵权人应得的与发明有关的那部分利润）。

[3]　例如 *Apotex Inc. v. ADIR*（Fed. Ct. 2017）（加拿大）；*Monsanto Canada Inc. v. Rivett*（Fed. Ct. 2010）（加拿大）；*Frac Shack Inc. v. AFD Petroleum Ltd.*（Fed. Ct. 2017）（加拿大）。

权人本可以以相同的价格进行相同数量的销售，但生产成本更高，则使用专利所获利润就是节省的成本①。

相对于最佳非侵权替代方案而言，侵权人的差额利润与发明的价值密切相关，后者被公认为是发明的社会价值②。两者之间的区别仅在于，差额利润代表了侵权人手中因专利技术而获得的利润，该利润可能会小于其真实的社会价值（如果侵权者在实施本发明时效率特别低）。但是，在许多情况下这两个概念是一致的。

利润核算的差额利润法与我们建议的损害赔偿法是一个问题对应的两个方面。美国最高法院在 Aro Manufacturing Co. v. Convertible Top Replacement Co. 案中指出，"损害赔偿"的法定衡量标准是专利权人在侵权后的经济状况与未发生侵权时的经济状况之间的差额③。将专利权人替换为"侵权人"时，便可以采用差额利润法进行核算。这种对称性的产生是由于在任何一种情况下因果关系的调查都是基本相同的。如果专利权人有权以所失利润的形式获得损害赔偿，则因果关系调查是一样的，唯一的区别在于关注的焦点是专利权人的利润还是侵权人的利润。

利润核算的差额利润法也与我们建议作为合理许可费损害赔偿的适当方法——增量利润法密切相关④。合理许可费的假想交易方法考虑了专利权人与侵权人之间的谈判，其中，侵权人的最大支付意愿取决于其使用最佳非侵权替代方案时的利润。该方法与差额利润法之间唯一的区别是，利润核算将发明的所有价值授予专利权人，而合理许可费赔偿则将该价值在双方当事人之

---

① Cotter 2013a，205。

② 参阅第 1 章。

③ Aro Mfg. Co. v. Convertible Top Replacement Co.（U.S. 1964，507）（多数意见）[引述 Yale Lock Mfg. Co. v. Sargent（U.S. 1886，552）]；另请参见 ID. 指出主要问题是"如果侵权人未受到侵权，专利持有人—被许可人将做出什么？"[引用 Livesay Window Co., Inc. v. Livesay Indus., Inc.（第 5 卷，1985 年，第 471 页）（美国）]。

④ 参阅第 1 章。

间进行了分摊[①]。

差额利润法与美国外观设计专利中追缴利润的方法形成对比。在该方法中，要求侵权人归还侵权"制造品"的全部利润[②]，即使该利润可能仅部分归因于发明而产生。最高法院在 Samsung v. Apple 案[③] 中提出的该方法，是根据美国相关法律条款的具体措辞，而不是针对任何关于追缴的一般性原则，因此，我们将不详细探讨其推理。可以说，该方法违背了合理的经济原则，即原告应追偿仅反映专利功能价值的损害赔偿。美国在外观设计专利案中的做法可能会导致不因侵权产生的利润被追缴，从而使专利权人处于比若非侵权更为有利的地位[④]。通常来说，如果产品中有不止一项外观设计专利，则侵权人可能要为其全部利润向多方承担责任[⑤]。因此，我们不建议专利法中采用美国外观设计专利中对侵权人利润进行追缴的方法。

差额利润法也与核算利润法形成对比，核算利润法将侵权人的利润核算为其收入与侵权产品成本之间的差额，而无需考虑部分或全部利润是否可以通过使用非侵权替代方案获得。就像美国对外观设计专利进行追缴的方法一样，核算利润法违背了原告人应追偿仅反映专利功能价值的损害赔偿这一合理的经济原则，常常会导致不因侵权行为产生的利润被追缴。美国外观设计专利的追缴方法忽略了侵权产品其他方面贡献的价值，核算利润法忽略了侵权人可能从非侵权替代方案中获得的价值。因此，我们也不建议专利法中采用核算利润法。

总之，我们建议计算利润核算的正确方法是差额利润法，即侵权人应被

---

① Taylor 2014, 140（[A] 将侵权者的全部利润作为管理所有合理许可费的分类规则，将作为专利侵权的补救措施，有效地恢复对利润的追缴。）。

② 美国专利法 §289。

③ Samsung Elecs. Co., Ltd. v. Apple, Inc.（U.S. 2016）；另请参见本书 77 页⑤–⑩及其随附文本（更详细地讨论三星关于外观设计专利补救措施的决定）。

④ 例如，Lemley 2013, 221（主张在涉及"现代、多功能产品"的情况下，第 289 条规定的非法所得"严重过度补偿了外观设计专利的所有人"）。

⑤ 参见本书 90 页⑤⑥（说明根据美国外观设计专利救济制度，"我们可能有多个当事方参加，每个当事方有权收取被告的全部利润……"）。

追缴的利润等于其实际利润与原本使用最佳非侵权替代方案所能获得利润之间的差额。

（2）评估难度

如前所述，1946年美国《专利法》已经废除了将追缴侵权人利润作为侵犯实用新型专利的救济措施[①]，在很大程度上是因为在复杂技术产品的情况下很难分配利润[②]。通常会出现两个普遍的难点：一是如何分配支持侵权和非侵权产品的管理费用；二是分配问题，即"（侵权人）的利润不完全因专利发明而产生"[③]。

无论产品简单还是复杂，都会出现第一个问题。从概念上和实践上更易于处理。侵权人的收入减去费用成本即为利润。生产侵权商品的直接成本可以明确抵扣，但一般管理费用成本，例如租金，以及无论是否制造侵权产品都会支出的其他固定成本呢？反对扣除固定成本的论点基于这些成本在任何情况下都会产生，并非是由侵权造成的成本。这体现在所谓的增量利润法中[④]，即利润是实际赚取的利润与短期内若非侵权本来应该赚取的利润之差。另一方面，管理费用付出管理成本支付的功能是企业长期经营所必需的，因此这些成本虽然是间接的，必然对侵权产品的生产有一定贡献[⑤]，但从长远来看，没有固定成本企业将无法盈利。例如，如果侵权人生产了五种不同的产品，所有这些产品都侵犯了不同专利权人拥有的专利，当不允许扣除固定成本，那么侵权人将被要求承担远远超过其实际收益的利润。

扣除固定成本的问题同样出现在所失利润的损害赔偿中。在这两种情况

---

① 1946年8月1日法案，第70-778条；另请参见上文注释151-157及其随附文本。
② 见本书76页⑤及其所附案文；另请参见H.R. REP第79-1587号，第2(1946)页（专利侵权诉讼经常会涉及对复杂机器的改进进行侵权，由于这种改进而无法区分侵权利润。在这种情况下，应由母公司根据严格的技术规则进行诉讼，但往往花费巨大，经常拖延数十年，在许多情况下会导致司法完全失败）。
③ Chisum 2017，第20.02节[3]。
④ 必须将"增量利润法"与"差额利润法"区分开，"差额利润法"将发明与最佳的非侵权替代方案之间的价值差异作为差异利润，而"增量利润法"是指生产增量带来的利润。
⑤ Cotter 2013a，206-207。

下，扣除固定成本将会减少侵权人必须被追缴的利润或专利权人要求赔偿的利润而使侵权人受益。在美国，"计算所失利润的增量收入法在有关专利损害赔偿法律中的规定是很完善的"，因此，"固定成本——那些不会随产量增加而变化的成本，例如管理人员工资、财产税不动产税和保险支出金——在确定利润时不应包括在内"[1]。另一方面，如果在若非侵权的事实可以证明的情况下，英国和澳大利亚法院会允许扣除部分管理成本[2]，"侵权人会将其用于制造和/或销售非侵权产品"。这实质上相当于将固定成本视为机会成本，除了不允许扣除机会成本之外，当且仅当错过机会时，管理成本的一部分才分配给侵权行为[3]。但是，侵权人无权简单地将一部分一般管理成本分配给侵权行为[4]。

对是否应扣除管理成本的问题进行经济学分析。反对扣除的观点是，无论如何都将产生固定成本，因此不能将其归因于侵权。赞成扣除的观点是，可以合理地假设侵权人会从使用事实上用于侵权目的的设备和其他资产中获得一些收益[5]。我们对上述两种观点都不持立场，因为它没有提出复杂技术产品特有的问题（甚至专利法，因为关于违约救济的争论中也存在同样的问题），这才是问题的重点。但是，我们原则上认为没有理由在两种情况下进行区别对待。因此，我们建议在所失利润的损害赔偿和侵权人的利润均考虑的背景下，对固定成本采用同样的方法。

第二个主要难点分配问题是复杂技术产品所特有的，侵权技术仅占侵权产品总价值的一小部分。这面临的挑战是在专利发明与产品的非侵权特征之

---

[1] *Paper Converting Mach. Co. v. Magna-Graphics Corp.*（美国联邦巡回上诉法院，1984年，第22页）；另请参见 *State Indus., Inc. v. Mor-Flo Indus., Inc.*（美国联邦巡回上诉法院，1989年，第1579-1580页）（批准授予增加的利润）；Chisum 2017，§20.05[4][b]。

[2] *Design & Display Ltd. v. OOO Abbott & Anor*,（2016年7月，第40页）（英国）[引自 *Dart Indus. Inc. v. Décor Corp. Pty Ltd.*（HCA 1993）（澳大利亚）]。

[3] *Dart Indus. Inc. v. Decor Corp. Pty Ltd.*（HCA 1993，114-115）（澳大利亚）；*Hollister Inc. & Dansac A/S v. Medik Ostomy Supplies Ltd.*（Civ 2012，82-86）（英国）。

[4] *Hollister Inc. & Dansac A/S v. Medik Ostomy Supplies Ltd.*（Civ 2012，85）（英国）。

[5] Cotter 2013a，206-209。

间如何分配侵权人的利润①。在损害赔偿的情况下，也会出现同样的问题。我们认为，在这两种情况下，解决方案原则上是相同的，即差额利润法。因侵权专利技术而产生的利润是指侵权人实际获得的利润与若非侵权本应获得的利润之差。与损害赔偿的情况一样，实际应用这种方法通常非常困难②，原因与损害赔偿情况下讨论的完全相同③。

鉴于导致美国取消对利润核算救济措施的一些问题也出现在损害赔偿救济的背景下，因此产生了一个问题，即为什么要取消核算救济措施。答案（至少部分）是因为依个案，而不是从立法角度来看，损害赔偿经常也被拒绝。损害赔偿必须被证明而不是推定④，而且在复杂技术产品案例中，专利权人通常无法确定所失利润的损害赔偿，因为它很难证明因果关系，即由于侵犯了专利技术而让销售遭受了销售损失⑤。早期的美国法律中，在没有确定许可费的情况下，通常无法获得许可费的损害赔偿，因此，尽管存在严重侵权，但胜诉的专利权人通常仅会获得名义上的损害赔偿⑥。而承认合理许可费的损害赔偿减轻了这一结果的严重性⑦，也放宽了确定许可费所需的证明标准⑧。然而，在目前对合理许可费损害赔偿的理解中，如果发明相对于最佳非侵权替代方案的价值在专利权人和侵权人之间进行分配，即使合理许可费的损害赔

---

① Chisum 2017，第 20.02 节 [3]。

② *Westinghouse Electric & Mfg. Co. v. Wagner Electric & Mfg. Co.*（U.S. 1912，615-620）（讨论了分配利润的难度）; *Siddell v. Vickers*（Civ 1892，162-163）（英国）（相同）; 参见 Chisum 2017，第 20.02 [3] 节，以及其中引用的案例。

③ 见下文第 2.2.2 节; 第 1 章。

④ Chisum 2017，第 20.02 节 [2]。

⑤ 除了在相对罕见的情况下，专利技术推动了产品的市场需求。根据美国法律，在这种情况下，所谓的"整个市场价值"规则将允许专利权人在销售整个产品时收回损失的利润。一般参见 Love 2007; 另请参见本书 65 页①—③和随附文本（进一步说明整个市场价值规则）。美国早期的利润会计案例也采用了类似的规则。Chisum 2017，第 20.02 [2] [c] 节。

⑥ Chisum 2017，第 20.02 [2] 节。

⑦ 同⑥，第 20.02 [3] [c] 节，就该一般规则而言，这些案例承认一个例外的情况，即所售商品从专利改进中获得其全部可销售价值。（引自 Robinson 1890，505-507）。

⑧ Taylor 2014，97-99（描述了为应对与名义损害相关的赔偿不足而制定的合理许可费的法律的发展）。

偿也需要在专利发明与复杂产品的其他方面组件之间进行分配价值①，事实证明在那种情况下也是非常困难的。因此，对核算侵权人的利润并不难于以所失利润或合理许可费来评估损害赔偿，但在特定案件的事实中，上述任何一种方式都可能比其他方式更容易。话虽如此，在涉及复杂技术产品的情况下，上述所有方式都相当困难的。

其他考虑因素也可能促使美国决定废除核算救济。如果获胜的专利权人以衡平法提出诉讼，核算虽然是一种金钱上的救济措施，但它还可以作为权利使用②。获胜的专利权人可以将核算的成本和时间作为骚扰侵权人的工具③。若证明其所失利润的实际举证责任将落在专利权人身上，与损害赔偿额在这方面是不成比例的。

由于在美国的旧法中，专利权人可以同时主张损害赔偿和核算赔偿，因此这个问题变得更加严重④。在源自英国法律的其他体系中，包括英国、加拿大和澳大利亚，专利权人只能从损害赔偿或核算赔偿进行选择。由于侵权人的价格通常低于专利权人，所失利润的损害赔偿额通常会大于在核算中分配的侵权人利润。当要求专利权人进行选择时，上述损害赔偿的机会成本使得

---

① *Glaxosmithkline UK Ltd. v. Wyeth Holdings LLC*（Pat 2017，34）（英国）（指出"在许多情况下，法院在评估合理的许可费时，会考虑到被告按许可费分配其认为合理的份额。因此，损害赔偿的查询在某种程度上已经涉及在利润账户中所发生的复杂性。"）；另请参阅第1章。

② 例如，参见 *Tilghman v. Proctor* 案（U.S. 1888，144）（在专利所有权人针对专利侵权者提出的权益法案中，原告有权追回被告通过使用其发明而获得的收益和利润）；*Stevens v. Gladding*（U.S. 1854，455）（获利账户的权利属于在复制权和专利权案件中的禁令权）。1870年《专利法》确认了这项权利。请参见1870年7月8日法，第55–206条（前提是成功的专利权人"除应由被告承担的利润外，还有权追回申诉人由此遭受的损失……"）。

③ *Kori Corp. v. Wilco Marsh Buggies & Draglines*，*Inc.*（美国联邦巡回上诉法院，1985年，第654页）（1946年修正案的立法历史明确表明，其目的之一是消除必要性传统会计核算方法，以在所有损害赔偿裁定中确定侵权人的利润，并防止成功的专利权人使用此类程序骚扰侵权人）。

④ 1870年7月8日法案。不允许双重追偿，因为专利权人的实际损害赔偿只能在超出侵权者利润的范围内追回。参见 *Rite-Hite Corp. v. Kelley Co.*（美国联邦巡回上诉法院，1995年，第1561页）（J. Nies，部分不同意）。

仅仅为了骚扰侵权人而选择核算是不可取的。我们建议，如果允许进行核算，则应要求专利权人在核算赔偿与损害赔偿之间做出选择，并且不应同时主张这两种方式。

总之，导致美国完全取消核算救济的担忧与损害赔偿救济的担忧一样，在1946年之前存在的美国制度下，专利权人通过要求损害赔偿和利润核算来骚扰侵权人的特有的权利，加剧了这些担忧。美国历史并不支持那种利润核算本身就是一种有问题的特有的救济措施的观点。

（3）举证责任

最后要考虑的问题是有关适当追缴数额的举证责任。在复杂技术产品案例中，很难区分侵权人的哪些利润是专利技术带来的，这意味着举证责任至关重要。与利润分配一样，不存在解决此问题的便捷方法。

一种可能的做法是将分配的举证责任加在侵权人身上，因为专利权人不应因难以确认哪些利润是由专利技术带来的而局限于名义上的裁决赔偿[1]。此外，在很明显专利技术仅贡献了产品价值一小部分的情况下，由于分配困难而将全部利润判予专利权人将不公正地过度补偿专利权人[2]。可以根据具体的考虑因素进一步分担举证责任，如利润分配困难是否因侵权人的过错（例如，没有保留足够的账簿）、专利是针对整个产品的、仅仅是为了改进等。当可以使用追缴救济措施时，举证责任问题在美国法律中曾有过广泛的争论，但从未出现过完全令人满意的解决方案[3]。该问题在其他仍允许追缴救济的司法管辖区也未得到解决，部分原因是该问题仅在复杂技术产品案例中才会出现，

---

[1] *Westinghouse Electric & Mfg. Co. v. Wagner Electric & Mfg. Co.*（U.S. 1912, 615, 618-619）（如果确实无法分配，则被告将保留所有收益，因为受损害的专利权人无法区分侵权人无法分配的利润，并且不可分割的利润只能给予专利权人或侵权人，损失只能归咎于无罪或有罪。在这种情况下，法律将损失归咎于不法者）。

[2] *Dowagiac Mfg. Co. v. Minn. Moline Plow Co.*（U.S. 1915, 647）。

[3] Chisum 2017，第20.02［3］［d］［iii］节（讨论下级法院案件，解释美国最高法院在 *Westinghouse v. Dowagiac* 案件）。

而且到目前为止，这些案件中已经做出判决的很少[1]。因此，如果允许将利润核算作为复杂技术产品的救济措施，则需要对利润分配举证责任分担问题进行进一步研究。

我们注意到，证明利润分配的举证责任分担问题不同于证明非侵权替代方案可获得性的责任[2]。正如前文在"所失利润"一节所讨论的，进一步的研究将有助于解决这个问题。

---

[1] 在加拿大，通常会进行核算，但通常是药品，产品的全部价值通常可归因于专利发明。*Celanese Int'l Corp. v. BP Chemicals Ltd.*（Pat 1999）是英国的一个案例，其中对分配问题进行了详细处理，但结果并不令人满意，并且没有讨论举证责任。参见 Cotter 2013a，201-202。

[2] 见第 63 页③，第 64 页①及其所附文字。

第3章

加重损害赔偿、诉讼成本追偿及利息

科琳·陈，豪尔赫·孔特勒拉，
托马斯·科特，莱恩·乐福，
克里斯托弗·希曼，诺曼·席伯拉斯

3.1 引言

在理想情况下，专利诉讼当事人行动高效，始终诚实守信，知识对称完善，诉讼无成本且准确无误。当然，在现实情况下，这些假设都不成立。有时，专利权人会提出低质量案件，将权利要求的描述延伸到保护的范围之外或主张几乎肯定会无效的权利要求。相反，有时被控侵权人故意抄袭专利技术，或者故意不获取很可能被其侵权的专利的许可。各国法院处理此类投机行为时的差异很大，甚至比专利法中其他领域的差异更大，每个国家的做法都反映了更广泛的文化和法律规范。例如，在美国，加重损害赔偿——"惩罚性"或"惩戒性"损害赔偿——是公认的制裁和制止社会不良行为的方式，而在欧洲，惩罚性赔偿通常被认为与健全的公共政策背道而驰。同样，虽然

"美国规则"是诉讼的每一方都自己支付律师费,但大多数国家都以某种形式或方式遵循"败方支付"的"英国规则",这种做法源于拜占庭帝国的司法系统。① 此外,与费用裁决和惩罚性赔偿一样,判决前和判决后的利益获得可能会严重影响当事人的许可、诉讼及和解的动机。

在本章中,我们描述了各国为阻止故意抄袭、低质量诉讼及抗辩、投机性的反劫持行为而制定的方法,以补充补偿性专利损害赔偿。我们研究了这些政策对于创新者对侵权指控进行起诉或辩护的意愿以及在研发过程中查阅和明晰现有专利的动机的影响。

3.2 加重损害赔偿

我们首先讨论美国的加重损害赔偿,由于专利侵权的惩罚性赔偿在美国最为常见。② 然后,与其他国家的加重损害赔偿处理方式进行比较。我们在考虑有关加重损害赔偿的规范性观点之后,提出进一步研究的建议和主题。

3.2.1 加重损害赔偿的方法

3.2.1.1 美国

在美国,自1836年起,专利侵权的加重损害赔偿就作为司法裁量权的内容而存在。③ 目前,专利法第284条对加重损害赔偿做出了规定,规定法院

---

① Pfennigstorf, 1984, 41。
② 我们尚无任何现有数据可用来比较全球范围内加重损害赔偿的普遍性。根据我们的经验,此类赔偿判决在美国比世界上任何其他国家都更为普遍。就典型判决的绝对数量而言,该结论可以肯定是正确的,相对于其他国家所提起的专利侵权诉讼的数量而言,也应该是正确的。
③ 1836年7月4日法案,第357章,第14节,5.117,123(美国)(根据个案详情,法院有权作出高于原告实际遭受损害数额的赔偿判决,但不得超过实际损害数额的三倍,……)。在1836年之前,自动判予胜诉专利权人三倍损害赔偿金额。1793年2月1日法案,第11章,第5节,1 Stat. 318, 322(美国);另参阅 *Birdsall v. Coolidge*(U.S. 1876, 68-69)(论述18世纪初专利法历史)。

"最高可以将损害赔偿额提高到已查明或已估算金额的三倍"[1]。美国最高法院将该条款描述为（尽管有异议）：在故意或恶意侵权的情况下，可以追偿惩罚性或"加重的"损害赔偿[2]。在联邦巡回法院成立之前，美国地方上诉法院同样要求根据专利法第284条的规定对故意侵权施以更高的损害赔偿。[3]

在联邦巡回法院成立的最初24年中，法院将故意定义为过失侵权的一种形式，认为"当潜在侵权人实际知晓他人的专利权时，他有明确的责任谨慎地判断其是否侵权"[4]。但是，在2007年法院改变了做法，在 In re Seagate 案中认为，要证明故意侵权，专利权人必须证明被控侵权人"至少存在客观的大意"[5]。该"客观的大意"的标准包括两部分检验：

①尽管侵权人的行为客观上很可能构成了对有效专利权的侵权，要证明故意侵权，专利权人必须以明确和令人信服的证据表明侵权人实施了侵权行为。被控侵权人的主观思想与该客观调查无关。②如果要满足这一基本客观标准，则专利权人还必须承担证明该客观定义的风险……侵权行为要么已知，要么如此明显，以至于被控侵权人应该知晓。[6]

随后，联邦巡回法院进一步解释说，Seagate 案检验的第一部分，即所谓的客观方面，"最好由法官作为需要重新审查的法律问题来决定。"[7] 根据

---

[1] 美国专利法，35 U.S.C. 第284节。

[2] *Aro Mfg. Co. v. Convertible Top Replacement Co.*（U.S. 1964，508）；另参阅 *Dowling v. United States*（U.S. 1985，227 n.19）（"故意侵权"）。

[3] 例如，*Lam, Inc. v. Johns-Manville Corp.*（10th Cir. 1982，474）（美国）（最高法院将侵权行为的加重损害赔偿限制在故意侵权的情况下，即便如此，应由初审法院根据自由裁量权作出判决）；*Am. Safety Table Co. v. Schreiber*（2d Cir. 1969，378）（美国）（仅在明确表明针对故意侵权行使法院自由裁量权是合理的情况下，才会少量作出加重损害赔偿判决。但是，在专利侵权行为是故意的、蓄意的或恶意的情况下，加重损害赔偿判决是适合的）。

[4] *Underwater Devices Inc. v. Morrison-Knudsen Co.*（美国联邦巡回上诉法院，1983年，第1389–1390页），为 *In re Seagate Tech.*，*LLC* 所否决，（美国联邦巡回上诉法院，2007年）（全席审理）。

[5] *In re Seagate Tech.*，*LLC*（美国联邦巡回上诉法院，2007年，第1371页）（全席审理）。

[6] 同[5]。

[7] *Bard Peripheral Vascular*，*Inc. v. W. L. Gore & Assocs.*，*Inc.*（美国联邦巡回上诉法院，2012年，第1007页）。

Seagate 案及随后的联邦巡回法院的判决，如果侵权人"对专利的有效性或非侵权性提出了'实质性质疑'，那么侵权人并非客观的大意。"[1] 即使侵权人"并未意识到进行有论据的抗辩"，这也是属实的。[2]

尽管相关法律标准发生了明显的实质性变化，但即使在 Seagate 案之后，对"故意行为"进行事实调查仍然相对常见。根据一项实证研究，在做出最终判决的专利案件中，故意侵权的事实调查比例从 Seagate 案做出终审判决前 3 年时间里的 48% 变为判决之后 3 年内的 37%。[3] 但是，当调查发现故意行为时，地方法院在 Seagate 案之后作出加重损害赔偿判决的比例只有 55%，而在此之前该比例超过 80%。[4] 此外，70% 以上的加重损害赔偿是双倍或更少的损害赔偿，远低于法定最高 3 倍的损害赔偿。[5]

最高法院再次对 Halo Electronics，Inc. v. Pulse Electronics 案中加重损害赔偿的合适标准进行了权衡。[6] 虽然认识到法律条款赋予了初审法院在作出加重损害赔偿判决时的自由裁量权，但最高法院也解释称，所述自由裁量权"应按照授予该裁量权的初衷来行使"。[7] 最高法院具体解释称，第 284 条所规定的加重损害赔偿"被设计为……对严重侵权行为的'惩罚性'制裁"，包括"故意、肆意、恶意、不守信用、蓄意以及有意识地进行不合法的或者公然的"侵权行为。[8]

再回到 Seagate 案中的标准，最高法院认为，尽管该标准"在许多方面

---

[1] Bard Peripheral Vascular，Inc. v. W. L. Gore & Assocs.，Inc.（美国联邦巡回上诉法院，2015 年，第 844 页）。

[2] Halo Elec.，Inc. v. Pulse Elec.，Inc.（U.S. 2016，1930）；In re Seagate Tech.，LLC（美国联邦巡回上诉法院，2007 年，第 1371 页）；Spine Sol.，Inc. v. Medtronic Sofamor Danek USA，Inc.（美国联邦巡回上诉法院，2010 年，第 1319 页）。

[3] Seaman 2012，441。

[4] 同[3]。第 466 页表 6。

[5] 同[3]。第 469 页图 3。

[6] Halo Elec.，Inc. v. Pulse Elec.，Inc.（U.S. 2016）。

[7] 同[6]。第 1932 页 [引述 Octane Fitness，LLC v. ICON Health & Fitness，Inc.（U.S. 2014，1756）]。

[8] 同[7]。

反映了一种合理的认知，即根据第 284 条，加重损害赔偿通常仅适用于恶劣的案件"，但联邦巡回法院的两部分检验"过于严格，越级妨碍了地方法院的法定自由裁量权。"[1] 最高法院还解释称，Seagate 案的检验"使侵权人免受加重损害赔偿，即使侵权人并未进行辩护或者甚至未意识到进行辩护。"[2] 因此，根据 Seagate 案，"那些剽窃专利的人……仍然可以依据第 284 条的规定而逃避任何责任。"[3] Halo 案改变了上述标准并纠正了这种情况，从而使被控专利侵权人的"主观故意"可能导致加重损害赔偿，"而无需顾及其侵权行为是否属于客观的大意。"[4] 此外，专利权人只需通过优势证据便可证明其故意行为（而不像 Seagate 案，需要明确和令人信服的证据）。[5]

侵权人抄袭专利技术的证据，再加上专利知识（与下文所述的单纯知识形成对比），足以使法院施以加重损害赔偿。[6] 例如，在 Apple Inc. v. Samsung Electronics Co., Ltd. 案中，[7] 地方法院认为，侵权人在通过原告提起的诉讼中了解到了该侵权专利的情况下，仍继续销售包含抄袭功能（苹果公司的滑动解锁功能）的产品，即为支持陪审团裁定其故意行为的有力证据。[8] 考虑

---

[1] Halo Elec., Inc. v. Pulse Elec., Inc.（U.S. 2016），第 1932 页［引述 Octane Fitness, LLC v. ICON Health & Fitness, Inc.（U.S. 2014, 1756）］。引述 Octane Fitness, LLC v. ICON Health & Fitness, Inc.（U.S. 2014, 1755）。

[2] 同[1]。第 1932–1933 页。

[3] 同[1]。第 1933 页。

[4] 同[1]。

[5] 同[1]。

[6] 例如，Imperium IP Holdings (Cayman), Ltd. v. Samsung Elecs. Co.（E.D. Tex. 2016, 763–764）（美国）（某种程度上由于侵权人抄袭的证据，因而侵权人存在重大侵权行为，并作出最大限度的三倍加重损害赔偿判决）；PPC Broadband v. Corning Optical Commc'ns RF, LLC（N.D.N.Y. 2016, 6）（美国）（备忘录决定和命令）（"证据支持康宁公司故意抄袭 PPC 公司的专利"，并判予双倍加重损害赔偿）。

[7] Apple, Inc. v. Samsung Elecs. Co., Ltd.（N.D. Cal. 2017）（美国）；另请参见 Dominion Res. Inc. v. Alstom Grid, Inc.（E.D. Pa. 2016, 21）（美国）（指出，侵权人"拥有抄袭专利的途径和机会"，并判予双倍损害赔偿）；R-BOC Reps., Inc. v. Minemyer（N.D. Ill. 2017）（美国）（鉴于侵权者的"故意抄袭"，判予最大限度的加重损害赔偿）。

[8] Apple, Inc. v. Samsung Elecs. Co., Ltd.（N.D. Cal. 2017, 1027–1029）（美国）；参阅同[1]第 1028 页（三星公司抄袭的事实即为故意侵权的证据）。

Read 案的因素[1]，地方法院在一定程度上再次基于对于"侵权人抄袭专利功能"这一确凿证据的判决，随后将陪审团所确定的补偿性损害赔偿金额强制提高了 30%。[2] 同样，侵权人隐瞒其侵权行为的企图可能会成为作出加重损害赔偿判决的正当理由。[3]

3.2.1.2 欧洲

虽然在专利纠纷中判予加重损害赔偿在很大程度上是美国的现象，但在理论上，欧洲也会对专利侵权行为给予惩罚性损害赔偿。例如，在英国，在 *Rookes v. Barnard* 案中，上议院认为，惩罚性损害赔偿尤其适用于以下情况，即"被告依其侵权行为所获得的个人利益，可能远远超过应支付给原告的赔偿"。[4] 但该法院随后解释称，在民事案件中判处惩罚性损害赔偿是"不可取的反常现象"，应尽可能加以限制。[5] 在 *Catnic Components Ltd. v. Hill & Smith* 案中[6]，专利法院甚至认为，不能对专利侵权行为作出惩罚性损害赔偿的判决[7]。尽管惩罚性损害赔偿目前明显适用于专利案件[8]，但我们并不清楚英国专

---

[1] 参见第 105 页注释⑧。

[2] *Apple, Inc. v. Samsung Elecs. Co., Ltd.*（N.D. Cal. 2017，1030）（美国）（抄袭的证据易导致加重损害赔偿……在上诉中，三星公司甚至没有质疑其抄袭了苹果公司的滑动解锁功能……该因素导致判予加重损害赔偿）。

[3] *PPC Broadband v. Corning Optical Commc'ns RF, LLC*（N.D.N.Y. 2016，8）（美国）（"康宁公司隐藏了其侵权行为"，并得出"该因素极大支持了加重损害赔偿判决"）；另请参见 *Dominion Res. Inc. v. Alstom Grid, Inc.*（E.D. Pa. 2016，24）（美国）（认为侵权人"决定不在内部共享信息""不承认其正在进行的行为""对专利权人不够完全坦诚"，并且知晓这种不当行为会导致加重损害赔偿）。

[4] *Rookes v. Barnard*（HL 1964，37）（英国）。*Rookes* 案件不涉及知识产权。

[5] *Cassell & Co. Ltd. v. Broome*（HL 1972，837）（英国）。

[6] *Catnic Components Ltd. v. Hill & Smith Ltd.*（Pat 1983）（英国）。

[7] 参见⑥。第 541 页（根据我的判断，在上议院就 *Rookes v. Barnard* 案针对专利侵权行为作出典型损害赔偿判决前，原告无权提出典型损害赔偿的主张）。

[8] *Kuddus v. Chief Constable of Leicestershire Constabulary*（HL 2001，119）（英国）（没有提供典型损害赔偿的案件类型，因而再次强调"典型损害赔偿法则本身就是民法中的反常情况"）。

利案件作出惩罚性损害赔偿判决的实际情况。[1]

2004年通过的《欧盟执法指令》列出了对已知侵权行为给予补偿性损害赔偿的三种方式：假定许可费赔偿、所失利润赔偿和追缴非法所得[2]。但所有方式原则上仅旨在补偿专利权人；该指令专门要求成员国制定防止进一步侵犯财产权的条款，这种责任的范围不包括惩罚性损害赔偿，而是旨在"允许基于客观标准的赔偿"。[3]但在实践中，由于专利权人获得的补偿可能比其在事前许可情况下获利更多，因此，追缴非法所得可能超过单纯的补偿。这种矛盾之所以被普遍接受，是由于很难以其他方式确定给予足够补偿的数额。

惩罚性损害赔偿在欧洲很少见，因为大多数欧盟国家"认为惩罚性损害赔偿违反公共政策，而且在大多数情况下，上述观点适用于其他侵权行为，同样也适用于知识产权侵权。[4]"但是，德国和法国法院偶尔也会判予高于双方实际谈判数额25%至100%的许可费赔偿[5]，这样做可以起到威慑作用。[6]

3.2.1.3 澳大利亚、加拿大和亚洲

在澳大利亚，自2006年以来，法院在考虑以下因素后能够增加损害赔偿数额：①侵权行为的严重性；②威慑的必要性；③侵权后侵权人的侵权行为；④侵权人因侵权行为而获得的所有利益；⑤"所有其他相关事项。"[7]尽管如

---

[1] 参见 Cotter 2013f；另参见 Bayliss et al. 2005，2（自 *Kuddus* 案判决以来，我们并不知晓有专利案件谋求典型损害赔偿）。在 *Catnic Components Ltd. v. Hill & Smith Ltd.*（Pat 1983，540-541）（英国）中，Falconer J 指出，专利案件中没有作出典型损害赔偿判决的先例，*Catnic* 案和 *Kuddus* 案均不可依法作出此类赔偿判决。

[2] 指令 2004/48/EC，rec. 26。

[3] 同②。

[4] Cotter 2013a，275。

[5] 同④。269-270 & n.187。例如，基于加重损害赔偿判决金额超过了假设许可支付金额的考虑因素（侵权人不必向专利权人"公开其财务状况"的事实）。

[6] 同⑤。

[7] 专利法 1990 § 122（1A）（澳大利亚）。

此，极少报道在澳大利亚会根据该规定作出加重损害赔偿的判决。[1] 同样，在加拿大，"对于明显背离正常行为标准的专横、恶意、任意或严重应受谴责等不当行为的特殊情况，可判予惩罚性损害赔偿。[2]"但是，在加拿大专利案件中很少作出惩罚性损害赔偿判决[3]。

在中国，法院可能会判予"一到三倍专利许可费"的补偿性损害赔偿。[4] 但严格地说，目前是不允许惩罚性损害赔偿的。[5] 在日本，适用于所有侵权行为的一般规则的损害赔偿对专利侵权行为也适用，根据所述一般规则，损害赔偿应是补偿性的，而不是用于制裁或威慑。因此，惩罚性损害赔偿不适用。[6] 也就是说，日本《专利法》包含一些具体条款，在一定程度上将计算侵权人损害赔偿的举证责任转移给了侵权人，使法院可以将可能超过其实际损失的损害赔偿判予专利权人。尽管如此，法院在计算损害赔偿额时仍很少考虑侵权人的主观心理状态（例如，重大过失、故意或恶意）[7]。与美国类似，

---

[1] Cotter 2013a，210。作者所知的唯一判决是 *Pacific Enter.*（澳大利亚）*Pty Ltd. v. Bernen Pty Ltd.*（Fed. Ct. 2014）（澳大利亚），其中美国联邦巡回上诉法院在一项专利侵权诉讼中作出40000美元额外损害赔偿判决（除355487.16美元补偿性损害赔偿之外）。

[2] *Eurocopter v. Bell Helicopter Textron Canada Lte'e*（Fed. Ct. App. 2013，163）（加拿大）。

[3] Siebrasse 2013（加拿大专利案件很少作出惩罚性损害赔偿判决……）。近期，一个明显的例外，参见 *Eurocopter v. Bell Helicopter Textron Canada Lte'e*（Fed. Ct. App. 2013）（加拿大）（确认专利权人享有惩罚性损害赔偿的权利）和 *Airbus Helicopters*, *S.A. S. v. Bell Helicopter Textron Canada Lte'e*（Fed. Ct. 2017）（加拿大）（评估惩罚性损害赔偿）。

[4] 同[3]，358（引用文章21——中国专利审判指南）。在2015年，中国最高人民法院对该指南2001版进行了第二次修改，删除了特定词汇"一到三倍"专利许可费，并将其替代为"数倍"专利许可费，从而给予中国法官更为广泛的自由裁量权。但是，尚不清楚该规定是补偿性的，还是惩罚性的。有建议认为，该条款最初是基于补偿目的而被引入。但是，"侵权的性质和情况"因素意味着，该规定还包括惩罚性考虑。该指南中对于法定赔偿条款的描述同样模糊不清。参见 Li & Wang 2017，215。

[5] 仍在审议中的第四次专利法修改草案，建议对故意侵权行为允许作出三倍损害赔偿判决。Cotter 2013e，另请参见 Covington & Burling LLP 2015。

[6] 日本最高法院拒绝承认并执行加利福尼亚州立法院的一项判决，该判决根据加利福尼亚州民法对原告作出了惩罚性赔偿，并称该判决违反公共政策，在日本没有法律效力。*Northcon I v. Mansei Kogyo*（Sup. Ct. 1997）（日本）。

[7] 尽管仅对故意或专利法推定的过失侵权人判予损害赔偿，但是侵权人很少能够成功驳回该推定。参见 Suzuki & Tamura 2011，438–439。

中国台湾是目前为数不多的因故意侵权而判予高达三倍损害赔偿的国家和地区之一。[①]

3.2.2 刑事处罚

刑事处罚是对蓄意侵权的另一种潜在威慑；然而，给予刑事处罚的频率甚至低于惩罚性民事赔偿。尽管《与贸易有关的知识产权协议》（TRIPS协议）要求成员国对某些形式的版权和商标的侵权行为规定了刑事处罚，但对专利侵权行为的刑事处罚却只字未提。[②] 因此，各司法管辖区采取了不同的做法。例如，尽管美国没有"对分销侵犯有效专利权的商品进行刑事处罚"[③]，但欧盟执法指令批准（尽管不要求）可对知识产权侵权行为进行刑事处罚[④]，而且欧洲、南美和亚洲的一些司法管辖区已经制定了针对专利侵权行为的刑事法律[⑤]。然而，在全球范围内，针对专利侵权行为的实际刑事起诉极为罕见。

3.2.3 有关加重损害赔偿的政策考虑

3.2.3.1 加重损害赔偿和投机行为

加重损害赔偿有两个根本原因：①惩罚不良行为；②通过使侵权人被抓获后付出更多的代价来阻止故意侵权。但是，这些原因必须在相关的背景下加以理解。在制药业，仿制药公司仿制分立药品是一种常规的经营方式，其不受下文所讨论的加重损害赔偿的限制。相比之下，在零部件行业，由于难以确定所有相关现有技术、创新的累积性质以及某些已授权专利的缺陷，非

---

① Cotter 2013a，372；另参见 Cotter 2013c。
② 与贸易有关的知识产权协议，art. 61。
③ *Dowling v. United States*（U.S. 1985，227）。
④ 指令 2004/48/EC，rec. 28。在遭到强烈反对后，作为第二知识产权执行指令（"IPRED2"）的一部分，要求对商业上所有知识产权故意侵权行为进行刑事制裁的提案被驳回。
⑤ 例如，Patentgesetz[PatG][专利法]，1980 § 142（德国）；Menta 2011，471–472 n.8。

故意或无意的侵权很常见。此外，如下文将进一步讨论的，加重损害赔偿有可能干扰专利制度的一项基本原则，即技术信息的披露和传播。

加重损害赔偿通常在道义上是合理的。如上所述，在 Halo Electronics, Inc. v. Pulse Electronics 案中[①]，美国最高法院解释说，加重损害赔偿"被设计为……对严重侵权行为的'惩罚性'制裁"，包括"故意、肆意、恶意、不守信用、蓄意、有意识地进行不合法的公然的或者实际上具有海盗特征的"侵权行为。[②] 最高法院强调了"主观恶意"的作用，认为"专利侵权人的主观故意"本身就有理由判予加重损害赔偿，并驳回了联邦巡回法院先前检验的客观依据。[③] 英国和加拿大法院以类似的理由说明了加重损害赔偿的合理性，因为加重损害赔偿是针对"令人难以忍受、专横、恶意、肆意或类似"的行为。[④] 虽然各司法管辖区已就加重损害赔偿的作用达成了广泛共识，但对于该目标是否应属于民法而不是刑法范畴，各司法管辖区之间存在重大分歧。英国上议院曾表示："反对陪审团审理补偿性赔偿案件的呼声是压倒性的。允许以这种方式进行单纯的惩罚，几乎违反了为保护违法者而逐步形成的所有原则。"因此，在民事案件中使用加重损害赔偿应受到严格限制。[⑤]

我们更倾向于根据专利制度有效促进创新的主要目的来阐述这个问题。抛开道德因素不谈，从经济意义上讲，加重损害赔偿可以作为纠正和阻止投机行为的机制。在不增加损害赔偿（或其他一些加强救济手段）的情况下，可能无法有效地阻止潜在侵权人盗用专利技术。[⑥] 如果抄袭者被抓获并判定为侵权，其不得不为已发生的侵权行为向专利权人支付实际的损害赔偿（此外

---

① *Halo Elec., Inc. v. Pulse Elec., Inc.*（U.S. 2016）。
② 同①。第 1932 页。
③ 同①。第 1933 页。
④ *Cassell & Co. Ltd. v. Broome*（HL 1972, 837）（英国）；另见 *Whiten v. Pilot Ins. Co.*（Sup. Ct. 2002, 617）（加拿大），其中加拿大最高法院指出："在特殊情况下，对被告作出'恶意、压迫以及高压手段'的惩罚性赔偿判决，有损法院的公正感"。
⑤ *Cassell & Co. Ltd. v. Broome*（HL 1972, 837）（英国）。
⑥ Cotter 2013a, 145（从经济学的角度来看，对于此类仅对所失利润或放弃特许权作出赔偿判决而无法阻止侵权行为的案件，加重损害赔偿判决可能是最佳选择）。

还要面临禁止今后使用的禁令），[1]在某些情况下，这一金额可能会低于侵权人自己的获利。[2]对于侵权人最佳的情况是，未被发现而无需支付任何费用。这有时被描述为"有本事你抓我"的问题[3]或者"正面我赢，反面你输"的情况。[4]

"有本事你抓我"情况的一个特别显著变化与标准必要专利相关，第5章将对此进行详细讨论。[5]投机的标准化产品制造商可能会认为，最有效的行为方式不是寻求公平、合理和无歧视的专利许可，而是在被起诉侵权时再寻求获得许可，此时，其最大责任就是本应支付的公平、合理和无歧视的许可费；这种情况在文献中被称为"反向劫持"[6]。这种投机行为可能会因降低损害赔偿的补偿和过分限制对专利权人的收益返还而削弱对创新的激励。惩罚性损害赔偿起到了制衡作用，并使侵权人的利益算计回到避免侵权的方向。[7]事实上，美国法院在确定是否以及在何种程度上根据所谓 Read 案的因素提高加重损害赔偿额时，会考虑侵权人是否曾试图隐瞒其侵权行为，从而降低被发现的风险。[8]

---

[1] 直到最近，在美国专利案件中很少判予律师费。

[2] 例如，如果侵权人比专利权人更有效率。

[3] *Monsanto Canada Inc. v. Rivett*（Fed. Ct. 2009, 23）（加拿大）。为了进一步讨论，也可参见第7章。

[4] *Panduit Corp. v. Stahlin Bros. Fibre Works Inc.*（6th Cir. 1978, 1158）（美国）。一种通常所谓"有本事你抓我"情景的变体会出现在标准必要专利（SEPs）中，在第5章有更为详细的讨论。

[5] 在过去的几年中，美国、欧洲和亚洲均出现了涉及此类 FRAND 许可费适合程度的重大诉讼。如第6章所述，在美国的一些案件中，法院已经确定，此类 FRAND 专利使用费率的计算方式应与专利侵权中"合理的专利使用费"损害赔偿额的计算方式大致相同（例如，使用 *Georgia-Pacific* 15-要素分析框架的修正模式）。此外，在 SEPs 遵守 FRAND 承诺的范围内，SEP 持有人寻求针对侵权人的强制救济的能力通常非常有限（根据合同法以及适当的竞争和反垄断原则，参见第5章和第6章）。参见第1章和第6章；另请参见孔特勒拉和吉尔伯特 2015（分析了 FRAND 许可费确定与合理许可费损害赔偿计算的融合）。

[6] 例如，Chien 2014。

[7] Polinsky & Shavell 1998；另请参见 *BMW of N. Am., Inc. v. Gore*（U.S. 1996, 582）（解释称，更高的惩罚性损害赔偿"在难以确定损失的情况下……可能是合理的"）。

[8] 这些因素，首次阐述于 *Read Corp. v. Portec, Inc.*（美国联邦巡回上诉法院，1992 年第827页）：a. 侵权人是否故意剽窃他人构思；b. 当侵权人知晓他人专利保护时，侵权人是否对专利权保护范围进行了调研，并诚实地相信该专利无效或未被侵权；c. 侵权人作为诉讼当事人的行为；d. 被告人的规模和财务状况；e. 案件的密切性；f. 被告不当行为的持续时间；g. 被告的补救措施；h. 被告的损害动机；i. 被告是否试图掩盖其不当行为。

3.2.3.2 调整投机行为

尽管对损害赔偿进行加倍有助于阻止投机侵权行为，但与事前许可相比，如果侵权人被抓获，还有各种各样的其他惩罚措施也可以使侵权人的情况更糟。其中包括诉讼费用、禁令救济以及侵权人的利润追缴。由于费用转移、禁令救济、追缴非法所得和加重损害赔偿的适用性在各个司法管辖区之间各不相同，总原则就是哪一种方法能够更好地限制投机行为。

尽管所有这些加重损害赔偿的备选方法都可能使侵权人相比事前获得许可的情况更糟，但没有一种方法能够很好地解决投机侵权的问题。例如，尽管在美国支付对方赔偿费用的风险相对较低，但被起诉的可能性在成本上也足以阻止侵权人使用"有本事你抓我"策略。但是，我们尚不清楚曝光诉讼费用是否足以影响投机侵权的频率和规模。[1] 同样，如果禁令救济允许专利权人从侵权人那里得到劫持价值，禁令救济可能会阻止侵权行为。实际上，禁令救济作为加重损害赔偿的形式之一，即"禁令罚款"，借助禁令得到的劫持价值构成了加重损害赔偿。但是，与诉讼费用"罚款"一样，禁令"罚款"与"有本事你抓我"问题无关，该问题取决于被发现的可能性。追缴侵权人利润的救济措施相比事前获得许可，通常也会使侵权人的情况更糟，尤其是如果专利权人未与侵权人形成竞争，反而因此获得了合理许可费赔偿。协商的许可费通常是将被许可人使用发明而获得的利润在被许可人和专利权人之间进行分配，而侵权人获利的追缴则会因侵权行为而获得的全部利润返还给专利权人。[2] 虽然上述成本核算使侵权人相比事前获得许可的情况更糟，但同

---

[1] 例如，如果发现需要支付1000万美元使用费的可能性为30%，那么诉讼费用必须达到700万美元，才能使得"有本事你抓我"策略无利可图。事前议价的动力随着费用转移而增加，但问题仍然在于，尚不清楚这种更高的激励措施是否足以鼓励事前议价。当然，在较高的发现概率下，避免诉讼费用所产生的激励可能就已经足够了。

[2] 在加拿大，通常会作出利润会计的判决，并且加拿大法院已经明确承认其在阻止"有本事你抓我"策略中的作用。参见 *Monsanto Canada Inc. v. Rivett*（Fed. Ct. 2009）（加拿大）；*Eli Lilly and Co. v. Apotex Inc.*（Fed. Ct. 2009）（加拿大）；*Varco Canada Ltd. v. Pason Systems Corp.*（Fed. Ct. 2013，399）（加拿大）。

样困难的是，额外罚款的数额与侵权人投机行为的频率无关。[①]

与上述三种救济措施不同的是，原则上可以调整加重损害赔偿以有效遏制故意侵权行为。然而，在美国法律中似乎并未进行尝试，目前尚不清楚在保证足够准确性的前提下，上述做法是否切实可行，可以使加重损害赔偿优于其他方式。例如，若侵权行为被发现和证实的可能性为50%，则意味着为了保证恰当的激励作用，加重损害赔偿应当加倍，但尚不清楚如何评估上述被发现的可能性。如上所述，美国法院确实将侵权未被发现的可能性作为评估加重损害赔偿数额的一个因素，但通常仅将其作为众多因素之一，并没有为了对罚款进行合理调整而去确定侵权未被发现的可能性，甚至连上述可能性的近似值都没有去确定。

3.2.3.3 对质疑和了解专利的激励作用

加重损害赔偿可能会阻碍对已授权专利的有效性进行有益的质疑。例如，在制药领域，即使专利可能是有效的，但使重磅的药品专利无效也会带来很大的社会效益。如果侵权行为一定能够被发现（例如在医药领域），那么在专利最终被认定有效的情况下，侵权行为不会削弱对发明的激励作用，因为专利权人将在损害赔偿中获得全部补偿。在专利被证明是无效的情况下，通过侵权获得的利润可以激励人们对具有潜在社会效益的专利进行质疑。即使此类案件有可能判予加重损害赔偿，但仍值得人们冒着风险对专利进行质疑。

---

① 如果判予利润会计，通常不会再作出加重损害赔偿判决，这反映了以下观点，即这些方式是解决同一问题的不同机制：参见 *Eli Lilly and Co. v. Apotex Inc.*（Fed. Ct. 2009, 663）（加拿大）（侵权人行为的"过分"性质已经赋予了专利权人具有对侵权人收益核算进行选择的权利）。同样，在 *Kuddus v. Chief Constable of Leicestershire Constabulary*（HL 2001, 109）（英国）中，斯科特（Scott）法官提出，对典型损害赔偿的要求"已经在很大程度上被普通法的发展所取代。现在，许多侵权行为以及违反合同行为都可以得到赔偿。不必依靠典型损害赔偿的特殊情况，便可从不法行为者身上取得其获利"，援引自伯肯黑德的尼科尔斯（Nicholls of Birkenhead）法官对 *Attorney General v. Blake*（HL 2000, 394-398）（英国）的评论。（针对外观设计专利侵权）美国法院根据专利法确实会作出利润追缴判决，该法规可理解为禁止法院同时作出追缴和加重损害赔偿判决。参见 *Braun Inc. v. Dynamics Corp. of Am.*（美国联邦巡回上诉法院，1992年，第824页）。

与此相一致，在美国药品专利联动制度下，侵权行为在美国法律中不会被判予加重损害赔偿。[1]但是，在除制药业之外的其他领域，同样的问题可能会导致加重损害赔偿。

与此相关的是，越是与复杂技术产品密切相关的领域，加重损害赔偿的可能性越会诱导创新者不计成本的沉溺于查找和许可现有专利权。对于涉及多项专利的产品（每项专利都涵盖了渐进式创新），预先掌握相关专利权的情况通常是不合算的，实际上几乎不可能。[2]

加重损害赔偿的另一个重要问题是，从历史上讲，知悉已主张的专利，使侵权人要向这些专利作出赔偿的可能性更大。结果，寻求和查阅专利披露信息作为专利制度本应该促进的行为，反而会因责任加重而受到阻碍。在美国，查阅过争议的专利会增加判决三倍损害赔偿和承担律师费用的风险。[3]正如许多评论家所指出，在科技行业，内部律师一直不鼓励查阅专利，至少历史上是这样的。[4]也许正因为如此，有研究表明，在美国专利侵权诉讼中声称知悉所主张专利的只占30%。[5]

---

[1] *Glaxo Group Ltd. v. Apotex*，*Inc.*（美国联邦巡回上诉法院，2004年，第1350–1351页）[根据Hatch-Waxman法271（e）部分，技术侵权行为不能构成故意侵权的基础]。

[2] Mulligan & Lee 2012，289，304（例如，在软件领域，所有公司进行专利检索所需要花费的法律调研时间，比美国所有专利律师一年所能提供的时间多出很多倍，因为"每年大约有2.4亿对新的软件专利–公司产生意外侵权"）。

[3] 美国专利法，35 U.S.C. § 285（在特殊情况下，法院可以判给胜诉方合理的律师费）。证明案例是"例外"的一种方式，就是证明侵权人进行了"故意侵权"。例如，*Minks v. Polaris Indus.*（美国联邦巡回上诉法院，2008年，第1375页）（基于陪审团对于故意侵权的确认，维持例外案件的判定和律师费判决）；*Tate Access Floors*，*Inc. v. Maxcess Techs.*，*Inc.*（美国联邦巡回上诉法院，2000年，第972页）（请注意，对于故意侵权的明确认定，是将案件归类为"例外"的充分依据，并且当初审法院在已经确定故意侵权的情况下却拒绝判决律师费的时候，法院必须解释该案件为何不属于法规所指的"例外"。）

[4] Means 2013，2012–2014［由国家研究委员会（2004）、联邦贸易委员会（2003）以及世界知识产权组织下设计算机和通信产业协会作出的评述报告，记录了对故意查阅专利的严重影响］。

[5] Cotropia & Lemley 2009，1442［在193件案件中，仅有60件（31.1%）涉及被告人在诉讼前便已知晓专利内容的指控］。

最近一项对于832名科技文章作者所进行的研究指出[①]，大多数受访者表示，他们有时出于技术原因（约80%）和法律原因（64%—76%）会查阅专利，[②]而仅有9%的查阅过专利的受访者和4%的未查阅过专利的受访者表示曾接到不要查阅专利的警示。但是，该调查仅限于发表科技文章的研究人员，不包括许多行业的产业研究人员，尤其是不以发表文章为常态的行业，而且结果因技术领域而异。[③]虽然Halo案后的判例法已经阐明，仅仅了解过争议专利不足以作出加重损害赔偿判决，但尚不清楚这是否足以减少判予三倍损害赔偿的可能性。[④]因此，加重损害赔偿可能会阻碍创新者将专利公开内容作为技术信息来源，这种风险达到了对社会不利的程度。

[①] Ouellette 2017；Chien 2016，1859-1865。总结了通过阅读专利而获得技术创新的文献。根据Hall & Harhoff 2012，550，专利阅读因行业而大为不同。来自美国、欧洲以及亚洲的发明人被问及如何量化通过利用专利信息而在其各自发明创造过程中所节省的时间，答案取决于行业。节省时间中值为5.9个小时，平均值为12.2个小时。在有机化学领域，通过阅读专利平均节省时间36个小时。相比之下，调查参与者报告称，数字通信技术的平均节省时间仅为1个小时。对科研人员引用方式的研究也反映出，使用化学专利作为技术来源信息。通过对被学术论文所引用的3万篇专利与商标局的专利进行研究，Glanzel & Meyer 2003，415-419，发现绝大多数化学专利被引用。药品和医疗专利也被高度引用。在单个专利中，内容更为重要。在接受调查时，研究人员发现包括实践在内的细节最为有用，例如，设备的选择、实施方案以及配方。

[②] Ouellette，2017，421-422。例如，确定研究人员的发明创造是可专利性的还是侵权的。

[③] 同②。第423页（有关报道指出，37%的电子和软件行业研究人员不会阅读专利，这在所有行业中是最高的）。相比之下，在化学等其他领域，专利被视为文献中的一项重要组成部分。

[④] 例如，Cont'l Circuits LLC v. Intel Corp.（D. Ariz. 2017，11）（美国）（"根据Halo案，知晓是故意侵权的必要条件，但不是充分条件"，并批准被指控侵权人针对加重损害赔偿的主张提出驳回，因为"原告声称有充分的事实可以证明知晓，但不能证明侵权人不正当行为的其他元素"）；CG Tech. Dev., LLC v. Big Fish Games, Inc.（D. Nev. 2016，14）（美国）（被告"早已知晓"本案中专利和"继续使用其侵权产品构成故意和公然侵权"的指控不足以加重损害赔偿，因为"他们没有任何事实可以指控侵权人行为是异乎寻常的……超出典型侵权范围"）；Finjan, Inc. v. Cisco Sys. Inc.（N.D. Cal. 2017，1-2，5）（美国）（被告侵权人知晓原告的专利内容，包括通过案前未达成的许可谈判，未对Halo案的故意侵权行为提出一个合理的索赔要求）；另请参见Varian Med. Sys., Inc. v. Elekta AB（D. Del. 2016，4-8）（美国）（外国子公司知晓该专利，以及"机械照搬在Halo案前的故意侵权索赔要素"，不足以对极为恶劣的侵权行为进行辩护）。但参见Blitzsafe Texas, LLC v. Volkswagen Grp. of Am., Inc.（E.D. Tex. 2016）（美国）（被指控侵权人在诉前知晓该专利，尽管此专利申请在当事人复审阶段被授予专利权，仍是一个合情合理的诉前故意侵权案件）。

3.2.3.4 结论

因此，从原则上讲，是否应该设置加重损害赔偿并非是可以单独解决的问题。它取决于专利制度的许多其他特征，包括费用转移、永久禁令、临时禁令以及对已授权专利行政复议的适用性。尽管专利制度的所有这些特征与加重损害赔偿相互作用，但它们也拥有独立的司法作用，并且针对所有这些问题的做法存在着相当大的差异。这使得很难单独提出任何与加重损害赔偿相关的明确建议。

我们注意到不同司法管辖区之间对于加重损害赔偿判决的差异，是由于专利制度其他相关方面的差异而造成的。例如，在美国，追缴侵权人的利润并不适用于实用新型专利侵权行为的救济措施[1]，费用转移既不是强制性的也不是常见的[2]，永久禁令救济不是自动授予的[3]，针对专利侵权的临时禁令很少能够获得批准[4]，多方复审（在其他程序中）可用于质疑授权的专利。所有这些特征都指向相对更多地使用加重损害赔偿[5]。这也许可以解释为什么在美国比在其他司法管辖区更多地使用加重损害赔偿。同时，美国与其他司法管辖区做法之间的对比非常强烈，这可能是由于在将道德考虑纳入民事救济的适当性方面存在根本的哲学差异，而不是由技术差异的积累而引起的。

3.2.4 建议和进一步研究

我们建议根据专利制度的目的而不是道德标准来评估加重损害赔偿的适

---

[1] 参见第 2 章。
[2] 参见第 3.3.2 节。
[3] 参见第 4 章；Seaman 2016（给出了 *eBay* 案后禁令批准率的经验数据）。
[4] Gupta & Kesan 2016，15，图 3（继 *eBay* 案之后，临时禁令批准数量较此前减少了 20%）。
[5] Lemley 2005，1045。按照 Mark Lemley 的主张，"美国专利法在所有知识产权制度中最不强调威慑"。

用性。特别是，我们建议在经常判予加重损害赔偿的司法管辖区（即美国），应根据其在解决投机侵权问题方面的效果来评估加重损害赔偿，相应地，法院应考虑将潜在被许可人的故意"反向劫持"行为作为判予加重损害赔偿的一个因素。

我们进一步建议，结合上文所述的费用转移等其他机制，评估加重损害赔偿阻止抄袭和其他类型故意侵权行为的效果，同时鼓励事前交议（在期望的目标范围内）。该评估还应该考虑加重损害赔偿对于具有社会效益的专利进行质疑的阻碍作用、诱导过度的专利检索和许可的风险以及阻碍了解专利的风险。此外，特别是对于现有研究尚未涉及的技术领域以及除美国外的其他司法管辖区，针对研究人员查阅专利的频率，以及是否由于加重损害赔偿和其他制裁的适用而不敢查阅专利的问题开展进一步的实证研究将是有益的。①

此外，鉴于相关机制之间复杂的相互作用，很难给出明确的建议。我们尚未就加重损害赔偿的可取性达成共识。如果我们将不同司法管辖区专利制度的所有其他特征都考虑在内，那么不同司法管辖区对于使用加重损害赔偿的显著差异可能是合理的。甚至有可能，鉴于专利制度其他方面的差异，美国与大多数其他司法管辖区之间当前的分歧也是合理的。相反，如果我们假设上述所有相关因素都是可适用的政策，那么设计一种专利制度，使每种机制就其自身和组合而言达到最优便是一项重大的研究项目。我们建议在这两个方面开展进一步的研究。根据不同专利制度之间的差异，对于有关加重损害赔偿的现有做法之间差异程度的合理性研究将是有益的；对于全面优化的专利制度的初步研究也将是有益的。

3.3 诉讼费用补偿

在许多国家，律师费用和支出费用的判决由一般性费用转移法规所管辖，

---

① 参见第 109 页②－④，第 110 页①－③以及文字内容。

通常允许胜诉方补偿其部分或全部律师费用和其他费用。在本节中，我们将对世界各地的费用补偿制度进行简要概述，并回顾与诉讼费用（主要是律师费用）判决相关的现有学术研究。

3.3.1 诉讼费用补偿方法

3.3.1.1 欧洲

欧盟执法指令第 14 条规定，"作为一般规则，成员国应确保败诉方承担胜诉方所产生的合理和相应的法律费用及其他费用，除非衡平法不允许该做法。"尽管如此，欧盟成员国的个别做法有所不同。例如，在一些国家，费用是按照法定费率判决的，在实践中并不完全是补偿性的，而在另一些国家，所述费用则更接近胜诉方实际且合理发生的金额。[1] 但是，总的来说，一些从业者认为，自该指令实施以来，判定的数额普遍有所增加。[2] 此外，根据该指令，欧盟法院（CJEU）2016 年因版权诉讼而作出的判决认为，只有当成员国的规则导致对实际发生的"合理费用相当大且适当的一部分"进行赔偿的情况下，才允许采用统一费率补偿胜诉方。此外，如果技术顾问的费用与有关司法程序"直接且紧密相关"，也必须得到补偿。[3]

3.3.1.2 亚洲

在亚洲主要司法管辖区，情况有所不同。例如，在日本，尽管胜诉的专利权人原则上有权追偿因侵权行为而产生的任何律师费用，但当事人似乎往往不主张这些费用。此外，即使判给费用，也通常是基于所判的补偿性赔偿

---

[1] Cotter 2013a，276 n.210。相关的其他讨论，参见 Elmer & Gramenopoulos 2016；Osterrieth 2015，142-143；Rennie-Smith 2015，109；Romet 2015，174。在其他情况下，尽管费用转移具有法定限制，当事方仍可收回费用，该费用作为损害赔偿索赔的一部分。

[2] Cotter 2013a，276 n.210。

[3] United Video Properties, Inc. v. Telenet NV（CJEU 2016）（欧洲）。简要讨论，参见 Cotter，2016d。

费的百分比（通常为 10%），而不是以工时为基础。评论家普遍认为这些判决并不能完全补偿胜诉方……①

在中国，《专利法》第 65 条规定，侵权赔偿"应当包括权利人为制止侵权行为所支付的合理开支。"实际上，并不将律师费视为权利问题而作出判决，而且即使作出判决，往往费用也很低。②然而，在最近一件案件中，北京知识产权法院判决被告赔偿胜诉原告 100 万人民币的诉讼费用（截至 2017 年 1 月 2 日，相当于约 144000 美元）；据评论家称，这可能是中国首例由法院根据胜诉方律师计费的时间作出费用判决的专利案件③。费用判决在韩国往往也是象征性的。④

3.3.1.3 美国

美国与其他司法管辖区形成了对比。尽管美国确实规定胜诉方可以例行补偿一部分诉讼费用⑤，但美国的一般规则（也称为"美国规则"）是每一方都

---

① Cotter 2013a，328；另参见 Suzuki & Tamura 2011，450（"补偿律师费通常约为判给胜诉方的损害赔偿额的 10%"，在许多法院判决中都是如此。但是，如果赔偿金额较高，则律师费赔偿比例将有所减少。相反，如果损害赔偿判决金额较少，则胜诉方要求索赔的律师费会相应增加，这取决于每一件案件的特殊情况）。

② Cotter 2013a，360（法院有时会判予调查费用）；Cui & Shen 2016，16–34，35；Pattloch 2015，347（"实际上，法院只会判决实际费用的大约三分之一"）。

③ 用英文讨论此案，*WatchData Co. Ltd. v. Hengbao Co. Ltd.*（北京知识产权法院，2016）（中国），参见国家知识产权局 2016（鉴于聘用代理人的必要性、案件的难度以及律师的实际作用，法院还会支持诉讼费用要求，通常称为律师费。北京知识产权法院首次将上述三个因素作为判断律师费的原则）。另参见 Cotter 2016f（引用其他两个文献出处对 *Watchdata* 案进行讨论）。

④ Cotter 2013a，370；Kim et al. 2016，30–19；Kim 2015，436。

⑤ 28 U.S.C. § 1920（任何一个美国法院的法官或书记员都可就下列各项征税以作为成本：a. 书记员和执行官的费用；b. 案件审理中所必须使用的笔录和电子笔录的费用；c. 印刷费和证人费；d. 举证费用和制作任何材料副本的费用，案件审理中必须使用的副本；e. 根据本规定第 1923 节所规定的判决摘要书费用；f. 根据本规定第 1828 节所规定的，法院指定专家的薪酬，口译人员的薪酬，以及特殊口译服务的薪金、费用、支出以及成本）。传统观点认为，美国民事诉讼的费用回收相对较少，参见 Cotter 2013a，146–147 n.283，然而并非总是如此，尤其在涉及法院指定专家证人的专利诉讼中。参见 *VirnetX, Inc. v. Apple, Inc.*（E.D. Tex. 2017，2）（美国）（原告对于费用、律师费和判决前利息的无争议通知，要求提供超过 30 万美元的费用和约 180 万美元的律师费，随后按规定予以批准）。

要承担自己的律师费用。该规则也有一些例外,例如,在反垄断和民事权利方面的法规并非如此。①此外,当"故意违抗法院命令"或"当败诉方'恶意、无理、肆意'违法或'因令人难以忍受的原因'而进行违法行为时",法院有权判予律师费用。②除上述权力外,专利案件中的费用判决还受《美国法典》第 35 章第 285 条的约束,该条款规定"在例外情况下,法院可以向胜诉方判予合理的律师费用。"③

直到最近,联邦巡回法院对第 285 条判例的解释称"只有有限的情况才可以证明专利案件的例外:'在专利商标局时的不公平行为;诉讼不当行为;无理取闹的、无正当理由的和其他恶意的诉讼;滥诉或故意侵权'"。④此外,只有在所声称的权利主张"客观上毫无根据"并带来"主观恶意"⑤的情况下,法院才会基于专利权人案件的不足判决向胜诉的被控侵权人支付费用——这一标准反映了对为了垄断而进行虚假侵权诉讼且企图要求 Noer-Pennington 豁免的诉讼当事人进行惩罚的严格要求。

2014 年,美国最高法院在 *Octane Fitness,LLC v. Icon Health & Fitness,Inc.* 案中,推翻了这一判例,最高法院认为法院应基于"全部情况"考虑案件

---

① 例如,15 U.S.C. § 15 (a)(因反垄断法所禁止的任何行为而在营业额或财产方面蒙受损失的任何人,都可据此提起诉讼……并应追究其所遭受损失的三倍赔偿和诉讼费用,包括合理的律师费。);42 U.S.C. § 1988,在执行本章第 1981、1981a、1982、1983、1985 和 1986 节、公法第九章 92-318〔20 U.S.C. 1681 et seq.〕、宗教自由恢复法案 1993〔42 U.S.C. 2000bb et seq.〕、民权法案第六章 1964〔42 U.S.C. 2000d et seq.〕或者第 34 章第 12361 节的任何诉讼或程序中,法院可自由裁量允许胜诉方(除美国以外)收取合理的律师费,该律师费可作为诉讼费用的一部分。

② *Octane Fitness,LLC v. ICON Health & Fitness,Inc.*(U.S. 2014,1758)〔引用 *Alyeska Pipeline Serv. Co. v. Wilderness Soc'y*(U.S. 1975,258-259)〕。另参见 FED. R. CIV. P. 11。

③ 一旦请求人确定了例外情况,法院便要考虑费用裁定金额是否适当,考虑此类因素"案件的紧密程度,律师的策略,当事方的行为,以及任何其他可能有助于在胜负方之间公平分配诉讼负担的因素"。仅由法院裁定该案是否为例外情况,必须接受审查以查明明显错误;如果有费用裁定金额,则将根据裁量权滥用标准进行审查。Cotter 2013a,147-148。

④ *Wedgetail,Ltd. v. Huddleston Deluxe,Inc.*(美国联邦巡回上诉法院,2009 年,第 1304 页)。

⑤ *Brooks Furniture Mfg.,Inc. v. Dutailier Int'l,Inc.*(美国联邦巡回上诉法院,2005 年,第 1381 页),被 *Octane Fitness,LLC v. ICON Health & Fitness,Inc.*(U.S. 2014)部分废除。

是否属于第 285 条的"例外"。① 在另一起相关案件中，与联邦巡回法院的判例相反，最高法院还认为，"上诉法院应审查地区法院是否滥用自由裁量权而作出涉及第 285 条的判决。"②

自最高法院作出 Octane Fitness 案判决以来，美国法院作出律师费用判决的专利案件数量有所增加，尽管考虑到例外要求，即使在更宽松的标准下，作出律师费判决的案件数量仍然很少；而且在大多数情况下，法院只会对起诉或辩护的全部费用的一小部分作出判决。例如，贾姆（2015）认为，从 Octane Fitness 案判决之日至 2015 年 3 月 31 日，法院在 63 起诉讼中的 27 个案件作出了诉讼费判决，比陈在 2011 年报道的比例高出一倍多，但判决金额本身大多仅在 20 万美元到 30 万美元。③ 同样地，弗兰兹（2016）指出，在 Octane Fitness 案后，成功判予诉讼费的比例明显提高，④ 而巴里等人（2016）指出，作出费用判决的平均数量"从每月约 4 个增加到每月 7 个。"⑤ 然而，巴里等人（2016）还指出，Octane Fitness 案后费用判决的中位数约为 30 万美元，其中最高判决达到了 1250 万美元。

3.3.2 对费用补偿的经济学理论与实证研究

理论文献中普遍认为，在其他条件相同时，民事诉讼中给胜诉方判予费用补偿将产生两个主要效果：第一，将提高已提出的诉讼的总体质量；第二，将增加已提起诉讼的争论的激烈程度。⑥ 第一个效果基于如下理论，即费用补

---

① Octane Fitness, LLC v. ICON Health & Fitness, Inc.（U.S. 2014，1756）。
② Highmark Inc. v. Allcare Health Mgmt. Sys., Inc.（U.S. 2014，1747–1748）。在脚注处，法院补充指出"裁量权滥用标准并不排除上诉法院对地方法院的法律或事实错误的更正……"。
③ Jiam 2015，624，627。
④ Flanz 2016。
⑤ Barry et al. 2016，7。Barry 等补充指出，该赔偿数额中位数"代表了 82% 的申请金额中位数"。为了进一步讨论自 Octane Fitness 案至今的赔偿费用的实证研究，参见 Cotter & Golden 2018，15–16 n.71。
⑥ 涉及律师费判定金额（诉讼费用的主要驱动因素）对诉讼的影响的理论文献概述，参见 Spier 2007，300–303。

偿将通过减少原告的总预期补偿额来阻止低质量（即低胜诉率）案件的提起，反之，则通过增加原告预期的总判决金额来鼓励高质量（即高胜诉率）案件的提起。[1]实际上，向侵权人支付费用的风险是对提出低质量诉讼的潜在惩罚，而由侵权人承担其个人费用的可能性则是对提出高质量诉讼的潜在回报。

与此同时，从理论上讲，费用补偿会增加法律纠纷的持续时间和复杂性。鉴于诉讼当事人对于案件的可能结果通常或多或少的存有异议，因此，如果是基于已有判例提起的诉讼，则判予律师费和诉讼费往往会加大双方当事人对于各自估算的追偿或赔付预期值之间的差距。差距越大，双方当事人达成一致的可能性就越小。除了延长诉讼时间外，费用补偿还可以鼓励资源充足的当事人将更多的资源投入诉讼。通过提高诉讼风险，费用补偿增加了诉讼额外支出的边际收益。此外，通过提高另一方最终支付额外诉讼费用的可能性，费用补偿还降低了所述诉讼的边际成本。最后，由于费用转移增加了诉讼风险，因此规避风险的一方可能将比另一方更愿意放弃有效索赔或者同意不太有利的和解条件。[2]但是，在实践中，对补偿费用和支出的限制以及诉讼结果的不确定性部分削弱了理论上的效果。

虽然支持上述结论的现有实证研究数量有限，但也不尽然。[3]爱德华·斯奈德和詹姆斯·休斯对佛罗里达州医疗事故诉讼进行研究发现，该州在这一领域引入费用转移后，原告的胜诉概率更大，所得到的损害赔偿额平均值也会更高。[4]赫尔墨斯等人最近对在英国起诉的知识产权案件进行的研究（2018）同样也支持这一推测，费用转移倾向于淘汰低质量诉讼案件以及涉及小企业

---

[1] 这种效果是假设当事双方具有相对对称的诉讼信息。当各方信息不对称时，费用转移也可能具有相反的效果（Polinsky & Rubinfeld 1998）。

[2] 规避风险一方"当面对两个期望值相同的赌博时，通常会选择收益变动较小的一个。"Nicholson & Snyder 2008, 207；另参见 Pindyck & Rubinfeld 2013, 166–167。

[3] 与律师费赔偿额有关的实证文献概述，参见 Kritzer 2002。

[4] Snyder & Hughes 1990；Hughes & Snyder 1995。而 Williams 2001，发现美国各州有若干种形式的费用转移规则在车祸诉讼中的人身伤害索赔比例比财产损失索赔比例更高，并认为该发现与费用裁定金额阻碍了无谓索赔这一假设相矛盾。

的案件，从而减少诉讼数量。[①] 此外，乐福等人收集的描述性统计数据（2017）指出，费用转移在欧洲的普遍性与欧洲大陆相对缺少由专利"流氓"所提起的大量低质量诉讼之间存在关联。[②] 尤米尔和祖尔克对美国诉讼的一项研究表明，当案件真正立案时，在其他所有条件相同的情况下，费用转移往往会降低和解的可能性。[③] 另一方面，两项关于阿拉斯加地区诉讼的研究（美国唯一向胜诉方例行判予律师费补偿的州）[④]，以及一项实验研究[⑤]，均未能发现费用转移对诉讼动机和诉讼行为具有显著影响。此外，在实践中，对于个别诉讼的判决很大程度上取决于律师费可获性以外的其他因素，例如，保险的可获性，第三方诉讼费用以及诉讼费用与技术价值之间的利害关系。

3.3.3 对最佳做法和未来研究的建议

一方面，强制性费用转移可确保胜诉专利权人在一定程度上获得一笔巨款补偿[⑥]，并且有助于阻止低质量专利诉讼。另一方面，费用转移还可激励诉讼当事人增加在辩论上投入的时间及辩论的激烈程度。此外，强制性费用转

[①] Helmers et al. 2018（研究了，在英国企业知识产权法院提起的诉讼中，在引入可追回费用上限之前和之后所提起的知识产权案件）。

[②] Love et al. 2017（对德国和英国提起的专利诉讼的研究中，发现相对于美国而言，被控侵权者提起诉讼的比例很高，而和解率却很低，并且从这些调查结果中得出结论，费用转移可能会阻碍专利收益）。

[③] Fournier & Zuehlke 1989，193（研究 1979—1981 年在美国联邦巡回上诉法院的诉讼案件）。

[④] Di Pietro et al. 1995，ES-11（本报告主要结论是，在阿拉斯加的律师费用转移很少在民事诉讼中起到重要作用。）；Rennie 2012（将在阿拉斯加地区提交的案件与在其他地区提交的案件进行比较，没有发现明显差异）。

[⑤] Inglis et al. 2005（将在向胜诉方判给或不判给律师费的法律环境下协商达成和解，与实验中和解结果进行比较，没有明显差异差别）。

[⑥] 美国知识产权法律协会，2017，I-118 至 -122（报告称，上诉费用少于 100 万美元的案件的平均诉讼费为 62.7 万美元，100 万到 1000 万美元的案件的平均诉讼费为 145.6 万美元，1000 万到 2500 万美元的案件的平均诉讼费为 237.4 万美元，高于 2500 万美元的案件的平均诉讼费为 383.1 万美元）。

移可能导致有强烈主张或抗辩的当事人为了规避风险而放弃所述主张或抗辩，这样既降低了社会效率又无法达到实质公平。最后，费用转移需要额外的更高审判成本来确定哪些费用和支出是合理的，并因此而给予补偿。虽然像德国等一些司法管辖区设定了法定费率，以降低此类判决成本，但其他国家或地区则根据其他因素（例如，是否为故意侵权）来判予费用补偿或成本，从而增加此类"附加诉讼"的费用。因此，很难就抽象的费用转移是否可取而给出结论，该问题的解决既强烈取决于社会文化对于费用转移的期望，也取决于理论经济学或实证经济学。实际上，美国在可预见的未来不太可能采取强制性费用转移，其他普遍存在费用转移的国家也不太可能放弃强制性费用转移。

综上，我们提出以下建议：首先，在费用转移已成为既定法律的国家，费用转移规则旨在以富有意义的方式补偿胜诉方实际产生的合理且相应的费用，除非衡平法另有规定（例如，欧盟执法指令授权），而不仅是部分的补偿（在实际案件中经常如此操作）。一般来说，不应基于判决金额的特定部分而计算所判决的转移费用，虽然日本时常据此计算案件的转移费用。其次，在费用转移并非既定规则的国家，立法机关和法院可以尝试更为宽松的费用转移规则，例如，正如《创新法案》中提出的建议（该法案要求法院将费用判给胜诉方，"除非法院认为败诉方的立场和行为在法律和事实上是合理的，或者在特殊情况下（例如名义发明人有严重的经济困难）法院作出了不公正的判决"）[①]，也许结合美国证据开示程序改革可以降低强势一方因期望获得补偿而进行不必要且过度支出的风险。

此外，进一步的研究可以集中在建议将"附加诉讼"的费用限于已有诉讼费用及其他诉讼支出之内，并根据经验确定①在《创新法案》提案被或多或少效仿后，美国法院根据《司法平等法案》作出费用判决的频率；②和解在强制费用转移的国家是常见还是罕见。我们也欢迎对费用转移的可获性进行进一步实证研究，考虑到费用转移相对于市场中的实际情况，比如保险或

---

① 在 2013 年，创新法，H.R. 3309, 113th Cong.（2013），在美国众议院通过，但最终在参议院陷入僵局。在下一届会议中再次讨论了创新法，H.R. 9, 114th Cong.（2015），仍未通过。

第三方诉讼融资和费用转移方案的设计，决定判予费用转移时的方法和程序，在实践中实际作出费用转移判决的百分比，以及诉讼价值本身与费用之间的关系，但是尚不清楚这些数据是否会对此类分析造成干扰。

3.4 判决前和判决后的利息

如果损害赔偿要完全补偿专利权人因侵权行为而遭受的损失，那么损害赔偿应考虑金钱的时间价值。为此，为了确保减少专利权人因侵权而遭受的损失，要求法院在判决前和判决后判予足够的利息似乎可以理解。[①]但是，并非每个国家都会判予判决前利息，甚至在作出此类判决的国家，如果没有合理选择利率或利息不是复利计算的，便可能会导致对胜诉专利权人的补偿过度或不足。当诉讼旷日持久时，上述问题尤为突出，而补偿不足的判决前利息将会促使被告拖延和延长诉讼时间。[②]因此，判决前利息补偿不足将会加剧"反劫持"问题，在该问题中，作为专利技术的使用者，如果侵权人获得低息贷款，就会一直拖延而不去获得许可。

3.4.1 一些国家的做法

在美国，最高法院在 *General Motors Corp. v. Devex Corp.*[③] 案的判决中解释称，专利法第 284 条实际上推定专利权人有权对损害赔偿判决金额的补偿部分享有判决前的利息。更具体地说，*Devex* 案认为，在颁布专利法第 284 条时，"国会试图确保专利权人实际获得因侵权而遭受的'所有损害'的全部赔

[①] 尽管超出了本项目的范围，一个有趣的问题是，最终在侵权诉讼中占上风但被暂时排除在市场之外或需要承担其他费用的被告（例如，由于临时禁令或随后解除的永久禁令），应有权获得某种形式的赔偿，如果如此，那么是否有权就任何此类判定金额而获得判决前和判决后利息。为了简要讨论赔偿问题，参见，Cotter 2014c，Cotter 2016e。

[②] *Eli Lilly and Co. v. Apotex Inc.*（Fed. Ct. 2014, ¶113）（加拿大）。

[③] *General Motors Corp. v. Devex Corp.*（U.S. 1983）。

偿"，因此，法院应在"没有正当理由（例如当专利权人延迟起诉时间）拒绝判决前利息"的情况下，对判决金额中的补偿部分判予判决前利息。① 但需要注意的是，"由于判决前利息不具有惩罚性目的，因此只能适用于补偿性损害赔偿，而不能用于加重损害赔偿或其他惩罚性损害赔偿。②"此外，美国法院有义务作出判决后利息的裁定，该利息从判决生效之日起开始计算，直至支付判决金额之日为止。③

法院有很大的自由裁量权来确定合适的利率以及是否作出单利或复利的判决，这些选择可能会对实际支付的金额产生重大影响。④ 为了确保专利权人不会比没有遭受侵权行为时的情况更糟，有必要作出复利判决。例如，假设专利权人在 2008 年 3 月 1 日遭受了 100 万美元的损失，并于 2018 年 3 月 1 日（判决日期）获得 100 万美元和年利率为 5% 的单利赔偿。总判决金额将为 150 万美元。如果利息以年利率 5% 进行复利计算，总判决金额将达到 1628890 美元，从而"更准确地反映了，如果侵权行为从未发生，并将 100 万美元的利润投入相对安全的风险投资，专利权人截至 2018 年所拥有的财富。"⑤

---

① Blair & Cotter 2001，24，51。早期，利息仅从实际确定损害赔偿之时起算，或者是在法院将损害赔偿计算结果提交给特别法官时起算，"从法官将报告提交法院之日起算。" *Crosby Steam Gage & Valve Co. v. Consol. Safety Valve Co.*（U.S. 1891，458）。根据该规则，"从清算损害赔偿之日起产生的利息"实际上意味着很少或者没有判决前利息。

② *Humanscale Corp. v. CompX Int'l Inc.*（E.D. Va. 2010，1）（美国）[引用 *General Motors Corp. v. Devex Corp.*（U.S. 1983，355）]。

③ 28 U.S.C. § 1961（a）（在地区法院民事案件中的任何判决金额都应给予利息……该利息应自判决作出之日起计算，其利率等于自判决日期起一年特定期内美联储系统理事会所发布的国债收益率的日历周平均每周利率。）；1961（b）[判决后"利息应自付款之日起每天计算，除非 2516（b）节该款和 1304（b）节第 31 款另有规定，并且每年复利一次"]；FED. R. APP. P. 37（a）（除非法律另有规定，如果确认了民事案件中的判决金额，则应从地区法院作出判决之日起支付法律允许的任何利息）。

④ 例如，*ActiveVideo Networks，Inc. v. Verizon Comm'ns，Inc.*（E.D. Va. 2011，3）（美国）（法院在选择判决前利率时具有"广泛自由"，大多数人选择"最优惠利率或者美国国债利率"，而判决后利息则根据 28 U.S.C. § 1961"自判决日期起一年特定期内国债收益率的日历周平均每周利率"进行计算）。

⑤ Cotter 2013a，277；另参见 Epstein 2006，10（从经济学的角度来看，利息应当始终滚动计算，当借钱诉讼时，原告能够从利息中赚取利息。采用单利的唯一实质理由就是更容易计算。但是，在电子数据表时代，这种理论是过时的。而且，几乎所有市场利率都是复利）。

然而，就利率的选择来说，爱泼斯坦指出，法院通常应选择反映侵权人短期借款成本（即返还性判决）的利率，而不是反映原告资本的机会成本（即补偿性判决）的利率，另外，后者最终假定原告在没有遭受侵权行为时进行投资并赚取回报而获得的财富。爱泼斯坦进一步指出，法院应避免使用最优惠贷款利率和国库券无风险利率，前者通常高于侵权人贷款超过100万美元的支付利率，后者对于大多数私营企业而言是不可用的。相反，他强烈要求美国法院使用美联储调查利率，从而以客观（且相对无干扰）的方式估算侵权人的借贷成本[①]。我们同意爱泼斯坦的建议。[②]

其他国家的规则差别很大。①有些国家根本不会判予判决前利息，[③]或者仅判予很少的利息[④]。②一些国家（包括德国和英国在内的）通常会判予判决前利息，但不会以复利作出判决。[⑤]③日本提出了第三种模式，法院通常以5%的法定利率判予判决前利息，以及在接下来一年宽限期内的判决后利

[①] Epstein 2006，9–11。关于是否使用原告的预期收益率的问题，爱泼斯坦进一步认为，这样做可能会导致原告拖延诉讼，而该比率的前提是，原告不能通过其他来源借钱投资。

[②] 理想情况下，最好由立法机构制定统一政策以降低择地诉讼的风险，尽管诉讼人是否会为了这种好处而实际上选择一个原本不方便的法院仍值得商榷。参见 *Arctic Cat Inc. v. Bombardier Recreational Prod.*，*Inc.*（S.D. Fla. 2017，8）（美国）（值得关注的是，"为了充分利用高判决利率州的优势"，采用佛罗里达州的利率"会鼓励专利诉讼人择地诉讼"）。

[③] Cotter 2013a，276；另参见 Elmer & Gramenopoulos 2016，9–12 至 9–13（在俄罗斯和墨西哥没有判决前利息）；C–48 tbl. A（表中列出了某些国家/地区判决前和判决后的利息信息）。

[④] Cotter 2013a，276 n.211（指出"虽然在法国会判予判决前利息，但是通常不会判予判决前利息"，并引用民法法典 [C. civ.] art. 1153–1（Fr.）："在所有情况下，即使没有提出索赔或者判决中没有具体规定，所判决的赔偿额也要按照法定利率支付利息。除法律另有规定外，否则该利息从宣布判决开始计算。"）；另参见，*Knight v. AXA Assurance*（QB 2009）（英国）（专家一致认为在法国通常没有判决前利息）。但是，此规则也有例外。参见，例如 *S.A. Technogenia v. S.A.R. L. Martec*（TGI Paris 2010）（法国）（从1990年开始，判决前利息以每年法定利率计算）。此外，"法国法官还有权增加损害赔偿额，以反映自侵权之日起通货膨胀率的上升。" Cotter 2013a，276 n.211。

[⑤] Cotter 2013a，277 n.212–213。与此相关的是，当德国法院对所失利润作出判决时，他们会从原告要求赔偿的日期开始计算利润，而不是从遭受损害的日期开始计算，从而有可能遭受严重的赔偿不足。

息。[1] 根据货币的时间价值，固定利率可能会导致补偿过度或不足。[2] 当然，如合理许可费赔偿章节所述，考虑到日本法院通常判予较低的侵权损害赔偿额，所以可不必考虑此类过度赔偿的风险。

3.4.2 对最佳做法和未来研究的建议

与上述讨论一致，我们建议法院以复利作出判决前和判决后的利息，该利率可从名义上反映出侵权人的借贷成本。这样能够防止相关利息规则对专利权人补偿过度或不足（以及对侵权人威慑过度或不足），并且法院以复利判予的判决前和判决后利息应可毫无疑问地反映出侵权人的借贷成本。从某种程度上来说，这种改革在短期内难以施行（例如，德国出于文化差异而抵制作出复利判决），因此，由于诸如日本等国家的法定利率可能与市场利率大不相同，退而求其次，我们建议这些国家定期重新审议法定利率。

对于未来的研究，据我们所知，目前尚未对美国法院在专利侵权案件中的利率选择以及法院作出单利与复利的判决频率进行系统的实证研究。此类研究将有助于评估法院对于利息的选择是否或在何种程度上可能导致系统性的补偿过度或不足，或者使侵权人从拖延诉讼中受益。这些问题的解决反过来将有助于阐明第 7 章中有关"专利反向劫持"的讨论。[3]

---

[1] Cotter 2013a，277 n.212-213。与此相关的是，当德国法院对所失利润作出判决时，他们会从原告要求赔偿的日期开始计算利润，而不是从遭受损害的日期开始计算，从而有可能遭受严重的赔偿不足。第 328 页（根据《民法》第 405 条所述，如果在债权人要求赔付后延迟了一年或更久才支付，可以获得复利）。另请参见第 100 页①，有些类似于德国的做法，"尽管从理论上讲是从实施侵权行为之日起产生利息，但实际上，原告只能从立案之日起才能索要利息"。引用 Hoshi 1998，12。5% 来自 Minpo——【民法】第 404 条（日本），其中规定"除非当事方以其他方式表明要求利息赔偿，该利息的利率应为每年 5%"。

[2] Cotter 2013a，328。

[3] General Motors Corp. v. Devex Corp.（U.S. 1983，655 n.10）（否定判决前利息的规则不仅会给专利权人带来赔偿不足，而且还可能给侵权人带来意外收获，并且有助于延长诉讼时间。对于由于经济困难而未支付使用费的侵权人，没有理由使其相对于同意支付使用费的一方占据优势。）。同样可以说成，一项对判决前、判决后利息不足作出判决的法规。

第4章
禁令救济

诺曼·席伯拉斯，拉法尔·西科尔斯基，
豪尔赫·孔特勒拉，托马斯·科特，
约翰·戈登，郑尚柱，
莱恩·乐福，大卫·泰勒

4.1 引言

专利制度通常授予法院命令被控或被判侵权人停止继续侵权行为的权力。有些专利权人提起诉讼的主要目的是为了获得并强制执行禁止竞争者侵权的禁令，即使专利权人愿意以商定的价格将发明许可给被控侵权人，禁止未来侵权行为的禁令的间接货币价值也可以明显超过事实调查者对过去侵权行为可能判予的赔偿金额。在一些案件中，如果授予禁令，被控侵权人或第三方所承担的成本将远远超过专利技术的内在价值。在本章中，我们将探讨专利案件中禁令救济背后的理论，分析禁令救济在主要专利制度中的可获得性，并为法院判断个案中禁令救济是否适用提供一般框架性建议。

4.2 理论

作为一般性理论问题，针对专利侵权禁令有两个经常被提及的理由：第一，形式上或道德上的观点，即这种救济源于专利权类似财产权的性质，或维护这种性质是必要的；第二，经济上的论点，即相对于纯粹的货币救济，禁令通常在专利案件中能更好地促进社会福利。然而，任何一种观点都不是绝对的，人们普遍认为，这两种观点都表明在一些情况下应该限制或拒绝禁令救济。

4.2.1 专利权和禁令救济的性质

在许多人看来，专利权作为"排他权"的性质决定了对禁令救济的支持不是压倒性的却是强有力的，特别是当侵权行为被最终确定的时候。[①]例如，国际协议的措辞和结构有时能够支持这样的论点，即专利权的性质证明支持禁令救济的强有力的推定是合理的。[②] WTO 的 150 多个成员都要遵守的 TRIPS 协议规定，除有限的例外或满足"在一成员的法律允许未经权利持有人授权即可对一专利的客体作其他使用"的特定情况下，成员必须赋予专利权人"防止第三方未经专利权人同意"如使用发明等行为的权利。"[③]

有些人还通过与对侵犯有形财产权（无论是不动产还是私人财产）的补

---

① Balganesh 2008，638（在现代社会，将排他权等同于获得排除性或禁止性救济的权利仍然很常见）。相反，在拒绝任何简单的"一般规则，即法院在没有特殊情况下将对专利侵权发出永久禁令"时，在 *eBay Inc. v. MercExchange*，*LLC*（U.S. 2006，391）案中，美国最高法院明确表示其观点，即"权利的产生与为侵犯该权利的行为提供补救措施是不同的"，第 392 页。

② Keyhani 2008，11-12；Mace 2009，264（讨论对《与贸易有关的知识产权协议》的不同潜在解释）。

③《与贸易有关的知识产权协定》，第 28（1）、30、31 条。

救措施加以类比，证明支持禁令救济的有力推定是合理的。[1] 支持使用禁令救济来补偿不动产损害的一个原因是，人们普遍认为，每个不动产都是独一无二的——不仅是客观意义上的，而且往往是由于所有人独特的个人主观因素——因此不能简单地通过不动产市场的其他产品进行替代。[2] 对于专利权也有类似的观点。由于每一项专利权利要求者与一项新发明以及一个或多个发明人联系在一起，发明人可能认为在向世界首次引入新想法投资成本很大，因此货币救济措施可能难以恰当的估量[3] 并且不能通过专利持有人购买与被侵权的专利实质上完全相同的替代品来恢复专利持有人应有的地位。[4]

还有一些人通过形式上和实务上的考虑来证明这种推定的合理性，他们认为，"允许侵权人违背专利权人的意愿使用发明，然后通过货币救济来保护专利权人的排他权"，这样做在实践上是很困难的。[5] 根据这种观点，作为一个实践问题，用禁令来保护财产类的"排他权"，可能在遭遇侵权时或侵权后对确保权利利益至关重要。与仅仅重复对已发生的侵权行为进行补偿的货币惩罚相比，以具有惩罚性的制裁措施为后盾的禁令可能会对未来的侵权行为产生更大的威慑作用。[6] 至少在不允许持续支付许可费赔偿的司法管辖区，这种额外的威慑力可以帮助权利人免于针对为实质上相同的侵权行为获得赔偿而再次起诉同一侵权人，以降低权利人因重复诉讼成本而导致最终完全停止维护其权利的风险。同样，它还可以避免将重复的损害赔偿或持续许可费（即便完全是补偿性的许可费），作为非正式的强制许可费，而这种损害赔偿

---

[1] Epstein 2010，456。

[2] 例如 Restatement（Second）of Torts § 946（b）cmt. b（禁令是否相对充分……必须参照原告对有关动产的需要是否会被可在市场上购买的替代品所满足的问题来考虑。这个检验标准并不限于确定该动产是独一无二的。"独一无二的动产"一词意味着绝对的不可替代性，例如伦勃朗的一幅画或因其关联性而受到重视的传家宝就是如此。显然，在这种情况下，损害赔偿救济措施是无效的）。

[3] Merges 1994，2664（由于"知识产权"所涵盖的每项资产在某种意义上都是独一无二的……因此，法院在侵权案件中很难对权利人的损失进行适当估价）。

[4] Oppenheimer 2015，262 n.33。

[5] *eBay Inc. v. MercExchange*，*LLC*（U.S. 2006，395）（Roberts，CJ，同意）。

[6] 例如，Golden 2012，1414–1415。

或持续许可费受到国际协议，如 TRIPS 的（正式）限制。① 的确，就专利权而言，这些观点可能会比财产权更有力，因为专利保护的是公开披露的信息（即专利中披露的授权信息），而权利人几乎没有能力通过自救的方式维护这些信息。② 也就是说，在向公众披露专利发明以换取国家支持的排他权后，专利权人实质上已经放弃了"围栏"［译者注］该信息（就像不动产所有人建造围栏以防止未来的非法侵入一样）的能力。

这就是说，即使是主张对专利权进行强有力的财产性保护的人也普遍承认，专利权的财产性并不是在所有情况下都必须采取禁令救济。③ 事实上，TRIPS 本身就明确规定，"各成员可以将针对［侵权行为］的救济措施限于支付赔偿"，④ 一些评论者认为，这一条款赋予了成员限制禁令的广泛自由裁量权。⑤ 此外，即使在侵犯不动产权利的情况下，英美法系国家历来对禁令救济有例外的规定，即与侵权行为对财产所有人造成的损害相比，考虑给予这种救济是否会给侵权人或公众造成不相称的负担。⑥ 一个典型的例子是对侵占建筑物的法律处理。不论所涉及的基本财产权的性质如何，法院一般不会下令拆除无意中建造的、略微超过邻近财产边界的建筑物。⑦ 法院的理由是，颁发这样的禁令将会使相邻的财产所有人依据所述建筑物的全部价值，从所述建筑物所有人那里获得的赔偿远多于因失去一小块土地造成的实际损害。⑧

---

① 例如，Keyhani 2008，11-12。
② 例如，Gergen et al. 2012，236。
③ 例如，Epstein 2010，489-490。
④ 同③，第 44（2）条。
⑤ 例如，Cotropia 2008，580；另见 Kapczynski 2009，1608 n.223（总结辩论）。
⑥ 例如，Balganesh 2008，646（认为"我们的法院从未放弃［拒绝发布禁止侵入的禁令］的自由裁量权，而只是将其限制在特殊情况下"）；Epstein 2010，494（土地上的边界条件本身也从未被视为绝对和不可侵犯的）。
⑦ 例如，Fennell 2006，1042 n.21。（虽然各司法管辖区的具体情况不同，也可以找到例外情况，但在善意侵占的情况下，如果禁令会给侵占者带来不相称的沉重负担，大多数现代美国法院会拒绝禁令救济）；另见下文第 4.3.3 节的讨论，在英国，最常见的被拒绝颁布禁令的财产案件是原告申请强制禁令，要求拆除侵犯其采光权的建筑物或违反限制性契约的建筑物。
⑧ *Isenberg v. East India House Estate Co.*（Ct Ch 1863）（英国）（Westbury LC 勋爵审理）；另见 *Jaggard v. Sawyer*（Civ 1995）（英国），两者均在下文第 4.3.3 节讨论。

在专利侵权的情况下也会出现类似的问题，因为禁令可能会导致专利持有人不仅阻止专利技术本身的使用，甚至达到实质上惩罚的程度。例如，侵权者必须承担高额的"转换成本"（例如，为了终止正在进行的侵权行为重新配置设备或关闭工厂）。[1] 在这种情况下颁布禁令会使专利持有人基于其主张范围之外的技术价值（专利权的有效范围可能远远超出发明人对社会的贡献）来协商得到解决方案，即使那些一般认为应该对专利侵权行为发出禁令的人，专利有效范围的延伸可能会超出以权利为基础而给予禁令救济的合理理由，因此法院在颁布禁令时做出相应的限制或调整。[2]

4.2.2 经济分析和复杂技术产品

与禁令救济相关的"财产规则"或与补偿性损害赔偿相关的"责任规则"保护合法权益的相对经济学效率，支持或反对禁令救济的经济学观点通常会进行更广泛的争论。[3] 正如关于禁令救济怎样才能既符合形式又实用的论述中所指出的那样，这些经济学观点与至少最初被视为与专利权性质有根本联系的观点可能重叠。有时，更纯粹的经济学观点和更基本的权利观点之间的区别似乎主要是围绕一个论点在多大程度上是为了维护专利法的基本目的，而不是为了维护专利权，人们一般认为专利权是为这些基本目的服务的。这种差异有时在很大程度上反映了争论的普遍性，例如，人们主要是希望在个案中取得"正确"的结果，还是在大量案件中取得平均的"正确"结果。

为此，更基础的经济学方法不太关心对排他权的保护，更关心如何尽可能准确地对权利进行估价。对专利侵权行为采用适当的司法救济措施会有助于这一目标的实现，因为它有助于为权利设定适当的预期价值，从而刺激符合社会需求的创新活动。为此，与禁令救济的强推定相关的"财产规则"的

---

[1] 例如，Cotter et al. 2019；Heald 2008，1183–1187。
[2] 例如，Epstein 2010，493–494。
[3] Calabresi & Melamed 1972，1092；Cotter 2013a，53；Cotter & Golden 2018。

主要优势不是来自单纯对"排他权"的强制执行,而是来自这种规则有效地要求"希望从持有人那里取消权利的人……在自愿交易中以持有人同意的价格购买该权利"。① 相比之下,"责任规则"一般只考虑补偿性损害赔偿,此规则可以有效地使一方当事人(抛开诉讼费用)"摧毁最初的权利",以换取权利持有人不必同意的"客观确定的价值"。②

典型的经济分析表明,当自愿交易的障碍"与政府为确定恰当许可数额获取相关信息付出的成本及错误成本相比相对较低时",财产规则以及因此推定颁布禁令救济是符合社会需要的。③ 如上所述,人们普遍认为,单个专利权的相对独特性,再加上缺乏可以将专利权与可能的损害赔偿额进行比较的浓厚公共市场,④ 使得法院和陪审员难以对专利侵权行为的损害进行估值。此外,基于专利文件的公开性和专利对新技术的限制,人们提出了一些至少在理论上可行的理由,希望使用专利技术的私人当事人能够确定相关的专利持有人,并在任何侵权行为发生之前签订使用该技术的合同。考虑到这些因素,一些学者得出结论,传统的经济分析表明,专利权是财产规则强制执行的上佳候选者。⑤ 支持这种处理方式的人还经常认为,强制排他性禁令将刺激专利权人改进和利用专利技术,并协调后续开发,以限制没有意义的重复性下游活动。⑥

然而,其他学者对这些观点提出了质疑,特别是考虑到现代技术的复杂性和当前专利环境。⑦ 如今,新产品往往包含了多种技术,而当一项专利很可

---

① Calabresi & Melamed 1972,1092。
② 同①。
③ Cotter & Golden 2018。
④ 例如,Lemley & Myhrvold 2007,257-259(描述了"盲目市场"对专利造成的问题,并提出强制公布专利许可和销售条款作为解决方案);Kelley 2011,116-117(学者和从业人员都在寻求改善专利价值评估方式的方法,学者们通常呼吁加大销售条款的披露力度,以帮助确定市场价格,而从业人员则专注于完善对自己客户预测专利价值的方法)。
⑤ 例如,Merges 1994;Schoenhard 2008。
⑥ Kitch 1977,266。
⑦ Lemley & Weiser 2007,797-798。

能只涵盖这些众多技术中的一种时，通过自愿交易行使专利权就变得很困难。确定一个新的复杂技术产品可能会侵犯的所有专利权会成为一项特别困难和高花费的工作，在许多情况下，从符合社会效益成本的角度来看，完成这项工作是不可能的。① 此外，由于难以确定复杂技术产品的价值中应归属于某项专利技术的部分，因此，即使当事人竭尽全力地讨价还价，也很难就适当的许可价值达成一致意见（同样，法院也难以准确评估合理许可费）。

"劫持"和"反向劫持"的概念提供了另一个视角，我们可以通过这个视角来看待关于禁令救济适当性的经济学辩论。专利交易双方出于战略上的原因，都面临着强烈的利益诱惑，坚持要求支付高于或低于专利技术真实价值。② 其中一个诱惑是，专利权人利用禁令救济，将专利技术整合到更大、更复杂的产品中，再从潜在的被许可人那里获取"劫持"价值。通过威胁寻求禁令救济来制止被许可人生产和销售整个产品，专利持有人不仅可以有效地使被许可人从专利技术获得的价值面临风险，而且还可以将所有其他技术的价值捆绑到该产品中。在其他情况下，潜在的被许可人可能会采取拒绝达成交易的"反向劫持"策略，要么根本不达成交易，要么要求以很低的许可费达成交易，这不仅是为了拖延最终的付款，而且可能是希望建立一个强硬谈判者的形象，或者是希望利用诉讼费用和风险来对付一个较小的、不那么成熟的专利持有人。

确定何时颁布禁令救济，至少某种程度上可以有效权衡"劫持"抵御"反向劫持"的风险。实质上，由于禁令救济可能从侵权人那里剥夺超过专利技术价值中与"合理许可费"或专利权人的所失利润相对应的部分的利益，因此，禁令救济可以作为对"反向劫持"的一种强有力的威慑。如果没有禁

---

① Mulligan & Lee 2012, 289, 304（估计"例如，在软件领域，所有公司在专利侵权方面进行法律调研的时间，要比美国所有专利律师一年花费的时间多很多倍"，因为"新的［软件］专利－公司双方每年可能产生的偶然侵权大约有 24 亿"）。参见 Sterk 2008, 1304（认为"与责任规则制度相比，财产规则制度造成了过度的检索动机，即使检索成本很高，侵权的可能性相对较低，而且对财产所有人可能造成的损害很低"）。

② 参见第 7 章。

令救济，而专利损害赔偿只是要求侵权人支付与预先许可费用基本相当的金额，那么专利技术的潜在使用者很可能会拒绝支付预先许可费。① 专利权人未发现侵权行为，或者最终拒绝承担强制执法成本，这两者的可能性使得反向劫持成为一种合理的经济策略。禁令救济可以阻止这种策略带来的诱惑。但是，正如威慑措施通常存在的风险一样，威胁性禁令救济所产生的威慑力有可能过大，特别是当产品或工艺的复杂性具有双重效果时：①使专利预先许可难以实现；②使专利的潜在劫持价值远远大于专利技术的适当价值。因此，特别是对于复杂技术产品来说，可能存在着一种重大的危险，即禁令救济的潜在"劫持"会抑制对创新的投资，这种抑制甚至会达到一种不合时宜的程度。

从经济学角度来看，我们有充分的理由相信，无论是纯粹的财产规则还是纯粹的责任规则都不是专利侵权的理想选择。如下文第 4.4 节所详细讨论的那样，一种有助于权衡利弊的方法是在作出颁布和调整禁令的决定时，要特别注意相称性的问题，即保留禁令救济相对优势的同时限制禁令救济"过度扩张"，过度禁令救济对创新活动造成的负面影响比社会预期的更严重。在赞成强化专利侵权责任规则的人中，特别是在涉及复杂技术产品的情况下，禁令救济的潜在不相称性是财产规则方法的主要问题之一。② 即使是最强烈地支持财产规则的学者也承认，颁布禁令为"经济敲诈"提供了基础，即复杂技术产品的持续生命力完全置于专利权人的控制之下，所述复杂技术产品有数千种不同的组件，而原告专利只覆盖了其中的一种，这在经济学上毫无道理。③ 同样，人们也普遍担心潜在侵权人过度"反向劫持"带来的社会风险，而以禁令救济相威胁是鼓励双方当事人在事前了解他人权利，而非事后。④ 因此，众多专家及他们的理论似乎达成了一个基本的共识：法院或其他专利权

---

① 在第 3 章中进一步讨论这个话题。
② 例如，Lemley & Weiser 2007，793-796。
③ 例如，Epstein 2010，490。
④ 例如，Heald 2008，1175（一个有效的救济制度将激励所有当事方进行谈判，如果从社会福利的角度来看，这是最优的策略）。

的强制执行者应该有一定的权力颁布禁令或其他可能是超额补偿的救济措施。但是，基于经济学分析则认为，至少在某些情况下，如果禁令救济的效果与有争议的基本权利不相称，就不能采取禁令救济。

正如第 4.2 节和第 4.3 节的内容，法院可以通过各种方式来减轻这种不相称性，不仅包括完全拒绝禁令救济，而且还可以推迟或以其他方式调整禁令救济，以减轻其带来的负面影响。然而，从各种理论来看，不论是为了尊重财产权、实现公平，还是为了促进总体社会福利，减轻不相称性都是有意义的。

4.2.3 临时禁令与永久禁令

上述分析的重点是禁令救济是否以及在多大程度上适合作为一般的救济措施，尽管至少有时预设的前提是判定专利权已被侵犯。在专利侵权诉讼中，考虑救济何时生效时需要考虑更多的理论问题。虽然"永久"禁令几乎是一种普遍的专利侵权救济措施，但许多专利制度也允许法院在专利诉讼未决时授予"临时"禁令救济。[①]

在防止专利权人的市场地位在案件诉讼到最终判决之前的几个月或几年内受到无法弥补的损害方面，临时禁令可以发挥重要作用。但是，临时禁令在实践和理论上通常比永久禁令更难证明其合理性。首先，在发出临时禁令时，还没有对被控侵权人的实际侵权行为的案情作出最终判决，其仍然只是被控的状态。[②] 由于尚未确定被禁止的活动是否属于有效专利权的范围，因此通常淡化基于权利性质分析临时禁令的合理性。此外，在经济学分析中，给被控侵权人造成不相称的负担和给专利持有人提供不相称的赔偿的风险，也会因为专利持有人不一定会在案情上获胜的可能性而被放大。正如霍夫曼·J

[①] 在一些司法管辖区，最著名的是德国和中国，在认定侵权后，所主张的专利的有效性在单独的行政诉讼中被裁定之前，发出禁令也是很常见的。参见 Cremers et al. 2016；Love et al. 2016。

[②] Laycock 2002，445。

所言:"从定义层面看,授予中间禁令(无论是禁止性还是强制性)的两难境地是,法院可能存在做出"错误"决定的风险,即向尚未在审判中确立其权利的一方(或如果有审判可能会败诉)授予禁令,或者没有向审判中的获胜方(或即将获胜方)授予禁令。因此,一项基本原则是,法院应采取具有较低不公正风险的做法,以免出现上述"错误"。[1]"

从更正式的角度,我们可以说,法院应着重比较各方当事人的预期损害。对专利权人的预期损害可以表示为 $P \times H_P$,其中 P 是指原告胜诉的概率,H_P 是指如果禁令被拒绝,专利权人预计将受到的损害。同理,对被告的预期伤害为 $(1-P) \times H_D$,其中 H_D 是指如果禁令被批准,被告预期受到的伤害。如果专利权人的预期损害大于侵权人的预期损害,则应准予颁布禁令;否则应拒绝颁布禁令。

除非不公正的风险很低,否则确保不授予临时禁令的一种方法是将专利持有人在案情上胜诉的可能性作为决定是否颁发临时禁令的一个重要因素。[2] 如果专利持有人很有可能在专利侵权诉讼中胜诉,那么专利持有人将有更大的可能性能够获得针对被控侵权活动的临时禁令。从上述公式来看,这种方法的重点是确保"P"尽可能高。此方法的难点在于,如果要求法院对案情作出初步结论,就可能要求当事人进行相当于"小型审判"的活动,而法院则要主持这项活动,这很可能涉及广泛的证据挖掘和旷日持久的证据听证会,如果案件进入审判阶段,这些问题将再次被详细讨论。因此,四十年前英国

---

[1] *Films Rover Int'l Ltd. v. Cannon Film Sales Ltd.* (Ch 1986, 780-781) (英国)。这类似于 1978 年 *Leubsdorf* 案中所倡导的最小化无法弥补的损害原则,并由 Posner 法官在 *Am.Hosp. Supply Corp. v. Hosp.Prods. Ltd* (第七巡回法庭, 1986 年, 第 598 页) (美国) 案中重申了这一原则。不同的是,Leubsdorf-Posner 方法在无法弥补的损害和可弥补的损害之间进行了艰难的区分,而霍夫曼·丁的表述则避免了这种区分:一般见 Laycock 1991,118-123。Laycock 最终认可了一个与霍夫曼·丁的低风险原则基本相同的规则:见 Laycock 的"重述",第 273 页。另见 Lichtman 2003 (认为最佳决定规则可能比 Posner 公式更复杂,一旦考虑到法院关于每一方当事人所面临的伤害程度的预测差异)。

[2] 参见 Dobbs 1993,253 §2.11 (2);在 1975 年美国 Cyanamid 公司的判决之前,英国法律也是如此,*Am. Cyanamid Co. v. Ethicon Ltd* (HL 1975) (英国)。

就放弃了这一做法，转而认为关于案情的唯一问题是原告是否提出了"有待审理的严重问题"，因此，临时禁令的颁布将主要取决于利弊权衡。[1]值得注意的是，美国联邦巡回上诉法院实际上在专利案件中采取了相反的做法：仅仅基于被告对专利有效性或侵权行为的实质性质疑，就可以拒绝颁布临时禁令，如果被告提出任何"值得考虑"的抗辩，就必须拒绝授予该临时禁令，这个标准被一些法官批评为只要有需要就拒绝标准。[2]

解决不相称问题的替代做法是，要求原告事先同意，如果其不能胜诉，则需要部分或全部赔偿被告。在美国，作为获得临时禁令的一个条件，原告一般需要交纳保证金，如果后来发现向被告发出禁令是错误的，则可以用保证金来补偿被告。[3]然而，补偿被告的金额不超过保证金的数额会导致补偿不足的问题[4]。在许多其他国家，至少包括英国、加拿大、法国、德国和西班牙，法院通常会要求原告事先同意，如果原告败诉，则事后应向被告提供全额赔偿。[5]不论是否需要全部还是部分赔偿，这种做法重点是减小 H_D，因为如果"错误地"颁布禁令，对被告的伤害只是其真实损失与赔偿金额的差额。同样，因为有可能获得损害赔偿，如果禁令被拒绝且专利权人胜诉，专利权人的预期损失 H_P 也会降到最低。如果颁错禁令就要对被告进行全额赔偿的司法管辖区法院，比只要求部分赔偿的司法管辖区法院更倾向于颁布临时禁令。

将这些做法结合起来是可取的——对被告进行赔偿作为颁布临时禁令的

---

[1] *Am. Cyanamid Co. v. Ethicon Ltd.*（HL 1975）（英国）；*All for the Wild Rockies v. Cottrell*（第九巡回法庭，2011，第 1134–1135 页）（美国）（当原告证明……涉及案情的严重问题，并且困难的平衡急剧向原告倾斜时，发布临时禁令是合适的。）引用 *Lands Council v. McNair* 案（第九巡回法庭，2008 年，第 987 页）（美国）（全体法官）。

[2] *Kimberly-Clark Worldwide, Inc. v. First Quality Baby Prod., LLC*（美国联邦巡回上诉法院，2011 年，第 1298 页）（Newman, J., 不同意驳回大法庭重审）（没有其他巡回法院仅仅因为非动议人提出了值得考虑的论点就拒绝临时禁令。）

[3] FED.R.CIV. R. CIV. P. 65（c）（只有在动议人提供法院认为适当的数额的担保以支付费用和被发现被错误地禁止或限制的任何一方所遭受的损害的情况下，法院才可发出临时禁令或临时限制令）。

[4] Grosskopf & Medina 2009, 907–909。

[5] Heath 2008; Montana 2013; Veron 2012; Dobbs 1993, 263 §2.11（3）。

条件，同时对案情进行适度审查。适当的案件管理可使每种方法的优势在某些案件中发挥更实质性的作用，同时避免小型审判的问题。

临时禁令的另一个问题是，如果没有适当的保障措施，在侵权程序的早期颁布临时禁令，有可能会给被控侵权人带来特别大的负担。一旦被控专利侵权，技术使用者往往会探索"规避"专利方法，或以其他方式避免在未来的产品或工艺中使用可能侵权的技术。在诉讼程序早期颁布临时禁令，可以使被控侵权人转换到法律上不太容易受到伤害的位置上，但是这样做的过程代价昂贵且具有破坏性。如果被控侵权人为了遵守临时禁令，不得不在重新设计期间完全暂停生产和销售复杂技术产品，这可能会使专利权人劫持被控侵权人，这与授予永久禁令的方式相同。避免授予临时禁令的确可以完全减轻劫持的可能性，但可能无法充分保护专利权人的利益。一个折中的做法是颁布临时禁令，但是暂缓执行。与永久禁令一样，暂缓执行临时禁令以便被控侵权人有更多的时间进行调整，可以减轻对被控侵权人造成不相称的困难。但是，法院需要就延迟颁布禁令的好处与专利持有人在此期间预期遭受的损害加以权衡。

4.3 禁令救济实践的比较

4.3.1 综述

在所有的专利法体系中，永久性禁令都是一种可用的救济形式[1]。在所有主要法律体系中，一旦发生专利侵权，甚至只要存在未来侵权的真实威胁，传统上几乎是自动授予禁令。最近这种传统做法受到了质疑，其中涉及几个原因包括专利主张实体（PAEs）的兴起，受公平、合理和无歧视的承诺约束的标准必要专利的诉讼，以及涉及复杂技术产品诉讼的普遍增加，在这种情

---

[1] 实际上，TRIPS 协议规定，永久禁令必须是一种可用的救济措施：见 TRIPS 协议，第 44（1）条。

况下，避免微小组成部分侵权的禁令可能会导致整个产品退出市场。

为了便于比较，可以将各种法律制度分为三大类：美国、其他普通法国家和大陆法国家。在大多数大陆法系国家，如德国，人们认为成功的专利权人有权获得禁令。[①] 然而，获得禁令救济的能力可能会受到各种普遍适用的抗辩，如滥用权利或缺乏诚信以及竞争法的限制。在英美等具有普通法传统的国家，尽管传统上在专利案件中几乎是自动授予禁令，但禁令救济在原则上一直被认为是自由裁量权的范围。然而，自美国最高法院对 eBay 案作出判决后，英美法系国家在实践中出现了分歧。在包括英国在内的大多数国家，仍然存在着有利于授予禁令救济的强推定。相比之下，自 eBay 案以来，美国不再支持授予禁令救济的推定。

英国和德国之间的分歧有一个值得注意的方面，那就是（目前）这两个国家都受《欧盟执法指令》[②] 的约束，该指令涉及侵犯知识产权的民事救济。该指令针对的是成员国，成员国可以自由决定如何确保知识产权救济的适用方式符合指令规定的规则。正如禁令救济植根于衡平原则的法律体系，在要求每个案件中平衡专利权人和实施人利益的专利制度中，可以完全遵从适用禁令的一般原则。同样，在可以通过诉诸专利法"之外"的抗辩，如滥用权利、违反诚信规则或反垄断/竞争法来拒绝禁令救济的专利制度中，这些原则也需要遵从。

实质上，《欧盟执法指令》第 3 条规定救济措施"应……有效、相称和具有劝阻性"，第 11 条要求禁令救济是一种可获得的救济措施，第 12 条规定如果侵权人"无意和无过失地侵权，如果执行有关措施会对他/她造成不相称的损害，并且如果对受害方的货币补偿令人满意"，则可不颁布禁令救济，而采用货币补偿。第 11 条规定成员国必须确保"可以颁布"旨在禁止继续侵权的禁令，而第 12 条则规定法院"可以"在特定情况下命令给予货币补偿。这意味着，除非在这些情况下，否则通常会颁布禁令。到目前为止，《欧盟执法

[①] 参见 Cotter 2013a，245–246。

[②] Directive 2004/48/EC。

指令》似乎并没有对成员国的有关禁令救济的判例产生重大影响，这或许是因为每个国家都认为这些原则已经体现在国家法律中（如英国的观点，下文将详细讨论），或者是因为需要偏离传统原则以符合指令的案件尚未出现。然而，这种情况有可能在未来几年内发生变化，特别是考虑到最近欧盟委员会在另外的通讯文件强调了《执法指令》的相称性原则。①

4.3.2 美国

4.3.2.1 eBay 案原则

《美国专利法》规定，"根据衡平原则"，可以颁布禁令以作为专利侵权的救济措施。②在美国最高法院对 eBay v. MercExchange 案的判决之前③，几乎所有寻求禁令救济的专利权人在胜诉后都获得了永久禁令④，联邦巡回法院在上诉判决中曾指出，"一般规则是，一旦侵权和专利有效性得到确定，就会颁布永久禁令。⑤" 在 eBay 案中，最高法院认为，"寻求永久禁令的原告必须满足四个因素的检验，法院才能给予这种救济。"⑥法院将这一检验描述为符合"既定的衡平原则"，但一些学者对 eBay 案中规定的检验是否与美国法院此前适用的传统衡平原则相一致提出了质疑⑦。无论这是对传统原则的回归，还是对

---

① European Commission, 第 18 页, COM（2017）708 final（指出法院应确保，结合个案具体分析，禁令应符合相称性原则；禁令 "应具有实现这一目标所需的最小范围"；禁令所要求的措施不一定要导致知识产权侵权行为的完全停止）；欧盟委员会，第 10 页，COM（2017）712 final（类似）。

② U.S. Patent Act, 35 U.S.C. § 283。有一些与复杂技术产品无关的法定例外：例如，同前，§ 287（c）。专利权人也可以从国际贸易委员会获得排他令。相关的调查有所不同 [见 *Spansion, Inc. v. Int'l Trade Comm'n*（美国联邦巡回上诉法院，2010 年，第 1359 页）]，本综述不作考虑。

③ *eBay Inc. v. MercExchange, LLC*（U.S. 2006）（美国）。

④ 同③，第 395 页（Roberts, C J, 同意）（至少从 19 世纪初开始，法院在绝大多数专利案件中，一旦发现侵权，就会颁布禁令救济。）。

⑤ *MercExchange, LLC v. eBay, Inc.*（美国联邦巡回上诉法院，2005 年，第 1338 页）。

⑥ *eBay Inc. v. MercExchange, LLC*（U.S. 2006, 391）。

⑦ Gergen et al. 2012。

传统原则的背离，eBay 案的判决都对禁令救济实践产生了重大影响，尤其是在专利案件中。在 eBay 案判决之前，几乎所有的案件都会向胜诉的专利权人颁布永久禁令，但 eBay 案判决之后，有四分之三的案件会颁布永久禁令。[①]这里简要介绍 eBay 案之后的美国法律。

在 eBay 案中，最高法院既拒绝了支持永久禁令的明确规则，也拒绝了基于某些"扩张性原则"明确否定禁令的做法。[②]最高法院确定了一个四因素检验来指导法院行使授予禁令的自由裁量权。托马斯法官在为法院撰写的文章中解释说，专利权人"必须证明"四个因素。①原告遭受了无法弥补的损害；②可以获得法律的救济措施，如货币损害赔偿不足以补偿这种损害；③权衡原告和被告之间的利弊，有必要依衡平原则进行救济；④永久禁令不会损害公共利益。[③]

正如联邦巡回法院所解释的那样，必须逐一满足所有四个因素（即像不可缺的组成要素那样来证明，而不是作为可有可无的因素来衡量）才能授予永久禁令，[④]而且除非专利权人能够证明其遭受了无法弥补的损害，否则无论怎样权衡利弊，都不会授予禁令。[⑤]

肯尼迪大法官在其他三位大法官的参与下，写了一份具有影响力的赞同意见。[⑥]他强调了三个他认为新的关注点：①公司使用专利"不是作为生产和

---

① Seaman 2016，1983 年（根据实证研究报告指出，自从 eBay 案后"颁布永久禁令的比例略少于四分之三（72.5%）"，并指出这与之前的实证学术研究发现颁布率在 72%—75% 是一致的）。

② *eBay Inc. v. MercExchange*，*LLC*（U.S. 2006，393）。

③ 同②。

④ 根据联邦巡回法院的解释，eBay 案要求专利权人必须满足联邦巡回法院检验的所有四个部分以获得禁令救济。*Nichia Corp.v. Everlight Ams.*，*Inc.*（美国联邦巡回上诉法院，2017 年）（认为除非满足所有四个因素，否则应拒绝颁布永久禁令）。这样的规则与传统的衡平原则实践不一致，见 Gergen et al. 2012，207-208，也可以说与至少其他一些美国上诉法院制定的同期判例法不一致，例如，*Citigroup Glob. Mkts.*，*Inc. v. VCG Special Opportunities Master Fund Ltd.*（2nd Cir. 2010，35）（美国）认为寻求临时禁令的一方必须"证明（a）无法弥补的损害和（b）（1）在案情上有成功的可能性，或（2）有足够严重的问题涉及案情，使其成为诉讼的公平理由，并且困难的平衡决定性地倾向于请求临时救济的一方"。

⑤ *Winter v. Natural Resources Defense Council*，*Inc.*（U.S. 2008）。

⑥ Seaman 2016，1989。

销售商品的基础,而主要是为了获得许可费";②"获得专利的发明只是公司所生产产品的小组成部分,而使用禁令的威慑力只是为了在谈判中获得不正当的影响力"的情况;③涉及商业方法的专利数量激增。①

事实上,正如下文所讨论的那样,下级法院在适用 eBay 案检验标准时,相较于法院所阐述的正式检验标准,更多地受到肯尼迪大法官所述关注点的影响。因此,我们不是围绕 eBay 案本身所确定的因素来进行接下来的讨论,而是以希曼(2016)根据经验确定的因素作为是否颁布禁令的最重要决定因素来讨论。因此,我们不太关注权衡利弊和公共利益等因素,这些因素虽然在正式的 eBay 案检验中很突出,但在涉及复杂技术产品的实践中发挥的作用相对较小。虽然 eBay 案检验中包含了希曼所指出的因素,但这些因素与 eBay 案因素并不直接对应。例如,专利权人作为竞争者或非运营实体并不是 eBay 案的一个明确因素,而是作为无法弥补损害分析的一部分提出的。

4.3.2.2 无法弥补的损害

(1)一般性

在 eBay 案之前,法院适用一个很少被推翻的推定,即在没有禁令的情况下,胜诉的专利权人将遭受无法弥补的损害,但最高法院在 eBay 案中推翻了这一推定。②基于我们认为是 eBay 案第一要素的最佳观点,专利权人必须证明,如果不批准禁令将遭受无法弥补的损害。③然而,令人困惑的是,最高法院指出,专利权人必须证明"已经遭受了无法弥补的损害"。④联邦巡回法院承认,"从其条款来看,eBay 案第一个因素在一定程度上考察了已经发生的事情",并据此认为,地方法院在决定是否颁布禁令时"考虑已遭受损害的证据"并没有错。⑤

---

① *eBay Inc. v. MercExchange*,LLC(U.S. 2006,396-397)(Kennedy, J.)。
② *Apple*,*Inc. v. Samsung Elecs. Co.*,*Ltd.*(美国联邦巡回上诉法院,2015 年,第 649 页)(Apple IV)。
③ 从字面上看,法院表示,专利权人必须证明其"已经"遭受了无法弥补的损害,但尽管使用了过去式,最初还是被一些法院有条件地理解。参见 Gergen et al. 2012,209-210。
④ *eBay Inc. v. MercExchange*,LLC(U.S. 2006,391)(强调是后加的)。
⑤ *i4i Ltd. Partnership v. Microsoft Corp.*(美国联邦巡回上诉法院,2010 年,第 861-862 页)。

最近的一项研究，希曼（2016）指出，损失市场份额是迄今为止地方法院认定无法弥补损害的最常见理由。[1] 其他重要理由包括价格侵蚀、商誉损失或品牌、声誉受损，以及未来商业机会的损失。[2] 与侵权人在同一市场竞争的专利权人相比于未与侵权人竞争的专利权人，更容易证明这些无法弥补的损害。侵权人可能无力支付货币损害赔偿是认定无法弥补损害的六大理由中唯一一个与双方竞争地位无关的，也是六大理由中最不常见的理由。[3] 因此，如下文详细讨论的那样，与侵权人竞争的专利权人相比未竞争的专利权人获得禁令的可能性要大得多。

第二个因素是法律救济措施是否提供了充足的赔偿。尽管最高法院将第一个和第二个因素分为两个因素，但这两个因素都提出了基本相同的问题。[4]

（2）因果关系

联邦巡回法院解释无法弥补损害的一个方面是，侵权行为与无法弥补损害之间必须有因果关系。如果仅是提出不禁止侵权产品的销售和分销将使专利权人遭受无法弥补的损害是不够的；专利权人必须因为侵权行为而正在遭受这种损害。正如联邦巡回法院在 *Apple* II 案中所解释的那样：被控产品包括许多特征，但其中只有一个（或一小部分）侵权的情况下，认定专利权人处于面临无法弥补损害的风险之中并不能作为获得禁令救济的理由。相反，专利权人还必须证明这种损害与侵权行为足够相关。[5]

正如这个例子所说明的，因果关系与涵盖复杂技术产品的专利特别相关。[6]

---

[1] Seaman 2016, 1993，到目前为止，认定无法弥补的损害的最常见理由是市场损失份额（80%）。

[2] 同[1]，第 1992-1993 页。

[3] 同[1]。（在确定了无法弥补的损害的案件中，发现仅有 5% 属于无力支付作为认定无法弥补的损害的理由）。

[4] Gergen et al. 2012, 207-208（检验重复性规定了无法弥补的伤害的要求和法律救济措施的不足）；另见 Seaman 2016, 1994（揭示了这两个因素之间有非常强的正相关性）。

[5] *Apple, Inc. v. Samsung Elecs. Co., Ltd.*（美国联邦巡回上诉法院，2012 年，第 1374 页）（*Apple* II）；另见同上，1373-1374（解释因果关系要求是无法弥补的损害因素的一部分）。

[6] 原则上，"无论产品的复杂程度如何，因果关系的要求都是适用的"，但"只是对于相对'简单'的产品来说，因果关系要求可能更容易得到满足（事实上，甚至可能被承认）"。*Apple, Inc. v. Samsung Elecs. Co., Ltd.*（美国联邦巡回上诉法院，2013 年，第 1362 页）（*Apple* III）。

一些联邦巡回法院的判决中使用了这样的措辞，即专利技术必须"推动对产品的需求"，①在复杂技术产品案件中，这可能会在很大程度上排除了禁令救济。然而，在 Genband US LLC v. Metaswitch Networks Corp. 案中，联邦巡回法院解释，至少在复杂技术产品的情况下，"若诉讼专利覆盖了较大产品或系统的一个组成部分"②，则侵权特征不一定是驱动需求的唯一动力。当专利权人依靠销售损失来证明无法弥补的损害时，可以通过证明侵权特征明显增加了产品的需求③，或者它们影响了顾客的购买决定来确立因果关系④。另一方面，如果除了极少数人之外，即使没有侵权特征也会从侵权人那里购买，那么与所主张的基于销售损失的损害之间就缺少因果关系。⑤

4.3.2.3 权衡利弊和公共利益

eBay 案检验的第三个条件是评估批准或拒绝禁令救济对当事人的相对影响，而第四个条件则是考虑公共利益。⑥与专利权人必须确定无法弥补的损害这一条件相比，除非是在涉及医疗设备的案件中，这两个条件很少构成拒绝禁令救济的唯一理由。⑦

4.3.2.4 专利权人的状态

一些评论家认为，对于那些不愿意向侵权者进行专利许可的专利权人，应该更容易地被授予禁令，因为专利权人正在寻求实施市场独占权，要么是

---

① 例如，Apple, Inc. v. Samsung Elecs. Co., Ltd.（美国联邦巡回上诉法院，2012 年，第 1324 页）(Apple Ⅰ); Apple, Inc. v. Samsung Elecs. Co., Ltd.（美国联邦巡回上诉法院，2012 年，第 1375 页）(Apple Ⅱ)。

② Genband US LLC v. Metaswitch Networks Corp.（美国联邦巡回上诉法院，2017 年，第 1384 页）。

③ 同②。

④ 美国联邦巡回上诉法院. 2017 1383，引用 Apple, Inc. v. Samsung Elecs. Co., Ltd.（美国联邦巡回上诉法院，2015 年，第 642 页）(Apple Ⅳ)。

⑤ Genband US LLC v. Metaswitch Networks Corp.（美国联邦巡回上诉法院，2017 年，第 1384 页）。

⑥ eBay Inc.v.MercExchange, LLC（U.S. 2006, 392）。

⑦ Seaman 2016, 1991–1992, 1995。

为了作为侵权人的竞争者而获得利益，要么是为了少数的排他被许可人，[1]一些地方法院依据愿意/不愿意许可的情况，拒绝向愿意许可的专利权人提供禁令救济。[2]在 eBay 案中，最高法院驳回了这样的观点，即原告愿意许可其专利，但是没有实施专利的商业活动，这足以证明即使不颁布禁令，专利持有人也不会受到无法弥补的损害，并且最高法院给出了一个反例，如大学研究人员或自创的发明者这样的专利持有人，可能更愿意许可，而不是自己将产品推向市场。[3]如上所述，肯尼迪大法官建议，对于那些"不是将专利作为生产和销售商品的基础，而是主要用于获取许可费"的公司，即主张专利的实体，应该更容易拒绝向这样的实体提供禁令救济，这与最高法院意见中提到的其他类型的非运营实体不同。此外，虽然联邦巡回法院认为，地方法院考虑过去许可行为的证据没有错，但必须在所有证据的背景下考虑该证据。[4]特别是，联邦巡回法院认为，当地方法院仅仅基于专利所有人"愿意在某些情况下许可其专利"这一事实就认定货币损害赔偿将足以补偿专利所有人时，即使有证据表明专利所有人"愿意将某些专利许可给[侵权人]"，此认定也是不当的。[5]

从 eBay 案以来的地方法院实践来看，希曼（2016）已经表明，专利权人对所主张专利进行许可的意愿，并不是具有统计学意义的拒绝禁令救济的情况[6]。然而，希曼（2016）对许可意愿的定义非常宽泛，包括有证据表明专利

---

[1] Lee & Melamed 2016, 445；Lemley & Shapiro 2007a, 2036。

[2] 例如，*Telcordia Tech. Inc. v. Cisco Sys. Inc.*（2009，748 n.10）（美国）（注意到该专利权人"许可其专利的愿意也表明其损害可以用货币损害赔偿的方式来补偿，这与排他权不一致"）；*Sundance Inc. v. DeMonte Fabricating Ltd.*（密歇根州东区法院，2007年，第2页）（美国）（指出"将[被侵权专利]许可给他人，并在提起诉讼前向[侵权人]提供许可……表明货币损害赔偿是充分的"）。

[3] *Bay Inc. v. MercExchange*，*LLC*（U.S. 2006, 393）。

[4] *Apple*，*Inc. v. Samsung Elecs. Co.*，*Ltd.*（美国联邦巡回上诉法院，2013年，第393页）(*Apple* III)。

[5] 同[4]。

[6] Seaman 2016, 198-199（现有文献中确定的与禁令计算有关的其他因素似乎没有统计学意义和/或没有预期的影响。例如，在控制了所有其他因素之后，专利权人许可诉讼中的专利的意愿实际上与禁令救济正相关，尽管这一发现没有统计学意义）。

权人曾至少有一个愿意许可给其他当事人的实例，即使专利权人原来并没有许可。希曼（2016）也发现，专利权人与侵权人之间存在竞争是与提供禁令救济相对应的唯一最重要的情况。"与侵权者存在竞争的专利权人在绝大多数案件中获得了永久禁令（84%；179 个案件中的 150 个），而不是市场竞争者的专利权人很少能成功获得禁令救济（21%；39 个案件中的 8 个）。"[1] 专利主张实体尤其很少获得禁令救济[2]。事实上，一些评论者甚至认为，"地方法院似乎已经采取了一项事实上的规则，反对［主张专利的实体］和其他不在产品市场上直接与侵权者竞争的专利权人获得禁令救济。"[3] 该观点主要基于不可弥补的损害这一条件；如上所述，最常见的确定不可弥补损害的因素与专利权人（或其独占被许可人）是否为相关市场中的积极竞争者有关。

大体上，这些都表明，为自己或者少数被许可人寻求市场独占权的专利权人，比不寻求市场独占权而只寻求许可费的专利权人（特别是专利主张实体）更容易获得禁令救济。

4.3.2.5 原告的行为

联邦巡回法院最近认为，即使法院认定侵犯了有效的、可强制执行的专利的事实，疏忽或不当拖延也是作为阻止禁令救济的抗辩理由。[4] 根据 eBay 案的做法，这一传统的衡平因素可能涉及权衡双方当事人的困难或无法弥补的损害。[5] 据推测，在适当的情况下，法院也会考虑与原告行为有关的其他传统衡平因素，比如原告是否"清白"。然而，对可强制执行的专利而言，迄今

---

[1] Seaman 2016，1990-1991。

[2] 同[1]，1988（指出专利主张实体在地区法院获得禁令的次数仅占 16%）；Seaman 2016，1952-1953（指出"虽然绝大多数专利权人在 eBay 案之后仍能获得禁令救济，但'专利主张实体'很少能获得禁令救济"）。专利主张实体在向联邦巡回法院上诉时成功可能性更高一些，尽管样本很小：参见 Holte & Seaman 2017，200。

[3] 同[1]，1953。

[4] SCA Hygiene Prod. Aktiebolag v. First Quality Baby Prod., LLC（美国联邦巡回上诉法院，2015 年，第 1317 页）。

[5] 同[4]，第 1331 页。

为止，这些衡平因素在拒绝禁令救济方面并没有发挥重要作用。[1]

4.3.2.6 适当调整

美国法院会对禁令救济进行调整，以适应专利案件的特殊情况，并避免不公平的结果。[2] 特别是，"我们的法院有时会推迟禁令的完全生效，以避免立即生效的禁令可能造成的一些特殊干扰或其他困境。[3]" 这种调整包括暂缓生效以允许侵权人重新设计生产[4]，或"日落"条款，即允许侵权人继续向现有市场销售[5]，或两者兼而有之[6]。法院表示，联邦巡回法院"已经表示倾向于调整禁令救济，以尽量减少对企业和消费者的干扰。"[7] 在其中的一些案件中，一个重要的关注点是给侵权人的客户所造成的不利影响，而不是对侵权人本身造成的困难。[8]

在上诉期间法院也可以中止禁令，但这种中止的目的是为了在判决被推翻的情况下减少不公平的风险，而且考虑的因素通常是不同的——特别是，

---

[1] 最突出的不清白之手的援引是关于"不公平行为"的辩护，虽然经常提出，但很少得到证明。参见 *Therasense，Inc. v. Becton，Dickinson，& Co.*（美国联邦巡回上诉法院，2011年，第1285页）（全体法官）（不公平行为是对专利侵权的一种公平抗辩，……从最高法院的三个案件演变而来，这些案件适用"不清白之手"原则来驳回涉及严重不当行为的专利案件）。

[2] 一般见 Golden 2012。在 *Apple，Inc. v. Samsung Elecs. Ltd.* 案中，（美国联邦巡回上诉法院，2013年，第1370页）（*Apple* Ⅲ）中，美国联邦巡回上诉法院指出，"延迟强制执行可能会使禁令更加公平，因此在任何特定情况下都更有理由"。

[3] Golden 2012，1461。

[4] 例如，*B. Braun Melsungen AG v. Terumo Med. Corp.*（D. Del. 2011，524）（美国）；*Metso Minerals，Inc. v. Powerscreen Int'l Distribution Ltd.*（E.D.N.Y. 2011，77）（美国）。

[5] *Broadcom Corp. v. Qualcomm Inc.*（C.D. Cal. 2007）（美国）案，*Broadcom Corp. v. Qualcomm Inc.*（美国联邦巡回上诉法院，2008年，第704页）案在这一点上维持原判。

[6] *Broadcom Corp. v. Emulex Corp.*（C.D. Cal. 2012）（美国）案，*Broadcom Corp. v. Emulex Corp.*（美国联邦巡回上诉法院，2013年）案维持原判。

[7] *Metso Minerals，Inc. v. Powerscreen Int'l Distribution Ltd.*（E.D.N.Y. 2011，77）（美国），引用 *Broadcom Corp. v. Qualcomm Inc.*（美国联邦巡回上诉法院，2008年，第704页）和 *Verizon Servs. Corp. v. Vonage Holdings Corp.*（美国联邦巡回上诉法院，2007年，第1311页）。

[8] 例如，*Broadcom Corp. v. Emulex Corp.*（美国联邦巡回上诉法院，2013年）；*Broadcom Corp. v. Qualcomm Inc.*（美国联邦巡回上诉法院，2008年）。

法院在分析上诉期间中止禁令的动议时要考虑上诉成功的可能性。[①] 相对而言，上诉前中止禁令的目的可能是让侵权人有时间规避专利，两者目的是不同的。

4.3.2.7 复杂技术产品

正如在讨论因果关系条件时已经指出的那样，美国法院已经制定了在涉及复杂技术产品的专利案件中关于提供禁令救济的具体法律。肯尼迪法官在对 eBay 案的赞同意见中指出，"如果获得专利的发明只是［侵权人］试图生产的产品的一小部分，那么颁布禁令可能不符合公众利益。"[②] 此观点似乎在地方法院层面得到了广泛认同："如果发现一项专利涵盖了一个产品的很小组成部分，地方法院很少会颁布禁令。"[③] 在这种情况下，即使专利权人和侵权人是竞争者，地方法院也不愿颁布禁令。[④]

在 Apple IV 案中，联邦巡回法院强调，即使将禁令范围缩小到仅适用于侵权特征而不是侵权产品的情况下，专利权人证明在侵权与无法弥补损害之间也存在因果关系的要求仍然适用。[⑤] 这意味着，如果专利技术没有显著提高产品的性能，就不应该授予禁令。

4.3.2.8 标准必要专利

另一个相关的情况是所主张的专利是否为标准必要专利。虽然联邦巡回

---

① *E.I.DuPont De Nemours & Co. v. Phillips Petroleum Co.*（美国联邦巡回上诉法院，1987年，第 278 页）（在考虑是否准予上诉前中止禁令时，本法院评估动议人在上诉中胜诉的机会，并权衡其对当事方和公众的影响）；另见 *Hilton v. Braunskill* 案（U.S. 1987，776）（讨论与准予上诉前中止禁令有关的因素）。

② *eBay Inc. v. MercExchange, LLC*（U.S. 2006，396）。

③ Seaman 2016，1998 ［也注意到该影响在统计学上是显著的，注意到"地区法院只在 14 个案件中的 14%（14 个案件中的 2 个）颁布了禁令，而在这些案件中，法院认为该专利涵盖了一个'小部件'"］。

④ 同③，1991-1992。

⑤ *Apple, Inc. v. Samsung Elecs. Co., Ltd.*（美国联邦巡回上诉法院，2015 年，第 640 页）（Apple IV）。

法院驳回了标准必要专利不适用禁令救济的本身违法原则，但确认，在分析是否有权获得禁令救济时，以公平、合理和无歧视性条款（FRAND）进行许可的承诺是需要考量的。[①] 法院解释说，一方面，受"FRAND 承诺约束的专利权人可能难以充分证明其遭受的无法弥补损害。"[②] 另一方面，"如果侵权人单方面拒绝公平、合理、无歧视许可或不合理地拖延谈判以期达到同样的目的，颁布禁令可能是合理的。"[③] 这些问题将在第 5 章中详细讨论。

4.3.3 英国

在英国，依专利法授予或拒绝授予禁令的原则与一般财产权（包括土地权）的原则是相同的。[④] 英国法律已经明确规定，永久禁令的授予原则上是自由裁量权的范围，但初步推定或初步确定合法权利受到侵害的原告有权获得禁令救济，有人认为"法院只有在极少数情况下才会勉强允许这种侵权行为发生或继续。[⑤]"首要的检验标准是，发出禁令的效果是否与受保护的权利严重不相称。[⑥] 禁令救济的自由裁量权性质应该与适用所有权的一致，因为禁令

[①] *Apple, Inc. v. Motorola, Inc.*（美国联邦巡回上诉法院，2014 年，第 1331 页）。

[②] 同①，第 1332 页。

[③] 同①。

[④] 授予禁令救济的权力源于衡平法院的固有管辖权，19 世纪末普通法法院和衡平法院的融合赋予了最高司法法院这一权力。

[⑤] *Jaggard v. Sawyer* 案（Civ 1995，202）（英国）；另见 *HTC Corp. v. Nokia Corp.* 案（Pat 2013，第 8 段）（英国）（将法律总结为，原告"表面上"有权获得禁令，以限制某人实施侵犯原告合法权利的行为，并指出"只有在特殊情况下，法院才会行使其自由裁量权，判给损害赔偿额以代替禁令"）；*Banks v. EMI Songs Ltd.*（No 2）（Ch 1996，457）（英国）（通常的规则是，当专有权利，如版权，受到侵犯时，法院会颁布禁令）。

[⑥] *Navitaire Inc. v. easyJet Airline Co. Ltd.*（No.2）（Ch 2005，250）（英国），被引用来支持 *Virgin Atlantic v. Premium Aircraft* 案（Civ 2009，¶ 24）（英国）；另见同上，在 ¶ 25（指出对于拒绝永久禁令，"检验标准是执行禁令是否会'严重不相称'"）；同样见 *Jaggard v. Sawyer*（Civ 1995，208）（英国），按 Millett LJ 的说法（指"与原告因被拒绝而遭受的损失完全不相称"）。

救济本身作为一种衡平的救济措施，本质上是自由裁量权的范围。①

如果拒绝给予禁令救济，则通常会判予损害赔偿。②如果不能证明实际损失是侵权行为的后果，通常会根据原告为同意达成和解而合理要求的数额来判予损害赔偿。③这基本上与"假想交易"方式相同，用于当专利权人没有或不能对所失利润进行索赔时，评估过去侵权导致的损害赔偿。④

4.3.3.1 传统原则

在 *Shelfer v. City of London Elec. Lighting Co* 案中，⑤ Smith LJ 表示，作为"良好的工作规则"，如果下列条件全部满足，可以适当地拒绝颁布禁令救济，通过判予损害赔偿以代替禁令救济：①对原告合法权利的损害较小；②能够用货币估算；③可以通过支付少量货币充分补偿；④颁布禁令对被告人来说将是严苛的。

这些只是准则而不是检验标准⑥，但其一直很有影响力，并在拒绝颁布禁令时被广泛采用。

4.3.3.2 相称性

在实践中，最重要的考虑因素似乎是第四项⑦。"严苛的"一词被理解为

---

① 参见 *Jaggard v. Sawyer*（Civ 1995，207）（英国），按 Millett LJ 的说法（指出"提到'征用'原告人的财产有点过分，不是因为这不是拒绝发出禁令的实际效果，而是因为发出禁令，就像所有的衡平法救济措施一样，是自由裁量的"）。

② 授予损害赔偿额以代替禁令作为对未来继续侵犯权利的补偿的权力，源自《1858 年大法官修正法》，21 & 22 Vict. c. 27，s. 2（Lord Cairns' Act）；参见 *Jaggard v. Sawyer*（Civ 1995，204）（英国）。

③ *Jaggard v. Sawyer*（Co Ct 1993，202–203，213）（英国），依赖于 *Wrotham Park Estate Co. v. Parkside Homes Ltd.* 案（Ch 1974）（英国）。这种方法通常被称为评估损害赔偿的"Wrotham Park 基础"。

④ *HTC Corp. v. Nokia Corp.*（Pat 2013，¶13）（英国）。

⑤ *Shelfer v. City of London Elec. Lighting Co*（Civ 1895）（英国）。

⑥ *HTC Corp. v. Nokia Corp.*（Pat 2013，¶8）（英国）（后来的案例都强调，Smith LJ 的良好操作惯例只是：它不是法规或约束）。

⑦ *Jaggard v. Sawyer*（Civ 1995，208）（英国）按 Millett LJ 的说法（任何特定案件的结果通常取决于这样一个问题：在所有情况下，批准原告表面上有权获得的禁令，对被告来说是否会造成压迫？）。

"授予禁令产生的影响将与受保护的权利严重不相称"。[1] 禁令的颁布对被告的损害必须是实质性的才构成严苛的，但是禁令救济对原告合法权利的损害不大，因此，颁布禁令将是不相称的。此外，"'严重'一词避免任何引申的解读，只是为了便于权衡。"[2]

拒绝颁布禁令的财产类案件中最常见类型是"原告申请强制性禁令，要求拆除侵犯其采光权的建筑物或违反限制性契约建造的建筑物，"[3] 在这种情况下，原告的损失很小。虽然案例中没有使用这一措辞，但这是一个典型的案例，被告已经付出了相当多的沉没成本，如果强制执行禁令，被告将会丧失从该投资中获得的大量价值。

英国法院承认，即使禁令没有强制执行，而是被用来作为讨价还价的手段，损害也可能是不相称的。正如有句名言所说，在这种情况下，禁令将"把被告交付给原告，束缚其手脚，以使其受制于原告可能提出的任何勒索性要求。[4]"因此，人们关注的不仅是建筑物被实际拆除所造成的浪费，而是给予原告这种讨价还价手段所带来的不公平。

4.3.3.3 损害赔偿的充分性

第二个 *Shelfer* 案因素要问的是，原告权利所受损害的价值是否能够用货币估算。这与 *eBay* 案检验标准下损害赔偿是否为充分的救济措施是基本相同的问题。[5] 然而，第二个 *Shelfer* 案因素与 *eBay* 案中的无法弥补损害起着截然

---

[1] *Navitaire Inc. v. easyJet Airline Co. Ltd.*（No.2）（Ch 2005，250）（英国），被引用来支持 *Virgin Atlantic v. Premium Aircraft* 案（Civ 2009，¶24）（英国）；另见同上，在¶25（虽然拒绝禁令的理由必须是强有力的，但很明显，永久禁令是可以拒绝的，甚至是永久性的。检验标准是强制执行是否会"严重不相称"）；同样参见 *Jaggard v. Sawyer*（Civ 1995，208）（英国），按 Millett LJ 的说法（指"如果拒绝执行禁令，原告将遭受完全不相称的损失"）。

[2] *Navitaire Inc. v. easyJet Airline Co. Ltd.*（No.2）（Ch 2005，250）（英国）。

[3] *Jaggard v. Sawyer*（Civ 1995，208）（英国）。

[4] *Isenberg v. East India House Estate Co. Ltd.*（Ct Ch 1863，641）（英国），根据 Lord Westbury LC 在 *Jaggard v. Sawyer*（Civ 1995，207）（英国）一案中引用的说法，同③，第 208 页。

[5] *Shelfer v. City of London Elec. Lighting Co.*（Civ 1895，845）（英国）根据 Lindley LJ 的说法（评论说，在"损害赔偿确实是充分的救济措施"的案件中，可以适当地拒绝颁布禁令）。

不同的作用，因为它是拒绝（而非授予）禁令的条件。根据 eBay 案，专利权人不能确定无法弥补的损害往往是拒绝禁令救济的理由。相反，根据 Shelfer 案，如果权利能够用金钱来估计，那么除非这样做是严苛的，否则还是会授予禁令。只有在禁令救济的效果严重不相称的情况下，损害赔偿是否充分才是重要的，在这种情况下，如果损害赔偿不充分，也可能会发出禁令。不过这种情况很少。

同样，根据第一和第三个 Shelfer 案因素，原告的损失必须很小，即使被告的损失大得不成比例。在认定禁令救济不相称的案件中，通常原告受到的客观损害似乎不大，即使禁令的效果会不相称，也以原告的损害大为由而颁布禁令的案件很少见。[1]

4.3.3.4 原告的状态

英国法院一般不考虑原告是否真的想强制执行独占权，或者是否愿意许可。[2] 上诉法院在 Gafford v. Graham 案中的判决是一个例外，该案中，上诉法院拒绝颁布禁令以拆除违反限制性契约所建建筑物，部分原因是原告愿意接受货币补偿。[3] 然而，这也是一个预期颁布禁令会产生不相称结果的案件。Arnold J 在 HTC Corp. v. Nokia Corp. 案中承认 Gafford 案判决在这一点上的权威性[4]，但他还认为，专利权人是否寻求市场独占权或在许可谈判中的杠杆作用，与是否应授予禁令无关。

4.3.3.5 原告的行为

由于禁令是一种衡平法救济措施，因此针对救济的传统衡平法障碍，

---

[1] 虽然 Shelfer 案本身可能是一个例子，因为颁布禁令的依据是原告所受的损害不小，也不能用货币来估计，而没有考虑相称性：参见 Shelfer v. City of London Elec. Lighting Co.（Civ 1895，848）（英国），根据 Smith LJ 的说法。

[2] 一般来说，如 Jaggard v. Sawyer（Civ 1995）（英国），根本没有讨论这个问题。

[3] Gafford v. Graham（Civ 1998，84–86）（英国）。

[4] HTC Corp. v. Nokia Corp.（Pat 2013，11）（英国）。

包括疏忽（不合理的拖延）和默许。[1] 自身清白方能寻求衡平救济的原则也适用于禁令救济。然而，事实上很少有案例因这个条件而拒绝给予禁令救济。

除此以外，在案件中，法院拒绝颁布禁令，部分原因是原告没有申请中间禁令，尽管不存在疏忽或默许的问题[2]；还有人建议，如果原告知道被告的行为却不采取行动行使自己的权利，就不应该给予禁令救济。[3] 然而，在这些案件中，禁令的影响与原告所受的损害是不相称的。在此，原则似乎是，如果原告更迅速地采取行动，可能会在被告负担较轻的情况下行使其权利，那么权利人就不能获得具有不相称效果的禁令。

4.3.3.6 被告的行为

如果被告的行为是"诚信的、并且不知道原告的权利"，这将不利于原告获得禁令救济。[4] 即使被告原则上可能事先已经确定了原告的真正权利，也不利于原告获得禁令救济。[5] 相反，通常的观点是，如果被告行为恶劣，特别是在明知会侵犯原告权利的情况下仍继续侵权，即使其效果是不相称的，也无权要求免受禁令救济的不利影响。[6] 然而，英国法院似乎很不愿意颁布严苛的禁令，特别是涉及拆除建筑物的禁令，有时甚至在被告有恶意行为的情况下也会拒绝颁布这类禁令。[7]

---

[1] 例如 *Gafford v. Graham*（Civ 1998）（英国）（因默许而拒绝颁布禁令）。
[2] *Jaggard v. Sawyer*（Civ 1995，209）（英国）。
[3] *Gafford v. Graham*（Civ 1998，73-74）（英国）。
[4] 同②；类似的，*Jaggard v. Sawyer*（Co Ct 1993，209）（英国）（拒绝颁布禁令，部分原因是被告"本着善意和合理"的认为他们有权使用道路而行事。）
[5] *Jaggard v. Sawyer*（Co Ct 1993，199）（英国）（注意到被告人在调查他的处境时"可能会表现出更多的谨慎"。我把这一点归结为他在复杂情况下缺乏经验）。
[6] 同②；*Shelfer v. City of London Elec. Lighting Co.*（Civ 1895，848）（英国）。
[7] 见 *Gafford v. Graham* 案（Civ 1998，79）（英国）（指出被告"公然和蓄意无视原告的权利"而建造了房屋）；*Wrotham Park Estate Co. v. Parkside Homes* Ltd.（Ch 1974）（英国）（注意到被告在收到声称违反限制性契约的令状后建造了房屋）。

4.3.3.7《欧盟执法指令》的影响

如上所述,《欧盟执法指令》规定,法院可以对侵犯知识产权的行为颁布禁令,以及在一定条件下给予替代性的损害赔偿。[1]英国没有具体实施该指令,因为依英国法律规定法院现有的一般权力足以确保遵守该指令的相关规定。[2]

即便如此,多个案件中还是提及了《欧盟执法指令》,在 2013 年 HTC Corp. v. Nokia Corp. 案的判决中,阿诺德·J 法官表示,鉴于《欧盟执法指令》,现在应该承认,在涉及侵犯知识产权的案件中决定是否颁布禁令时,适用的标准是第 3(2)条规定的标准:效力、相称性、劝阻性、避免对合法贸易制造障碍和提供防止滥用的保障措施。[3]

至少就相称性条件而言,令人怀疑这是否与英国的传统立场有显著不同。[4]他没有具体讨论第 13 条规定的拒绝禁令救济的因素。

4.3.3.8 适当调整

关于暂缓执行永久禁令的典型案例是 *Virgin Atlantic v. Premium Aircraft* 案。上诉法院认为,暂缓执行永久禁令的检验标准与拒绝执行禁令的检验标准相

---

[1] Directive 2004/48/EC, arts. 11, 12。

[2] *HTC Corp. v. Nokia Corp.*(Pat 2013, ¶ 21)(英国)。

[3] 同[2],第 26 段。另见 Ohly 2009, 274(虽然《执行指令》旨在实现高标准的保护,但它并不能单方面地使权利人受益。虽然有效保护知识产权的必要性显而易见,但也必须考虑到相称性原则。)

[4] 在 *Vestergaard Frandsen A/S v. Bestnet Europe Ltd.*(Civ 2011, ¶ 56)(英国)案中,Jacob LJ 提出了传统的英国法律中的禁令救济原则是否适用于知识产权的问题,并表示"我宁愿认为是的"。在 *Virgin Atlantic v. Premium Aircraft* 案(Civ 2009, ¶ 23-25)(英国)中,Jacob LJ 明确赞同在 *Navitaire Inc. v. easyJet Airline Co. Ltd.*(No.2)(Ch 2005, 250)(英国)案中的 Pumfrey J 检验标准,它以传统的谢尔弗因素为基础,符合《执法指令》第 3 条。在 *HTC Corp. v. Nokia Corp.*(Pat 2013, ¶ 32)(英国)案中,Arnold J 表示,他所采用的基于执法指令的方法的实际效果很可能"与 Pumfrey J 的'严重不相称'的检验没有什么不同",在 ¶ 74 总结他的结论时,Arnold J 提到了 Shelfer 因素。在 *Unwired Planet Int'l Ltd. v. Huawei Techs. Ltd.*(Pat 2017, ¶ 25)(英国)案中,Birss J 表示,"当知识产权持有人已经确定了侵权行为以及未来的侵权威胁和意图时,通常会颁布禁令。"他说,这是符合指令第 3 条的规定的。

同，即"严重不相称"①。根据事实，上诉法院批准了两个月的"搁置期"，允许侵权人使用专利技术来完成现有的订单，但条件是侵权人必须支付相当多的专利许可费。②法院强调，批准暂缓执行禁令的一个重要因素是，侵权人在此期间不会以侵权产品与专利权人直接竞争。③

在 *Illinois Tool Works Inc. v. Autobars Co. (Servs.) Ltd.* 案④ 中，法院批准永久禁令暂缓三个月执行，以允许侵权人推出非侵权产品。这主要是基于对一般公共利益的考量，即在普遍失业率较高的时期禁令可能导致一些人失去就业机会。⑤

4.3.3.9 复杂技术产品

阿诺德·J法官在 *HTC Corp. v. Nokia Corp* 案中的判决非常重要，因为这是英国唯一与复杂技术产品相关的专利侵权禁令救济案件。如上所述，阿诺德·J认为，关键问题是，授予禁令是否会与受保护的权利"严重不相称"。他指出，在评估相称性时，"也许最重要的考虑因素是是否有非侵权替代方案和替代方案的成本"⑥，并且"如果不需要极高的成本就可以获得非侵权替代方案……那么就不可能存在专利劫持的问题。"⑦

在本案中，专利技术是一种调制器电路，目前已有非侵权芯片，只要有足够的时间，HTC就能找到其他的非侵权替代品⑧，转换成本并不高⑨。HTC认为禁令不相称的主要理由是，它需要大量的时间（虽然可能不到18个月）来

---

① *Virgin Atlantic v. Premium Aircraft*（Civ 2009，¶ 25）（英国）。剥离的有效期限约为两个月；决定是12月作出的，但在4月20日之前，是在权衡方便的基础上考虑的（暂停上诉）。从4月20日到6月底，是根据相称性考虑的：同 Civ 2009，¶ 29。

② Civ 2009，¶ 31.33。

③ 同②，¶ 38。*Illinois Tool Works Inc.v.Autobars Co.*。

④ *Illinois Tool Works Inc.v.Autobars Co.*（Servs.）*Ltd.*（Ch 1974）（英国）。

⑤ 同④，375。

⑥ *HTC Corp.v.Nokia Corp.*（Pat 2013，¶ 65）（英国）。

⑦ 同⑥，¶ 67。

⑧ 同⑥，¶ 70。

⑨ 同⑥，¶ 70。

重新设计其手机，而在此期间，禁令将使其手机退出市场。① 因此，存在争议的是规避设计的时间，而非规避设计的成本。从另一方面考虑，阿诺德·J还认为："这并不是对专利的损害很小且能够用货币来估计，并且能够通过相对较少的货币赔付得到充分赔偿的案件。②" 因此，他颁布了禁令。

在 Unwired Planet Int'l Ltd. v. Huawei Techs.Ltd. 案中，比尔斯·J在标准必要专利（SEP）的情况下授予了禁令。乍一看很引人注目，特别是考虑到美国法院非常不愿意为标准必要专利颁布禁令。但两者之间的区别比实际情况更明显。尽管颁布了禁令，但并不存在劫持的可能性，因为比尔斯·J认为专利权人公司只能按照公平、合理和无歧视条款进行许可，尤其是只能按照比尔斯·J在授予禁令的同一判决中所确定的公平、合理和无歧视费率进行许可。这意味着 Unwired Planet 公司不能利用其禁令作为讨价还价的手段。

4.3.4 大陆法系

4.3.4.1 传统原则

概括来说，大陆法系国家倾向于向胜诉的专利权人提供常规性的禁令救济，并且在一些国家实际上将禁令救济作为一种权利，只要确实存在未来侵权的威胁。③ 在大多数情况下，这主要是法律传统和对财产权的绝对主义态度，而不是民法典本身的规定。④ 因此，有人认为，这些国家的制度在原则上确实有一定的灵活性，并且倾向于将颁布禁令救济作为一种赋权，可能由于没有

---

① *HTC Corp. v. Nokia Corp.*（Pat 2013, ¶ 65）（英国），¶ 72。

② 同①，¶ 74。

③ Cotter 2013a, 245–246（欧洲法院似乎在绝大多数案件中向成功的专利权人授予永久禁令，德国法院似乎将国内法理解为使胜诉的专利权人有权获得永久禁令，据称荷兰和瑞士也是如此）；同上，305（日本法院"通常"授予永久禁令）；同上，365（评论者指出，韩国和中国台湾地区法院"一般向胜诉的专利权人授予永久禁令"）。

④ 例如，Cotter 2013a, 245, n.109（德国专利法的相关说法是允许性的而非强制性的）。

认识到存在拒绝禁令救济的必要。[1]

此外，竞争法可以为拒绝禁令救济提供依据，我们将在第6章详细讨论。在一些国家，司法上已经承认，在标准必要专利的情况下，可以根据这个理由拒绝禁令救济，并且在一些国家，法院已经拒绝对标准必要专利持有人授予禁令。然而，由于通常需要某种形式的市场力量，因此竞争法的作用是有限的。虽然这一点对于标准必要专利可能会成立，但复杂技术产品所涉及的专利与其他专利一样，一般不会必然带来市场支配力。

4.3.4.2 权利的滥用

禁止权利滥用原则上是对授予禁令救济的一种更为普遍的潜在限制，当以合法但滥用的方式行使知识产权时，则可以适用该原则。该原则作为一种纠正机制取决于权利人的行为标准，如道德、诚信、公平和相称性，以及权利的合理性和权利的社会功能。它的适用一般会限制权利的行使。禁止滥用权利原则得到了欧盟法律以及许多欧洲国家民法的承认，其中包括欧盟成员国如法国[2]、德国[3]、意大利[4]和荷兰[5]以及非成员国如瑞士[6]。许多亚洲国家包括

---

[1] Cotter 2013a，246-247（如果"流氓行为"变得更加普遍，欧洲对禁令救济的态度可能会发生变化，并注意到各种评论家认为"如果出现被认为是滥用的情况，欧洲法院可能会比通常认为的更灵活"）。在一个案例中，中国最高人民法院（SPC）以公共利益，特别是环境保护为由拒绝向成功的专利权人颁布禁令。Cotter 2013a，349。

[2] 法国的滥用权利理论起源于《法国民法典》，见《民法典》[C.civ.][民法]第1382条。

[3] Büergerliches Gesetzbuch [BGB][Civil Code] § 226（德国）（如果行使权利的唯一目的是给他人造成损害，则不允许行使权利）；同上，第 242 条（要求善意履行义务）；同上，第826条（规定在以违反公共政策的方式给他人造成损害的情况下，应予以赔偿）。

[4] Codice Civile，第 833 条 [C.c.]（意大利）（禁止除伤害或骚扰他人外无其他目的的行为）。

[5] Artikel 3：13 BW（荷兰）（在下列情况下，权利可能被滥用：a. 行使权利时没有任何其他目的，只损害第三方；b. 行使权利的目的与授予权利的目的不同；和 c. 行使权利导致因行使权利而获得的利益与因行使权利而受到损害的利益不一致）。

[6] Schweizerisches Zivilgesetzbuch [ZBG][Civil Code]，SR 210，第 2 条。（瑞士）（每个人在行使自己的权利和义务时必须善意行事，明显滥用权利的行为不受法律保护）。

日本和韩国也承认禁止滥用权利原则。①

在这些国家，如果在滥用权利的情况下寻求禁令救济，可能会被拒绝。尽管不同的法律体系对权利人滥用权利行为的界定方式不同，但在很大程度上是一致的。一般说来，以下情况可视为关于知识产权的主张为滥用权利。①仅仅是为了损害侵权人的利益；②对侵权人造成的损害与权利持有人获得的利益不相称；③使侵权人困扰于权利持有人诱导侵权人产生的合理预期；④违背了知识产权法的社会或经济目标。②

迄今为止，因被充分认为是权利滥用而拒绝对专利侵权行为发出永久禁令的情况很有限。例如，韩国和日本的法院都认为，当一项专利将在另外的无效程序中被宣告无效时，针对该专利的侵权行为寻求禁令救济构成权利滥用。③这两个国家在强制执行标准必要专利的案件中也都适用拒绝禁令救济的原则④。

总而言之，禁止滥用权利原则最初是作为一种一般的纠正机制，因此，当侵权人的负担与受保护的权利不相称时，原则上法院可以灵活地拒绝给予禁令救济，但迄今为止它已发展成为一种范围较窄的救济措施，其在上述情况下通常不被援用。⑤

---

① 关于权利滥用理论的最新评论，参见，例如，Sganga & Scalzini 2017；Léonard 2017, 10；Léonard 2016；Steppe & Léonard 2017；Nagakoshi & Tamai 2016。另见 Cotter 2013a, 305, 365（注意到日本和韩国的专利案件中存在一般权利滥用原则）。

② Cotter 2013a, 246-247, 349。

③ Saiko Saibansho（S. Ct. 2000）（日本）（*Kilby* 专利案）；*LG Electronics，Inc. v. Daewoo Electronics，Inc.*（S. Ct. 2012）（韩国）。

④ 在标准必要专利背景下，日本知识产权高等法院在 *Samsung Elecs. Co. v. Apple Japan LLC* 案（IP High Ct. 2014）（日本）（FRAND II）和 *Samsung Elecs. Co. v. Apple Japan LLC*（IP High Ct. 2014）（日本）（FRAND III）案，以权利滥用为由，拒绝对苹果公司侵犯三星公司公平、合理、无歧视承诺标准必要专利的行为给予临时禁令；同样在韩国，当 FRAND 承诺专利持有人违反其诚信谈判义务，试图维持其市场支配地位时，寻求禁令是对专利权的滥用。*Samsung Electronics Co. Ltd. v. Apple Korea Ltd.*（Dist. Ct. 2012）（韩国）。

⑤ 一个可能的例外是，东京地区法院在 "*Tokyo Chiho Saibansho*"（东京地区法院，2015 年）（日本）（Cu-Ni-Si 合金）案中指出，以侵权行为与侵权人的负担不相称为由颁布禁令是不公平的。尽管如此，该案的判决没有什么先例价值，因为它是一个较低级别的法院判决，而且拒绝颁布禁令的法律依据并不是很明确。

4.3.5 国际环境和 TRIPS 协议

我们注意到，多个国际协议也影响了上述国家的规则。例如，美国、英国和所有其他欧盟成员国都是 TRIPS 协议的签署国，该协议明确承认专利权人有权要求司法机关对侵权人发出禁令。[1]但与此同时，TRIPS 协议还规定，救济措施"应以避免对合法贸易设置障碍并提供保障措施以防止其被滥用的方式适用[2]"，并要求救济措施是"公平和公正的"[3]，在国际贸易协定中，这一措辞通常等同于相称性、诚信、正当程序和不歧视的原则。[4]

此外，TRIPS 协议明确承认，签署国可以在一些情况下拒绝禁令救济，包括当这样做会对竞争产生不利影响（即违反竞争法），[5]当被控侵权人在不知情的情况下获得了侵权标的物时（例如，制造商的一个复杂技术产品后来被发现包含了一个侵权组件），[6]以及当这样做会"与专利的正常利用发生不合理的冲突［或］不合理地损害专利权人合法利益"时[7]（*eBay* 案标准属于例外情况）。[8]

4.4 建议

根据第 4.2 节中总结的支持和反对禁令救济的观点，以及第 4.3 节中分析的世界各地采用的做法后，面对是否颁布针对专利侵权行为的禁令时应该如何抉择，以及应该如何制定禁令，我们为法院提供了建议。这些建议并不全

---

[1] TRIPS 协议，第 44（1）条。
[2] 同[1]。
[3] 同[1]，第 44（2）条。
[4] Malbon et al. 2014，628。
[5] TRIPS 协议，第 40、44（2）条。
[6] TRIPS 协议，第 44（1）条。
[7] TRIPS 协议，第 30 条。
[8] Cotropia 2008，580。

面，在权衡可能影响禁令救济决定的各种其他因素时难以为法院提供精确的指导。这种不全面性部分反映了这些潜在因素的多样性，也反映了本项目的重点是涉及复杂技术产品。缺乏全面性还反映了这样一个事实，即尽管我们在禁令救济的某些基本原则方面找到了共同点，但我们却在一些基本问题上仍然存在不同的看法，比如在侵权行为被证明并确定持续存在侵权威胁之后，是否应该推定应当给予禁令救济。[1] 虽然这种基础性的分歧限制了我们能够给出的肯定性建议的广度，但我们认为，这些分歧也彰显了各方作为一个整体所拥护的原则的稳定性。这些原则即使对禁令救济的合理性持不同意见的人来说，也是合理的。

4.4.1 禁令救济的基本原则

首先，也许是最重要的一点，我们不建议在专利权人于专利侵权诉讼胜诉的所有案件中采用自动颁布禁令的规则。如下文所述，当颁布禁令会给他人带来的费用或负担与被判侵权行为的性质和专利权人若无禁令将遭受的不可补偿的损害不相称时，我们建议法院保留并在适当情况下行使自由裁量权，拒绝颁布禁令救济。

其次，我们建议给予法院灵活性和自由裁量权，在适当的情况下调整禁令救济，以避免给侵权人或公众带来不必要的困难。可能采取的调整方式包括：批准暂缓执行禁令，以使侵权人有时间规避专利，以及在涉及复杂技术产品的案件中限制禁令的范围，以使禁令继续精确地针对侵权特征，而不是禁止继续使用或销售整个产品。

最后，在不授予禁令救济的情况下，如果损害赔偿没有对未来的侵权行

---

[1] 我们建议采用标准的要求，即对侵权行为颁布禁令，必须有某种未来侵权的可能性。但我们将不关注这一点，因为在专利侵权案件中，包括复杂技术产品案件中，这一点似乎通常得到满足，在这些案件中，一个持续的行为过程被认为是侵权行为。

为给予另外的补偿①，我们建议以"持续的合理许可费"形式替代额外货币损害赔偿，应该按照已发生的侵权行为确定的"合理许可费"赔偿原则计算持续的合理许可费，不应根据侵权判决后的活动而另行加价。②

4.4.2 相称性

我们建议法院使用"相称性"的概念作为禁令救济的限制性原则。对这一原则的关注有助于平衡本章第 2 节所讨论的对专利权人劫持和实施人反向劫持的担忧，同样也有助于在维护专利权人权利和保护公众利益以及被判或被控侵权人的合法权益之间进行平衡。我们认为，这一宽泛的原则符合许多司法管辖区的法律，包括欧盟执法指令（特别是在 *HTC Corp. v. Nokia Corp.* 案中的解释）③、欧盟委员会最近的通讯文件④、适用普通法司法管辖区（包括英国和加拿大）的传统衡平原则⑤ 以及美国最高法院在 *eBay v. MercExchange*

---

① 以一次性付款的形式对专利技术过去和未来的使用进行补偿的损害赔偿裁决将涉及对未来侵权行为的补偿。一些美国案例支持根据侵权人的预期销售额一次性支付专利使用费的损害赔偿。参见，例如，*Interactive Pictures Corp. v. Infinite Pictures*，*Inc.*（美国联邦巡回上诉法院，2001 年，第 1384–1385 页）。

② 虽然我们在这句话中使用了"许可费赔偿"一词，但我们承认，可能会出现这样的情况，即专利权人被判予所失利润的损害赔偿额，却因相称性问题而被拒绝禁令救济。我们建议进一步研究在这种情况下如何计算持续损害赔偿额的问题。

③ *HTC Corp. v. Nokia Corp.*（Pat 2013）（英国）。另见 Ohly 2009，274（尽管《强制执法指令》旨在提供高标准的保护，但它并没有单方面地使权利人受益。虽然有效保护知识产权的必要性显而易见，但也必须考虑到相称性原则）。

④ 欧盟委员会，第 18 页，COM（2017）708 号终稿（声明，法院应在个案基础上确保禁令符合相称性原则；禁令"应具有实现这一目标所需的最小范围"；"禁令所要求的措施不一定导致完全停止知识产权侵权行为"）；欧盟委员会，第 10 页，COM（2017）712 号终稿（类似）。

⑤ Gergen et al. 2012，246（根据传统的方法，如果专利权人在有效性和侵权问题上胜诉，专利权人将被推定为有权获得禁止继续侵权的禁令。这一推定可以通过证明不适当的困难（即某种形式的不相称的困难）来克服，而不是仅仅通过衡平原则，至少在表面上对侵权人有利。只要对原告造成的实际无法弥补的损害相对较小，沉没投资的依赖和可能导致工厂停产的困难就符合条件。但重要的是，只有在侵权人善意行事的情况下，不正当困难安全阀才会适用。在侵权行为开始时已经注意到或应该注意到侵权行为的人明知故犯，一般都会支持应该颁布禁令的推定）。

案中阐述的授予永久禁令的四因素检验[1]。此外，如上所述，某些形式的相称性原则似乎与TRIPS协议一致[2]。因此，我们认为，相称性的检验可以适用不同的司法管辖区，而不需要再采取立法行动。

尽管如此，我们也承认，这项建议留下了各种实质性、证据性和程序性问题，这些问题影响到应在多大程度上授予禁令救济。虽然我们在下文中详细阐述了一个框架，以将相称性纳入其中，但有意使我们的建议保留了一定程度的模糊性。各司法管辖区如何回应这些问题将取决于多种因素，包括与行使私权有关的一般法律规范和承诺、行使专利权会涉及道德相关利害关系的程度，以及专利权人和潜在侵权人的滥用行为的相对危险性。

4.4.2.1 一般建议

我们一般建议，如果禁令对被禁止方的不利影响与侵权行为的性质以及专利权人因未颁布禁令而受到的无法弥补的损害不相称，则不应对侵权行为颁布禁令。

这项建议既适用于临时禁令，也适用于永久禁令。但是，在临时禁令阶段，可能更适于将"侵权行为的性质"表征为在审判初期法院认为所述被控侵权行为可能的性质。

除此之外，在澄清各种细节方面仍有一些工作要做。此建议的适用需要解释"侵权行为的性质""负面影响""无法弥补的损害"（包括公共利益）和"不相称性"等术语。这是我们接下来要关注的内容。

4.4.2.2 侵权行为的性质

我们一般性建议中的"侵权行为的性质"至少包括两方面：①与侵权产品或工艺的总体范围相关的侵权行为程度；②与侵权行为或专利持有人本身的相对罪责相关的各种情况。

---

[1] 前文第4.3.2节的讨论。
[2] 见第153页⑥及附文。

在复杂技术产品的情况下，侵权行为的程度可以理解为，侵权行为涉及具有大量其他有价值特征的多组分产品中一个相对较小的或至少是独立的组成部分。在这种情况下，可以将侵权行为视为类似于在自己的土地上建造的一座大型建筑物，但该建筑物的一小部分占地面积侵犯了他人的财产。

如果有关侵权行为是故意和恶意的，那么即使是"一小部分"的侵权行为也可能被视为有很大问题。为了阻止这种恶意行为，法院和政策制定者可能希望使用禁令救济，即使这些禁令造成的经济负担远远大于"一小部分"侵权行为本身的经济价值。因此，法院在分析侵权行为性质时，不妨考虑被禁止方侵权行为的相对罪责。对于被判或被控侵权方，相关因素可以包括：①被判或被控侵权人在多大程度上知晓或应当知晓有关行为是侵权行为；②被判或被控侵权人在实质性地投入后来被判或被控侵权行为之前，有这种实际的或推定知晓的程度；③被判或被控侵权人作出了合理且诚信的努力，以许可或以其他方式预先申请相关专利权的许可（假设这种行动是可能的，而且没有结果），而不是对这些权利采取反向劫持或表现出肆意妄为的态度。考虑上述因素将有助于防止我们对禁令救济的相称性限制反而保护了专利侵权人的战略反劫持行为，因为专利侵权人可能会认为只要他们能够成功地将其侵权行为描述为只涉及多种功能产品或工艺的"一小部分"，他们就可以逃避禁令。

但我们应该强调，在考虑相对罪责问题时，法院也可以衡量专利权人可能在多大程度上行为不端或以其他方式促成了专利权人现在起诉的侵权行为。在专利权人方面，与相对罪责相关的因素可能包括：①专利权人在多大程度上促成了被判或被控侵权人对潜在侵权风险认识的延迟，无论这种促成是由专利权人未能及时主张专利权还是其他原因造成的；②专利权人作出合理且诚信的努力，向被判或被控侵权人许可其发明的程度；③专利权人作出其他行为的程度，这些行为要么有助于减轻对侵权行为的指责，要么有助于平衡对被判或被控侵权人更为有利的衡平法。

与罪责考量有关的一项传统的衡平原则是，侵权人如果行为恶劣，就会丧失免除禁令的任何机会。故意侵犯他人的权利，并且完全知道正在侵犯这些权利，常常被作为拒绝其免于禁令的一个传统理由，即使禁令对侵权人的负面影响是不相称的。鉴于单个专利的权利范围和专利权利要求的有效性常常受到质疑，许多专利侵权行为可能涉及较少的责任。此外，围绕复杂技术产品市场的专利庞杂可能会使在明晰专利权特别困难。评估所主张的发明相对于整体复杂技术产品的增量价值的程度，谈判失败在多大程度上反映了劫持、反向劫持或简单诚信分歧而变得复杂。简而言之，在谈判失败时，专利权人和侵权人的相对罪责可能难以评估。而且，即使一方当事人的行为方式明显不如对方当事人正规，其罪责程度也往往比不上明知故犯的故意侵权人。

由于这种模糊性，无论是基于当事人的不当行为还是不作为，我们都不能给出严格禁止禁令或严格禁止免除禁令的建议。相反，我们在下文中将重点讨论这种行为如何为禁令救济的不相称性分析提供信息。就像专利权人需要在多大程度上、以何种方式来证明无法弥补损害的门槛一样，我们建议进一步研究这种不相称规则的可取性和内容。

4.4.2.3 负面影响

本小节阐述我们所述的"禁令对被禁止方的负面影响"的含义，以及将减轻这种负面影响的能力如何纳入不相称性的考虑之中。在此，我们还解释了为什么我们的一般建议仅限于对被禁止方的负面影响，而不包括对第三方或公众的负面影响。

（1）对被禁止方的负面影响

对被禁止方的负面影响可能包括因禁令产生的需支付的费用，机会成本或其他利益损失，所述负面影响可能是因停止相关活动、支付专利许可费、产品规避设计或其他原因造成的。

在涉及复杂技术产品时，这些成本与专利侵权行为的性质非常相关。这是因为禁令可能禁止整个复杂技术产品的生产或销售或服务，即使只有该产品或服务的众多组成部分中的一个部分是侵权的。由于侵权产品具有组分多、创新多的特点，专利权人所主张的发明很可能只是该产品中对整体价值有贡献的一个方面。因此，停止制造或使用整个产品的禁令可能会使侵权人陷入经济困境，而这种困境与侵权产品的价值远不相称。此外，专利权人主张的发明与该产品的其他组件以相互补充、协调或其他复杂方式在整个产品中相互关联，这使得规避设计产品以排除主张的发明比简单地移除和替换一个更独立的侵权模块要困难得多。因此，即使撇开开发不侵权的新产品所需的实际费用，研发不侵权新产品所需的时间也可能相当长。在这段时间里，即使专利技术只贡献了整体价值的一小部分，但整个产品也会被市场拒之门外。因此，阻止侵权行为继续进行且立即生效的专利禁令极有可能使侵权者长期停止侵权行为，同时也产生上述经济影响。尽管被判侵权人可以尝试从专利权人处获得继续其活动的许可，但可预见的是，专利权人会利用禁令提供的杠杆作用实现利润最大化，从竭力避免禁令影响的被判侵权人那里获取大部分利益。因此，颁布禁令后达成的许可会在很大程度上保持与执行禁令相当的负面影响，进而将负面影响转变为对专利权人的货币支付。因此，这种赔付的数额可能主要反映了禁令的"劫持"价值，而不是所主张发明的基本的经济价值。[①]

（2）对相关第三方和公众的负面影响

除了对被禁止方施加的成本外，许多司法管辖区还考虑到禁令可能对第三方或公众产生广泛的负面影响，可能受禁令影响的第三方是被判或被控侵权人的供应商、下游消费者及中间商。[②]此外，完全不相关的第三方也会受到影响。例如，如果一项禁令使一项被广泛使用的通信技术退出市场，或者使该技术的可获得性、可负担性或可用性大幅下降，那么不仅会扰乱该技术的直接用户的工作和家庭生活，而且会扰乱包括政府官员在内的几乎所有试图与所述直接用户交流的人的工作和家庭生活。[③]同样，制造工厂或通信中心的

[①] 关于这个问题的主要文章是 Lemley & Shapiro 2007a。关于相关文献的讨论，见第 7 章。

[②] *i4i Ltd. Partnership v. Microsoft Corp.*（美国联邦巡回上诉法院，2010 年，第 861–862 页）（在这里，相关的"公众"不仅包括个人消费者，还包括许可侵权 Word 产品的公司和属于微软分销渠道的制造商。

[③] 例如，在 *NTP v. RIM* 案中颁布的永久禁令引起了美国当时大约 300 万使用黑莓设备的个人的密切关注。事实上，美国司法部在该案中提交了一份简报，警告说，如果禁令损害了当时使用黑莓设备的 30 万名政府雇员，"实质性的公共利益……可能会受到损害"。见 Noguchi 2005。

长期停工不仅会直接对员工产生负面影响，而且会对他们所在的更大的社区或经济生态系统产生不利影响。

预计专利权的行使会给公众带来一些负面影响，但这是正常现象，专利法的存在基本反映了这样一种判断，即专利权的授予和行使普遍为公众利益提供的积极影响抵消了所述的负面影响。因此，在一些人看来，主张法院在颁布禁令时通常需要考虑公共利益的支持者，似乎是在要求法院质疑或忽略专利制度的一般考量。鉴于这种担忧，我们未能就法院应在多大程度上考虑禁令对第三方或公众的负面影响作为拒绝禁令救济的依据达成共识。因此，我们没有将这种对第三方或公众的负面影响纳入我们关于相称性的一般建议中。

另外，我们同意，在决定是否发布禁令时，法院应考虑对公众造成的危害是否远远超过了正常专利制度所固有的价值，即对公众造成的负面影响实质上超出了专利权人在维护其专利权时可以合理合法地预期的利益，只要这种危害有可能变为现实，就可以作为拒绝禁令救济的潜在依据。这种要求与现有法律的强制许可制度相一致，后者一般只在特殊情况下才会生效。[①] 可能造成重大公共损害的禁令的例子包括削弱公共健康和安全、国家安全、资本市场连续运作能力，以及影响运输、电力、电信和通信基础设施功能设备或产品供应的可靠性和安全性。

（3）负面影响和缓解

最后，我们注意到，被判侵权人和第三方往往可以采取措施减轻禁令可能产生的负面影响，例如，改用接近的替代产品，或用不依赖侵权产品的供应关系或客户关系取代依赖侵权产品的供应关系和客户关系。正如我们在下文中进一步讨论的那样，法院本身也可以通过适当调整禁令救济来减轻禁令的负面影响。考虑到被判侵权人和第三方可能会以多种方式对禁令救济作出

---

① *HTC Corp. v. Nokia Corp.*（Pat 2013，¶ 32）（英国）（在没有强制许可的情况下，法院在作出相当于强制许可的命令之前必须非常谨慎。由此可见，在没有其他对抗性权利的情况下，寻求证明禁令会不相称的一方的责任是很重的）。关于强制许可制度的进一步讨论，参见 McManis & Contreras 2014。

反应，决策者可能想知道在评估禁令预期的负面影响时，哪些潜在的未来情况是"关键"的。由于相称性对禁令救济的限制，为了避免对专利权人作出不相称的赔偿，并避免对其他人造成困扰，因此我们建议，应将对被判侵权人和相关第三方的负面影响限于"如果所述被判侵权人和相关第三方采取合理措施就能减轻所述负面影响实际发生"的程度。在本章后半部分我们将讨论法院应如何尽可能地适当调整禁令救济。

4.4.2.4 专利权人无法弥补的损害

对专利权人无法弥补的损害包括无法全部通过单纯的货币赔偿，若相称的话，包括持续收取的专利许可费，以消除专利权人的损失。无法弥补的损害可能包括难以量化的竞争性或其他商业损害，丧失选择许可伙伴或安排许可条款的能力，以及若不提供持续许可费，侵权行为持续或再次侵权时可能需要再次提起诉讼。

即使可以被称为"自愿许可人"的专利权人也可能遭受无法弥补的损害。首先，即使专利权人是一个无歧视的许可人，其典型的或理想的许可方式是一次性支付或持续支付的许可费，衡平法通常已经认识到，损害赔偿（如合理许可费）价值的不确定性以及法院通常缺乏定价能力，意味着货币赔偿不足以替代按照自行约定的条款进行许可或根本不进行许可的方式。[①] 其次，专利许可的制度设计通常旨在引导被许可人的行为，无论是通过明确限制，还是通过为被许可人提供达到某些目标的激励措施。对过去侵权行为的货币赔偿必然无法复制这样的设计目的，而正在持续的许可费通常也缺乏这样的设计目的。再次，在无意愿的合作伙伴之间并且通过法院命令试图模仿这种复杂的目的可能会给各方带来问题，并可能破坏更有针对性的许可计划。最后，至少在相关专利权人是商业实体的情况下，持有专利从根本上说只是为了赚钱，因此，所谓的自愿许可人与所谓的"非自愿许可人"或竞争者在满足于

---

① Golden 2007，2152；Calabresi & Melamed 1972。

支付足够多的货币意愿上并没有太大的区别。[1]

在美国最高法院对 *eBay* 案作出判决后，美国地方法院似乎经常将不是被判或被控侵权人竞争者的专利权人，特别是符合专利主张实体（PAEs）资格的专利权人，视为不会因没有禁令就遭受实质性无法弥补损害的专利权人，因此遵循"禁止禁令救济的事实规则"[2]。这一事实规则的法律地位模糊不清[3]，但它确实提出了一个问题，即是否应该有一个规则至少推定专利主张实体或其他形式推定的自愿许可人没有资格获得针对专利侵权行为的禁令救济。这是对是否应该有禁令救济的门槛检验或取消资格规则的另一个替代考量，这些规则采用的是比我们建议的相称性原则更为严格的方法。如上所述，我们建议对这些问题做进一步研究。

4.4.2.5 不相称性

最后一个需要定义的关键术语是"不相称性"，这是一个关键术语，它决定了什么时候应该基于对被禁止方造成的不利影响做出拒绝颁布禁令的决定，这种影响是考量了侵权行为的性质以及对专利权人可能造成的无法弥补的损害。在此，为解释我们的一般建议，以及讨论为什么我们的建议不仅限于专利权人损害不大的情况，我们对该术语进行定义。

（1）不相称性的定义

就我们的一般建议而言，不相称性应理解为如果拒绝颁布禁令，则预期禁令救济的负面影响将远远超过，而不仅仅是逐渐超过预期对专利权人造成的无法弥补损害。这种远远超过应使法院认为，侵权人可能遭受的负面影响将超出在专利权有效范围内专利权人可以合理合法预期的利益。

然而，我们并没有就这一规则的准确表述提出建议。至少有一个司法管

---

[1] *HTC Corp. v. Nokia Corp.*（Pat 2013，¶ 54–56）（英国）。
[2] Seaman 2016, 1953；另见 4.3.1 节。
[3] Holte & Seaman 2017（结论是，在上诉中，联邦巡回法院比地区法院在审判层面更倾向于对专利主张实体的禁令救济）；参见 *eBay Inc. v. MercExchange, LLC*（U.S. 2006）（措辞普遍拒绝分类处理，并建议在某些情况下，非执业实体可能有合法的禁令救济请求）。

辖区通过了一项规则，即只有当禁令的负面影响"严重不相称"时，才会拒绝颁布禁令[1]，并表示"证明禁令不相称的一方当事人的举证责任很重[2]。"目前尚不清楚这种措辞或所述责任上的差异是否与如何适用相称性原则的实质性差异有关，也不清楚这种实质性差异是指向赞成还是反对关于相称性原则的变化。我们建议对这些问题进行进一步研究。

尽管我们对所要求的不相称性没有得出确切的结论，但希望我们的一般建议所强调的不相称性能与决定是否给予禁令救济的"平衡力式衡平比较"原则形成对比。[3] 尽管具体案件可以为发出禁令的类似"困难优势"标准提供更多实践，但在永久禁令的背景下，可以提出各种反对平衡力式衡平原则的意见。例如，平衡力式衡平原则可能会：①无法充分尊重专利权人应享有"排他权"的立法本意；②不能充分保证专利权人或未来专利权人的专利权将得到尊重；③不能充分阻止反向劫持和其他形式的对专利许可不重视的行为。就临时禁令而言，平衡力式衡平原则可能更有道理，也是英国等国对这种临时禁令救济所采取的普遍做法。但是，由于基于不相称而合理地拒绝禁令很重要，其意味着在平衡力式衡平原则的情况下，禁令也会被拒绝，因此，我们选择把重点放在关于临时禁令和永久禁令的一个共同点上，即当发现不相称性（如我们在上文所定义的）时，应拒绝禁令。

（2）无关专利权人损害大小的不相称性

不相称性分析的另一个可能相关的考虑因素是对专利权人损害的绝对大小，而不是相对大小。英美国家的一些案例表明，如果对原告造成的损害或者至少是无法弥补的损害是巨大的，那么即使禁令的影响是不相称的，也应

---

[1] *Virgin Atlantic v. Premium Aircraft*（Civ 2009，¶25）（英国）；这源于Pumfrey J在 *Navitaire Inc. v. easyJet Airline Co. Ltd.* 案中的陈述。在 *Virgin Atlantic v. Premium Aircraft*（Civ 2009，¶24）（英国）中被认可地引用。

[2] *HTC Corp. v. Nokia Corp.*（Pat 2013，¶32）（英国）（在没有其他反补贴权利的情况下，寻求证明禁令将是不相称的一方当事人的责任是很重的。我怀疑这种做法的实际效果与Pumfrey J的"严重不相称"的检验标准没有什么不同）。

[3] Gergen et al. 2012，246（将"平衡力式衡平原则"与传统的永久禁令是否会造成"不当困难"的问题进行对比）。

该授予禁令。① 也就是说，只有当原告的损害赔偿或无法弥补的损害较小时，不相称性才是拒绝颁布禁令的理由。我们建议不要对相称性原则作任何限制。没有禁令对原告造成的损害可能是巨大的，但与颁布禁令对被判侵权人造成的更大负面影响相比相形见绌，结果是颁布禁令既违背了专利法的本意，也违背了更普遍的法律目的。我们同样建议不要采取背道而驰的做法，即除非对专利权人的损害是实质性的，否则无论是否不相称，都要拒绝颁布禁令。即使在涉案价值不大的案件中也不能维护专利权人的利益，因为当这所有小价值纠纷中的不当处理汇集时，将会对整个专利制度的运行产生负面影响。

4.4.2.6 举证责任

另一个值得考虑的问题是，在专利持有人和被控或被判侵权人之间，谁应该承担不相称的举证责任，以及事实如果得到证实，是否应该产生相称性或不相称性的推定。

在所有司法管辖区，专利权人都承担以获得禁令为目的的举证责任。这在一些司法管辖区，产生了给予禁令救济的推定。在其他司法管辖区，专利权人还需承担有权获得禁令救济的举证责任。我们承认，在证明针对侵权行为的禁令对其（以及根据实施情况对相关第三方，以及通过波及效应对公众）可能造成的负面影响时，被判或被控侵权人很可能比专利权人更有能力提供证据。因此，我们认为，法院指定侵权人对此影响承担一定的举证责任是合理的。否则，专利权人可能只推测潜在的负面影响，并设法证明这些影响是有限的或不存在的，即使被判或被控侵权人认为专利权人的说法没有依据。

如上所述，一方面，对于在进行各种质证之后，应该在多大程度上推定支持或反对禁令救济的问题，目前没有达成共识。另一方面，虽然针对复杂技术产品行使专利权时，不相称的可能性更大，但我们建议不要在复杂技术产品案件中普遍推定不相称。首先，从实践上讲，这样的推定可能会给"复

---

① 例如，*Shelfer v. City of London Elec.*（Civ 1895）（英国）。

杂技术产品"的准确定义带来不必要的压力。其次,即使在所主张的发明毫无争议地构成复杂技术产品的次要组成部分的情况下,不相称性也绝非不可避免。例如,最终产品的次要组成部分可能非常便宜并且容易进行规避设计,以致即使法院授予禁令救济,所述最终产品也不需要退出市场并且规避设计成本很小。[①] 再次,如下文所述,即使范围广泛的立即生效的禁令存在相称性问题,如所述范围广泛的禁令禁止被判侵权人进一步制造、使用、销售或进口侵权产品会产生不相称的结果,可以具体调整复杂技术产品案件中的禁令。

4.4.3 调整禁令救济

作为一般建议中相称性的必然结果,我们建议在一个制度中采用类似于上述相称性检验标准的做法,使法院可以自由裁量旨在避免或减轻不相称影响的禁令。简而言之,我们所设想的相称性检验标准一般不包括判断禁令的"一刀切"的做法是否适当。相反,我们设想的是一个过程,在这个过程中,法院可以考虑禁令潜在的负面影响,以及如何通过调整禁令救济来减轻这些影响。换句话说,禁令调整不一定会限制颁布禁令;通过减轻禁令的影响,禁令调整可以使本应因不相称而被拒绝的禁令得以颁布。

改变禁令的覆盖范围或时效是对禁令进行调整以确保其影响相称的两种主要方式。例如,法院可以暂缓发布禁令或推迟禁令的生效日期,以便给被判侵权人留出时间来规避设计专利。[②] 另外,法院也可以将现有产品排除在禁

[①] *HTC Corp. v. Nokia Corp.* (Pat 2013, ¶ 67)(英国)(然而,如果可以以非禁止性的成本获得非侵权的替代方案,那么就不可能存在专利维持的问题。因此,在其他条件相同的情况下,禁令不太可能是不相称的)。

[②] 中止禁令救济的一个可能的反对意见是担心这种延迟的可能性会使被控甚至被判侵权人在禁令颁布之前不愿意采取合理的行动避免未来的侵权行为或为避免这种侵权行为做准备。在 *HTC Corp. v. Nokia Corp.* (Pat 2013)(英国)案中,Arnold J 拒绝批准中止禁令,理由是侵权人在超过 18 个月的时间里已经知道诉讼的可能性,这为其制定应急计划提供了充足的时间。反对这种做法的一个论点是,许多被主张的专利是无效的或没有被侵犯的,要求被指控的侵权者在第一次被通知时就开始重新设计,可能会让权利较弱专利的所有人收取过高的专利使用费。我们对此问题不发表意见,建议进一步研究。

令救济的范围之外。一些评论家提出了这一建议①，美国、英国和加拿大的法院偶尔也会采用或至少考虑采用这一建议。②然而，在一些司法管辖区，按照我们建议的思路进行调整可能需要司法理念的重大转变——尽管在欧盟内部，这种转变在未来几年可能会发生。③

一般来说，调整特别是中止禁令，对复杂技术产品的影响特别大，因为在这种情况下，侵犯涉及最终产品一个小部件的专利可能会导致整个产品在规避设计期间无法进入市场。这样的后果可能会让专利权人不得不进行许可，以保证既可以获得专利技术的价值，还获得了整个产品的价值，否则，整个产品将会在市场上消失。④因此，我们建议，凡是就复杂技术产品寻求禁令救济时，法院一般都应当考虑对禁令进行调整。

事实上，我们建议法院正常情况下应当考虑对禁令进行调整，即使在符

---

① Lemley & Shapiro 2007a，2037–2038；Chien & Lemley 2012（就 USITC 提出类似建议）；Golden 2012。

② 例如，*i4i Ltd. Partnership v. Microsoft Corp. Partnership v. Microsoft Corp.*（美国联邦巡回上诉法院，2010 年，第 861–862 页）（"根据记录的证据，我们得出结论，地区法院命令微软在 60 天内遵守禁令是错误的。关于需要多长时间的唯一证据……给出了'至少'五个月的估计"）；*Cincinnati Car Co. v. New York Rapid Transit Corp.*（2d Cir. 1933）（美国）（回顾在该案的早期，"我们暂停了禁令，以允许被告替换另一种装置，……当新的结构出现在我们面前时，我们认为它规避了专利的权利要求"）；*Illinois Tool Works Inc. v. Autobars Co.*（Servs.）*Ltd.*（Ch 1974）（英国）（批准三个月的中止禁令，允许侵权者推出非侵权产品）；*Virgin Atlantic v. Premium Aircraft*（Civ 2009）（英国）案中，上诉法院对禁令进行了调整，允许侵权人使用专利技术来完成现有订单，条件是侵权人要支付大笔指定金额，侵权人的母公司要提供担保，以及侵权人要承诺不将侵权产品用于与专利权人竞争：同上，第 31、33 段。剥离的有效期约为两个月。另见 *AbbVie Corp. v. Janssen Inc.*（Fed. Ct. 2014）（加拿大）（颁布与一种药物生物制品有关的禁令，同时允许侵权者的产品销售，以治疗专利权人的产品无效的疾病分组）。

③ 例如，见第 136 页①。另见 BGH v. 10.5.2016 – X ZR 114/13（德国）（指出，当"考虑到专利权人和侵权人的利益，立即执行禁令会造成不相称的、不适当的困难，因而属于恶意"时，法院可以给予有效使用期或过渡期，并引用学术文献建议法院应在考虑所有参与者利益的基础上，逐案考虑给予这种过渡期；侵权人的善意或恶意；专利发明是否只是构成一个复杂技术产品的一个小的但功能上必要的组成部分；以及是否可以在合理的时间内用一个未获专利或授权的产品替代）。德国法院将这些条件描述为仅在狭义的条件下适用（engen Vussetzungen），并根据所提出的事实否认了这种过渡期；而立法可能有必要明确授权法院在这种过渡期之前判给临时许可费赔偿。

④ 同①，2000–2002。

合我们一般建议中的相称性检验标准时。当禁令因具有不相称性而无法颁布的可能性很大时，调整禁令的意见可能特别强烈，但我们反对只有当不相称的损害显现时才允许对禁令进行调整的论断。

4.4.4 持续许可费赔偿代替禁令救济

当美国法院拒绝授予永久禁令时，通常会判予货币补偿，即在判决生效后侵权人需要为侵权使用专利技术向专利权人支付费用[1]。这种补偿被称为持续许可费赔偿。在没有禁止进一步侵权行为的禁令时，法院可以应专利权人的请求判予持续许可费，否则，在初次诉讼中做出最终判决后，专利权人可能会因侵权行为提起二次诉讼。原则上，持续许可费赔偿可以一次性支付，也可以按单位计算，可以是固定的美元数额，也可以是占销售价格一定百分比的数额。通常，持续许可费赔偿最初是根据与过去侵权行为的合理损害赔偿相同的原则进行评估（在第1章中讨论过），但美国法院通常会提高许可费赔偿，因为其认为任何持续的侵权行为都是故意的。[2]

我们建议，至少在以对被禁止方的负面影响不相称为由拒绝颁布禁令时，对持续许可费赔偿的适用原则一般应与对过去损害赔偿的适用原则相同，而不需要进一步加重。[3] 当以对被禁止方不相称为由拒绝颁布禁令时，一般的含义是，侵权人实际上已经被"锁定"在侵权过程中，难以以合理的代价摆脱困境。可以适当地认为这种"锁定"构成继续使用专利的情有可原的情况。此外，这种情况表明，进一步提高持续侵权的损害赔偿额本身可能会造成不

---

[1] 由于在其他司法管辖区，几乎总是向胜诉的专利权人授予禁令，因此到目前为止，这个问题主要出现在美国法律中。我们不知道其他司法管辖区有直接解决这一问题的案例法。

[2] 参见 Seaman 2015。

[3] 我们对是否应提高持续使用费，甚至授予使用费不持任何立场，由于我们的关注点是在复杂技术产品的情况下可能出现的不相称性问题，因此，我们对因其他原因（如诉讼不当或不当拖延）而拒绝禁令救济的情况不持任何具体立场。在不寻常的情况下，如所失利润赔偿额被判予，但禁令还是被拒绝，我们也不对提高持续许可费赔偿采取任何具体立场，只是在这种情况下，我们所阐述的一般管理原则仍应适用。

相称的负担,而侵权人将无法绕过这种负担。① 有人建议,如果已经发生的侵权行为的许可费赔偿不足以充分补偿专利权人,可能需要适度提高持续(前瞻性)许可费率。② 如果专利技术的未来使用比过去的使用更有经济价值,那么这种做法可能是合适的。③ 但不应该仅仅为了补偿专利权人在禁令被拒绝时失去的议价能力而提高许可费率。如果根据案件的事实,促使侵权人进行许可谈判而不是支付持续许可费赔偿,确实是可取的,我们预计,通常最好的办法是通过颁布、中止或其他方式,适当地对禁令进行调整,以尽量减少可能导致的不相称性。

我们还建议,当以不相称为由不授予永久禁令时,通常应判予持续许可费赔偿来代替。④ 拒绝支付判定的持续许可费赔偿迫使专利权人对持续的侵权行为重新提起诉讼,将有可能不当地削弱专利制度本应提供的激励措施。⑤ 如果不判予持续许可费赔偿,也可能使侵权人处于潜在的未来责任不确定的情况。

我们不排除在某些情况下,以不相称为由拒绝支付持续许可费赔偿的可能性。我们注意到,即使一项专利技术对公众利益是重要的,例如涉及拯救生命的药物或设备,也不能成为拒绝持续许可费赔偿的充分理由,正如它不能为拒绝过去的侵权行为损害赔偿提供充分的理由一样。一般来说,拒绝对重要的发明判予持续许可费赔偿,会有损于最需要的专利激励作用。

虽然我们建议不要仅仅根据持续侵权行为的故意性(如刚才所讨论的)

---

① Seaman 2015, 244。
② 同①, 245-246。
③ 这与我们在第 1 章中的建议一致,即合理的许可费赔偿的评估。应使用审判时的所有资料,包括事后资料;见第 1 章。
④ 这种一般性建议的一个例外是,在一些案件中,所判的损害赔偿额已经代表了对专利技术过去和未来使用的一次性全额支付的许可。然而,我们对法院是否应该在当事人本会这样做的情况下,对专利技术的过去和将来的使用都判给一次性赔偿额没有任何立场:Siebrasse & Cotter 2016, 978-988(认为法院不应该试图复制类似情况的当事人在假想交易中会同意的一次性赔偿额,因为事后的损害赔偿额判决不能在功能上复制事前收到的实际一次性赔偿额)。
⑤ 同①, 219。

例行地提高判予的持续许可费赔偿，但我们不排除在特殊情况下，基于相关的公平考虑，如第 3 章关于提高损害赔偿的讨论，提高判予持续许可费赔偿的可能性。

我们建议在评估持续许可费赔偿时，应考虑审判时可获得的所有信息，以及可能影响许可费的市场需求或任何可预见的结构变化。这与我们在第 1 章中提出的建议是一致的，即用于评估过去侵权行为的合理许可费的假想交易应在事后信息的帮助下进行。如果遵循这一关于合理许可费赔偿的建议，合理许可费赔偿与持续许可费之间将没有区别。如果法院在评估合理许可费赔偿时忽略了事后信息，将导致许可费率出现差异，因此我们认为法院应该在评估持续许可费赔偿时考虑这些信息。此外，如果持续许可费赔偿是以持续的方式支付，而不是一次性支付，那么在某些情况下，法院可能有理由以随后事态发展使其明显不合适为由，重新对持续许可费赔偿进行评估。

第5章
公平、合理、无歧视（FRAND）承诺对专利救济的影响

豪尔赫·孔特勒拉，托马斯·科特，郑尚柱，莱恩·乐福，尼古拉斯·皮蒂，彼得·皮克特，诺曼·席伯拉斯，拉法尔·西科尔斯基，铃木将文，雅克·德·韦拉

5.1 引言

许多标准开发组织（SDO：Standards Development Organization）的规则和政策均要求标准开发组织（SDO）参与者必须按照"公平、合理、无歧视"（FRAND）原则向对于SDO标准必不可少的专利（标准必要专利）提供许可。大家普遍认为此要求对专利持有人施加了提供或授予此类许可的约束性义务，尽管FRAND许可义务的具体内容在不同司法管辖区或标准开发组织（SDO）之间可能并不一致。虽然存在FRAND许可义务，然而有时标准必要专利的专利权人与标准化产品的制造商、销售商或用户（实施者）之间未签订许可协议，从而导致标准必要专利（SEP）遭到侵犯。这种情况下，如果当事人无法私下解决纠纷，就会产生法律诉讼和救济的问题。

本章不讨论关于涉嫌违反 FRAND 承诺的义务和责任等一系列复杂问题，但在第六章中涵盖了例如与此类违规行为有关的潜在反垄断或竞争法责任有关的内容。本章的重点在于一旦确定 FRAND 承诺的责任则可能获得的救济措施，对于标准必要专利持有人未能按照 FRAND 条款向实施者提供或授予许可，和/或标准必要专利在专利持有人授予许可之前遭到实施者侵犯，以上任一（或两种）情况都可能会出现此类责任问题。

假定责任成立，对于违反 FRAND 原则或专利侵权的潜在救济措施包括货币损害赔偿、强制履行（译者注：强制履行又称为实际履行，是指合同一方当事人违反合同义务时，另一方当事人有权要求其依据合同的约定继续履行合同义务的一种责任形式。作为违约后的补救方式，强制履行强调的是违约方应按合同约定履行义务，而重点不在于弥补受害方的损失）和禁令救济。货币损害赔偿通常采取实施者因已发生的侵权行为向标准必要专利持有人支付补偿性损害赔偿[1]的形式（如实施者在获得许可前使用专利技术），并在某些情况下加重损害赔偿[2]。相应地，实施者可以寻求强制履行，要求标准必要专利持有人给予符合 FRAND 条件的许可，以及补偿由于标准必要专利持有人违反 FRAND 承诺的货币损害赔偿。[3] 此外，标准必要专利持有人可自行寻求禁令救济，以防止实施者在获得许可之前保持侵权行为。

由于强制履行本质上是契约的或伪契约性质的，因此本书主要侧重于标准必要专利持有人有关 FRAND 承诺的条款，我们认为强制履行超出了本书的范围。相反地，我们应该询问，如果先前存在 FRAND 承诺（如果存在的话）会对专利法规定的救济措施产生什么影响，即标准必要专利持有人可以从侵权人那里获得的赔偿产生什么影响。

---

[1] 参见第 1 章和第 2 章。

[2] 参见第 3 章。

[3] 例如，在 Microsoft Corp. v. Motorola, Inc.（9th Cir. 2015）（美国）案中，微软公司因摩托罗拉公司违反 FRAND 承诺而获得约 1500 万美元的赔偿，这主要归因于微软公司将一家工厂迁出德国产生的成本。

5.2 FRAND 承诺和专利的货币损害赔偿

一般来说，专利权人在专利权遭到侵犯时有权获得货币损害赔偿。如前几章所述，赔偿的数额因国家而异。在本节中，我们首先考虑当标准必要专利遭到未经许可的实施者侵权时，与一般专利法原则所评估的损害赔偿相比，FRAND 承诺是否会影响标准必要专利持有人能够获得货币损害赔偿的标准。例如，FRAND 承诺中的"合理"与美国法院判决合理许可费损害赔偿中的"合理"相同吗？相关的问题是，FRAND 承诺的存在是否会排除基于所失利润和侵权人利润追缴的货币损害赔偿，这可能在缺少 FRAND 承诺的情况下发生，尤其是在没有基于合理许可费损害赔偿的标准而判予专利损害赔偿的司法管辖区发生。我们首先调查美国和欧盟的适用法律，然后给出建议。

我们不解决以下问题：未做出 FRAND 承诺且遭到侵犯的标准必要专利持有人获得的"合理"许可费赔偿是否应等同于已做出 FRAND 承诺的标准必要专利持有人获得的"合理"许可费赔偿。如何对待此类标准开发组织（SDO）"局外人"的问题超出了本章的范围。[1]

5.2.1 美国

5.2.1.1 合理许可费赔偿

如第 1 章所讨论的，在美国，对专利侵权损害赔偿的主要法定衡量标准是"合理许可费"。[2] 因此，多家美国法院在计算标准必要专利的 FRAND 许

---

[1] 有关局外人执行标准必要专利程度的讨论，请参见 Contreras 2016；*Rembrandt Wireless Tech., LP v. Samsung Elects. Co., Ltd.*（E.D. Tex. 2016）（美国）（向制定涵盖蓝牙标准的标准必要专利持有人判予合理许可费赔偿，即使制定该标准的 SDO 参与者承诺免费提供许可）；*CSIRO v. Cisco Sys., Inc.*（美国联邦巡回上诉法院，2015 年）（向未做出 FRAND 承诺的标准必要专利持有人判予"合理许可费"赔偿）。

[2] 美国专利法，美国法典第 35 编，第 284 条。

可费率时，采用传统方法来确定合理许可费的损害赔偿。

在美国过去的几十年中，合理许可费损害赔偿的计算通常遵循 *Georgia-Pacific Corp. v. U.S. Plywood Corp.*[①] 案中引入的十五项因素"自下而上"方法[②]。然而，由于该框架假设专利持有人和侵权人之间没有预先确定的关系或义务，因此在涉及 FRAND 承诺的标准必要专利时，该分析方法所依据的许多假设均不成立。这种脱节已经在几个案例中指出，包括 *Microsoft Corp. v. Motorola，Inc.* 案和 *Ericsson，Inc. v. D-Link Sys.* 案，在 *Microsoft* 案中，法院明确修改了 15 项因素中的 12 项，具体如下：

1）没有考虑合理与无歧视义务（RAND：Reasonable and Nondiscriminatory）而协商许可费条款的可参照性不足（因素 1 和 12）；

2）专利技术价值的重要性，以及将专利技术纳入标准所带来的价值（因素 6、8、10、11 和 13）；

3）在采用和实施标准之前，原本可以纳入标准取代专利技术的替代方案的重要性（因素 9）；

4）RAND 承诺的目的是通过避免专利劫持和堆叠以鼓励标准的广泛使用（因素 15）；

5）与 RAND 情况无关的一些因素的不相关性，例如，专利权人是否有许可他人的政策，许可人与被许可人的关系以及专利期限（因素 4、5 和 7）。[③]

在 *Ericsson* 案中，联邦巡回法院注意到 *Georgia-Pacific* 案中的因素在若干方面既不相关，也与所考虑的 RAND 承诺背道而驰。[④] 因此，正如下级法院在 *Microsoft* 案中的做法一样，联邦巡回法院在考虑 RAND 承诺的许可费赔偿时拒绝使用 *Georgia-Pacific* 案因素 4、5、8、9 和 10[⑤]。虽然法院并不认为在

---

① *Georgia-Pacific Corp. v. U.S. Plywood Corp.*（S.D.N.Y. 1970，1120）（美国）。参见第 1 章。
② 有关自下而上与自上而下的许可费计算方法的讨论，请参见 5.2.4 节。
③ *Microsoft Corp. v. Motorola，Inc.*（W.D. Wash. 2013，99–110）（美国）。
④ *Ericsson，Inc. v. D-Link Sys.*（美国联邦巡回上诉法院，2014 年，第 1230–1232 页）。
⑤ 同④。

涉及标准必要专利的案件中必须始终使用调整的 *Georgia-Pacific* 案因素，但是一旦发现下级法院对陪审团的指示存在一系列严重错误，就会导致案件发回重审。[1]

这些变化表明，最初设想的 *Georgia-Pacific* 案框架不太适合确定 FRAND 许可费赔偿的标准[2]。此外，美国法律似乎并没有强迫法院利用 *Georgia-Pacific* 案框架或一般的专利赔偿法来确定许可费赔偿以遵循标准必要专利持有人的 FRAND 承诺。更重要的是，*Georgia-Pacific* 案因素对不同 FRAND 许可费赔偿计算的不一致性和特殊性使得美国不同法院的适用结果显著不同，甚至在涉及同一标准的相同技术特征的案件中也是如此。[3]

5.2.1.2 加重损害赔偿

如第 3 章所讨论的，美国专利损害赔偿法的另一个重要内容是，当发现侵权行为是故意时，可获得"加重的"（如高达三倍）损害赔偿。美国最高法院最近在 *Halo Elecs. v. Pulse Elecs*[4] 案中澄清并在一定程度上放宽了支持加重损害赔偿而判定故意的标准。目前存在的争议是，如果标准必要专利确实遭到侵犯，制造商在未获得标准必要专利持有人依据 FRAND 承诺做出的许可时，在产品中实施技术标准是否应该被认为是故意的。一方面，制造商清楚地知道该标准，而且在大多数情况下，在公共数据库中均列出声明对该标准必不可少的专利。更重要的是，制造商甚至可能已经收到来自专利持有人的专利通知函。这些因素可能有助于认定制造商的侵权行为是故意的[5]。但另一方面，独立分析人士认为，大量声称为对各种标准必不可少的专利实际上并

---

[1] *Ericsson, Inc. v. D-Link Sys.*（美国联邦巡回上诉法院，2014 年，第 1230–1232 页）。
[2] 正如第 1 章所述，在一般赔偿的情况下也不应如此。
[3] Bartlett & Contreras 2017（讨论了美国对 IEEE Wi-Fi 标准的 5 个不同方面的 FRAND 许可费率）。
[4] *Halo Elec., Inc. v. Pulse Elec., Inc.*（U.S. 2016）。
[5] Sidak 2016b，1109–1112（讨论标准必要专利中增强赔偿的标准）。

非必不可少的[1]，而对于在公共数据库中列出成百上千项专利中哪些对于标准而言才是必不可少的，为了获得可靠的法律意见需要花费的成本和时间令人望而却步（参见第 3 章）。此外，有时甚至发现对于标准必不可少的专利是无效的或并未受到实施该标准特定产品的侵权[2]。这些因素往往不利于判断标准实施者侵犯标准必要专利是否是故意的。然而，即使强烈影响对是否故意的调查结果，在涉及标准必要专利侵权的情况下，也尚不明确这些因素是否构成绝对排除加重损害赔偿。[3]

到目前为止，我们了解到只有一家美国地方法院做出标准必要专利侵权加重损害赔偿的判决[4]。然而，当潜在被许可人进行恶意谈判时，联邦巡回上诉法院的至少一名法官已经承认加重损害赔偿的潜在可适用性。[5]

除了标准必要专利侵权是否可以获得加重损害赔偿这一基本问题之外，还有另一问题是关于加重损害赔偿的可获得性可能影响标准化环境中当事人的行为。如上所述，在美国，专利侵权损害赔偿的衡量标准是"合理许可费"，"合理"许可费也是 FRAND 承诺中要求支付的费用。因此，投机的标准

---

[1] 例如，Goodman & Myers 2005, Fairfield 2007 和 Fairfield 2010 发现，分别被声明为欧洲电信标准化协会（ETSI）的 GSM、WCDMA 和 LTE 标准"必要"的专利家族中，只有 27%、28% 和 50% 实际上对于实施欧洲电信标准化协会（ETSI）标准才是必不可少的。

[2] 例如，美国网件公司年度报告（2018 年 2 月 16 日），第 86 页（报告称，在 *Ericsson, Inc. v. D-Link Sys.*（E.D. Tex 2013）（美国），维持原判（美国联邦巡回上诉法院，2014 年）一案中，陪审团判决涉及侵权 3G 无线电信标准的三项专利权利要求，随后在 2015 年一系列的复审程序中被 PTAB 判决无效，最终在 2017 年被联邦巡回法院确认。

[3] Sidak 2016b, 1105-1107（主张 FRAND 承诺本身不应排除在标准必要专利侵权案件中加重损害赔偿的可能性）。

[4] *Core Wireless Licensing S.A.R.L. v. LG Electronics, Inc.*（E.D. Tex. 2016, 2）（美国）（在陪审团判决故意侵权后，法院将赔偿提高 20%）。同时参见 Sidak 2016b, 1101-1102（讨论案例）。

[5] 美国联邦巡回上诉法院的首席法官普罗斯特指出，故意违反 FRAND 承诺可能会导致更高的加重损害赔偿，他在一场关于颁布标准必要专利禁令的争议中写道，"如果下级法院认为侵权人之前进行了恶意谈判，由于该行为对专利权人造成的任何损害都有权增加赔偿。" *Apple, Inc. v. Motorola, Inc.*（美国联邦巡回上诉法院，2014 年，第 1342 页）（普罗斯特法官赞同）（译者注：Corcarring Opinion 附和意见但理由不同，如果审理法院同意多数法官的最终判决，但是可以提出赞同判决但理由不同的意见）。有关文献的进一步讨论，参见第 7 章。

化产品制造商可能会决定，最有效的行动方案并不是向标准必要专利持有人寻求 FRAND 许可，而是拖延到被起诉侵权为止，此时其最大的责任（假定专利权有效和侵权行为同时成立）也仅限于：只有本应事前支付的 FRAND 许可费。正如本书其他章节所讨论的，标准实施者的此种行为方式被称为"反向劫持"。①

加重损害赔偿的可获得性（除了支付律师费和判决前后利息的赔偿）会在某种程度上改变标准实施者的利弊权衡。也就是说，如果实施者在相关法律标准下故意侵犯标准必要专利，并拒绝按照标准必要专利持有人提供的 FRAND 许可支付许可费，那么标准必要专利持有人可能在最终侵权诉讼中获得加重损害赔偿。此种情况下，延期支付的成本可能会远远超过最初支付的 FRAND 许可费。因此，至少在美国，加重损害赔偿的可获得性可以降低投机的标准实施者反向劫持并拒绝理应支付 FRAND 许可费的风险。

5.2.2 欧盟 -Huawei v. ZTE 案中货币救济的适用性

如第 6 章和下文第 5.3 节所讨论的救济措施，欧盟法院（CJEU）在 Huawei Techs. Co. Ltd. v. ZTE Corp. 案中提出标准必要专利持有人必须遵循的程序，以避免当寻求阻止侵权标准必要专利的禁令时，滥用《欧盟运行条约》（TFEU）第 102 条所规定的支配地位（译者注：一般指企业在特定市场上所具有的某种程度的支配或者控制力量，即在相关的产品市场、地域市场和时间市场上，拥有决定产品产量、价格和销售等各方面的控制能力）。然而，欧盟法院（CJEU）对 Huawei 案的判决并没有明确提到货币损害赔偿的问题。事实上，欧盟法院（CJEU）在华为案中指出,《欧盟运行条约（TFEU）》第 102 条并未禁止标准必要专利持有人"对标准必要专利的涉嫌侵权人提起侵权诉讼，以及要求提供与使用该标准必要专利已发生行为有关的财务账目，或

---

① 有时也被称为"有本事你抓我"的问题；更多的讨论，参见第 3 章和第 7 章。

就这些使用行为获得损害赔偿"。① 德国法院随后做出的判决遵循了这一建议。例如，在 *NTT DoCoMo v. HTC* 案中，曼海姆地方法院指出，做出 FRAND 承诺的标准必要专利持有人必须在禁令诉讼或产品召回方面遵守 *Huawei* 案的行为规则。但是，针对已发生的侵权行为，可以自由地提起诉讼以寻求货币救济。② 曼海姆地方法院在 *Pioneer v. Acer*③ 案和 *Philips v. Archos*④ 案中，以及杜塞尔多夫地方法院在 *Unwired Planet v. Samsung*⑤ 案中，就 *Huawei v. ZTE* 案的行为规则做出了类似说明。因此，即使标准必要专利持有人在未通知侵权实施者且未提供 FRAND 许可的情况下提起损害赔偿诉讼，也并未违反《欧盟运行条约》（TFEU）第 102 条的规定。

也就是说，欧盟法院（CJEU）在 *Huawei v. ZTE* 案中规定的义务确实对于赔偿程度和提交财务账目产生了间接影响。如果标准必要专利持有人虽然已做出 FRAND 承诺，且实施者已表示愿意接受许可，但标准必要专利持有人并未给予 FRAND 许可，则损害赔偿仅限于 FRAND 许可费的标准（可能不包括其他形式的损害赔偿，例如所失利润和侵权人利润追缴），但这仅限于标准必要专利持有人滥用拒绝许可后的情况。⑥ 在这种情况下，对信息和提交财务账目的主张必须限于基于 FRAND 原则确定损害赔偿所必需的内容。⑦

此外，根据这些案例的解释⑧，由于标准必要专利持有人违反 FRAND 承诺而被拒绝许可的标准实施者可以有权要求货币损害赔偿。尽管该理论尚未在法庭上得到验证，但此类索赔可能类似于美国在 *Microsoft Corp. v.*

---

① *Huawei Techs. Co. Ltd. v. ZTE Corp.*（CJEU 2015，¶ 76）（欧盟）。
② LG Mannheim v. 29.1.2016 – 7 O 66/15 – *NTT DoCoMo v. HTC*，¶ II，1（德国）。
③ LG Mannheim v. 8.1.2016 – 7 O 96/14 – *Pioneer v. Acer*，¶ 79（德国）。
④ LG Mannheim v. 1.7.2016 – 7 O 209/15 – *Philips v. Archos*，¶ III，IV，1（德国）。
⑤ LG Düsseldorf v. 19.1.2016 – 4b O 120/14 – *Unwired Planet v. Samsung*，¶ VII，6，b，aa，bb（德国）。
⑥ 同⑤，位于 ¶ VII，6，b，dd。
⑦ 同⑤，位于 ¶ VII，6，b，ee。
⑧ LG Dusseldorf v. 19.1.2016 – 4b O 120/14 – *Unwired Planet v. Samsung*，¶ 353（德国）；LG Dusseldorf v. 19.1.2016 – 4b O 122/14 – *Unwired Planet v. Samsung*，¶ 370（德国）；Picht 2018，42。

Motorola，*Inc.* 等案中成功向被诉标准必要专利持有人提出的违约索赔。此外，如果标准实施者未能遵守 *Huawei v. ZTE* 案中规定的程序，在不违反《欧盟运行条约（TFEU）》第 102 条的情况下，标准必要专利持有人可能被允许寻求获得超过合理许可费的损害赔偿，包括所失利润或侵权人利润追缴。[①]

5.2.3 国家损害赔偿法

通常，每个国家的法院都会根据本国有关合同解释和救济措施的国家规则和判例来评估 FRAND 损害赔偿的主张。本章不全面讨论各国的规则。但在附录中，为便于说明，对几个示例性国家（德国、瑞士、韩国、日本和中国）进行了讨论。值得注意的是，虽然我们讨论了 FRAND 承诺对各国法律中专利货币损害赔偿的潜在影响，但我们并不认为，依据正日益成为一种标准的全球许可协议协商的 FRAND 许可费[②] 必须随着国家的不同而不同，或者根据具体标准开发组织（SDO）政策对 FRAND 的解释应有所不同，该解释依据纠纷当事人所在国家/地区能够判决 FRAND 许可费标准的专利损害赔偿法。[③]

5.2.4 讨论与分析：货币损害赔偿与 FRAND 原则

美国法院选择使用专利损害赔偿计算方法（包括 *Georgia-Pacific* 案框架）

[①] LG Düsseldorf v. 19.1.2016 – 4b O 120/14 – *Unwired Planet v. Samsung*，¶ VII, 6, b, cc, dd。

[②] 例如 *Unwired Planet Int'l Ltd. v. Huawei Techs. Co.*（Pat 2017）（英国）；*TCL Commc'ns Tech. Holdings，Ltd. v. Telefonaktiebolaget LM Ericsson*（C.D. Cal. 2017）（美国）；有关国家和全球 FRAND 许可相关问题的讨论，请参见 Contreras 2017b。

[③] Teece et al. 2012, 34（根据不同国家专利侵权赔偿法的多变来解释 RAND 的合理性，这可能会使 RAND 的合理与否因国家而不同）。话虽如此，最近的案例已经适当地（不完全地）根据世界各地不同的市场因素，专利覆盖范围和专利实力（例如美国/欧洲诉中国和所谓的小市场）来调整确定 FRAND 专利许可费率。例如 *Unwired Planet Int'l Ltd. v. Huawei Techs. Co.*（Pat 2017）（英国）；*TCL Commc'ns Tech. Holdings，Ltd. v. Telefonaktiebolaget LM Ericsson*（C.D. Cal. 2017）（美国）。

确定 FRAND 许可费率，很可能是由于美国专利法和确定 FRAND 承诺的标准开发组织（SDO）政策中均使用了"合理许可费"一词。然而，这两个概念（专利损害赔偿和 FRAND 专利许可费率）是在不同历史条件下产生的[①]，旨在实现不同的目标。FRAND 许可费率可以通过标准必要专利持有人和标准开发组织之间的私下协议来制定，也可以根据标准必要专利持有人在市场上做出的公开承诺来制定。正如第 1 章所指出的，在诉讼范围之外达成的大量许可协议中，许可费率的计算并不是根据法院用于计算诉讼中损害赔偿的分析框架确定的。据我们所知，没有任何标准开发组织将 *Georgia-Pacific* 案框架或常用的专利损害赔偿分析作为确定 FRAND 费率的指南。[②] 就标准开发组织参与者所建议不同标准的 FRAND 费率而言，这些费率是根据行业规范和市场因素制定的[③]，而不是根据 *Georgia-Pacific* 案中所用方法规定的假想交易框架制定的[④]。

由于"合理"一词是用于两种不同的情况：专利损害赔偿和 FRAND 许可，事实证明，美国法院难以抵御采用其中一种情况（与专利损害赔偿有关的大量判例）去解决另一种情况（适当的 FRAND 许可费赔偿）的诱惑。因此，美国法院在确定 FRAND 许可费率时，经常援引判例法和合理许可费损害赔偿方法，包括有瑕疵的 *Georgia-Pacific* 案框架及其所有内容，在计算 FRAND 许可费或指示陪审员这样做时，导致协商的 FRAND 损害赔偿和"合理许可费"专利侵权损害赔偿明显趋于一致。[⑤]

---

① 现代 FRAND 承诺在美国的历史渊源可以追溯到 20 世纪 40 年代到 70 年代的一系列反垄断救济措施，这些措施要求被发现从事反竞争行为的专利持有人以"合理的"条款为其专利提供许可。这种表述后来被美国国家标准学会（ANSI）和世界各地的其他标准开发组织采用。参见 Contreras 2015b。

② Teece et al. 2012, 33-34（我们不知道有任何标准制定组织明确宣布［RAND 许可费和"合理的"许可费专利赔偿］是同义的）。

③ Contreras 2015a。

④ 第 1 章对 *Georgia-Pacific* 因素进行了批判，与合理许可费更广泛确定的原因大致相同。

⑤ Contreras & Gilbert 2015（注意到这种趋同，但认为 FRAND 许可费计算和美国合理许可费赔偿框架都应该修改，以关注专利技术对侵权产品的"增值"）。

除美国以外，专利损害赔偿与"合理许可费"赔偿之间的联系并不紧密，法院很少会将两者联系在一起，但是，偶尔也会出现将两者联系在一起的情况，例如 *Samsung v. Apple Japan* 案。[①]但在韩国等其他司法管辖区，专利损害赔偿是基于对侵权人的利润追缴，而这与合理许可费赔偿关系不大。[②]可以确定的是，迄今为止在已就有关 FRAND 许可费做出书面决定的非美国案例中，没有案例提及 *Georgia-Pacific* 案的方法或其 15 项因素分析框架。

Georgia-Pacific 案框架支持所谓的"自下而上"的专利许可费赔偿计算方法。在自下而上方法中，许可费根据诉讼中所确定的专利价值逐案确定，而无需过多考虑可能涉及相同技术或标准的其他专利的价值。在第1章中讨论了此方法，包括是否适用 *Georgia-Pacific* 案框架。

在标准必要专利领域，有望替代"自下而上"方法的是用于确定 FRAND 许可费赔偿而被称为"自上而下"的方法。这种"自上而下"的机制在考虑归于任何特定专利持有人的许可费赔偿时，首先要确定与某个标准相关应负担的许可费赔偿总和。[③]正如美国伊利诺伊州北区地方法院在关于 *Innovatio IP Ventures*，*LLC* 专利诉讼中指出的，"在确定 FRAND 许可费赔偿时，如果其他标准必要专利持有人向实施者提出许可费赔偿要求，必须考虑可能适用的许可费赔偿总和，以解决许可费赔偿堆叠的风险。[④]"在"自上而下"方法中，当多个专利涉及单一标准时，一个标准必要专利持有人收取的费率必然会影响其他标准必要专利持有人从单一制造商获得的费率。[⑤]许可费赔偿总和一旦

---

① *Samsung Elecs. Co. v. Apple Japan LLC*（IP High Ct. 2014）（日本）。
② *Samsung Elecs. Co. v. Apple Korea Ltd.*（Dist. Ct. 2012）（韩国）。
③ Cotter 2018，206-207（讨论创新的自上而下分析方法）；Pentheroudakis & Baron 2017，95-96（分析创新和其他案例中自上而下的方法）；Bartlett & Contreras 2017（讨论自上向下方法的优势）。
④ 关于 *Innovatio IP Ventures*，*LLC* 专利诉讼（N.D. Ill. 2013，9）（美国）。值得注意的是，在 *Innovatio* 案中，法院使用特定的自上而下方法是基于假设的零部件供应商的假定利润，这有些不同寻常，其他法院也未遵循，我们也不赞同。
⑤ Lemley & Shapiro 2007a，2011（由专利持有人谈判的许可费率受到下游公司支付给其他专利持有人的费率影响，因此进行适当的分析才能够共同确定所有的许可费率）。

被确定，便可以使用各种方法在各个标准必要专利持有人之间分配总额。① 正如欧洲委员会最近在来函中所解释的，"不能孤立地考虑单个标准必要专利。各方需要考虑该标准合理的费率总和，评估该技术的整体附加值。"②

日本知识产权高等法院在 Samsung v. Apple Japan 案中使用了这种"自上而下"方法，基于四份公开声明和行业参与者之间关于标准的非正式协议，认为基于 3G UMTS 标准必要专利的赔偿应不超过许可费赔偿总和的5%③。随后，法院根据对该标准可能必不可少的标准必要专利总数，将其中的部分许可费赔偿分配给三星公司主张的基于 UMTS 标准必要专利的赔偿。④

英国专利法院在 Unwired Planet v. Huawei 案中使用了两种方法来计算 FRAND 许可费：⑤一种基于可参照许可协议，另一种（用于检查前一种结果）基于类似于日本知识产权高等法院在 Samsung v. Apple Japan. 案中采用的"自上而下"方法。在 Unwired Planet 案中，法院确定了所有适用标准必要专利中可归于某项标准的许可费赔偿总和，然后将适当的金额分配给主张涉诉专利的标准必要专利持有人。根据法院"自上而下"的方法，FRAND 许可费赔偿数额的计算依照在产品中特定标准的标准必要专利许可费赔偿总和（例如，智能手机价格中可归于 4G 标准的部分）乘以原告所持有的 4G 标准必要专利所占的百分比⑥。为了计算诉讼中各标准必要专利在许可费赔偿总和中所占的

---

① 尽管分配方法对于确定 FRAND 许可费至关重要，但需要大量的文献研究，其讨论超出了本章的范围。通过参见 Bartlett & Contreras 2017，208–209（列举一系列专利估值和分配方法，包括数字比例/人数、引用数量、成本回收、实物期权价值、替代成本、占地面积、现金流贬值以及可比许可协议的分析）。

② 欧盟委员会，COM（2017）712 最终版。

③ Samsung Elecs. Co. v. Apple Japan LLC（IP High Ct. 2014，131）（日本）（FRAND）。

④ 同③，位于第 132、137–138 页 [关注到费尔菲尔德资源国际公司（译者注：美国知识产权咨询公司）发布的独立研究报告发现，在被宣称对 UMTS 必不可少的 1889 项专利同族中，只有 529 项专利同族"是或可能是必不可少的"]。因此，法院根据总共 529 项专利同族而非 1889 项专利同族计算应付给三星的许可费。有关该方法的更详细讨论，请参见 Siebrasse & Cotter 2017b，384–385。

⑤ Unwired Planet Int'l Ltd. v. Huawei Techs. Co.（Pat 2017）（英国）。

⑥ 同⑤，第 178 页。

比重，法院考虑了其他标准必要专利持有人针对该标准必要专利许可费赔偿所发表的公开声明。[①] 通过使用各种计算和筛选方法，包括对专利组合中声称的标准必要专利进行筛选，来计算原告在整个标准必要专利池中所占的份额。[②] 法院计算的结果与使用基于可参照许可协议方法得出的结果一致。

"自上而下"方法既可以避免与 *Georgia-Pacific* 案赔偿框架的调整出现潜在矛盾，也可以避免与其他单独确定各专利持有人的许可费赔偿的"自下而上"的许可费赔偿方法形成对比，因此，许可费赔偿总额仅作为各个组成部分赔偿的总和。[③] 采用"自下而上"方法的法院逐案使用了不同的许可费赔偿计算标准和因素，即使涉及相同功能的标准必要专利时，也会出现不一致赔偿甚至是过度赔偿的情况。[④] 例如，在 2013 年和 2014 年，美国五个不同的地方法院，无论是庭审还是陪审团，都计算了涵盖 Wi-Fi 标准的共 35 项标准必要专利的许可费赔偿。这 35 项专利的许可费赔偿合计约为普通 Wi-Fi 路由器总销售价格 50 美元的 4.5%[⑤]。据估计，约有 3000 项专利涵盖了 Wi-Fi 标准[⑥]，几乎是目前受到判决专利数量的 100 倍。如果每项专利的许可费赔偿都以类似不严谨的、自下而上的方式来计算，则 Wi-Fi 路由器的专利许可费赔偿总和就容易超过产品总售价的多个数量级。

也就是说，运用"自上向下"的方法并非一帆风顺。关键是，目前还没有一种普遍认可的方法来确定涵盖特定标准的全部专利的许可费赔偿总和。在之前讨论的 *Apple Japan* 案和 *Unwired Planet* 案中，法院依赖于标准必要专

---

① *Unwired Planet Int'l Ltd. v. Huawei Techs. Co.*（Pat 2017，264-272）（英国）。尽管此类声明并非是确定许可费赔偿总和的理想数据点，并且如法院所承认的，可能既不可靠又自私自利，但它们是迄今为止所能得到最有用的数据。参见 Contreras 2017a（表明在标准开发组织内联合谈判此类费率将产生更优的数据，以此为基础做出此类决定）。

② *Unwired Planet Int'l Ltd. v. Huawei Techs. Co.*（Pat 2017，325-329）（英国）。有关方法更详细的讨论，请参见 Siebrasse & Cotter 2017b，384-386。

③ Bartlett & Contreras 2017，293-295（讨论和提供自下而上的计算示例）。

④ 同③，位于 295-296 和表 2。

⑤ 同③。

⑥ *In re Innovatio IP Ventures*，*LLC Patent Litigation*（N.D. Ill. 2013，41）（美国）。

利持有人的公开声明，至少有一家法院认为这些声明的可靠性是有限的，而且明显是"自私"的。[①]更重要的是，即使确定涵盖标准的全部专利的许可费赔偿总和，还必须开发一种方法将该许可费赔偿总和分配给涵盖该标准的标准必要专利的众多不同持有人。迄今为止，在大多数案例中，采用"自上而下"方法的法院，只是根据简单的"数值相称"或"一专利一份额"的原则，在标准必要专利持有人之间分配许可费赔偿总和。[②]虽然这种方法使用起来很容易，但它忽略了专利之间固有价值的差异，例如 *Microsoft Corp.v. Motorola*, *Inc.* 案中确定存在的差异。

广泛来讲，尽管"自上而下"方法在原则上与"自下而上"方法相比有多个富有吸引力的特点，但其在指定案例中的应用仅仅与现有证据一样。由于"自上而下"方法和"自下而上"方法依赖于不同类型的证据，因此在具体案件中，考虑到现有的证据，只用一个或另一个可能更可取。

因此，我们建议：①与第一章的建议相一致，评估 FRAND 许可赔偿费率的法院，尤其是除美国以外的国家或地区，在进行评估时不应机械地采用 *Georgia-Pacific* 案方法中 15 项因素的假想交易框架；②估算 FRAND 许可费赔偿费率的法院选择最能得到现有证据支持的方法来计算费率，无论这些证据是否足以涵盖相同专利的可参照许可协议，或是就整体标准或技术的许可费赔偿总费率达成共识，如果证据支持使用多种方法，请考虑同时使用"自下而上"和"自上而下"的许可费赔偿计算方法并进行比较。我们还建议进行深入研究，主要是针对确定对于特定标准"自上而下"应许可费赔偿总和

---

① *Unwired Planet Int'l Ltd. v. Huawei Techs. Co.*（Pat 2017）（英国），同时参见 *TCL Commc'ns Tech.Holdings, Ltd. v. Telefonaktiebolaget LM Ericsson*（C.D. Cal. 2017）（美国）（法院同样依赖公开声明）；Contreras 2017a（讨论确定合计许可费的方法）。也就是说，与标准必要专利以外的专利不同，此类公开声明确实存在于标准必要专利的情况下，至少表明了相关方对价值总和的结论。在 *In re Innovatio* 案中，法院依据最小可销售的专利实施单元的利润率；有关讨论和评论，请参见 Siebrasse & Cotter 2017b，81-82，他们认为在 *Innovatio* 案中使用的方法在各个方面都存在缺陷。

② 正如 Birss. J 在 *Unwired Planet Int'l Ltd. v. Huawei Techs. Co.*（Pat 2017）（英国）案中提到的，当涉及大量专利时，"专利计数"可能是不可避免的。

以及在标准必要专利各持有人之间分配许可费赔偿总和的适当方法。基于上述理解，如果能够开发确定此类许可费赔偿总和的可靠方法，那么将会产生计算 FRAND 许可费赔偿费率的理想方法。

最后，我们认为加重损害赔偿可能会在阻止被许可人故意"反向劫持"行为方面发挥潜在作用，因此建议进一步研究在标准必要专利中此类损害赔偿对反向劫持行为的潜在威慑作用。我们对根据德国或欧盟判例法可能超过 FRAND 标准的专利损害赔偿不发表意见。

5.3 FRAND 承诺和禁令救济

5.3.1 美国

美国最高法院在 2006 年对 *eBay v. MercExchange* 案的判决中规定了美国专利案件中禁令救济的司法框架，该司法框架已在第四章详细讨论。根据 *eBay* 案的规定，法院在考虑是否向标准必要专利持有人授予禁令时，在没有颁布禁令的情况下，必须权衡 4 项衡平因素：标准必要专利持有人是否会遭受不可弥补的损害，标准必要专利持有人是否会获得足够的货币损害赔偿，禁令的颁布是否有利于当事人利益的平衡，禁令对公共利益的影响。

在 *Microsoft Corp. v. Motorola, Inc.* 案中，摩托罗拉公司寻求阻止微软公司继续侵犯摩托罗拉公司涵盖两个标准（IEEE 的 802.11 和 ITU 的 H.264）专利的禁令。法院认为摩托罗拉公司对上述专利做出了 FRAND 承诺，而微软公司同意以合理的条款接受许可。法院根据 *eBay* 案的 4 项因素对事实进行评估，判定摩托罗拉公司没有遭受不可弥补的损害，也没有显示货币损害赔偿不足以补偿侵权行为。因此，法院驳回了摩托罗拉公司寻求禁令的请求。在 *Realtek Semiconductor Corp. v. LSI Corp.* 案中[1]，美国加利福尼亚州北区地方法

---

[1] *Realtek Semiconductor Corp. v. LSI Corp.*（N.D. Cal. 2014）（美国）。

院判决，标准必要专利持有人在专利权人向实施者提供许可之前寻求禁止标准实施者的禁令救济，违反了 FRAND 承诺。因此，禁令请求再次被驳回。

这些地方法院的判决为联邦巡回法院在 FRAND 相关案例中考虑永久禁令救济的问题奠定了基础。在 Apple, Inc. v. Motorola, Inc. 案中，联邦巡回法院分析了摩托罗拉公司关于禁止销售苹果公司产品的禁令，苹果公司产品被指涉嫌侵犯摩托罗拉公司做出 FRAND 承诺的标准必要专利。[1] 初审法官驳回了摩托罗拉公司的请求，理由是根据定义，专利持有人做出的 FRAND 承诺已经承认，货币许可费赔偿将是对专利许可的充分补偿，从而根据 eBay 案的规定，这种充分补偿消除了任何有关侵权将给专利持有人造成不可弥补损害的观点。[2]

尽管联邦巡回法院合议庭在某些问题上存在分歧，但合议庭的全体三名法官一致认为，"就地方法院在某种程度上适用的规则而言，标准必要专利无法获得禁令的规定是错误的。[3]"法院认为，eBay 案的框架"为分析 FRAND 承诺的专利和行业标准提供了足够的支撑和弹性"，没有理由创立"单独的规则或分析框架对于 FRAND 承诺的专利提供禁令救济"。[4] 法院承认，根据 eBay 案的框架，"受 FRAND 承诺约束的专利权人可能难以证实不可弥补的损害"。[5] 尽管如此，"如果侵权人单方面拒绝 FRAND 许可费或无理由拖延谈判以达到同样的效果，则颁布禁令可能是合理的。[6]"考虑到这一点，联邦巡回法院维持了地方法院驳回摩托罗拉公司寻求禁令的判决[7]。

---

[1] Apple, Inc. v. Motorola, Inc.（美国联邦巡回上诉法院，2014 年）。

[2] Apple, Inc. v. Motorola, Inc.（N.D. Ill. 2012）（美国）。

[3] Apple, Inc. v. Motorola, Inc.（美国联邦巡回上诉法院，2014 年，第 1331 页）。

[4] 同[3]，1331–1332。

[5] 同[3]，1332。

[6] 同[3]，（引自美国司法部和美国专利商标局 2013 年）。如上文第 5.2.1.2 节中所述，这种现象称为"反向劫持"或"反向专利劫持"，据说发生在侵权人恶意拒绝接受标准必要专利持有人提供的 FRAND 许可条款的情况下。

[7] Apple, Inc. v. Motorola, Inc.（美国联邦巡回上诉法院，2014 年，第 1332 页）。有趣的是，虽然 Apple v. Motorola 案中不涉及反垄断问题（尽管事实上美国司法部必须遵守美国法院制定的法律），但在 2017 年，司法部反垄断部门的负责人严厉批评了联邦巡回法院在 Apple v. Motorola 案中的理由，暗示其将 FRAND 承诺转变为"强制许可计划"。Delrahim 2017。

首席法官拉德持部分反对意见，认为关于苹果公司在接受摩托罗拉公司的 FRAND 许可方面的行为，确实存在实质性问题（例如潜在反向劫持），该案本应发回重审，以便在该问题上进一步查明事实。[1]与此形成鲜明对比的是，与大多数人不同，普罗斯特法官持部分赞同和部分反对的意见，即所谓的侵权人拒绝谈判许可能够作为对于 FRAND 承诺专利提供禁令救济的依据。[2]她的理由是，尽管潜在被许可人的恶意谈判可能证明加重损害赔偿是合理的（见上文讨论），但是 eBay 案中"不可弥补损害"的检验将不利于对 FRAND 承诺的专利提供禁令救济。[3]普罗斯特法官同时承认，如果专利权人无法获得应得的损害赔偿，例如，如果侵权人拒绝支付判决的损害赔偿或超出法院的管辖范围，则颁布禁令可能是适当的。[4]

美国司法部（DOJ）和联邦贸易委员会（FTC）对受 FRAND 承诺约束的当事人寻求禁令救济是否恰当表示关注。2011 年，联邦贸易委员会发布了准则，根据 eBay 案的规定，禁令救济在 FRAND 原则下可能不一定总是合理的，并写道："现有的 FRAND 承诺可以提供强有力的证据，证明拒绝提供禁令救济和持续许可费赔偿不会对专利权人造成不可弥补的损害。"[5]2012 年，在当事人（苹果公司、谷歌公司和微软公司）承诺不寻求禁止使用 FRAND 承诺的标准必要专利的禁令之后，美国司法部才批准了三项大型专利收购交易。[6]

在 2012 年底和 2013 年，联邦贸易委员会根据《联邦贸易委员会法》第 5 条提起了两项诉讼，以解决涉嫌违反 FRAND 承诺的行为。[7]在第一项诉讼中，联邦贸易委员会调查了与拟收购名为 SPX 公司有关的罗伯特·博世（Robert

---

[1] *Apple, Inc. v. Motorola, Inc.*, 1333-1334。
[2] 同[1]，1342。
[3] 同[1]。
[4] 同[1]，1343。
[5] 联邦贸易委员会，2011 年，235。
[6] Contreras 2012。
[7] 根据《联邦贸易委员会法》第 5 条，美国法典第 15 编第 45（a）(1) 条，联邦贸易委员会可以起诉"不公平的竞争手段"和"不公平的或欺诈的行为或做法"。

Bosch GmbH)公司的情况。[①] 根据投诉,SPX 公司参与了标准开发组织制定的汽车冷却系统标准。[②] 尽管对标准开发组织做出了 FRAND 承诺,SPX 公司还是针对涉嫌侵权人主张了两项涵盖 SDO 标准的专利权,然后寻求禁令救济以防止侵权产品的未来销售。[③] 联邦贸易委员会认为,SPX 公司在面对其 FRAND 承诺的情况下试图获得禁令救济本质上是强制性和压迫性的,因此构成了违反第 5 条规定的不正当竞争方法。博世(Bosch)公司承诺 SPX 公司在此情况下不再寻求禁令救济来解决这一问题。

面对 Motorola Mobility LLC 案和 Google, Inc. 案中在先的 FRAND 承诺,联邦贸易委员会再次提起诉讼以解决专利持有人试图获得禁令救济的问题。[④] 在这种情况下,摩托罗拉公司(后来被谷歌公司收购)拥有电气与电子工程师协会(IEEE)、国际电信联盟(ITU)和欧洲电信标准化协会(ETSI)发布实践标准所必不可少的专利,摩托罗拉公司参与这些标准开发组织并向每个标准开发组织做出了 FRAND 承诺。尽管如此,在针对苹果公司和微软公司独立的专利诉讼中,虽然两名被告实施者据称都愿意获得摩托罗拉公司的专利许可,摩托罗拉公司仍然向美国国际贸易委员会(ITC)寻求排除令并向联邦法院寻求禁令,以防止未来销售符合标准的产品。联邦贸易委员会认为,摩托罗拉公司试图使用标准必要专利来禁止苹果公司和微软公司的产品销售,构成了违反第 5 条规定的不正当竞争方法。[⑤] 在谷歌公司同意不针对某些 FRAND 承诺专利的侵权人寻求禁令救济之后,纠纷得到了解决,除非该侵权人不在美国法院的管辖范围之内,并书面表示不接受专利许可,拒绝签署由法院或仲裁认定符合 FRAND 要求的许可协议,或未能提供对 FRAND 许可

---

① 关于 *Robert Bosch GmbH*(联邦贸易委员会,2013 年 4 月 23 日)(美国)。
② 同①,715-719。
③ 同①,718-719。
④ 关于 *Motorola Mobility LLC v. Google Inc.*(联邦贸易委员会,2013 年 7 月 23 日)(决定与命令)。
⑤ 同④。

第 5 章 公平、合理、无歧视（FRAND）承诺对专利救济的影响

要约的书面确认。①

如第 4 章所讨论的，美国法院在考虑颁布禁令时还必须考虑禁令对公共利益的潜在影响。虽然在法院判决 FRAND 争议的禁令分析中，公共利益方面的考虑尚未发挥重要作用，但在独立的联邦机构——美国国际贸易委员会调查的与标准必要专利相关的事件中，公共利益发挥了重要作用。类似于法院颁布禁令以防止未来在美国专利侵权一样，美国国际贸易委员会有权颁布排除令以防止将侵权产品进口到美国。②在考虑是否颁布排除令时，美国国际贸易委员会尤其要考虑"这种排除对于公众健康和福利、美国经济的竞争条件、美国同类产品或直接竞争产品的生产以及美国消费者的影响。③"这项规定通常被称为美国国际贸易委员会的"公共利益"规定。

在最近的几起案件中，美国国际贸易委员会已考虑针对侵犯一个或多个 FRAND 承诺标准必要专利的产品颁布排除令。2013 年，美国国际贸易委员会颁布了一项排除令，禁止苹果公司向美国进口涉嫌侵犯三星公司 FRAND 承诺的标准必要专利的设备。④但令人惊讶的是，美国贸易代表办公室（USTR）以标准化产品对美国经济的重要性等理由否决了美国国际贸易委员会的排除令。⑤

2013 年，美国司法部和美国专利商标局发布了联合政策声明，涉及美国国际贸易委员会排除令方面考虑公共利益的问题。他们指出，"禁令或排除令的救济措施可能与公共利益相抵触……其中基于 FRAND 承诺的专利排除令似乎与专利持有人现有的 FRAND 许可承诺的条款不符。"⑥在该政策声明中，美

---

① 关于 *Motorola Mobility LLC v. Google Inc.*（联邦贸易委员会，2013 年 7 月 23 日）（决定与命令），8。
② 《1930 年关税法》，美国法典第 19 编第 1337（a）(1)(a）条。
③ 同②，第 1337（d）(1）条。
④ 关于一些电子设备，包括无线通信设备、便携式音乐和数据处理设备以及平板电脑（美国国际贸易委员会，2013 年 6 月 4 日）。三星公司可能会启动美国国际贸易委员会程序，因为它在美国有大量业务。苹果公司因产品在中国和其他国家/地区生产而受到禁止其产品排除令的限制。
⑤ Froman 2013。
⑥ 美国司法部和美国专利商标局，2013 年，第 6 页。

国司法部和美国专利商标局认为以下情况是适用禁令救济或排除令的适当情形,包括实施者拒绝接受所提供的 FRAND 许可、拒绝支付合理许可费赔偿、拒绝参与谈判、不受可判定损害赔偿法院的管辖。

美国联邦贸易委员会也得出了类似的结论,即对侵犯 FRAND 承诺的标准必要专利的产品颁布 ITC 排除令,要考虑是否有利于公众利益。在提交给美国国际贸易委员会的书面声明中,美国联邦贸易委员会解释称,对于美国国际贸易委员会有关公共利益的考虑,"除非 RAND 承诺的标准必要专利持有人提出了实施者尚未接受的合理许可费,否则将支持驳回排除令"。[1] 美国联邦贸易委员会还建议美国国际贸易委员会考虑降低排除令有害影响的方法,例如,通过延迟其有效性,让侵权人有时间围绕所主张的专利进行规避设计,并将排除令的范围仅限于侵权的零部件。

5.3.2 欧盟

欧盟有关禁令和标准必要专利的大部分法律源于欧盟法院 2015 年对 *Huawei v. ZTE* 案的判决。[2] 在 *Huawei* 案中规定为了遵守欧盟竞争法,标准必要专利持有人希望对未经许可的实施者寻求禁令,而不滥用根据《欧盟运行条约(TFEU)》第 102 条规定的支配地位,必须采取一系列的程序步骤,包括①警告未经许可实施者的侵权行为;②如果实施者表示有意签订许可协议,则发布初始 FRAND 要约(以下将详细介绍这些步骤)。

评论家对于 *Huawei* 案所适用的情况存在一些分歧。根据《欧盟运行条约(TFEU)》第 102 条,*Huawei* 案涉嫌滥用所谓的"排他性"。FRAND 承诺的标准必要专利持有人试图"防止竞争对手制造的产品出现在市场上或存在于

---

[1] 美国联邦贸易委员会,2012 年。

[2] *Huawei Techs. Co. Ltd. v. ZTE Corp.*(CJEU 2015)(欧盟)。除了欧盟成员国以外,华为公司的判决也可能会在非欧盟成员国(例如瑞士)中遵循。

市场上，从而保留自己制造的相关产品。①"在一些评论家看来，Huawei 案只能被解读为包含了此类排他性行为②，并不考虑对所谓的剥削性滥用承担反垄断责任（即针对使用 FRAND 承诺的标准必要专利提供禁令救济来获取不公平许可条款的公司，如第 7 章所述，这一问题通常称为"专利劫持"）。但其他人则认为，由于《欧盟运行条约（TFEU）》第 102 条涉及排他性和剥削性滥用，因此没有理由假定欧盟法院（CJEU）打算在 Huawei 案中将判决局限于排他性滥用，这一点在对主要寻求货币救济的专利主张实体（PAE）的行为进行的讨论中非常重要。③

对于 Huawei 案试图达到的效果也依然存在分歧。一些人认为，根据 Huawei 案的规定，承诺按照 FRAND 条款授予许可的性质纯粹是程序性的。根据这一解释，FRAND 可以被理解为一种"礼让策略"，为专利持有人和潜在被许可人带来双边公平竞争义务。④这种理解不同于 FRAND 的另一种解释，即对可能收取的许可费设置实质性的限制。

5.3.2.1 Huawei v. ZTE 案——程序

在 Huawei v. ZTE 案中澄清了占支配地位的标准必要专利持有人对标准开发组织做出的 FRAND 承诺能否以及在多大程度上限制其提出禁止性禁令（或产品召回）权利的问题。据欧盟法院称，标准必要专利持有人仍然可以申请禁令，但"为了防止禁止性禁令的诉讼……［根据欧盟竞争法］被视为滥用，［标准必要专利持有人］必须遵守旨在确保相关利益之间公平的条件。"⑤这些条件如下：

1）即使标准必要专利已被实施者使用，未经事先通知实施者或与实施

---

① Huawei Techs. Co. Ltd. v. ZTE Corp.（CJEU 2015，52）（欧盟）。除了欧盟成员国以外，华为公司的判决也可能会在非欧盟成员国（例如瑞士）中遵循。
② Petit 2017，301。
③ Contreras & Picht 2017 和第 6 章。
④ CEN-CENELEC 2015。
⑤ Huawei Techs. Co. Ltd. v. ZTE Corp.（CJEU 2015，¶55）（欧盟）。

者协商，标准必要专利持有人不得对实施者提起此类诉讼。① 标准必要专利持有人的警告应通过指明标准必要专利并说明其侵权方式以提醒实施者侵权。这是因为，由于某些标准中包含大量的标准必要专利，因此无法确定实施者是否一定会意识到其正在使用相对于标准而言既有效又必不可少的专利。②

2）在实施者表示愿意签订许可协议之后，标准必要专利持有人应根据向标准开发组织做出的承诺，以 FRAND 条款提出具体的书面许可要约，尤其明确许可费的金额和许可费的计算方式。③

3）反过来，实施者必须根据本领域公认的商业惯例并且诚信认真地回应该要约。所要求的行为必须建立在客观因素的基础上，尤其在行为中不存在拖延战术。只有及时以书面形式向有关标准必要专利持有人提交与 FRAND 条款相对应的具体反要约后，实施者才可以依据禁止性禁令或产品召回行为的滥用性质不接受要约。④ 此外，如果实施者在签订许可协议之前使用标准必要专利提供的教导，则必须从其反要约被拒绝之时起提供适当的担保，例如提供银行担保或必要的存款。担保的计算必须包括（除其他外）标准必要专利已发生使用行为的数量，并且被控侵权人必须能够对这些使用行为作出解释。⑤

4）如果在实施者反要约后未能就 FRAND 条款的细节达成协议，则双方可通过共同协议要求由独立第三方立即决定许可费的金额。⑥

5.3.2.2 解读 Huawei v. ZTE 案

欧盟法院在 Huawei v. ZTE 案中制定的行为规则，是对基于德国 Orange-

---

① *Huawei Techs. Co. Ltd. v. ZTE Corp.*（CJEU 2015，¶55-60）（欧盟）。
② 同①，¶61-62。
③ 同①，¶63。
④ 同①，¶65-66。
⑤ 同①，¶67。
⑥ *Huawei Techs. Co. Ltd. v. ZTE Corp.*（CJEU 2015，¶55-68）（欧盟）。

Book 标准[1]和 *Standard-Spundfass* 案例[2]制定限制性框架的回应。*Huawei* 案框架提供了一种更好平衡标准必要专利持有人和标准实施者利益的方法，可作为 FRAND 许可谈判的一般指南。虽然华为案框架在本质上是程序性的，但也体现了欧盟竞争法的重要实质性问题。下文讨论了当事人根据 *Huawei* 案框架所需采取的步骤，以及需要进一步澄清某些问题和国家法院（主要但不限于德国）正在解决的问题。

（1）实施者的回应

关于标准必要专利持有人的侵权通知，有两个特别值得关注的问题。德国法院已经考虑了被控侵权人必须愿意根据 FRAND 条款达成许可协议的时限。[3] 杜塞尔多夫地方法院在 *Saint Lawrence v. Vodafone*[4] 案中发现，侵权通知所包含的细节越多，实施者审查涉诉专利并表示愿意达成协议的时间就越短。下级法院的判决得到了杜塞尔多夫地方高等法院的确认，因为实施者在收到侵权通知后拖延了五个多月，以逃避的方式延迟回应。[5] 在 *Saint Lawrence v. Vodafone* 案中，曼海姆地方法院认为，实施者没有表示愿意按照 FRAND 条款达成许可协议，因为实施者的供应商作为诉讼程序的参与者，在获悉禁令诉讼后竟要三个多月才提出许可请求。[6] 根据杜塞尔多夫地方法院在 *Saint Lawrence v. Vodafone* 案中判定，如果实施者已经获悉了所有必要的信息并且

---

[1] BGH v. 6.5.2009 – KZR 39/06 – Orange–Book–Standard（德国）。

[2] BGH v. 13.7.2004 – KZR 40/02 – Standard–Spundfass（德国）。

[3] LG Mannheim v. 27.11.2015–12 O 106/14–*Saint Lawrence v. Deutsche Telekom*，¶214（德国）（一般情况下时限较短，因为实施者必须只有初步评估的机会，特别是因为在谈判期间仍有可能对专利提出质疑，甚至在签订许可合同后保留这样做的权利）；LG Dusseldorf v. 31.3.2016–4a O 73/14 – *Saint Lawrence v. Vodafone*，¶218（德国）（需要给予网络运营商时间与供应商进行协商）；同上，位于¶216, 218（从专利权人处获得的信息、市场地位、实施者的经验应当发挥作用）。

[4] LG Düsseldorf v. 31.3.2016– 4a O 73/14–*Saint Lawrence v. Vodafone*（德国）。

[5] OLG Düsseldorf v. 9.5.2016–I–15 U 36/16–*Saint Lawrence v. Vodafone*（德国）。

[6] LG Mannheim v. 27.11.2015–2 O 106/14–*Saint Lawrence v. Deutsche Telekom*，¶146-149（德国）。

不愿意接受许可，则可以省略侵权通知。[①]

（2）侵权通知的内容

关于侵权通知最低内容的要求，杜塞尔多夫地方法院在 *Saint Lawrence v. Vodafone*[②] 案中判定，通知必须至少指明专利号、有争议的实施方式以及实施者涉嫌的使用行为。[③] 不需要提供其他信息，尤其是关于专利权利要求的解释或者专利涉及标准的具体哪些部分。[④] 在 *Sisvel v. Haier*[⑤] 案中，杜塞尔多夫地方法院并未判决侵权通知是否必须仅指明用于寻求禁令的专利，或是否必须包括提及与许可有关的其他知识产权。曼海姆地方法院在 *NTT DoCoMo v. HTC*[⑥] 案以及 *Philips v. Archos*[⑦] 案中判定，标准必要专利持有人必须通过引用其专利号来指明（涉嫌）遭受侵权的专利，并表明涉诉专利已被声明为标准必要专利。此外，标准必要专利持有人不仅有义务澄清相关标准，而且有义务详细说明标准的相关部分以及实施者产品的侵权部件，以便实施者能够评估其对标准的使用是否侵犯了涉诉专利。[⑧] 在这方面，曼海姆地方法院在 *NTT DoCoMo v. HTC* 案以及 *Philips v. Archos* 案中均判定，提交与公认的商业惯例相对应的权利要求对照表以进行许可谈判，原则上是一种可接受的通知涉嫌侵权的方式。[⑨] 另外，仅仅声明实施者通过生产或销售实施该标准的产品侵犯了涉诉专利是不充分的。[⑩]

---

① LG Dusseldorf v. 31.3.2016–4a O 73/14–*Saint Lawrence v. Vodafone*，¶ 208–210（德国）。
② 同①。
③ 同①，位于 ¶ 193。
④ 同①。
⑤ LG Düsseldorf v. 3.11.2015–4a O 93/14–*Sisvel v. Haier*（德国）。
⑥ LG Mannheim v. 29.1.2016–7 O 66/15–*NTT DoCoMo v. HTC*（德国）。
⑦ LG Mannheim v. 1.7.2016–7 O 209/15–*Philips v. Archos*（德国）。
⑧ LG Mannheim v. 29.1.2016–7 O 66/15–*NTT DoCoMo v. HTC*（德国）；LG Mannheim v. 1.7.2016–7 O 209/15 – *Philips v. Archos*（德国）。值得注意的是，要求指定的义务是一些 SDO 披露政策（例如 IETF）所要求的，并且正在由其他 SDO 考虑。
⑨ LG Mannheim v. 29.1.2016–7 O 66/15–*NTT DoCoMo v. HTC*（德国）；LG Mannheim v. 1.7.2016–7 O 209/15 –*Philips v. Archos*，¶ IV.1.（德国）。
⑩ LG Mannheim v. 1.7.2016–7 O 209/15–*Philips v. Archos*，¶ IV.1.（德国）。

（3）许可要约

根据 Huawei v. ZTE 案行为规则的第三步，标准必要专利持有人提出的要约是公平、合理和无歧视（FRAND）的。[①] 为了理解华为案中所述步骤之间的关系，可以参考 Saint Lawrence v. Vodafone[②] 案中杜塞尔多夫高等地方法院的判决。根据这项判决，欧盟法院要求当事人的行为符合交替、连续步骤的机制要求，在该机制中，除非一方履行了前一"步骤"，否则不触发后续对另一方的行为要求。在这种情况下，由于实施者没有表明其许可意愿[③]，因此，标准必要专利持有人不需要提交 FRAND 许可要约。

在 Huawei v. ZTE 案之后，德国法院做出的一些判决详细说明了标准必要专利持有人在许可要约中规定的许可费标准在何种情况下被认为是"合理的"。在这方面，应当区分两种做法（一般而言，参见上文第 5.2.4 节中根据 FRAND 义务有关货币救济的讨论）。根据第一种做法，应由法院确定标准必要专利持有人提出的许可费是否符合 FRAND 规定。例如，杜塞尔多夫地方法院在 Saint Lawrence v. Vodafone 案中判决，针对涵盖整个标准必要专利池的全球许可要约，每台侵权设备的费率为 0.26 美元，这与标准必要专利持有人根据 Huawei v. ZTE 案中的现有许可做法保持一致。[④] 杜塞尔多夫地区高等法院随后的判决同意了下级法院的判决结果。[⑤]

根据第二种方法，法院的任务不是确定许可条件和许可费是否符合"公

---

① 关于 FRAND 要约的一些说明，可在欧洲联盟委员会关于横向合作协议的指南中找到。欧盟委员会，2011 年 O.J.（C11/01）1。委员会规定，公平合理许可费应与被许可知识产权的价值有一定关系。例如，它建议应考虑被许可知识产权的事前价值，即在行业锁定给定标准之前的价值。委员会还建议，应考虑被许可知识产权组合对给定标准的重要性和必要性。该指南还建议考虑类似的许可。同上，位于 ¶ 289–290。

② OLG Dusseldorf v. 9.5.2016–I-15 U 36/16–*Saint Lawrence v. Vodafone*（德国）。

③ 同上，位于 ¶ 2, b, cc。

④ LG Düsseldorf v. 31.3.2016–4a O 73/14–*Saint Lawrence v. Vodafone*，¶ 225 及以下（德国）；LG Düsseldorf v. 31.3.2016– 4a O 126/14–*Saint Lawrence v. Vodafone*。

⑤ OLG Düsseldorf v. 9.5.2016– I-15 U 36/16–*Saint Lawrence v. Vodafone*，¶ 2.b.ff.（德国）；OLG Düsseldorf v. 9.5.2016–I-15 U 35/16–*Saint Lawrence v. Vodafone*（德国）。

平、合理和无歧视（FRAND）"原则。相反，法官应仅在简易评定的基础上，评估标准必要专利持有人的许可要约和许可费是否明显违反"公平、合理和无歧视（FRAND）（即，该要约明显不符合 FRAND）"原则。本案中，曼海姆地方法院认为，许可要约符合 *Huawei v. ZTE*[①] 案中规定的程序，特别是因为标准必要专利持有人已根据在 WCMA/SIPRO 和 VIA 专利池中持有的专利百分比解释了许可费的计算方法。曼海姆地方法院在 *Pioneer v. Acer*[②] 案中也得出了类似的结论。卡尔斯鲁厄高等法院在随后的诉讼中批评了曼海姆地方法院适用的审判标准，高等法院认为，法院必须确定许可要约是否符合 FRAND 原则，不能将其审查限于对此类要约是否明显不符合 FRAND 原则的简易评定。[③] 考虑到二审法院的意见，曼海姆地方法院在 *Philips v. Archos*[④] 案中没有决定是否有义务重新考虑其审判标准。然而，该法院却发现标准必要专利持有人未能充分证实为何根据 *Huawei* 案每个单元收取 1 美元的许可费是符合 FRAND 原则的。

（4）许可费的计算

此外，德国法院的判决阐明了标准必要专利持有人必须根据 *Huawei* 案的规定在提出的许可要约中明确许可费计算的范围。一般而言，要约必须指明有关条件，使实施者只需声明其接受便可达成许可协议。[⑤] 因此，曼海姆地方法院在 *NTT DoCoMo v. HTC*[⑥] 案和 *Philips v. Archos*[⑦] 案中都判决，许可费的计算必须根据客观标准，以使实施者能够理解标准必要专利持有人为何认为许可要约符合 FRAND 原则的方式进行。就配额许可协议而言，仅注明每个单元的许可费是不充分的。相应的金额必须足够"透明"，例如，通过参考既

---

① LG Mannheim v. 29.1.2016–7 O 66/15–*NTT DoCoMo v. HTC*，¶ 70–72（德国）。
② LG Mannheim v. 8.1.2016–7 O 96/14–*Pioneer v. Acer*（德国）。
③ OLG Karlsruhe v. 31.5.2016–6 U 55/16– *Pioneer v. Acer*（德国）。
④ LG Mannheim v. 1.7.2016–7 O 209/15–*Philips v. Archos*，¶ IV.1.（德国）。
⑤ LG Mannheim v. 29.1.2016–7 O 66/15–*NTT DoCoMo v. HTC*（德国）。
⑥ 同⑤。
⑦ LG Mannheim v. 1.7.2016–7 O 209/15–*Philips v. Archos*（德国）。

定的标准许可程序或通过表明其他参考价值，如专利池许可费①。相反，如果根据标准必要专利持有人持有在 WCMA/SIPRO 和 VIA 专利池中专利的百分比来解释许可费的计算，法院则认为许可要约的内容是充分的。②杜塞尔多夫地方法院在 Saint Lawrence v. Vodafone 案中指出，标准必要专利持有人必须提供必要的信息来确定应支付的许可费，例如，每个单元的许可费和许可所涵盖的产品。尽管法院尚未确定是否有需要进行额外说明，例如有关许可要约的 FRAND 特性对于遵守 Huawei 案的规定是必要的，但法院认为标准必要专利持有人的告知义务不应被解释得过于严格，因为 FRAND 原则经常包括一系列条款和条件。③

（5）组合许可（portfolio licenses）

根据 Huawei v. ZTE 案，有几项判决讨论了标准必要专利持有人提供的（全球）组合许可是否符合 FRAND 原则。曼海姆地方法院在 Saint Lawrence v. Deutsche Telekom④ 案中似乎支持此类许可的 FRAND 兼容性，但起初并没有得出明确的结论。在随后 Pioneer v. Acer⑤ 案的判决中，标准必要专利持有人的要约被认为是充分的⑥，特别是因为授予集团母公司的全球许可符合该领域公认的商业惯例。杜塞尔多夫地方法院在 Saint Lawrence v. Vodafone⑦ 案中表示，标准必要专利持有人已经达成可参照条款的许可协议越多，则这些协议符合 FRAND 原则的推定就越强，除非（实施者必须证实）事实理由可以证明修改后的条款是合理的。在确定许可协议的可接受范围时，必须考虑相关部门公认的商业惯例。英国法院在 Unwired Planet v. Huawei 案中还认为，全球行业参与者之间的许可应该是全球性的，在这种情况下，潜在的被许可人坚

---

① LG Mannheim v. 1.7.2016–7 O 209/15–Philips v. Archos（德国），¶ IV，1。
② LG Mannheim v. 29.1.2016–7 O 66/15–NTT DoCoMo v. HTC，¶ 70–72（德国）。
③ LG Düsseldorf v. 31.3.2016–4a O 73/14–Saint Lawrence v. Vodafone，¶ 256（德国）。
④ LG Mannheim v. 27.11.2015–2 O 106/14–Saint Lawrence v. Deutsche Telekom（德国）。
⑤ LG Mannheim v. 8.1.2016–7 O 96/14–Pioneer v. Acer（德国）。
⑥ 有关更多详细信息，同⑤，¶ 118–129。
⑦ LG Düsseldorf v. 31.3.2016–4a O 73/14–Saint Lawrence v. Vodafone（德国）。

持仅在英国获得许可是不合理的。[1] 基于这些案例，如果在相关市场中的集团或全球许可通常涵盖专利组合，则根据欧盟竞争法，(全球)组合许可将符合 FRAND 原则，除非特殊情况下需要进行修改，如标准必要专利持有人或实施者的市场活动仅限于一个地域市场。

(6) 实施者的回应：时间和内容

德国法院还阐明了实施者应如何回应标准必要专利持有人的许可要约。特别是，法院讨论了实施者是否有义务对非 FRAND 许可要约做出回应。尽管杜塞尔多夫地方法院在 *Sisvel v. Haier*[2] 案中首先明确了此项义务，但在 *Saint Lawrence v. Vodafone*[3] 案中并未对这一问题做出判决，但杜塞尔多夫高等法院在 *NTT DoCoMo v. HTC*[4] 案中明确否认标准必要专利持有人不提出 FRAND 许可要约时有义务作出回应。实施者是否能够以不同于提出具体反要约的方式来回应非 FRAND 要约作出回应，特别是仅证明标准必要专利持有人的要约是不符合 FRAND 原则，这一问题仍未得到解答。[5] 相反，曼海姆地方法院在 *NTT DoCoMo v. HTC*[6] 案以及 *Saint Lawrence v. Deutsche Telekom*[7] 案中判决，即使在先的许可要约不(完全)符合 FRAND 原则，受影响者仍有责任积极做出回应并提出相应的 FRAND 反要约。为了触发反要约义务，许可要约应包含所有信息，特别是关于许可费的计算，对于实施者而言，提出与 FRAND 条款相对应的反要约是必要的。[8] 尽管曼海姆地方法院最近在 *Philips v. Archos*[9] 案中重申了在先判决的一般性决定，明确指出当在简易审查过程中发现

---

[1] Unwired Planet Int'l Ltd. v. Huawei Techs. Co. (Pat 2017) (英国)。另参见 *Conversant Wireless Licensing SARL v. Huawei Technologies Co. Ltd & Ors* [2018] EWHC 808 (Pat)，依赖于 *Unwired Planet* 认为英国法院拥有确定全球 FRAND 许可的管辖权。

[2] LG Düsseldorf v. 3.11.2015–4a O 93/14–*Sisvel v. Haier* (德国)。

[3] LG Düsseldorf v. 31.3.2016–4a O 73/14–*Saint Lawrence v. Vodafone* (德国)。

[4] OLG Düsseldorf v. 13.1.2016– I–15 U 66/15–*Sisvel v. Haier* (德国)。

[5] LG Düsseldorf v. 3.11.2015–4a O 93/14–*Sisvel v. Haier*, ¶98-101 (德国)。

[6] LG Mannheim v. 29.1.2016–7 O 66/15–*NTT DoCoMo v. HTC* (德国)。

[7] LG Mannheim v. 27.11.2015–2 O 106/14–*Saint Lawrence v. Deutsche Telekom* (德国)。

[8] 同[7]。

[9] LG Mannheim v. 1.7.2016–7 O 209/15–*Philips v. Archos* (德国)。

许可要约明显不符合 FRAND 原则而因此构成滥用支配地位,则适用例外情况。

关于实施者做出适当回应的时限:曼海姆地方法院在 *Philips v. Archos*[①] 案中认为在普遍情况下,实施者必须做出回应的期限取决于案件的事实、诚信原则及公认的商业惯例[②]。更具体地说,同一法院在 *NTT DoCoMo v. HTC*[③] 案中判决,如果在收到许可要约后一年半及标准必要专利持有人提起诉讼后半年才提出反要约,则认为实施者的行为是不充分的。

此外,法院还分析了在哪些条件下反要约在内容上符合 *Huawei* 案的相关要求。在 *Saint Lawrence v. Deutsche Telekom* 案中,曼海姆地方法院否认存在具体的反要约,因为文件本身并未具体说明许可费,而是打算由独立的第三方确定。[④] 德国法院的反要约限制是否符合 FRAND 原则尚未确定。然而,杜塞尔多夫地方法院在 *Saint Lawrence v. Vodafone* 案中判定,就具体内容而言,参与者的反要约都不符合 FRAND 原则。要么是无法接受地仅限于德国且不包含确切的许可费,要么是由于标准使用者一直等到平行程序中的口头抗辩才"及时"提交反要约,要么他们提出每件设备的许可费被法院认为过低。[⑤] 相应地,曼海姆地方法院在 *Pioneer v. Acer* 案中否认了实施者的要约符合 FRAND 原则,因为鉴于案件的事实和相应市场上公认的商业惯例,将许可预期限制在德国是不适当的。[⑥]

5.3.2.3 其他欧洲法律原则

除了上述根据 *Huawei* 案提出的欧盟程序要求外,当标准必要专利持有人为 FRAND 承诺的标准必要专利请求禁令时,可能会涉及国家法律,例如,波

---

① LG Mannheim v. 1.7.2016–7 O 209/15–*Philips v. Archos*(德国)。
② 同①,¶ IV.1。
③ LG Mannheim v. 29.1.2016–7 O 66/15–*NTT DoCoMo v. HTC*(德国)。
④ LG Mannheim v. 27.11.2015– 2 O 106/14–*Saint Lawrence v. Deutsche Telekom*,¶ 158–164(德国)。
⑤ LG Düsseldorf v. 31.3.2016– 4a O 73/14–*Saint Lawrence v. Vodafone*,¶ 291(德国)。
⑥ LG Mannheim v. 8.1.2016–7 O 96/14–*Pioneer v. Acer*,¶ 131–133(德国)。

兰法律将根据独立于欧盟竞争法的滥用权利原则分析事先做出 FRAND 承诺的专利权人请求禁令救济的情况。这一原则提供了基于《波兰民法典》[①]规定的免责事由，适用于所有类型的民事权利滥用，包括专利权。[②] 这种分析可能会引起争论，例如在制定标准过程中对标准必要专利持有人做出 FRAND 承诺的信息，对市场上其他交易方诚信行事的义务。[③] 无论是在标准制定范围之内还是在标准制定范围之外做出的 FRAND 承诺，波兰法律都会以类似方式处理所有类型的 FRAND 承诺。实施者将会在违反信赖、忠诚或诚信的基础上对禁令进行抗辩。

根据滥用权利原则以拒绝禁令的理由得到了衡平法论据的支持，而不是得到经济因素或专利法的支持，尤其是专利制度激励创新投资的能力。滥用抗辩只有由诚信的实施者，即有意愿许可的实施者提出才可能有效。

5.3.2.4 欧洲的禁令和替代性纠纷解决

尽管根据 *Huawei* 案引入的程序性框架有潜在的好处，但并没有解决 FRAND 纠纷中可能出现的所有实际挑战和困难。例如，*Huawei* 案未能为 FRAND 纠纷的地域分割或地方法院平行诉讼程序激增提供解决方案。尽管实际上许多（如果不是全部的）FRAND 纠纷都是全球性的（最理想的情况是如上文所述在全球 FRAND 许可交易中实现），但持续的多个平行诉讼并不具有成本效益或时间效益。[④] 此种情况下，会出现许多复杂的管辖权问题，包括法院为了 FRAND 诉讼提供有吸引力的审理地点而"恶性竞争"的风险，当事人为了确保自己的案件在最有利的司法管辖区审理而"竞相上庭"的风险。[⑤] 因

[①] Kodeks cywilny［民法典］，第 5 条,（1964 r. Dz. U. Nr. 16 poz. 93 经修订）（波兰）。
[②] Gutowski 2016, 50。
[③] Sikorski 2015, 460。
[④] 英国法院在 *Unwired Planet Int'l Ltd. v. Huawei Techs. Co.*（Pat 2017）（英国）案中明确提出这一意见，发现在电信设备等市场中合理行事的许可人和被许可人将就全球许可达成协议。同③，544, Contreras 2017b, 11-14（讨论案件的全球影响）。
[⑤] Contreras 2017b。

此，重要的是（继续）探讨使法院和替代性纠纷解决（ADR）机制在该领域提供使救济措施合理化的方法。[①]

5.3.3 韩国

与美国根据衡平法原则颁布禁令不同，韩国的专利权人有权在专利侵权的情况下自动获得禁令救济[②]。只有在专利权人被视为滥用权利的例外情况下，法院才会拒绝颁布禁令。[③] 因此，问题是当标准必要专利持有人违反 FRAND 承诺时，是否可能发现此类滥用行为。

在 *Samsung Electronics Co. Ltd. v. Apple Korea Ltd.* 案中，首尔中央地方法院认为，如果标准必要专利持有人违反了与实施者诚信谈判的义务，并试图保持其对市场的支配地位，这与专利法的立法宗旨背道而驰，则标准必要专利持有人根据 FRAND 承诺的专利请求禁令救济构成滥用专利权的行为。[④] 诚信谈判的义务包括向任何潜在被许可人提供 FRAND 许可的义务，并附有 FRAND 条款。然而，韩国法院认为，标准必要专利持有人没有义务向第三方披露有关可参照许可的详细信息。

在韩国，标准必要专利持有人有义务根据 FRAND 原则与有意愿获得许可的当事人进行诚信谈判。[⑤] 如上所述，在"反向劫持"的情况下，当潜在被许可人根本无意获得 FRAND 许可时，诚信谈判是不可能的。将有意愿的被许可人视为潜在被许可人，进行许可谈判并提出依据合理计算基础而得到的具

---

① 日内瓦大学于 2015 年在日内瓦互联网纠纷解决政策 1.0 项目中制定的仲裁系统政策建议；有关使用仲裁解决 FRAND 纠纷的讨论，参见 Contreras & Newman 2014；Carter 2014；De Werra 2014。事实上，包括设在日内瓦的 WIPO 仲裁与调解中心在内的多家全球 ADR 服务提供商已经为 FRAND 纠纷制定了裁量的规则，WIPO 2017。

② 专利法，第 14691 号法，第 126 条（韩国）；*LG Electronics, Inc. v. Daewoo Electronics, Inc.*（S. Ct. 2012）（韩国）。

③ *LG Electronics, Inc. v. Daewoo Electronics, Inc.*（S. Ct. 2012）（韩国）。

④ *Samsung Electronics Co. Ltd. v. Apple Korea Ltd.*（Dist. Ct. 2012）（韩国）。

⑤ 同④。

体许可费率是合理的。在 *Samsung Electronics Co. Ltd. v. Apple Korea Ltd.* 案中，首尔中央地方法院认为，潜在被许可人不必预先缴纳许可费就有资格成为有意愿的被许可人。① 此外，法院发现三星公司和苹果公司提出的建议许可费率之间存在很大差距，而且双方当事人没有进行认真而深入的诚信许可谈判。② 当双方当事人因缺乏诚信谈判而受到指责时，法院的结论是，很难判定标准必要专利持有人在请求禁令救济时滥用专利权。③ 这表明在韩国证明专利权滥用是很困难的。

5.3.4 日本

《日本专利法》第 100 条第 1 款规定："专利权人或独占许可人可以要求侵犯或可能侵犯专利权或独占许可的人停止或防止此类侵权行为。④" 根据该条款，日本法院在发现有可能侵犯专利权时，几乎会自动颁布禁令。《日本民法典》第 1 条第 3 款规定的滥用权利原则在理论上适用于专利权的行使⑤。但在专利侵权案件中，法院却很少适用该原则。知识产权高等法院在 *Samsung v. Apple Japan.* 案中改变了这一趋势。⑥

在 *Samsung v. Apple Japan.* 案中，三星公司指控苹果公司侵犯了欧洲电信标准化协会 UMTS 标准中三星公司的标准必要专利。⑦ 根据知识产权高等法院的解释，期望制造符合 UMTS 标准产品的实施者别无选择，只能实施标准必要专利，因为"他们不可能采用替代技术或改变产品设计"。⑧"因此，如果无条件地允许专利权人基于标准必要专利请求禁令救济的权利，则实施者可能

---

① *Samsung Electronics Co. Ltd. v. Apple Korea Ltd.* （Dist. Ct. 2012）（韩国）。
② 同①。
③ 同①。
④ Tokkyo-ho［专利法］，No. 121 of 1959，第 100 条第 1 款（日本）。
⑤ Minpo［日本民法典］第 1 条第 3 款（日本）（禁止滥用权利）。
⑥ *Samsung Elecs. Co. v. Apple Japan LLC*（IP High Ct. 2014）（日本）（FRAND II）。
⑦ 同⑥，2。
⑧ 同⑥，24。

会陷入被迫支付高额许可费或同意极其不利的非 FRAND 条款的许可条件，或放弃商业项目本身，以避免禁令可能造成的损害。[1]"法院还指出，"UMTS 标准包含大量由不同所有人拥有的专利（由 50 个以上的专利权人声明的 1800 项以上对该标准必不可少的专利）。[2]"实施者在确认上述每项专利是否必不可少之后，很难事先获得如此大量专利的许可。[3] 正如法院所解释的：如果无条件地允许专利权人基于标准必要专利请求禁令救济，UMTS 标准的使用实际上将变得不可能。这种情况将对 UMTS 标准的推广产生消极影响，并与欧洲电信标准化协会知识产权政策的初衷背道而驰……此外，如果出现这种情况，公众将无法享有实现通信标准统一和推广时可获得的各种益处。[4]

因此，法院推定，就标准必要专利而言，允许做出 FRAND 声明的当事人针对有意愿按照 FRAND 条款获得许可的实施者基于标准必要专利寻求禁令救济是不适当的。[5]

法院继续解释，"应允许对无意取得 FRAND 许可而从事标准兼容产品的制造、销售等的实施者下达禁令。[6]"因为此类实施者不能被视为遵守 FRAND 协议，如果专利权人针对此类当事人请求禁令救济的能力受到限制，则专利权人将得不到充分保护[7]。由于允许标准必要专利持有人请求禁令救济会带来潜在的不利影响，法院必须仔细考虑潜在被许可人是否无意签订 FRAND 许可[8]。

基于以上情况，法院得出结论，做出 FRAND 承诺的标准必要专利持有人基于标准必要专利行使请求禁令救济的权利将构成滥用权利（《民法典》第 1 条第 3 款），因此，如果实施者成功地声明并证明标准必要专利持有人做出

---

[1] Samsung Elecs. Co. v. Apple Japan LLC（IP High Ct. 2014）（日本）（FRAND II）。
[2] 同[1]。
[3] 同[1]。
[4] 同[1]，24-25。
[5] 同[1]，25。
[6] 同[1]。
[7] 同[1]。
[8] 同[1]。

了FRAND承诺且实施者打算接受该承诺，则不允许给予禁令救济。① 具体到现有实际案件，法院认定苹果公司有意愿获得FRAND许可，并驳回了三星公司的禁令诉求。②

5.3.5 中国

中国法院最近在两起涉及FRAND承诺标准必要专利的案件中考虑了禁令。在 Iwncomm v. Sony 案中，③ 北京知识产权法院针对实施者索尼公司违反FRAND承诺且涵盖中国WAPI无线网络标准的标准必要专利给予禁令救济；深圳中级人民法院在 Huawei v. Samsung 案中，对两项违反FRAND承诺且对4G标准必不可少的专利给予禁令救济。④ 在上述两起案件中，法院均判定专利权人是有意愿许可的许可人，侵权人是无意愿许可的被许可人。

除这些案件外，两家中国法院最近还发布了与标准必要专利纠纷相关的指导意见，这些意见已在国家、行业或地方建议的标准中予以披露。《最高人民法院关于审理专利侵权纠纷案件适用法律若干问题的解释（二）》第24条（自2016年4月1日起生效）指出，当标准必要专利持有人故意不履行向制造商授予FRAND许可的义务且制造商没有明显过错时，法院不会给予禁令救济。中国法院最近已开始探讨专利权人或潜在被许可人的过失如何影响在FRAND案件中禁令救济的可获得性。⑤

---

① Samsung Elecs. Co. v. Apple Japan LLC（IP High Ct. 2014）（日本）（FRAND II）。

② 同①，27。

③ Xian Xidian Jietong Wireless Commc'n Co., Ltd.（Iwncomm）v. SONY Mobile Commc'n Prods.（China）Co. Ltd. 北京知识产权法院，2017年3月22日。

④ 有关Iwncomm案的进一步讨论，请参见Bharadwaj & Verma 2017。截至本文撰写之时，尚无2018年1月 Huawei v. Samsung 判决的英文翻译，但法院的推理摘要可在Schindler 2018中找到。

⑤ Cui 2018（译者注：崔亚冰，加州大学伯克利分校，2018年法律硕士生）（总结近期中国法院案例和指导意见）；广东省高级人民法院，2018年；北京市高级人民法院，2017年，¶ 149–153。

5.3.6 讨论与分析：FRAND 和禁令

美国法院已经分析了做出 FRAND 承诺的标准必要专利持有人是否可以根据 eBay 案的框架请求禁止未经许可的实施者实施标准必要专利的问题，主要侧重于关注 FRAND 承诺是否意味着标准必要专利持有人已经承认，如果不给予禁令救济，就将接受货币损害赔偿以替代禁令救济的排他性救济，因而不会遭受"不可弥补的损害"。此外，针对 eBay 案框架中第四项因素的上诉也引起了一些思考，认为将标准化产品排除在市场之外与公共利益相关，正如美国贸易代表办公室在 2013 年驳回了美国国际贸易委员会对苹果公司颁布的排除令（参见第 5.3.1 节）。美国联邦贸易委员会还认为，标准必要专利持有人试图禁止"有意愿"的被许可人（定义不一致）的行为可能违反《联邦贸易委员会法》和《反垄断法》。在联邦贸易委员会与谷歌公司和摩托罗拉公司达成的和解协议中，在允许谷歌公司/摩托罗拉公司请求针对标准必要专利实施者颁布禁令之前，建立涉及多个谈判阶段的详细程序。

在类似德国和韩国禁令或多或少会自动颁布的司法管辖区，诉诸竞争法的可能性更大。[1] 此外在欧盟，作为专利诉讼的工具，《欧盟竞争法》得益于对欧盟成员国法律具有直接生效和高于欧盟成员国法律的原则，可能比欧盟成员国的国家专利法更具吸引力（尽管根据欧盟执法指令，这种差异可能会减少）。[2] 欧盟法院对于 *Huawei Techs. Co. Ltd. v. ZTE Corp.* 案的判决，并没有重点关注 FRAND 承诺的内容，而是在标准必要专利持有人请求禁令时，为标准必要专利持有人和实施者制定了详细的程序要求。如果标准必要专利持有人未遵循该程序，很容易受到依据 TFEU 第 102 条规定滥用支配地位的指控。如果双方当事人都遵循 *Huawei* 案的程序，结果要么是双方达成协议，要么是实施者必须遵守经判决或仲裁的 FRAND 许可费赔偿决定，以免颁布禁

---

[1] 参见第 6 章。
[2] 参见第 1 章。

令。而且，如果标准必要专利持有人遵循 Huawei 案的程序，而实施者不遵循 Huawei 案的程序，标准必要专利持有人可以在不违反 TFEU 第 102 条的情况下请求并获得禁令救济。Huawei 案的程序对于实施者而言显然并不容易遵循，因为在 Huawei 案之后的几起案件中，实施者未能遵守该程序中的某些要素（如提出有效的反要约或按估算的专许可费数额缴纳保证金）而导致颁布禁令。因此，Huawei 案的程序可能过于具体化，也许仅收获了诉讼经验和对程序的理解能力，而不是达成许可交易的真实期望。另一方面，Huawei 案后的案件显示出故意劫持的发生率可能高于预期。

正如总检察长瓦特莱先生对于 Huawei 案所持观点指出的[①]，纠纷中存在的问题"可以充分地，在没有更好解决方案的情况下，在其他法律分支范围内或通过竞争法规则以外的机制加以解决。"上述总检察长所说的其他法律分支的含义尚不清楚。但人们可能会认为，他考虑的是免责事由，比如滥用权利，以及可能是申请专利救济本身。如果有关 FRAND 承诺专利的禁令纠纷可以在专利救济法的范围内解决，那么关于知识产权执法的 2004/48/EC 号指令将根据第 4 章讨论的一般原则，提出反对向 FRAND 承诺专利的持有人授予禁令的理由。首先，可以使用相称性作为管辖救济的一般原则。相称性，正如指令所规定的（如第 4 章所讨论的），要求以公平和衡平法的方式适用救济措施，并有防止滥用的保障措施。其次，该指令还解释说，在采用救济措施时，需要考虑案件的情况并应考虑知识产权的性质。

如 Samsung v. Apple Japan 案所示，在日本证明滥用行为的标准似乎更为简单，仅涉及实施者声明（或证明）有意愿接受声称的标准必要专利的许可。韩国法院可能已将具体的欧盟做法与相对不明确的日本做法区分开来，在 Samsung Electronics Co. Ltd. v. Apple Korea Ltd. 案中认为，如果双方就 FRAND 许可进行诚信谈判，则不存在滥用行为。为了证明实施者的行为是诚信的，实施者只需表明其参与了许可谈判，并提出具有合理计算基础的具体许可

---

① Huawei Techs. Co. Ltd. v. ZTE Corp. (CJEU 2014, ¶9)（欧盟）。

费率。但是，如果因双方的行为或不作为而导致谈判失败，则标准必要专利持有人在获得针对实施者的禁令时，不会发现标准必要专利持有人存在滥用行为。

我们认为，任何一种上述方法都可以相互借鉴。对于来自美国和其他普通法系司法管辖区的观察员来说，在欧盟和其他大陆法系司法管辖区中，只有在违反竞争法的情况下，在专利案件中才自动颁发禁令。专利法是独立于竞争法和滥用权利原则发展起来的，通过独立于其他外部法律制度（尤其是由域外权力机构如欧盟实施的制度）而内部一致且连贯的框架对专利救济进行适用似乎是合理的。因此，我们建议法院在不违反竞争法的情况下，考虑对颁布禁令救济施加合理的条件，正如第 4 章所讨论的。由于颁布禁令救济通常是二元决策（要么颁布禁令，要么不颁布禁令）[1]，根据当事人行为调整货币损害赔偿的适度和相称性在禁令领域通常不适用。相反，在颁布禁令救济时采取一定程度的司法自由裁量权，可以更准确地使救济措施与当事人的行动和行为相适应。这并不是说大陆法系司法管辖区应采用类似 *eBay* 案的衡平法分析来评估禁令救济，或者像美国法院一样拒绝禁令，而只是在一定程度上行使司法自由裁量权。[2]我们关于如何行使自由裁量权的讨论请参见第 4 章。

在标准必要专利和 FRAND 的情况下，根据美国法律对当事人行为的衡平法分析仍然缺乏准确性和确定性。联邦巡回法庭在 *Apple, Inc. v. Samsung Elecs. Co., Ltd.* 案中，针对应当告知颁布禁令救济决定的推定和行为提出了三种不同的观点。因此，当事人在这一关键领域缺乏明确的指导。美国法院在分析标准必要专利案例中禁令的可获得性时，主要集中根据 *eBay* 案检验有关不可弥补的损害和货币损害赔偿的充分性。我们建议，在平衡当事人之间的权益时，法院应按照欧盟法院（CJEU）在 *Huawei Techs. Co. Ltd. v. ZTE Corp.* 案中制定的程序或者按照日本或韩国法律规定的程序，从规范有效运行

---

[1] 参见第 4 章中关于定制禁令的讨论。

[2] 如上所述，欧盟执法指令要求以公平、公正的方式实施救济措施，从而在欧盟分析中甚至引入"平等"要素，参见第 2004/48/EC 号指令。

的当事人行为开始。虽然每一项程序分析均是在考虑可能违反竞争法或签订合同的当事人出于诚信进行谈判的义务而制定的，但从根本上说，都是为了在标准制定的情况下建立有效运行的双边关系。因此，对衡平法救济的适当性进行全面和公正的评估将有助于考虑这些因素。

第6章

竞争法对专利救济的影响

艾莉森·琼斯，雷纳托·纳齐尼[①]

6.1 引言

世界范围内有超过130个司法管辖权区建立了竞争制度（也称反垄断制度）[②]。在自由市场经济中，为了防止企业扰乱竞争的行为发生，竞争制度多基于如下三类主要法规展开：

1）禁止限制性协议的法规（例如，美国《谢尔曼法案》1890年第1节和《欧洲联盟运行条约》（the Treaty on the Functioning of the European Union, TFEU）第101条）；

2）禁止垄断（或试图垄断）的行为和占支配地位企业[③]的滥用行为的法

[①] 感谢豪尔赫·孔特勒拉、托马斯·科特、达米安·格拉丁、奥斯卡·里瓦克、诺曼·席伯拉斯、尼古拉斯·皮蒂和彼得·皮克特对本章早期草稿给出的意见。

[②] 欧盟委员会描述了《欧洲联盟运行条约》条款的执行情况。第101条和第102条被称为"反垄断"，并将其与合并执行区分开来。在美国，"反垄断"一词包括合并和非合并执行。在本章中，我们将以更广泛的美国方式来解读反垄断的含义，其涉及竞争法的所有领域。

[③] 广义地说，在欧盟，支配地位是指企业在市场上具有经济优势地位，能够独立行事（具有重要的市场力量），参见 United Brands Co. and United Brands Continental B.V. v. Commission of the European Communities（CJEU 1978）（欧盟）。

规(《谢尔曼法案》第 2 节和《欧洲联盟运行条约》第 102 条);

3)禁止实质减少或严重阻碍竞争的并购的规定[美国《克莱顿竞争法》1914 年第 7 节和《欧盟并购条例》理事会第 139/2004 号条例(the EU Merger Regulation，Council Regulation 139/2004)]。

本章研究了竞争法在复杂技术领域能够或者应该产生的如下作用:

①对专利侵权救济的影响程度，②对专利权人行为的限制程度，尤其当他们将专利权进行转移或许可的时候。

本章探讨了复杂技术领域中专利制度与反垄断制度的关系，分析了各国的一系列相关案例的情况。这些案例主要与实施标准化技术所必不可少的专利有关，我们称这类专利为标准必要专利。本章解释了在大多数司法管辖区，竞争法不仅承认专利对竞争过程的重要性，也承认标准对于行业创新的重要性，在这些行业中消费者期待制造商的产品间具备兼容性。尽管如此，各国的反垄断执法者依然一直担心包括移动通信标准在内的标准化进程会导致潜在的反竞争后果。其中，他们最为担心的是标准必要专利持有人的行为可能导致的后果。

第 6.2 节论述了竞争法和专利法的目标，重点探讨了它们是否意在通过促进以更低价格、更好产品质量、更多消费选择和／或创新及更高效率为目标的竞争来提高市场效率和收益，如果是的话，又分别是如何实现的。尽管人们在竞争法和知识产权法的互补性方面已达成相对广泛的共识，但本节阐述了两种制度为提高效率采用的不同方法：授予排他权和保护竞争以及两种方法的内在紧张关系及相关性。第 6.2 节还讨论了竞争法是否应简单地假定知识产权法给予的保护是新技术创新和商业化所必需的，或者当基于专利法的行为似乎超出了必要的范围时(例如当其可能扭曲下游市场的竞争和／或允许专利权人剥削其技术用户时)，竞争法是否应予以干预。

第 6.3 节探讨了竞争法是否以及何时可以"推翻"专利法，尤其在如下两种相互关联的情况下：①阻止专利权人寻求专利救济，或者限制其寻求(恢复性)专利救济，例如防止未来侵权行为发生或降低之前侵权行为损害的禁令，从而对权利进行司法保护。②限制专利的商业运营。例如，控制专利许可的定价（价格水平或定价方法，以及如何在某些反垄断体系中要求占支配地位的企业不得对其产品收取过高的或剥削的费用，或者不得在客户之间实施违反"公平、合理、无歧视"许可原则（FRAND）[①]的价格歧视）、专利许可的结构（例如，组合许可、许可中的专利捆绑或授予许可的等级）、基于专利池的集中许可行为、对专利组合的分割或出售。

在对竞争法进行审视时出现的问题是，是否存在一些案件至少在某种程度上体现了专利制度的漏洞，或者是由专利法未能充分、有效地处理专利救济并且许可谈判破裂所导致。因此，更进一步的问题是，如果按照本书的建议建立了一个更为有效、更富原则性的专利救济制度，那么竞争法是否还有必要在此领域发挥如此重要的补充作用，或者即使有这样一个制度，那么竞争法是否为解决该领域的一些问题提供了更为灵活有效的方案。

最后，本章讨论了反垄断救济是否允许竞争法有效执行，进而在事实上未过于干涉或管控的前提下为其他的专利法解决方案提供了有益补充。对此问题的解答可能有助于阐述实质性反垄断责任。

6.2 知识产权法和竞争法的目标

专利法（以及更广泛的知识产权法）和竞争法通常被认为"构成了现代产业政策的补充组成部分"，它们旨在激励创新和增进消费者获益。[②]然而，由于它们为实现其目标所采用的方法不同，分别是授予排他权和维持有效竞争，有时专利法和竞争法对同一问题的解决办法相互冲突。此外，即使人们认识到它们在努力实现着互补，但并不意味着竞争法不应在某些情况下对专利法施以限制，反之亦然；我们需要对上述明显不同的法律领域予以阐释，以使之相互协调。

[①] 见第 219 页③及所附案文。
[②] 例如，见 Anderman & Kallaugher 2006；DOJ & FTC 2007，1；Gilbert & Shapiro 1997。

在后续章节对这些明显冲突进行审视之前,本节探讨了竞争法和专利法之间表面上的紧张关系[1],主要阐述了它们的制度设计是否为了实现相同的目标,即增加获益[2]和解决相同的基本经济问题。它们是否都旨在优化稀缺资源利用而实现向消费者提供所想和所需的产品?[3]如果是这样的话,那么两个制度理应和谐地同时运行,并在需要时相互让步。在新技术的创造或商业化过程中,排他或无限制使用是必需的,此时竞争法应让步于专利法。相比之下,如果无限制地行使专利权超出了创造和商业化新技术所必需的范围,而且有损竞争与效率,那么专利法就应让步于竞争法。目标统一后,两种法律之间的权衡与取舍本应顺理成章。但在实践中,由于诸多原因,情况并非如此简单和谐。

第一,最近在包括美国在内的一些司法管辖区正逐渐达成共识,即竞争法是"技术官僚"[4],并且建立于与完全竞争的基本微观经济模型紧密相关的"广泛专业共识及政策共识"上[5],但是此认知依然不普及,且遭受着质疑[6]。同时,对于专利法的目标也未达成广泛共识。人们普遍认为,专利制度是一种能够增进福利、可实现多重目标的多用途工具,所述目标包括[7]激励创新和技术发展[8]、促进技术传播[9]、协调"技术升级与市场扩张"(正如矿山开采者对勘探区域信号的兴趣一般)[10]。尽管人们普遍认为创新对技术进步至关重要,但对于如何持续促进技术进步仍存在分歧。例如,可能很难知道如何更好地激励创新及后续的创新完善。虽然授予专利可以鼓励创新,但在某些情

---

[1] Bowman 1973, vii。
[2] 同[1], 1。
[3] 同[1], 2。
[4] Blair & Sokol 2013, 2505。
[5] Bohannon & Hovenkamp 2012, 45。
[6] Khan 2017; Nazzini 2011, 11–50。
[7] 也有人认为,专利制度的目的与自然法向发明人转让与发明有关财产权的概念有关;见 Machlup 1958, 19–80。
[8] Scherer 1980, 632。
[9] Gallini & Winter 1985。
[10] Kitch 1977, 276。

况下，所授予的权利也可能会阻碍利用此专利的竞争，从而抑制之后的创新行为。

第二，在竞争法和专利法领域，对于如何实现所追求的目标尚未达成一致。[①] 即使在明确追求竞争性消费者福利目标的司法管辖区，对于如何反映这一基本目标，特别是如何平衡竞争性经济因素与提升配置效率（例如，价格等于边际成本或定价效率）、生产效率（例如，成本优化）和/或动态效率（例如，提供改进和/或新的产品/服务），仍然有相当大的讨论空间。例如，一项将配置效率优先于动态效率的事后反垄断执法，几乎会不可避免地扰乱旨在通过广泛专利保护以在事前实现创新者回报最大化的专利政策。[②] 另一个与复杂技术产品有关的重要问题是，竞争法是否应通过阻止占支配地位的企业（或专利持有人）实施剥削来对其行为进行规范，例如通过"不公平"的许可条款来压榨被许可人或实施者。[③] 这一问题不仅在竞争方面存在争议，而且它似乎从根本上违背了专利法的基本原则，即通过允许专利权人在有限时间内对其发明成果自由使用来体现激励。美国《谢尔曼法案》第2节规定的垄断法未禁止占支配地位企业的纯粹剥削性定价行为[④]，但欧盟和其他一些司法管辖区则明确禁止此行为[⑤]。尽管欧盟委员会（以下简称"委员会"）与许多其他反垄断机构一样，迄今为止很少对单纯涉及不公平定价的案件进行干预[⑥]，并且通常倾向于将其资源集中在排他性行为上（见第6.3节），但是当下

[①] 我们把其他不一致的目标放在一边，比如促进消费者选择、保护小企业、反对不平等等。欲了解此类目标的目录及其从规范角度进行的分析，请参阅 Nazzini 2011, 11-50。

[②] 见第218页①及所附案文。

[③] 三个主要的概念上的挑战建议，对过度定价案例采取谨慎的做法，这是市场在自我修正，对禁止占据支配地位、剥削行为进行重要的动态调整，从而增加福利，见 Gal 2013。

[④] Verizon Commc'ns, Inc. v. Curtis v.Trinko, LLP 律师事务所案（U.S. 2004）。然而，一个重要的问题是，《联邦贸易委员会法》15 U.S.C. § 45 在多大程度上规定了联邦贸易委员会禁止"在商业中或影响商业的非公平竞争方法，以及在或影响商业中的不公平或欺骗性行为或做法"，"适用范围超出了谢尔曼（和其他反垄断）法规禁止的做法"。

[⑤] 《欧洲联盟运行条约》第102条（a）。

[⑥] 除了任何此类干预措施的监管性质，以及（例如）对何时需要此类干预的更广泛关注外，在确定所实施的销售价格是否不公平（或过高）方面所涉及的困难也非常大。

许多反垄断机构对此类案件越来越感兴趣,特别是在涉及标准必要专利和药品领域时[①]。

第三,反垄断法和专利法涉及不同的程序,由不同的机构来执行。并且反垄断机构和专利局各行其是。这样开始就会造成脱节,只有事后当针对案件采取竞争执法行动时或针对专利问题向法院提起诉讼时,该脱节情况才能得以解决。

由于上述因素,专利法和竞争法之间会产生脱节。理想情况下,这种脱节是不应该产生的,理性的社会规划者应该确保这两个政策的整体协调性,避免冲突发生。但在现实中,情况并非如此。

我们不应夸大竞争法和专利法之间的紧张关系。竞争法是针对具体案件的,它一般尊重专利权且仅禁止某些特定的行为,允许专利权人在其限制范围之外适度自由行事。[②]特别地,竞争法通常只干预占支配地位或具有较大程度市场支配力的专利权人的单方面行为[③]。因此,这意味着具有创新意识的专利从业者大可不必对反垄断执法反应过度。

事实上,竞争法和专利法之间的协调往往是由那些旨在根据具体情况平衡不同法规的指导工具和判断方法决定的,例如:

(1)权限划分

竞争法的应用可能使立法机构先前确立的专利权适用范围有所缩小。此观点的隐含意思是,知识产权法有一个竞争法不能干涉的核心。例如,在欧盟,判例法承认欧盟竞争法不能剥夺知识产权持有人对其知识产权具体标的物的权利,而只能对权利的行使加以规范。[④]

(2)提高干预门槛

竞争法通常规定,在涉及知识产权的情况下,认定违反竞争法规则的标

---

① 例如,参见第 231 页①;Jones & Stothers 2018。
② 与其他补救措施不同,如严厉的价格管制或全面的强制许可立法。
③ 见第 6.1 节。
④ 例如,见 *Centrafarm BV v. Sterling Drug Inc.*(CJEU 1974)(欧盟);*Windsurfing Int'l Inc. v. Comm'n of the European Communities*(CJEU 1986,¶45,92)(欧盟)。

准会特别高（对于反垄断责任的介入规则高于非知识产权案件）。换言之，竞争法只可能在"特殊情况下"干涉知识产权的行使。例如，在美国[①]和欧盟，在专利权人拒绝许可的案件中常采用例外处理方法，且欧盟当局比他们的美国同行更愿意发现例外情况。例如，在微软案[②]中，初审法院支持委员会的调查结果，即微软公司非法保留了竞争对手的基本互操作性信息，以期利用其在个人电脑操作系统市场上的支配地位进入工作组服务器操作系统这个关联市场。例外情况理论也被应用于欧盟的知识产权救济案件中。

（3）互补性

鉴于竞争法和专利法的互补目标，事后适用竞争法时一般会考虑保护专利发明投资的需要。竞争法认为，在某些情况下，动态效率，特别是保护专利法和知识产权法的创新激励作用，是检验反竞争行为或商业行为正当性（不正当则视为反竞争）的关键因素。[③]实际上，欧盟委员会已经出版了一份

[①] 尽管联邦巡回法院对拒绝的合法性做出了无可辩驳的推定，认为专利权人拒绝许可其知识产权的主观动机应该是无关的（竞争法不应干涉知识产权持有人拒绝许可，即使该行为是为了反竞争目的而采取的，除非知识产权专利权人是通过欺诈手段获得专利权的，或者是通过欺诈手段获得的将其垄断扩展到授予的排他性之外，参见 *CSU, LLC v. Xerox Corp.*（美国联邦巡回上诉法院，2000 年，第 1327 页）。*In Image Tech. Servs. v. Eastman Kodak Co.*（9th Cir. 1997, 1218-1219）（美国）第九巡回上诉法院认为，单方面拒绝许可一项专利或版权可能构成排他性但垄断者"排除他人参与"其"受保护的"工作的愿望是推定的在本案中，法院愿意对知识产权的行使进行跟踪，并查看知识产权持有人的意图并确定是否应以"借口"为由驳斥推定无论是知识产权法，还是竞争法，都不能证明允许垄断企业依赖掩盖反竞争行为的一种借口商业理由，同上，1219。

[②] *Microsoft Corp. v. Comm'n of the European Communities*（*Microsoft I*）（CJEU 2007, ¶ 331）（欧盟）（只有在特殊情况下知识产权可能会导致这种滥用）；*Microsoft Corp. v. European Comm'n*（*Microsoft II*）（CJEU 2012, ¶ 139-140）（欧盟）（尽管普通法院没有明确提及在特殊情况下，但裁定 *IMS Health* 的状况满足 *Microsoft*）。另见，*Radio Telefis Eireann*（*RTE*）*and Independent Television Publications Ltd.*（*ITP*）*v. Comm'n of the European Communities*（CJEU 1995）（欧盟）；*IMS Health GmbH & Co. OHG v. NDC Health GmbH & Co. KG*（CJEU 2004）（欧盟）。

[③] 例如，第 6.3.2 节；Section 6.3.2；*Microsoft Corp. v. Comm'n of the European Communities*（*Microsoft I*）CJEU 2007, ¶ 697-710）（欧盟）。

关于标准必要专利的规定，其中阐述了在互补性方面力求达到的两个目标，即"通过保持这些贡献的公平和充分回报，激励顶级技术的开发并纳入标准，同时确保顺利和广泛传播基于公平准入条件的标准化技术。[1]"

（4）专利滥用

在美国，专利／反垄断制度曾经受法院制定的专利滥用原则的管辖。时至今日，专利滥用原则的影响力已大为减弱。国会明确删除了关于专利滥用原则的部分实践做法[2]，对于该原则的其余部分，法院也已给出了狭义的司法解释。[3]

（5）专利权人的虚假陈述

在一些司法管辖区，判断是否追究反垄断责任时的考量因素包括专利权人，例如在其为了获得知识产权保护或打败竞争对手时，是否向主管部门（如专利局）提交了虚假陈述。[4]

---

[1] 欧盟委员会，第 2 页，COM（2017）712 最终版（2017 年 11 月 29 日）（关于标准必要专利的委员会通信）。欧洲理事会关于知识产权强制执行一揽子计划的结论草案大致认可了该来文：见欧洲联盟理事会，第 3 章，11-13，753/18（2018 年 1 月 29 日）。理事会关于知识产权强制执行一揽子计划的结论草案广泛赞同通讯：见欧盟理事会，第 3 章，11-13，5753/18（2018 年 1 月 29 日）。

[2] 《美国专利法》，35 U.S.C. § 271（d）（没有专利所有人……因其有下列一项或者数项行为而被拒绝救济或者视为滥用专利权或者非法延长专利权：a. 从他人未经其同意而实施的行为中取得的收入将构成对该专利的共同侵权；b. 未经他人同意许可或授权他人实施将构成共同侵权行为；c. 试图强制执行其专利权以对抗侵权或共同侵权；d. 拒绝许可或使用专利权；e. 专利权或者专利产品的销售以取得另一专利权或者购买独立产品为条件，但专利权人在许可或者销售该专利权或者专利产品的有关市场上具有市场支配权的除外）。

[3] *Princo Corp. v. Int'l Trade Comm'n*（美国联邦巡回上诉法院 2010）。

[4] *AstraZeneca v. Commission*（CJEU 2010）（欧盟）（主导企业向监管机构作出虚假陈述或采取监管程序方面的措施以排除竞争对手的滥用）和沃克工艺设备，*Walker Process Equipment, Inc. v. Food Machinery & Chemical Corp.* 382 U.S. 172（1965）（如果专利持有人通过故意歪曲事实而获得其专利，这种行为可能足以剥夺其对竞争法的豁免）。

6.3 专利实施的反垄断责任

6.3.1 背景

在复杂技术领域,专利法和反垄断法之间的紧张关系很大程度上与标准必要专利的研发、商业化或强制执行有关。最初,此类案件的关注点多在于掌握标准制定过程的风险,或专利权人在标准化过程中未披露相关专利存在的风险。[1] 近年来,关注的焦点集中在标准必要专利持有人可能会利用标准化过程中获得的市场支配力来拓展客户和/或对标准实施者予以阻挠,并对下游市场的创新和产品/服务的质量、品种和成本产生不利影响。例如,通过提出不合理的、过度的(超过专利权人的实际贡献)[2]或歧视性的许可费/许可条款,或针对不同意专利权人许可要求的实施者寻求禁令救济。

为降低上述风险,许多(或大多数)标准开发组织要求参与的公司披露标准必要专利,并要求其承诺会基于FRAND原则将其全部标准必要专利进行许可,此承诺是将其技术集成到标准中的必须条件。[3] 众所周知,与技术问题相关的标准开发组织规则对诸多复杂问题并未予以回答,这些问题包括:如

---

[1] 例如,欧盟委员会和美国联邦贸易委员会的诉讼:2009年12月9日决定,COMP/ 38.636—RAMBUS;欧盟委员会通讯 IP/09/1897;欧盟委员会备忘录 MEMO/ 09/544(常见问题);兰巴斯公司,Inc.(联邦贸易委员会 Aug. 2, 2006)(委员会观点),根据 *Rambus Inc. v. Fed. Trade Comm'n* 案(D.C. Cir. 2008)(美国)。另见第231页⑦和所附案文。

[2] Lemley & Shapiro 2007b, 1993。

[3] *Unwired Planet Int'l Ltd. v. Huawei Techs. Co.*(Pat 2017, 92)(英国)(FRAND承诺的基本目的是确保创新的适当回报,同时避免"拖延",即,标准必要专利的所有者通过拒绝授予实施者许可或仅以不公平、不合理或歧视性的条款授予实施者许可的方式,以将发明纳入标准而勒索实施者的能力。FRAND承诺排除了标准必要专利持有人的私人利润最大化,这可能阻碍标准的成功,降低其他标准必要专利持有人和实施者的利润,并通过提高价格和减少产量减少消费者剩余。因为许多标准必要专利持有人都有收取许可费的私人动机,这些许可费总体上会降低标准必要专利持有人和实施者的福利,在这种情况下,除非标准必要专利持有人能够可靠地承诺在事前限制他们事后的机会主义,否则他们的境况可能会更糟);Ratliff & Rubenfeld 2013, 5。

何识别有效专利和快速排除无效专利；如何对一系列标准必要专利进行侵权测试（如何确定其重要性是否被过度渲染）；在标准必要专利转让给第三方之初或随后，是否以及如何执行 FRAND 承诺；如何准确评估 FRAND 许可费（是否可以确定 FRAND 的事先定义和规范）；以及 FRAND 原则如何应对许可费堆叠的潜在风险。[①] 由于这些悬而未决的问题，FRAND 原则并没有如人们期望的那样有效，谈判公司经常无法就 FRAND 许可协议达成一致。因此，许多纠纷需要事后解决，不仅需要在法院和其他争议解决方案介入之前，而且也需要在竞争管理机构介入前。[②] 此时法院和机构除需考虑其他问题外，还经常需要考虑寻求禁令阻止专利侵权的标准必要专利持有人或通过其他方式使专利货币化（例如，许可或拆分专利组合）的标准必要专利持有人是否违反了竞争法[③]。

如果标准开发组织的规则和程序得以改进，这类行为则可能会减少。因此，在欧盟委员会关于标准必要专利的通讯中呼吁标准开发组织在如下几个方面对其程序和政策进行完善。

1）基于其数据库提供更详细和可访问的信息，以方便专利权人、实施者和第三方获得有关已申报专利及其当前状态的信息，例如，提供专利局发布的有关专利状态、所有权和转让信息的链接[④]；

2）为专利权人和技术用户报告已申报的标准专利的情况提供可能性和激励，尤其是在其必要性和专利有效性方面[⑤]；

3）应专利权人或实施者的要求，由合格的第三方提供平衡且相称的系统进行必要性检查，例如，将检查限于对每个专利族或样品中的一个专利（在

---

① 由于大量的补充标准必要专利在一个产品或其组件上阅读，并且每个标准必要专利持有人收取的许可费合计在一起，大大超过了所有相关专利（或标准）的单一所有者收取的费率，和/或超过了在下游市场运营经济上可行的水平。

② 然而，仍然存在的问题是 a 事先规定 FRAND 条款是否是一个可取的政策选择，b 反过来，这是否属于私人订购机构或公共利益机构（如反垄断机构和监管机构）的职权范围。

③ Huawei Techs. Co. Ltd. v. ZTE Corp.（CJEU 2015）（欧盟）。

④ 欧盟委员会，第 3 页，COM（2017）712 最终版（2017 年 11 月 29 日）。

⑤ 同④，第 4 页。

专利局有能力进行这种必要性检查的条件下）[1]；

4）引入可证明标准必要专利符合公开透明标准的机制[2]。

尽管委员会认为这些建议可能有助于标准必要专利持有人和实施者之间的 FRAND 谈判[3]，但它们是否以及在多大程度上能够得以实施仍有待观察。此外，即使标准开发组织接受这些不具约束力的建议，但仅依靠标准开发组织自身不太可能解决本章讨论的关于程序改进的问题。无论标准开发组织的程序多么透明、准确和稳健，都不可能在事前完全避免或解决竞争法的问题，因为在当前的情况下标准开发组织通常无权设定许可费、许可条款及许可条件，也无法对标准必要专利的有效性和必要性做出最终有约束力的决定。

如第 6.2 节所述，引起反垄断法相关探讨的根本问题在于，竞争法应如何与知识产权法（及合同法）相互配合，尤其是竞争法是否应该发挥作用[4]。在许多司法管辖区，人们普遍认为，竞争法在某些情况下可以发挥作用，但可能要适用上文第 6.2 节所述的原则。因此，2015 年欧盟法院（CJEU）对华为公司做出的具有里程碑意义的判决中[5]，法院强调①必须在自由竞争和维护知识产权及其有效司法保护之间保持平衡[6]和②尽管行使独占的知识产权（例如，针对被控侵权人的禁令）本身并不违反欧盟竞争法，但在例外情况下，竞争法可以限制占支配地位的标准必要专利持有人的行为。[7]

---

[1] 欧盟委员会，第 3 页，COM（2017）712 最终版（2017 年 11 月 29 日），第 5 页。
[2] 同[1]。
[3] 欧盟委员会，第 3-5 页，COM（2017）712 最终版（2017 年 11 月 29 日）。
[4] 这些问题经常出现在法院私人当事人之间的民事诉讼中，以及竞争管理机构关于标准必要专利持有人行为的投诉中。
[5] *Huawei Techs. Co. Ltd. v. ZTE Corp.*（CJEU 2015）（欧盟）。
[6] 同[5]，42（法院必须在维持自由竞争之间取得平衡，并要求保护著作权人的知识产权及其得到有效司法保护的权利）。
[7] 见第 211 页[3]和第 218 页[1]。关于竞争法应在中国适用的观点，参见 Wang 2017。

6.3.2 针对寻求恢复性专利救济的专利持有人的反垄断限制（以及专利的司法实施）

6.3.2.1 许可谈判失败后寻求禁令救济

近年来，移动通信领域的纠纷和全球诉讼激增，引发了大量的专利、合同和竞争法问题。这些案件是在激励机制变化、标准必要专利持有人与实施者之间的谈判地位转变的情况下应运而生的，特别是当如下情况发生时：①

1）许多实施者进入市场，例如，苹果公司（使用 iPhone）、谷歌公司（使用开源 Android 操作系统）和微软公司（使用 Windows Mobile），它们最初并不拥有与竞争对手相同数量的欧洲电信标准协会标准②必要专利（尽管苹果和微软等公司持有大量非标准必要的外观设计和软件专利）；

2）市场中的一些原始参与者要么将他们的专利组合出售给专利主张实体（PAEs），要么他们在最终产品市场的地位开始下降。

这些案件提出了同时涉及非标准必要专利侵权和标准必要专利侵权的问题，并涵盖了标准必要专利持有人能否通过向法院寻求禁令来行使其独占权的问题。在这种情况下特别值得关注的是，如何平衡劫持风险和市场上无许可的侵权经营者通过拒绝诚信交易来寻求反劫持（有评论员将其称为"反向劫持"问题）风险③（尽管当前对劫持尚无统一定义，但是该术语目前用于描

---

① 最初，移动电话市场上的专利诉讼相对较少；大多数核心公司，例如三星公司、诺基亚公司、爱立信公司、摩托罗拉公司、阿尔卡特朗讯公司和高通公司，都是标准必要专利的持有人和市场的实施者，并相互交叉许可各自的专利组合，参见 Jones 2014。

② 尽管谷歌随后收购了摩托罗拉及其专利组合，苹果公司、微软、RIM 和甲骨文通过他们的 Rockstar 财团收购了摩托罗拉。

③ 这种行为可以说是对开放标准化的威胁；如果被视为普遍存在的抵制者，专利权人可能会选择联合体或事实上的标准化。例如，Camesasca et al. 2013；Harkrider 2013；Kobayashi & Wright 2009；Cary et al. 2011；Kobayashi & Wright 2012。

述拒绝许可或获取过多许可费的反竞争性后果①）。例如，有人担心标准必要专利持有人可能会获得超出其对消费者真正价值的创新回报；避免公开和有效获取标准，从而允许通过排除、消除或阻碍竞争②、新的进入者及下游创新而扭曲竞争；和/或破坏人们对标准制定过程的信心，以及该标准制定过程的运行。

在许多司法管辖区，包括美国、英国和荷兰③，法院无须借助反垄断法就可以拒绝向专利权人授予禁令，并且尤其不愿在实施者，愿意根据 FRAND 条款获得专利许可的情况下依据自由裁量权向承认 FRAND 原则的标准必要专利持有人发出针对所述实施者的禁令。

在德国、日本④和韩国等传统上向专利权人提供更强法律保障的其他

---

① Lemley & Shapiro 将专利持有率定性为市场失灵的一种形式，Lemley & Shapiro 2007b，2164。Farrell 等认为，专利搁置可能会阻止实施者完全使用专利技术，或鼓励他们采取昂贵的对策，以避免劫持，Farrell et al. 2007，622–623。另见 Kattan 2013；Kattan & Wood 2013；Ratliff & Rubenfeld 2013；Petrovčič 2013。

② 因此，与拒绝交易或压缩利润一样，反垄断的核心问题是，寻求禁令可能会扭曲下游市场的竞争。这将造成价格上涨的压力，并阻止二级市场的发展，损害消费者的利益。

③ 见第5章。另见，例如在美国，*eBay Inc. v. MercExchange*, *LLC*（U.S. 2006）（针对专利侵权的禁令不是自动的，而是基于特定的标准）；*Apple*, *Inc. v. Motorola*, *Inc.*（美国联邦巡回上诉法院 2014）（美国）；但参见联邦贸易委员会根据《联邦贸易法》第5条的规定，在摩托罗拉移动有限责任公司和谷歌公司（联邦贸易委员会，2013年7月23日）（决定和命令）和罗伯特博世有限责任公司（联邦贸易委员会，2013年4月23日）（决定和命令）案例中，在面临 FRAND 承诺的情况下，防止专利权人试图获得禁令性救济；下文第6.4节；在英国，*Nokia OYJ v. IPCom GmbH & Co KG*（Ch 2012）（英国）（法官拒绝批准 IPCom（一家专利主张实体）针对诺基亚提出的针对 3G 标准所必需专利的禁令，该禁令将禁止诺基亚在英国销售其产品（鉴于诺基亚已声明自己根据 FRAND 条款，愿意并有权获得与有效专利相关的许可，且 IPCom 承认其已作出 FRAND 声明，法官未能理解为何应授予禁令）；*Vringo Infrastructure*, *Inc. v. ZTE*（英国）*Ltd.*（Pat 2013，¶ 44-46）（英国）（被指控的专利侵权人有关专利的有效性与侵权在它决定是否要获得许可以及以什么条件取得许可之前就已经确定了）。在荷兰，*Samsung Elecs. Co. Ltd. v. Apple Inc.*（Rb.- Gravenhage 2012）（荷兰）（海牙地方法院驳回了三星公司关于禁止苹果公司在荷兰销售 iPhone 和 iPad 的申请以及损害赔偿金的申请）。欧盟的其他国家法院也通过在不参考竞争法的情况下适用国内法原则来解决这些问题，见第 2004/48/EC 号指令（声明对欧洲专利的侵权行为将由国内法处理，但必须确保采取某些措施）。另见《中华人民共和国最高人民法院 2016 年（知识产权纠纷司法解释修订）》；Wang 2017。

④ *Samsung Elecs. Co. v. Apple Japan LLC*（IP High Ct. 2014）（日本）。

司法管辖区[1]，法院通常需要在专利遭受侵权时颁布禁令。[2] 在这类司法管辖区[3]，反垄断法经常作为一种阻止禁令颁布的机制，理由是禁令可能损害竞争，且可以按预期通过 FRAND 许可（而不是通过独占性）保护专利权人的投资热情。2012 年，欧盟委员会对三星公司和摩托罗拉移动公司涉嫌违反第 102 条[4]的行为展开调查，尤其针对其在德国寻求行使标准必要专利的禁令。在本案的例外情况下（涉及标准制定过程以及三星公司和摩托罗拉公司根据 FRAND 条款和条件许可其标准必要专利的承诺），寻求针对苹果公司的临时和永久禁令不符合第 102 条。这些最终分别以承诺和侵权而告终的诉讼[5]引发了人们的担忧，至少在涉及标准必要专利时，在寻求禁令和随即的强制执行违反了第 102 条的情况下，德国法律可能会颁布禁令。[6] 正是由于这一原因，德国地方法院中止了华为公司和中兴通讯公司的专利诉讼，并向欧盟法院提交了一系列关于第 102 条适用于标准必要专利持有人行为的质疑。其中涉及的问题主要是，德国法律是否足以防止标准必要专利持有人的滥用行为，或

---

　　[1]　大量的欧盟诉讼发生在德国。德国不仅是欧盟移动电话产品的最大市场，而且其专利诉讼环境也使其成为专利权人，尤其是标准必要专利持有人的一个特别有吸引力的地方。事实上，德国的这一程序使专利侵权案件能够以相对友好的方式迅速、廉价地得到解决。见 Jones 2014，5。

　　[2]　高等地方法院的专利专家庭认为，德国法律不允许行使自由裁量权，要求向专利权人授予一项禁令，其专利权被认定受到侵犯，除非：a 在联邦母公司法院成立之前，极有可能无效；或者 b 侵权人可以证明，通过拒绝订立许可，原告滥用了其支配地位（因为竞争法禁止的行为不得由州法院下令）。在 *BGH v. 6.5.2009-KZR39/06 - Orange-Book-Standard*，德国联邦法院承认，这种滥用只会发生在非常有限的情况下，即寻求许可的一方作出无条件要约，并继续受其约束，以与专利持有人签订许可合同，条件如下：如果被专利持有人拒绝，将构成对竞争法的违反（实施者必须愿意支付存入法院的保证金，并提供账目）。

　　[3]　见美国和欧洲联盟适用竞争法的案例，第 223 页[3]。另见 *Samsung Electronics Co. Ltd. v. Apple Korea Ltd.*（Dist. Ct. 2012）（韩国）。

　　[4]　委员会 2014 年 4 月 29 日的决定，案件编号：39939– 三星 –UMTS 标准必要专利的强制执行（三星同意在五年内不在欧洲针对移动设备的标准必要专利寻求任何禁令，针对同意接受特定许可框架的标准必要专利的任何潜在许可持有人）；2014 年 4 月 29 日委员会决定，案件编号：39958– 摩托罗拉 –GPRS 标准必要专利的实施（无罚款）。

　　[5]　同[4]。

　　[6]　担心德国法院可能因此违反其对欧洲联盟真诚合作的义务、保证对欧盟权利的真正有效司法保护的义务以及不适用与欧盟法律相抵触的国内法规定的义务。

者至少在涉案专利为 FRAND 承诺下的标准必要专利时，第 102 条是否在用于限制专利权人的一般权利时更为严格。

在 Huawei 案的判决中，欧盟法院确认，尽管反垄断法一般不会干涉知识产权的行使，但它可能会在例外情况下限制处于支配地位的知识产权持有者的行为。此外，法院澄清道，涉及法律上的标准化和作出 FRAND 承诺占支配地位的标准必要专利持有人的情况在本案之前的案件中也存在。[①] 法院认为，在针对标准化技术用户的专利诉讼中，在专利权人没有采取措施履行其 FRAND 承诺并确保各方利益平衡时，如果该专利权人申请颁布禁令或产品召回令，那么可能违反了第 102 条的规定。[②] 上述规定作为一个起点要求标准必要专利持有人：①向被控侵权人发出侵权通知（即使后者已经在使用标准必要专利的教导），即使实施者表示愿意签订 FRAND 许可；②提供一份具体的、书面的 FRAND 许可要约，详细列出许可费及其计算方式。法院认为，如果标准必要专利持有人采取了这些步骤，则实施者必须根据该领域公认的商业惯例和诚信原则认真对该要约予以回应[③]，同时，如果实施者不接受该要约，则应立即以书面形式给出符合 FRAND 条款的具体要约回复[④]。如果双方当事人

---

① 在大多数司法管辖区，支配权或垄断权的概念等同于（很大程度上）市场力量。毫无疑问，标准制定过程可以赋予标准必要专利持有人市场力量和主导地位。如果随后实施者无法围绕专利进行发明或设计（标准构成进入市场的障碍，因为在商业上必须遵守该标准），则标准必要专利持有人很可能在采用该标准后获得市场支配权。在移动电话领域，3G 或 4G 移动设备制造商通常被锁定在标准中，无法围绕标准进行设计，因为他们必须能够证明他们的产品符合标准，才能在 UMTS 和 LTE 网络上运行。同样要考虑市场力量的行使是否受到买方权力的限制，例如实施者拥有阻止性专利，参见 O'Donoghue & Padilla 2013，703。在 Unwired Planet Int'l Ltd. v. Huawei Techs. Co.（Pat 2017）（英国），Birss J 认为潜在被许可人的能力与标准必要专利持有人是否拥有支配地位的问题有关。

② 如果争议专利对一个标准是必要的（并且对于生产符合标准的产品的竞争对手来说是必不可少的），并且只有由于所有者不可撤销的 FRAND 承诺才授予标准必要专利状态，标准必要专利持有人可以通过提起禁令/召回诉讼，防止竞争对手的产品出现/留在市场上，并保留产品的生产。此外，FRAND 承诺产生了合理的预期，即 FRAND 许可将被授予，因此拒绝这样做在原则上可能构成滥用，Huawei Techs. Co. Ltd. v. ZTE Corp.（CJEU 2015，¶ 15-53）（欧盟）。

③ 所要求的行为必须建立在客观因素的基础上，意味着不存在拖延战术。

④ Huawei Techs. Co. Ltd. v. ZTE Corp.（CJEU 2015，¶ 6）（欧盟）。

在回复后未签订 FRAND 协议[①]，则可经共同商议后要求由独立的第三方对许可费数额予以快速裁定[②]。

考虑到各国法院后续判例法的需要，欧盟委员会在关于标准必要专利的通讯中阐述了其对 Huawei 案标准的理解。其中特别指出：[③]

1）潜在被许可人有权获得足够详细的信息，以确定标准必要专利组合是否符合 FRAND 原则对要约的要求。在对是否符合要求进行判断时需要考虑具体事实，且结论会因具体案情而异。欧盟委员会认为，有必要对"标准的本质、标准必要专利用户被控侵权的产品、拟议的许可费计算以及 FRAND 的非歧视因素"等事项作出明确解释。

2）潜在被许可人的要约回复"应明确且具体"，且"不限于针对标准必要专利持有人的要约予以质疑"并"为第三方确定许可费提供一般参考"。要约回复还应给出"关于在具体产品中准确使用标准"的相关信息。双方当事人愿意向具有约束力的第三方提交 FRAND 裁定的意愿被视为 FRAND 合规行为的证据。

3）无法建立通用的基准来确定潜在被许可人要约回复的及时性。相关因素包括"涉案标准必要专利数量和侵权索赔的详细信息"。委员会认为，很可能需要在"对要约作出合理回应的时间与标准必要专利持有人初始要约中提供信息的详细程度及质量之间进行权衡。"此外，潜在被许可人通过标准开发组织数据库获得的（可靠且最新的）信息越多，其给出要约回复所需的时间就越短。

4）在拒绝颁布禁令时，作为对标准必要专利持有人的保护措施，实施者"应被限制在不鼓励专利反向劫持策略的水平上"。欧盟委员会认为，"在评估损害程度时，也可以考虑类似的因素。"

Huawei 案的判决，连同判例法和欧盟委员会关于标准必要专利的通讯，

---

① 如果实施者在签订许可协议之前使用标准必要专利，则必须从其还价被拒绝之时起，提供适当的担保，例如通过提供银行担保或存入必要的金额。保证金的计算必须包括过去使用标准必要专利的行为的数量，被指控的侵权人必须能够对这些使用行为进行说明，CJEU 2015，¶ 67。

② 同①，¶ 68。

③ 欧盟委员会，第 9-10 页，COM（2017）712 最终版（2017 年 11 月 29 日）。

均为欧盟起草供标准必要专利持有人和实施者遵循的实操指导提供了参考。[①] 这不仅使标准必要专利持有人能够确保其行为符合第 102 条的规定（遵守规定的程序为他们提供了反垄断的安全港），而且清楚地呈现了在 FRAND 协商过程中实施者必须采取的步骤（以防止反向劫持）。

尽管该判决是以具体事实为基础的，但法院强调了本案的独特之处，这有助于法院认定，在例外情况下，请求发出禁令或召回令的专利权人可能因滥用支配地位而违反第 102 条的规定：

1）由于专利权人不可撤销其 FRAND 承诺，涉案专利的性质仅为标准必要专利。

2）标准必要专利是标准的重要部分，因此，对于生产符合标准的产品的竞争对手来说，标准必要专利是必不可少的。这意味着标准必要专利持有人可以通过寻求禁令或召回令来阻止竞争对手的产品出现或留在市场上，并将产品的制造权据为己有。

3）对 FRAND 承诺的合理预期是会进行 FRAND 许可（因此，拒绝许可原则上可能构成滥用）[②]。

法院提到了对涉及标准的产品的可能的反竞争影响：竞争对手生产的产品可以被阻止投放市场或留在市场上，因此纵向整合的标准必要专利持有人就可以"把产品的制造权为自己所专有"[③]。这关系到在涉及标准的产品市场上产品竞争的情况：价格、创新及选择。然而，法院并没有明确说明在反思标准制定过程本身之后，这种做法所产生的影响[④]。不过，强调 FRAND 承诺作

---

① 法院也承认 FRAND 对实施者施加了义务。鉴于竞争法中的执政理论基础不牢固，立法干预可能优于通过竞争法的协调，请参阅 LououCh & Zigales 2017。

② Huawei Techs. Co. Ltd. v. ZTE Corp.（CJEU 2015，¶ 49–53）（欧盟）。

③ 同②，¶ 52。

④ 对比委员会 2014 年 4 月 29 日的裁决，案件编号：39958- 摩托罗拉 -GPRS 标准必要专利的实施，欧盟委员会通过以下方式更加强调反竞争效应：将创新产品排除在市场之外（包括暂时禁止在德国在线销售苹果公司的 GPRS 兼容产品）；和解协议中规定的反竞争、不利的许可条款；并且人们对标准制定过程的信心也会受到损害，这一过程旨在通过确保技术的可及性和防止拖延来促进标准制定的运作。

为潜在侵权认定的理由或条件之一所产生的合理预期[1]可能表明法院也在暗中关注可能对标准制定过程的完整性以及最终对标准的成功产生的反竞争影响。从政策角度来看，标准必要专利持有人不遵守 FRAND 原则而破坏标准制定过程（以及标准的最终成功）的行为可能会对标准中产品市场的价格、创新和抉择产生消极影响，正如纵向整合且自己保留所述产品制造权的标准必要专利持有人违反 FRAND 原则所产生的影响。

关于确保标准必要专利得到充分保护的必要性，法院认为，专利权人重新获得 FRAND 许可条款的能力会保护其投资动机，并且通过给予 FRAND 承诺表明了借此将其专利货币化的意愿[2]。因此，在制成品市场所维护的竞争利益将不会被上游市场的投资损失抵消。

在一些方面，法院对某些问题并未明确表态，对其判决的确切范围也不明朗。例如，欧盟成员国的国家法院随后不得不处理的问题：相关程序究竟应如何付诸实践，标准必要专利持有人何时可以在不违反第 102 条的情况下寻求禁令，实施者何时可以基于竞争法来反驳禁令请求[3]。第 5 章讨论了一些案例，其中涉及应如何确定各方已参与诚信许可谈判的问题[4]。

此外，将其判决范围限于案件事实，该事实是指作出 FRAND 承诺的标准必要专利持有人根据许可技术制造和销售产品的情况，将重点同时放在专利权人与实施者在产品市场上的竞争以及 FRAND 承诺的作出，法院并未澄清同样的义务是否会约束标准必要专利随后的非实施购买者，所述购买者并未参与许可技术的产品市场竞争且未做出 FRAND 承诺。虽然在这种情况下，行

---

[1] *Huawei Techs. Co. Ltd. v. ZTE Corp.*（CJEU 2015, ¶ 51–53）（欧盟）。

[2] FRAND 承诺"隐含地承认，FRAND 专利许可费是对使用该专利的许可的充分补偿。"*Apple, Inc. v. Motorola, Inc.*（N.D. Ill. 2012, 914）（美国）。

[3] 见第 5 章；Colangelo & Torti 2017。悬而未决的问题是该裁定是否适用于事实（而非法律上）标准化的背景，在这种情况下，由于专利权人没有参与标准制定过程，或者专利权人寻求损害赔偿而不是禁令（见下文第 6.3.2 节）。

[4] 关于侵权通知的内容：标准必要专利持有人何时有义务提交 FRAND 许可要约，以及如何确定该要约是否为 FRAND（例如，就专利权许可费条款而言，以及全球组合许可是否为 FRAND）；被指控的侵权人必须表示愿意签订许可的期限；以及实施者应如何回应要约。

为的性质是实施而非排他的[①]，法院有可能就行为是否具有滥用性得出同样的结论。如果 FRAND 承诺由后续购买者做出或受该承诺的约束，则该购买者还应同意不利用标准必要专利的市场支配力，且仅依 FRAND 条款许可。此外，该行为对产品市场竞争和标准化的影响是相同的——无论标准必要专利持有人是否参与了产品市场竞争，或者专利主张实体本身或其前身是否合理预期技术将按 FRAND 条款获得许可。

第 5 章解释了其他司法管辖区（包括韩国）的竞争管理部门也考量了标准必要专利持有人的寻求禁令行为是否会导致违反 FRAND 承诺和反垄断法。例如，美国联邦贸易委员会一直担心，寻求禁令救济可能是强制性和压迫性的，是一种违反 1914 年《联邦贸易委员会法》第 5 条的"不公平竞争方法"[②]。

6.3.2.2 货币损害赔偿和未来许可条款

即使不允许标准必要专利持有人寻求针对自愿被许可人的禁令救济，其仍有权因之前的专利侵权行为获得损害赔偿，并有权获得未来的许可费。

在欧盟，初审法院在 *ITT Promedia NV.Commission* 案中强调了提起诉讼原则的重要性，这既是一项基本权利，也是确保法治的一般原则。[③] 在 *Huawei* 案中，欧盟法院还承认欧盟法律给予专利权人的高度保护，原则上不能剥夺专利权人向法院起诉以确保有效行使其独占权。在这种情况下，法院承认由一个做出 FRAND 承诺的标准必要专利持有人申请的禁令救济可能在例外情况下构成滥用支配地位，但这并不妨碍专利权人向法院提起诉讼的权利。相反，

---

① 即使竞争管理机构有权这样做（见第 216 页②和所附案文），它们也不愿意提起剥削性案件（鉴于这类诉讼的监管性质、查明此类行为的困难，而且因为它们几乎禁止支配地位），除非案件有另一个层面，例如排除效应、内部市场因素（在欧盟）、消费者利益无法以其他方式得到保证，见第 6.3.3 节。

② 例如，罗伯特博世有限责任公司（美国联邦贸易委员会，2013 年 4 月 23 日）（决定和命令）；摩托罗拉移动有限责任公司和谷歌公司（美国联邦贸易委员会，2013 年 7 月 23 日）（决定和命令）；以及下文第 6.4 节。另见第 5 章对日本和韩国发生的案件的讨论。

③ 只有在以下情况下，第 102 条才能例外地拒绝提起法律诉讼的权利：a. 无法将法律诉讼合理地视为确立有关企业的权利的尝试；b. 该行动是在旨在消除竞争的计划框架内构想的。

欧盟法院明确表示，不应禁止标准必要专利持有人"对其标准必要专利的被控侵权者提起诉讼，并要求提供与标准必要专利过去使用行为相关的账目或就这些使用行为判予损害赔偿"[①]；如果不授予禁令救济，标准必要专利持有人可以在法律程序中寻求其他救济来保障其专利权，包括对过去侵权行为的损害赔偿和确定未来许可条款。

第 5 章讨论了在标准必要专利持有人作出 FRAND 承诺时，判予损害赔偿的原则应在多大程度上不同于专利侵权案件中的损害赔偿原则，以及损害赔偿与确定未来 FRAND 许可条款有何联系。[②] 以下章节阐述了竞争法是否会施加额外的义务，使得标准必要专利许可协议规定的义务超出 FRAND 承诺规定的义务，因此，当未经许可的实施者侵犯标准必要专利时，做出 FRAND 承诺的标准必要专利持有人有权获得货币赔偿。特别地，阐述了是否以及何时竞争法会控制不公平的许可费赔偿水平、标准必要专利的捆绑、价格歧视和标准必要专利的转让。

6.3.3 专利商业实施的反垄断限制

6.3.3.1 专利许可定价：过度定价或不公平定价

在某些情况下，竞争法可能限制了标准必要专利持有人为其标准必要专利设定专利许可费率或协商其认为合适的许可条件的能力。在欧盟、中国和印度等司法管辖区尤其如此，这些司法管辖区不仅禁止占支配地位公司的排他性滥用，而且禁止剥削行为，包括与排他效果无关的过高或不公平价格或其他不公平合同条件。随着 5G 技术的发展和与物联网相关标准的应用，是否

---

① *Huawei Techs. Co. Ltd. v. ZTE Corp.*（CJEU 2015，¶ 76）（欧盟）。另见第 5 章。

② 见第 5 章和 *Unwired Planet Int'l Ltd. v. Huawei Techs. Co.*（Pat 2017，¶ 92）（英国）（认为由于专利侵权的损害赔偿是补偿性的，在 FRAND 案件中需要支付的损害赔偿金是标准必要专利持有人在许可过程中获得的金额，即标准必要专利持有人与自愿被许可人之间约定的 FRAND 许可）。

以及何时竞争法会对实施行为产生影响的问题可能会变得更为热门[①]。

例如，在欧盟，第102条（a）禁止实施行为，包括不公平的价格、不公平的贸易条件和提供不合格的产品或服务[②]；第102条（b）限制使消费者遭受损害的生产、销售或技术研发[③]。因此，如果占支配地位的标准必要专利持有人收取"与所供应产品的经济价值无合理关系"的价格[④]或施加"直接或间接地……""不公平交易条件"，[⑤]无论其是否做出了FRAND承诺，均可能构成滥用。在兰巴斯案中[⑥]，欧盟委员会接受了兰巴斯公司的承诺，兰巴斯公司作为未作出FRAND承诺的专利权人，仍被指控对使用与动态随机存取存储器有关的专利技术收取了过高许可费[⑦]。欧盟委员会认为，如果兰巴斯公司没有故意欺骗标准制定组织、联合电子设备工程委员会及其成员，未披露与采用的标准[⑧]相关技术有关的专利和专利申请的存在（因为倘若披露了专利和专利申请的存在，则会采用另一个标准，而不会将兰巴斯公司的技术纳入标准必要专利）[⑨]，那么其就不会主张许可费赔偿了。虽然委员会在决定中未说明其认

[①] 例如，Margrethe Vestager，《演讲：保护消费者免受剥削》（2016年11月21日）；欧盟委员会1，6，COM（2017）712 final（Nov. 29, 2017）强调，关于FRAND许可的不同观点和诉讼可能会推迟物联网在欧盟的推广。

[②] 例如，United Brands Co. and United Brands Continental B.V. v. Commission of the European Communities（CJEU 1978，¶248）（欧盟）；Francois Lucazeau v. SACEM（CJEU 1989）（欧盟）；AKKA/ LAA v. Konkurences padome（CJEU 2017）（欧盟）；欧盟委员会目前对阿斯彭制药公司的调查，欧盟委员会新闻稿IP/17/1323。

[③] 关于过度定价，例如Evans & Padilla 2005；Ezrachi & Gilo 2009；De Coninck & Koustoumpari 2017。大多数竞争法制度也对"限制性"许可协议进行了规定，例如，根据欧盟联邦第101条的规定。

[④] United Brands Co. and United Brands Continental B.V. v. Commission of the European Communities（CJEU 1978，¶250）（欧盟）。

[⑤] Belgische Radio en Televisie v. SV SABAM（CJEU 1974，¶6）（欧盟）。

[⑥] 承诺决定不包含侵权认定，通常比侵权判决短得多。

[⑦] 委员会2009年12月9日的决定，COMP/38.636-RAMBUS。委员会认为Rambus公司在全球DRAM接口技术市场占据主导地位，该技术包括DRAM芯片与个人电脑其他组件之间的互操作性所需的技术，同上，见¶16, 17, 26。对比Rambus Inc. v. Fed. Trade Comm'n（D.C. Cir. 2008）（美国）案件的观点。

[⑧] 委员会2009年12月9日的决定，COMP/38.636-RAMBUS，第27页。

[⑨] 同⑧，¶43-46。

为有关行为是滥用行为的法律依据,但很明显,核心在于该行为具有实施性。兰巴斯公司涉嫌欺骗标准制定组织及其成员的单方面行为(本可将竞争性技术排除在标准之外)并未违反第 102 条,因为兰巴斯公司当时并未占支配地位(欧盟法律并不对垄断或支配市场的企图予以阻止,这与美国法律不同),该公司只是在被控排他行为和其技术被纳入标准之后才占据了支配地位。为了结束诉讼,兰巴斯公司承诺向动态随机存取存储器制造商和内存控制器产品制造商提供许可,许可费在五年内不超过规定的上限。兰巴斯公司还承诺不向被许可方客户收取进一步的专利许可费[①]。

在无线星球公司案中[②],英国高等法院还须判断非专利实施主体(NPE:Non-Practicing Entities)违反 FRAND 承诺的行为是否构成违反第 102 条的实施滥用。在考虑这一问题时,伯斯·J 法官对三种情况予以区分:谈判中提高的价格,卖方在拒绝以任何其他价格供货的前提下所要求的价格,商定并支付的价格[③]。关于谈判中提高的价格,法官认为,正常情况下,潜在许可方会从高于 FRAND 承诺的价格开始谈判。因此,只是提供非 FRAND 许可费并不构成滥用,只有当提供的许可费率高到会干扰或损害谈判时才会构成滥用[④]。当然,这并不意味着,在约定的许可中实际施加非 FRAND 许可费率或拒绝以此费率之外的费率进行许可都不会构成滥用支配权,尤其是在禁令的威胁下。伯斯·J 法官认为,许可费率不会过高,除非其实质上超过 FRAND 费率;换句话说,FRAND 许可费不可能是滥用的,超过 FRAND 原则的许可费也不一定是滥用的[⑤]。

欧盟委员会提出了标准必要专利估值和 FRAND 许可条款评估的一些进一步的原则[⑥]:

---

① 委员会 2009 年 12 月 9 日的决定,COMP/38.636-RAMBUS,第 27 页,参见 final commitments。

② *Unwired Planet Int'l Ltd. v. Huawei Techs. Co.*(Pat 2017)(英国)。

③ 同②,参见 ¶762。

④ 伯斯·J 发现,提供 3 倍、5 倍甚至 10 倍的 FRAND 利率并不妨碍谈判,因此也不是滥用支配地位,同②,参见 ¶762-784。

⑤ 伯斯·J 发现,提供 3 倍、5 倍甚至 10 倍的 FRAND 利率并不妨碍谈判,因此也不是滥用支配地位,同上,参见 ¶153,757。

⑥ 欧盟委员会,第 6-7 页,COM(2017)712 最终版(2017 年 11 月 29 日)。

1)许可条款必须与专利技术的经济价值有明确的关系[①]。这种价值不应包括决定将该技术纳入标准而产生的溢价。

2)确定 FRAND 许可价值时应"考虑专利技术的现值增加值"。技术的现值增加值无需考虑产品的市场成功,因为其与专利技术无关。

3)FRAND 评估应确保标准必要专利持有人继续有动力为标准贡献其最佳可用技术。

4)FRAND 评估还应以合理的许可费率总和为标准,避免许可费堆叠。

中国《反垄断法》也考虑了可能被视为不公平的高价,中华人民共和国国家发展和改革委员会(下称国家发改委)对高通公司案的审查则涉及此情况[②]。在本案中,国家发改委认为高通公司滥用其在涵盖 CDMA、WCDMA、LTE 无线通信的标准必要专利许可市场以及基带芯片市场上的支配地位。国家发改委尤其关注与中国被许可人有关的以下行为:①拒绝披露专利清单;②对专利组合中的过期专利收取许可费;③要求就中国被许可人自己的相关专利进行免费交叉许可(借此拒绝从许可费中扣除该交叉许可专利的价值);④根据设备的净批发价收取许可费,并对被迫接受高通公司打包的非标准必要专利的被许可方征收相对较高的许可费率。国家发改委发现,这些不同的行为组合在一起,导致了过高的、滥用的许可费和滥用条款。如果潜在的被许可方不同意这些要求,高通公司将直接拒绝向其提供基带芯片。国家发改委对高通公司处以 60 亿元人民币[③]的罚款,并且要求高通公司实施多项改进措施。在诉讼之后,高通公司同意对在中国销售的品牌智能手机收取 3G 和 4G 中国标准必要专利许可费,在许可费占智能手机净售价 65% 的情况下,3G

[①] 见第 231 页③和所附案文。

[②] 发改委新闻稿(2015 年 2 月 10 日);Wang 2017。另参见 *Qualcomm Inc. v. Korea Fair Trade Commission*(KFTC 2009),在该案中,KFTC 认定高通公司违反了《垄断条例》和《公平贸易法》,向非高通芯片用户收取标准必要专利许可费。2016 年,韩国技术合作委员会进一步对高通公司处以 1.03 万亿韩元的罚款,原因是该公司对手机制造商强制执行许可条款,并拒绝向竞争对手芯片制造商发放许可,以加强其在专利许可市场的垄断力,见 Yi & Kim 2017。

[③] 迄今为止中国政府征收的最高行政处罚,见 Wang 2017,73。

设备为 5%，4G 设备为 3.5%；在与中国被许可人签订许可时提供专利清单，对过期专利不收取许可费；不要求中国被许可人进行免费交叉许可；不要求中国被许可人签订包含销售基带芯片的不合理条件的专利许可协议；在向中国许可方供应基带芯片时不附加不挑战此类专利许可协议的义务[①]。

同样，在 Huawei Technologies Co Ltd v. InterDigital Group 案中，深圳市中级人民法院认定 InterDigital 公司滥用其在中华人民共和国和美国某些 3G 无线通信技术市场上的支配地位，进行过度和歧视性的滥用：要求华为公司向苹果公司和三星公司支付比 InterDigital 公司高得多的许可费，并迫使华为公司向 InterDigital 公司授予华为公司所有专利的许可。法院还认为，InterDigital 公司滥用了自己的优势地位，将标准必要专利与非标准必要专利捆绑在一起，并对华为公司施加了不合理的许可条件。InterDigital 公司做出 FRAND 承诺的事实似乎是法院裁决的核心，即 InterDigital 公司在谈判、签订和履行与其标准必要专利相关的许可协议时必须遵守公平、合理和无歧视的原则[②]。

在对爱立信公司提起的诉讼中，印度竞争委员会提出了初步意见，认为爱立信公司根据实施者生产的最终产品的价值收取的许可费是过高的、歧视性的，而且违反了 FRAND 条款。本案中，在对美国控制组件公司（Control Components Inc，简称 CCI 公司）的管辖权进行了旷日持久的诉讼之后，诉讼程序仍未最终确定[③]。

6.3.3.2 搭售、捆绑和价格歧视

标准必要专利和复杂技术领域的合同、专利和竞争法也出现了一些其他问题。其中包括专利权人的以下做法是否可能违反 FRAND 承诺或竞争法（以及 FRAND 承诺与竞争法的义务是相同还是有所区别）：在被许可人只对更小地域范围的许可感兴趣时，标准必要专利持有人要求被许可人获得全球许可，和 / 或在

[①] 发改委新闻稿（2015 年 2 月 10 日）。另见 Emch & Zhang 2016。
[②] 广东省高级人民法院肯定该判决，并在 Yuan & Kossof 2015 中进行了总结和分析。
[③] Sidak 2017。

被许可人只对标准必要专利的许可感兴趣时，标准必要专利持有人要求被许可人同时获得标准必要专利和非标准必要专利的许可；不参考最小可销售单元，而是参考终产品净销售额的百分比来计算许可费率；标准必要专利持有人对垂直/生产链上不同级别的实体（例如，针对芯片制造商、移动电话制造商[①]和/或移动电话网络运营商）行使其专利权，和/或向链上不同级别的被许可人收取不同的专利许可费[②]；标准必要专利持有人决定只许可给手机制造商，而不许可给芯片制造商。这些做法原则上被称为在某些情况下可能违反竞争规则的过度定价搭售[③]、捆绑[④]或价格歧视。实际上，许多司法管辖区都有针对搭售/捆绑[⑤]和价格歧

[①] 专利 Wi-Fi 技术通常在芯片级实现。芯片随后被整合到智能手机中。与芯片制造商相比，标准必要专利持有人可能更愿意向手机制造商寻求专利许可费。这可能有很多原因。第一，如果许可授予终端产品制造商，那么专利权许可费可以基于终端产品的销售收入。虽然在理论上，许可费基数不应影响 FRAND 许可费的计算，但在实践中，许可费基数越大，最终的许可费可能就越大。第二，如果标准必要专利持有人获得针对他们的禁令，最终产品制造商可能损失的利润高于组件制造商的利润。这表明标准必要专利持有人可能从最终产品制造商那里获得比从组件制造商那里更高的许可费。

[②] Nazzini 2017。

[③] 搭售发生在两个产品上，顾客购买 A（搭售产品），也必须购买 B（捆绑产品）。但是，B 也可以作为独立产品购买。可以是合同或技术搭售。正如委员会关于第 102 条的指导意见所解释的那样，"技术搭售发生在搭售产品的设计使其仅能与捆绑产品（而不是与竞争对手提供的替代品）正常工作时"，而"合同搭售发生在购买搭售产品的客户承诺也购买捆绑产品（而非竞争对手提供的替代品）"，见欧洲委员会，第 482009 号 O.J.（C45/02）7（委员会第 102 号）。

[④] 纯捆绑销售是指两种产品只按固定比例联合销售。同③，例如，*Napier Brown - British Sugar* 案中，欧盟委员会反对英国糖只提供交货价格而不提供出厂价格的做法，从而迫使客户使用英国糖的送货服务。委员会 1988 年 7 月 18 日的决定，IV/30.178 Napier Brown – British Sugar。纯捆绑是互惠搭售的一种形式，任何一种产品都不能单独获得，因此每种产品都与另一种捆绑在一起，因此纯捆绑的评估与搭售的评估没有实质性的不同。当"产品也单独提供，但单独销售时价格总和高于捆绑价格"时，即出现混合捆绑销售。欧盟委员会，2009 O.J.（C45/02）7。在可口可乐案中，委员会认为，对在店内和外卖渠道购买各种产品的顾客给予回扣，其效果是使竞争对手更难获得销售空间。这种做法是将多个库存单位（SKU）捆绑在一起，每个单位对应于不同的产品，如可口可乐和芬达橙汁，并向购买整包产品的客户支付高达总营业额 2% 的款项。由于畅销产品产生了巨大的营业额，客户购买整包产品的动机非常强烈（在本地渠道购买 10 到 20 个库存单位，在带回家渠道购买 20 到 60 个库存单位）。委员会 2005 年 6 月 22 日的决定，COMP/A.39.116/B2 – Coca-Cola。

[⑤] 例如，在欧盟，《欧洲联盟运行条约》第 101 和 102 条，《克莱顿法案》第 3 条,《美国法典》第 15 卷第 14 条（美国），谢尔曼法案,《美国法典》第 15 卷第 1 条和第 2 条（美国）。

视的具体规则。在一些情况下，价格歧视的相关法规可能超出了防止滥用市场支配权或阻止竞争者的目的，并且可能旨在防止上游或下游市场的扭曲，例如使一个买方相对于另一个买方处于劣势[①]。

苹果公司和高通公司在全球各地的法院和竞争管理机构（尤其是在英国高等法院[②]以及美国、德国[③]、日本、韩国、中国）展开的旷日持久的斗争中，出现了许多此类问题。

（1）高通公司

人们已经看到，针对高通公司的诉讼指控进行了一些相互关联的、反竞争的剥削性和独占性许可。一些指控称，除非客户按照高通公司的优先条款（"无许可无芯片"，导致非 FRAND 许可条款被篡改）接受其标准必要专利的许可，否则高通公司拒绝向竞争的基带处理器制造商给予标准必要专利许可，以及标准必要专利和非标准必要专利的捆绑。在中国，发改委在高通案[④]中支持标准必要专利持有人不得在同一许可中捆绑标准必要专利和非标准必要专利的原则。

[①] 例如，在欧盟，《欧洲联盟运行条约》第 102 条（c），其中规定，对与其他贸易方的同等交易适用不同的条件可能是一种滥用，从而使它们处于被确立的明显滥用情形：①同等交易；②不同条件；③竞争劣势。一旦确定了这三个要素，主导企业就必须提出充分的证据，以表明其行为是客观合理的。鉴于其直接的反竞争效应是对下游或上游竞争的扭曲，这种类型的滥用可被定义为扭曲市场的歧视），见沃兰德法院总检察长在 MEO v. Autoridade da Concorrência（CJEU 2017 and 2018）（欧盟）的判决意见；在美国，《罗宾逊-帕特曼法案》15 U.S.C. 第 13 条禁止供应商向不同的买家收取不同的价格，其效果可能是为了防止或扭曲竞争，例如与供应商或买方之间的竞争。尽管《罗宾逊法案》在私人诉讼中仍不能得到联邦机构的支持。

[②] Unwired Planet Int'l Ltd. v. Huawei Techs. Co.（Pat 2017）（英国）。

[③] 有关这些案例的调查，请参阅第 5 章；Picht 2018。

[④] NDRC Press 发布（2015 年 2 月 10 日）。这些情况似乎是捆绑或纯粹捆绑的情况，即许可方拒绝许可其标准必要专利，除非被许可方也获得许可方非标准必要专利的许可。更复杂的情况是，许可方提供两个许可：仅限标准必要专利的许可和捆绑标准必要专利和非标准必要专利的全球组合许可。假设只有标准必要专利的许可是 FRAND，那么对于许可方提供一个替代的捆绑许可是没有异议的，除非这样做阻止了对非标准必要专利技术的竞争。这至少需要证明，提供非标准必要专利技术的竞争对手无法克服标准必要专利持有人凭借在标准必要专利方面的优势而获得的优势。

（2）无线星球公司（Unwired Planet）

在无线星球公司案中，伯斯·J法官还必须处理关于非法搭售和歧视的指控。他认为，用全球组合许可（一种具有潜在效率收益的常见行业做法）替代仅限于英国的许可，是一种FRAND许可，不会违反第102条；全球许可并非天生就会使竞争扭曲[1]。但是，如果如下三个条件都具备，则其可能违反第102条[2]：①捆绑的组成部分是相互独立的产品；②客户被迫一起获得捆绑产品与搭售产品；③搭售必须具有遏制反竞争的效果，排除同样有效的竞争对手，并导致在受影响的市场（搭售市场、捆绑市场或相关新兴市场）上的市场支配力得以获取、维持或强化。

关于标准必要专利和非标准必要专利的捆绑，伯斯·J法官担心这样的行为可能会阻止非标准必要专利技术的竞争[3]。此外，他认为，欧洲电信标准化协会FRAND承诺的非歧视部分意味着"应制定一个针对同一许可适用于所有被许可人的基准FRAND许可费率。[4]"他指出FRAND义务可能不同于竞争法义务。特别在于，FRAND义务的要求可能更广泛地适用，即使标准必要专利持有人不具备市场支配权[5]，或者即使歧视不会导致被许可人之间竞争的扭曲。

---

[1] 如果许可方拥有全球标准必要专利组合，那么申请全球许可不是滥用。*Unwired Planet Int'l Ltd. v. Huawei Techs. Co.*（Pat 2017, 535）（英国）。当然，标准必要专利的全球组合并不意味着许可方必须在每个国家拥有专利。无线星球公司在42个国家拥有专利，在东欧、南美和非洲的覆盖范围有限。见NDRC Press发布，¶538。这并没有使在没有丧失抵押品赎回权的证据的情况下，全球许可并不具有滥用性的结论无效。

[2] NDRC Press发布，¶526，继*Microsoft Corp. v. Comm'n of the European Communities*（CJEU 2007, ¶842, 859, 862）（欧盟）之后。

[3] 这并不意味着，为标准必要专利和非标准必要专利提供许可的初始报价必然是滥用支配地位。事实上，无线星球公司首先提出了标准必要专利和非标准必要专利的许可，但声明自己已经准备好讨论其他安排。随后，华为公司要求获得标准必要专利专用许可，无线星球公司则以仅与标准必要专利相关的报价予以回应。如果无线星球公司坚持将标准必要专利和非标准必要专利捆绑在一起，那么即使没有签订捆绑标准必要专利和非标准必要专利的实际许可，这种行为也可能被认定为滥用。*Unwired Planet Int'l Ltd. v. Huawei Techs. Co.*（Pat 2017, 57–59）（英国）。

[4] 同③，参见503。

[5] 主导地位是欧盟的一项要求（《欧洲联盟运行条约》第102条），但在美国则不然（根据《罗宾逊–帕特曼法案》，《美国法典》第15章第13条）。

（3）多级许可和分级歧视

标准必要专利可由归入另一产品（例如，移动电话）的产品（例如，芯片）制造商使用，该产品随后由服务提供商（例如，移动网络提供商）出售给最终消费者[①]。专利权用尽原则禁止标准必要专利持有人向下游的每个供应商进行许可。然而出现了以下问题，尤其是在德国法院审理的案件中。

1）专利许可应给予生产链上的哪一级？专利权人是否可以选择许可节点和/或实施者（例如，最终产品制造商），是否能够以专利权人本应将标准必要专利许可给其他级别（如组件制造商）为由来拒绝获得许可？

2）许可级别会影响需支付的许可费数额吗？例如，许可给更下游是否意味着标准必要专利持有人可以收取更高的许可费，因为许可费是根据被许可人所销售产品或服务的（更高）价值百分比计算的，这是否会违反FRAND承诺和一些竞争法制度所规定的公平、无歧视的许可原则[②]？

迄今为止，欧盟委员会在横向合作协议和执法实践中采取的一般做法证明，分级歧视可能存在问题，一般而言，希望将其专利权纳入标准的参与方应作出不可撤销的承诺，承诺基于FRAND条款向所有（任何）第三方许可其基本专利[③]。因此，欧盟委员会担心，在德国发生的一些诉讼可能旨在允许标准必要专利持有人规避欧盟法院在 *Huawei* 案判决中对其施加的义务，欧盟委员会表示正在仔细对案件进行调查。在德国法院审理的案件中，一些标准必要专利持有人已经开始了禁令程序，不是针对手机制造商，而是针对移动网

[①] 见第234页③、第235页①和随附文本。

[②] 请参阅第1章。

[③] 欧盟委员会，第285页，2011 O.J.（C11/01）1（《横向合作协议指南》）。另见，同②，第279页。另见上文第58条所附的摩托罗拉委员会的意见。事实上，SSO通常在其政策中采用了广泛的FRAND承诺，这似乎不允许水平歧视，例如，JEDEC固态技术协会2017, 8.2.1, 8.2.4（JEDEC知识产权政策设想了一项FRANK承诺，许可"所有潜在的被许可人"，定义为"所有JEDEC委员会成员和非成员"）；IEEE-SA理事会2017, 6.1, 6.2（b）（IEEE知识产权政策规定标准必要专利持有人的许可承诺应是向不受限制数量的申请人授予许可，被定义为"基本专利申请的任何潜在被许可人"）；ETSI 2018，附件6, 6.1（ETSI知识产权政策不太清楚，因为它没有确定被许可人是谁）。

络运营商（销售手机的运营商），指控侵犯了标准必要专利。德国法院提出，尽管原则上每个市场参与者都有权获得 FRAND 许可，但专利权人可以自由选择其想要起诉的侵权实施者，除非这种选择是取自非 FRAND 许可条款的不当策略的组成部分[①]。《欧盟运行条约》第 102（c）条禁止主导方的歧视，不会引起对级别歧视的担忧。正如欧盟委员会关于标准必要专利的通信所指出的，标准必要专利持有人不得歧视"位置相似"的被许可人[②]。但是，最终服务提供商或制造商与组件制造商并非"位置相似"。然而，如果 FRAND 承诺被广泛地界定为向任何第三方提供许可的承诺，并且如果部件制造商没有许可就无法制造部件，那么分级歧视可能会产生问题。如果出现这种情况，值得探讨的是，*Huawei* 案判决的基本宗旨（不是字面含义）将要求标准必要专利持有人向组件制造商授予 FRAND 许可[③]。然而，这个问题仍然悬而未决。

更进一步的问题是，从事多级许可的标准必要专利持有人基于专利技术对被许可人的实用程度区别对待用户，其是否违反了歧视条款[④]。"仅基于最终用户的产品级别进行许可和多级许可的情况并不罕见，但是，对于如何在 FRAND 原则下看待这些策略却缺乏司法权威性。"[⑤] 如上所述，欧盟委员会关于标准必要专利的通信认为标准必要专利持有人可能会区别对待"位置相似"的被许可人。

6.3.3.3 专利池

复杂技术产品领域的一个重要问题在于，一项技术池或专利池（即两个

[①] 参见 LG Düsseldorf v. 31.3.2016 – 4a O 73/14 and 126/14 – *Saint Lawrence v. Vodafone*（德国），on appeal OLG Düsseldorf v. 9.5.2016 – I-15 U 35/16 and 36/16 – *Saint Lawrence v. Vodafone*（德国）；LG Mannheim v. 8.1.2016 – 7 O 96/14 – *Pioneer v. Acer*（德国），on appeal OLG Karlsruhe v. 31.5.2016 – 6 U 55/16 – *Pioneer v. Acer*（德国）。

[②] 欧盟委员会，第 7 页，COM（2017）712 最终版（2017 年 11 月 29 日）。

[③] Nazzini 2017。

[④] Belgum 2014，1。多级许可的问题提出了一些与级别歧视相同的问题，见 Nazzini 2017，215–216。另见 Padilla & Wong-Ervin 2017。

[⑤] Belgum 2014，1–2。

或两个以上实体拥有的技术组成技术包的模式,此技术包既许可给专利池的贡献者,也许可给第三方)是否可能是一种可行的机制,其可以避免标准必要专利持有人和实施者之间逐一谈判。专利池通常用于支持法律上或事实上的行业标准,并可通过对集合技术的一站式许可、降低交易成本和限制累计许可费,为促进技术传播提供便利。然而,到目前为止专利池在移动通信领域未能得到有效运用,也许是因为这些最大的标准必要专利持有人认为他们可以在池外获得更优的许可条款。

竞争法制度一般承认专利池具有竞争性,但也关注替代技术许可带来的竞争风险(造成定价或市场共享的风险),以及由于排除替代性竞争技术导致创新减少的风险[1]。因此,在考量专利池与竞争法规则的相容性时,经常考虑的问题包括:专利池创建过程的透明度;池中技术的选择和性质;池中技术是互补的还是替代的,是必要的还是非必要的;专利池的制度框架;专利池的市场地位以及是否可以取消第三方技术或限制创建替代性专利池[2];许可条款。例如,在欧盟,《技术转让指南》规定,许可费和其他许可条款应是非过度和非歧视性的,许可应是非独占性的。这些规定是确保专利池保持开放状态所必需的,也确保了下游市场不会出现阻碍和其他反竞争影响。[3] 委员会出于鼓励构建竞争性专利池的目的,为创建专利池和随后的技术许可设立安全港[4]。具体地说,委员会认为,无论缔约方的市场地位如何,包括进行许可在内的专利池建立和经营过程,如果满足以下条件,则一般不属于条约第101(1)条的范围:

1)将专利池创建的过程向所有感兴趣的专利权持有人开放;

2)采取充分的保障措施,以确保只将必要的技术(因此,这些技术也必然是互补的)汇集在一起;

---

[1] 欧盟委员会,2014 O.J.(C89/03)3(《技术转让协议指南》);DOJ&FTC 2017,§5.5。
[2] 欧盟委员会,2014 O.J.(C89/03)3,试图确保新技术不被取消抵押品赎回权,例如,声明不应纳入对开发竞争产品或标准的各方的限制,也不应包括在池外授予和获得许可的限制。
[3] 同[2],244。
[4] 同[2],261。

3）采取充分的保障措施，以确保敏感信息（如定价和数据输出）的交流仅限于建立和运营该池所需的信息；

4）在非独占性的基础上，将技术在池内许可；

5）根据 FRAND 条款，将技术许可给所有池外的潜在被许可方；

6）向专利池提供技术的各方和被许可方可自由质疑专利池技术的有效性和重要性；

7）向专利池提供技术的各方和被许可方仍然可以自由研发竞争性产品和技术[①]。

欧盟委员会关于标准必要专利的通讯承认专利池和其他许可平台可以具有竞争性，但这仅是源自欧盟竞争法一般原则的原则性说法[②]。

6.3.3.4　拆分专利组合：将标准必要专利出售给专利主张实体，以换取未来许可费

除在确定符合竞争性 FRAND 许可条款时遇到的困难之外，当标准必要专利持有人试图将其专利组合货币化并从中获取收入（从而增加竞争对手的成本），即通过将其拆分[③]并将组合的一部分出售给本身不生产标准化设备的专利主张实体时[④]，会出现更多的问题。

在某些此类转让中，交易不是以获取销售价格为目的的纯粹专利销售，而是作为一种专利主张实体向供应商提供许可（和诉讼服务）的交易，因此专利主张实体不得不按照一定比例向供应商支付其未来将获得的许可费（有人将其描述为"专利流氓"）。[⑤] 因此，它不是由供应商许可其整个专利组合，而是对组合进行拆分，对其标准必要专利进行许可，并获得非专利实施主体（NPE）转让标准必要专利所获许可费中的一定份额，非专利实施主体和前

---

① 同第 240 页②。
② 欧盟委员会，见 7-8，COM（2017）712 终稿（2017 年 11 月 7 日）。
③ 这可能会增加可获得的收入，因为法院在审理专利侵权案件时通常只审理少数专利。
④ 如果出售标准必要专利，也会引起 FRAND 问题。例如，Geradin 2016。
⑤ 例如，Sokol 2017；Hovenkamp & Cotter 2016；Lundqvist 2014，412。

专利权人分享许可费收入。在英国，一个与无线星球公司相关的诉讼案例如下，非专利实施主体[1]从爱立信手中获得2400项无线专利，并起诉华为公司、谷歌公司和三星公司侵犯了其中6项专利（其中5项为标准必要专利）[2]。这些被控侵权人基于违反竞争法提出了抗辩和反诉。他们特别指出，总销售协议（The Master Sales Agreement，MSA）违反了《欧盟运行条约》第101条有关主张专利权转让无效的规定，理由是根据该协议无线星球公司从爱立信获得了专利，爱立信获得了无线星球公司许可费中的一部分，该协议只是一种在FRAND条款之外增加收入的手段。争论涉及的另一个问题是，如果进行了有效的转让，无线星球公司的许可要约是否符合FRAND原则和/或违反了第102条，因此他们是否通过提出禁令诉讼滥用了自己的支配地位，关键争议点在于提供的许可费率和许可的适当范围。

在英国诉讼中没有明确总销售协议是否违反了第101条[3]。尽管伯斯·J法官驳回了爱立信从诉讼中剔除该问题的企图，他认为这是应经法庭审理的争议点，但是，此问题被搁置，并且从总销售协议中删除了设定无线星球公司许可费（适用的许可费）下限的条款。相比之下，在德国的诉讼中[4]，杜塞尔多夫地区法院驳回了以下论点：依据第101条或第102条的规定认定专利转让无效，并且转让的目的是在FRAND原则之外设置过高的定价。法院特别驳回了此论点，认为这一做法的性质是反竞争的，转让的目的是在市场上确立过高的、超过FRAND原则的定价。法院认为标准必要专利持有人通过分割

---

[1] 无线星球公司拥有一个全球专利组合，其中包括众多被宣布为各种电信标准（2G GSM、3G UMTS 和 4G LTE）必不可少的专利。大部分相关专利组合均来自爱立信。无线星球公司的业务是将这些专利授权给制造和销售移动电话和基础设施等电信设备的公司。这项诉讼始于2014年3月。*Unwired Planet Int'l Ltd. v. Huawei Techs. Co.*（Pat 2017）（英国）。

[2] 这些专利因在谷歌公司的安卓操作系统中使用而受到侵犯。

[3] *Unwired Planet Int'l Ltd. v. Huawei Techs. Co.*（Pat 2017，5）（英国）。

[4] L.G. Düsseldorf v. 19.1.2016 – 4b O 120/14, 4b O 122/14, and 4b O 123/14 – *Unwired Planet v. Samsung*（德国）。因此，非技术性的审判集中在以下问题上：所提供的许可是否为FRAND许可，无线星球公司是否滥用了其主导地位，以及应如何处理禁令、损害赔偿和声明等补救措施。

其标准必要专利组合来寻求谈判中更优地位的做法是合法的，或者认为非专利实施主体[①]不得不继续前标准必要专利持有人许可的做法也是合法的；唯一的要求是其许可应为 FRAND 许可。因此，法院认为，为专利组合设定公平报酬是一个合理合法的目标。

6.3.3.5 专利收购

在进行并购审查时，竞争管理机构在某些情况下考虑了并购将对并购公司在并购后从事反竞争行为动机产生的影响，包括通过利用标准必要专利的反竞争行为。

例如，在审查谷歌公司收购摩托罗拉公司、苹果公司、微软公司，移动研究公司（罗克星财团的一部分）收购北电公司，苹果公司收购 Novell 公司某些专利的案件时，美国司法部反垄断司考量了收购公司利用其专利（特别是北电公司和摩托罗拉公司承诺许可的标准必要专利）提高竞争对手的成本、劫持竞争对手[②]、实质性地减少竞争的潜在能力和动机。在调查过程中，包括苹果公司和微软公司在内的一些竞争者作出了 FRAND 许可承诺，并承诺在涉及标准必要专利的争议中不寻求禁令，减少了司法部对标准必要专利潜在反竞争使用的担忧。司法部最后得出结论，这些交易不可能实质性地减少无线设备的竞争，也不可能显著改变现有市场活力，因此未反对所述并购。司法部明确表示，关注谷歌在并购后尤其是不当使用标准必要专利的情况，并将持续监督这些标准的使用，以确保竞争和创新不受限制。

在此次调查中，美国竞争管理机构与澳大利亚、加拿大、以色列和韩国

---

① 德国案例法中关于标准必要专利/FRAND 领域非专利实施主体的进一步案例包括关于 OLG Düsseldorf v. 13.1.2016 – I-15 U 66/15 – *Sisvel v. Haier*（德国）；LG Düsseldorf v. 31.3.2016 – 4a O 73/14 和 126/14 – *Saint Lawrence v. Vodafone*（德国）案件的决定。这些判决认为，在涉及标准必要专利的 FRAND 许可时，没有理由将非专利实施主体本身与其他专利持有人区别对待。

② 防止或抑制创新和竞争，例如，要求超竞争性许可费率，迫使潜在被许可人授予标准必要专利持有人使用被许可人知识产权的权利，在仅许可一小部分标准必要专利时向被许可人收取整个专利组许可费率，或试图阻止或排除市场上使用这些标准必要专利的产品，见司法部（DOJ）新闻稿 12-210（2012 年 2 月 13 日）。

竞争管理机构，特别是欧盟委员会进行了密切合作。欧盟委员会关注到，谷歌的开源安卓操作系统是最受欢迎的移动操作系统之一，摩托罗拉的许多标准必要专利是智能移动设备的关键技术。然而，它在第一阶段的程序中无条件地批准了并购[1]。关于标准必要专利，欧盟委员会认为，并购不会显著改变目前的状况，同时也受到谷歌向标准制定机构发出的"具有法律约束力"和"不可撤销"的信函的影响，该信函旨在兑现摩托罗拉先前给出的以FRAND条款进行许可的承诺。此外，由于这会妨碍其他服务的推广，欧盟委员会不认为谷歌会有动机阻止摩托罗拉的竞争对手使用其操作系统。在中国，只有在一定条件下才会批准并购[2]。

6.4 反垄断救济

大多数竞争法制度在民事（或个别刑事）诉讼中依靠公权和私权的行使来执行，以保护有效运作市场中的社会利益，并确保受害者能够保护自己不受侵犯，并在必要时得到赔偿。一些国家（或至少最初曾严重）依赖公共执法机构对反垄断案件提起诉讼，制定政策，并防止、阻止和惩罚严重违法行为。私人诉讼目前在许多司法管辖区逐步发展，在美国反垄断执法的优势是通过私人诉讼实现的。

对违反反垄断法和竞争法的救济措施大体上包括货币救济、行为救济和禁令救济[3]。当执法机构提起诉讼时，货币救济通常采取惩罚和罚款的形式，以阻止所涉的特定损害并惩罚责任方。在私人诉讼中，金钱损害赔偿通常是补偿性的，但在某些司法管辖区，特别是在美国，可以获得更高的金钱赔偿额（三倍赔偿额和律师费，后者是该司法管辖区"法律费用不可补偿"一般

---

[1] 2012年2月13日委员会决议，COMP/M.6381–Google/Motorola Mobility。
[2] 中华人民共和国商务部公告第25号（2012年5月31日）。
[3] 司法部/联邦贸易委员会（DOJ/FTC）单一行为听证会上的专家强调了在早期阶段认真考虑补救措施的重要性，见司法部2008年第143页（如果没有适当的补救措施，"在反垄断案件中"赢得判决就相当于打赢了一场战斗，但输掉了整个战争）。

规则的例外)[1]。

除了补偿性损害赔偿外，私人当事人和执法机构还可以寻求救济措施，以阻止、制止和纠正不当行为[2]。反垄断案件中的禁令救济通常旨在补救反竞争行为造成的损害并防止其再次发生。因此，在竞争对手之间价格垄断的情况下，救济措施可能只是阻止进一步的价格垄断。在垄断或支配的情况下，救济可以禁止占支配地位的公司在特定市场上从事特定的业务，或者在例外情况下，要求公司去除某些业务部门或子公司。因此，反垄断案件中的救济范围相当广泛，包括禁制令和禁止令（例如，禁止寻求禁令或收取剥削性许可费）、肯定性义务（例如，根据符合竞争条件许可或许可的义务）、结构性救济（如商业单元的资产剥离）以及其他制裁措施。此类救济可能会影响或推翻专利法赋予的权利和救济，例如，阻止专利持有人寻求禁令（通过禁制令和禁止令）、强制许可、使专利权转让无效或干涉许可协议或条款。随后还可能需要对其合规性进行细致审查或监控。一般来说，执法机构寻求的反垄断禁令救济的范围可以尽可能广泛，"以消除或制止"非法行为[3]。因此，这些救济措施必须考虑对公众和市场的影响，被认为是比私人诉讼主体间的禁令救济更全面的救济形式。[4]

决策者可能不愿通过干预来禁止竞争法规定的某些行为，例如，驳回许可或驳回专利权人寻求禁令，因为他们认为简单的禁制令和禁止令能够禁止所发现的非法行为，并防止其再次发生，但不足以确保侵权行为终止。如果需要更多的有效救济途径，法院或管理机构必须认真考虑适当的交易条款（特别是定价）以及日后监督所述行为的可行性。例如，在美国，最高法

---

[1] 例如，《克莱顿法案》4，《美国法典》第15卷第15章第15条（规定"因竞争法所禁止的任何事项而在其业务或财产中受到损害的任何人可以提起诉讼"，要求赔偿三倍赔偿金、判决前利息和诉讼费用，包括律师费）。

[2] 欧洲联盟委员会除了有权对违反竞争法规则的行为处以罚款外，还可以"对其施加与所犯侵权行为相称的任何行为或结构性补救措施，以有效制止侵权行为。"理事会第1/2003号条例，第1条。2003年7月7日，O.J.（L1）1。

[3] *Northern Sec. Co. v. United States*（U.S. 1904, 346）。

[4] Marcus 1945, 37。

院曾在某些情况下表示不愿意认定驳回交易或价格挤压构成实质性反垄断违法行为，这种违规行为要求法院作为核心执行者，参与制定"公平"准入条款或设定"公平"的价格或价格间价差，最高法院认为法院不适合执行这些任务[1]。在欧盟，难以确保反垄断干预的有效性也被证明是真实的。例如，在 Microsoft 案中[2]，欧盟委员会和微软在委员会最初因微软未能提供互操作性信息被罚款之后，针对提供互操作性信息的适当条款进行了几年的争论。最终，委员会再次对微软公司的违法行为处以罚款[3]。

与救济有关的一个重要问题，在许多司法管辖区也存在通过承诺来终止反垄断程序的机制。这样一来，反垄断机构和被调查公司之间可针对救济措施达成更为灵活的协议。例如，在欧盟，在无须调查侵权事实的情况下，欧盟委员会有权决定接受被调查公司做出的对其未来行为具有约束力的承诺[4]。这一程序在涉及支配地位的案件中经常使用，并且有时会导致公司承担超出委员会在最终决定中可能施加的行为或结构性义务。此类承诺可能涉及监督受托机构机制，以确保其得到落实。在对摩托罗拉做出侵权判决之前，委员会在 Rambus 案和 Samsung 案中都使用了承诺程序来体现其对标准必要专利适用了第 102 条的规定[5]。

---

[1] 例如，Verizon Commc'ns, Inc. v. Law Offices of Curtis V. Trinko（U.S. 2004）。在 Otter Tail Power Co. v. United States（U.S. 1973）一案中，最高法院要求一家综合电力公司将其线路上的大量电力输送给配电层面的竞争对手，它本身并没有处理细节的负担。相反，监管机构联邦电力委员会可以对价格进行监管，并对合同条款进行审查。另见欧洲联盟和美国对保证金挤压案件的处理方法，在这些国家，许多案例发生在受监管部门，例如，监管当局可能已经被授权要求获得准入和控制定价。因此，这种监管结构的存在可以被视为改变反垄断损害和利益的计算方法，特别是通过减少反垄断损害的可能性，从而使行为被定性为非法的"排除行为"。另见 Verizon Commc'ns, Inc. v. Law Offices of Curtis V. Trinko（U.S. 2004）。

[2] 欧盟委员会新闻稿 IP/04/382（2004 年 3 月 24 日）。

[3] 欧盟委员会新闻稿 IP/06/979（2006 年 7 月 12 日）（委员会对微软公司继续不遵守 2004 年 3 月的决定处以 2.805 亿欧元的罚款）。

[4] 理事会条例（EC）1/2003，第 9 条，2003 O.J.（L1）1。

[5] 2009 年 12 月 9 日委员会决议，COMP/38.636–RAMBUS；2014 年 4 月 29 日委员会决定，案例 39939–三星–UMTS 标准必要专利的实施；委员会 2014 年 4 月 29 日的决定，案例 39958–摩托罗拉–GPRS 标准必要专利的实施。

在美国，司法部和联邦贸易委员会也可以签署同意令。虽然程序有所不同，但如果司法部和被告在诉讼前或诉讼中就所述命令的条款达成一致，他们可以规定"同意令"的条款，然后将其提交法院批准并记入案卷。尽管未经充分宣判，但同意令具有判决的法律效力，可在藐视法庭的情况下强制执行[1]。在涉及反竞争许可或专利实施的执法行动中，美国当局也经常使用这一程序，尤其是（近几年）在涉及技术标准制定的案件中。因此，从第二次世界大战到20世纪70年代是美国反垄断执法最为活跃的时期[2]，期间美国法院颁布了100多个竞争法令，命令被认定从事反竞争行为的专利权人以公平、合理、无歧视的条款许可其专利[3]。即使在当今反垄断执法更加温和的时代，联邦贸易委员会和司法部都利用了详细的行为救济措施来处理涉及专利反垄断违法的案件，特别是涉及标准制定的案件。[4] 首先引起广泛关注的是联邦贸易委员会在1996年与戴尔公司达成的同意令，该案中戴尔同意放弃专利的强制执行，该专利未向标准制定组织披露就是利用了违反《联邦贸易委员会法》第5条"关于不正当竞争手段的规定"。[5] 在涉及类似指控的案件中，优尼科公司与联邦贸易委员会达成协议，在未能向相关标准机构披露专利之后，未强制执行涉及减少汽油排放标准的专利[6]。

在联邦贸易委员会对 Negotiated Data Solutions 有限责任公司（N-Data 公司）的诉讼中，指控了另一种事实。在该案中，N-Data 公司在知道先前专利权人承诺以 1000 美元的统一许可费率向技术标准实施者许可该专利的情况下获得了一项专利。当 N-Data 公司宣布不打算履行之前的承诺时，联邦贸易

---

[1] *United States v. Swift & Co.*（U.S. 1932, 106）。尽管同意法令在反托拉斯案件中的使用可以追溯到1906年，但直到1938年总检察长提出新的政策倡议，它们才得到广泛应用。伊森伯格和鲁宾（1940, 387-388）指出，到20世纪50年代末，同意令已成为"联邦民事执法中使用最广泛的反托拉斯补救措施。"Flynn 1968, 983-985 n.3。

[2] Bohannan & Hovenkamp 2010, 908-909（描述和批评在此期间扩张主义的美国反垄断执法政策）；Gavil 2012, 738。

[3] Contreras 2015b（讨论和收集这些法令）。

[4] Hesse & Marshall 2017。

[5] *In the Matter of Dell Computer Corp.*（联邦贸易委员会，1996年5月20日，619-623）。

[6] *In the Matter of Union Oil Co. of Cal.*（联邦贸易委员会，2005年7月27日，161）。

委员会提起诉讼，指控其违反了《联邦贸易委员会法》第 5 条。N-Data 公司同意履行先前专利权人的专利权许可费承诺，从而解决了这一问题[①]。最后，2013 年，联邦贸易委员会解决了两个专利权人被指控违反《联邦贸易委员会法》第 5 条的事项，即在他们对该技术标准作出了 FRAND 承诺的情况下对技术标准的未经许可的实施者寻求禁令救济[②]。在处理上述案件时，各专利权人均同意不寻求禁令，以防止自愿被许可人侵犯 FRAND 承诺的标准必要专利，除非且直到专利权人进行了一系列诚信尝试以与侵权人达成协议[③]。

综上所述，美国反垄断机构制定的救济措施是灵活的，其会针对具体的反竞争行为进行调整。与金钱损害赔偿或私人反垄断诉讼等简单的禁制令和禁止令相比，这类救济措施在改善竞争条件方面具有更强的灵活性。

6.5 结论

虽然竞争法和专利法追求互补的目标，但本章表明，在复杂技术产品领域，这两种制度之间出现了紧张关系，特别是在标准必要专利持有人通过标准化过程获得的市场支配力似乎被用来抵制竞争、抑制创新，或者利用市场力量损害消费者利益。在某些情况下，某些司法管辖区运用反垄断法来对标准必要专利持有人通过其标准必要专利组合获利的方式进行审查，审查内容为其是否通过寻求针对实施者的禁令、许可协议，或者通过出售部分专利组合。同时，人们运用强有力的机制，无论是正式的还是非正式的（例如，通过和解程序），对违反反垄断规则的行为进行救济。

---

① *In the Matter of Negotiated Data Solutions LLC*（联邦贸易委员会标准必要专利 t. 23, 2008）。

② *In the Matter of Robert Bosch GmbH*（联邦贸易委员会，2013 年 4 月 23 日）；*In the Matter of Motorola Mobility LLC and Google Inc.*（联邦贸易委员会，2013 年 7 月 23 日）。

③ 美国司法部对标准必要专利持有人在 2012 年批准三项拟议合并交易时是否有能力寻求针对技术标准实施者的禁令表示了类似的担忧。在考虑三项独立的交易时，该局评估了合并方未能履行对各标准机构作出的 FRAND 承诺的可能性，尤其是他们寻求针对其标准实施者的禁令的能力。司法部只有在各方承诺不采取此类行动后才批准合并，见第 242 页④和所附案文。

第 6.2.1 节讨论了一些案例，其中在一些司法管辖区，竞争法通过阻止专利权人获得禁令（其选择的专利救济）的方式与专利制度直接冲突。在标准必要专利持有人已承诺通过 FRAND 许可将其专利货币化的情况下，寻求此类禁令可能会对有意愿的被许可人造成劫持，并影响下游的竞争和创新，和/或损害标准化过程。然而，这些案件引发了许多有待解决的其他复杂问题，这些问题包括专利权人和实施者的义务范围，以及为主张或避免禁令救济他们分别需要做些什么。在欧盟，这些问题中的许多问题一直以德国（欧洲最大的市场）法庭的方式予以处理。如果不想在标准必要专利持有人和潜在被许可人之间引发更多的争议，尤其随着 5G 技术和物联网的同步发展，解决这些问题至关重要。

这些案例以及在制定标准过程中作出的 FRAND 承诺，将许可何时既符合 FRAND 承诺又符合竞争法的问题推到了幕前。这些问题对于已发生侵权的专利损害赔偿应如何计算，以及符合竞争的 FRAND 许可应如何制定至关重要。尽管截至目前除美国外很少有法院处理这些问题，但全球正在出现一些案件，其中涉及全球许可或组合许可的有效性，以及按照 FRAND 原则和竞争法条款（在某种程度上它们是不同的）许可费是否为"公平的"或"歧视的"，或是否违反了竞争法。尽管竞争法是否对专利持有人提出了比 FRAND 原则更苛刻的要求尚无定论，但是竞争执法者对标准必要专利持有人的"剥削"行为表示担忧，他们可能愿意通过干预来控制"剥削"行为，以平衡创新回报与消费者利益。

分割或出售标准必要专利组合是否违反反垄断法，以及非歧视原则是否要求专利组合的购买者（尤其是购买者为非专利实体时）采用与供应商相同的许可方式，也是亟待解决的重要问题。

事实证明，平衡标准必要专利持有人和实施者的利益是一项极其困难的任务，它绕开了标准开发组织和政策制定者[①]，并向负责解决由此产生的专利

---

① 例如，欧盟委员会，COM（2017）712 最终版（2017 年 11 月 29 日）（欧盟委员会关于标准必要专利的决议）。

纠纷的法院提出了复杂的问题。在一些案件中，人们也要求竞争管理机构帮助解决问题，并保护竞争过程不受具有重要市场支配力的众多标准必要专利持有人的摆布。尽管传统上竞争管理者不愿意充当监管者去控制定价和交易条款，但他们越来越多地被卷入专利领域的此类问题以及涉及如何平衡竞争利益的争论。本章阐述了复杂技术产品领域中专利法与竞争法相结合的若干有待解决的难题。鉴于5G和物联网标准化的核心作用，找到这些问题的解决方案至关重要。

因此，我们建议针对以下主题进一步深入研究：

1）竞争法和专利法各自的目标，以及能否实现目标间的权衡、冲突的管理和解决，如果能的话，该如何实现；

2）标准必要专利持有人确保其寻求禁令不违反竞争法所必须遵守的步骤，以及实施者合法抵制禁令所应执行的步骤；

3）竞争法可以在多大程度上对标准必要专利许可条款施加超出FRAND承诺的限制，特别是在协商专利权人基于FRAND承诺进行的FRAND许可，以及违反专利权人和实施者的义务所产生的后果时，竞争法是否对专利权人和实施者的义务范围产生影响；

4）竞争管理机构是否可以做更多的工作来鼓励对竞争性专利池或其他许可平台的运用，以解决许可带来的挑战，并将其作为对复杂技术产品专利进行许可的一种模式；

5）级别歧视、多级许可，以及标准必要专利转让给专利主张实体时违反反垄断法的程度；

6）在处理复杂技术产品领域出现的专利问题时，反垄断制度、专利组合或反垄断救济是否能使处理方式更富灵活性，如果能的话，何时可以实现。

第7章
专利劫持、反向劫持、许可费堆叠

诺曼·席伯拉斯

7.1 引言

本章主要对复杂技术产品的专利救济进行综述，关注了救济程序背后的专利劫持、反向劫持、许可费堆叠的理论问题。从一些标准来衡量，实施者往往需要支付高昂的专利许可费；第2部分从理论上考量了专利权人的合理收益标准；第3部分回顾了与专利劫持有关的理论，即通常用于表示专利权人与未经授权的实施者之间进行议价以获取超出标准必要专利许可费的相关机制；第4部分回顾了避免专利劫持的相关机制；第5部分试图将专利劫持纳入财产规则与责任规则中进行讨论；第6部分考虑反向劫持相关机制，这可能使实施者可以强制专利权人接受低于公平基准的专利许可费；第7部分讨论许可费堆叠，通常指由于存在多个专利权人而产生的总许可费过度增加；第8部分讨论专利劫持与许可费堆叠的实证。

7.2 专利权人回报基准

7.2.1 事前增量价值贬值份额：$\theta\beta v$

要确定专利许可费过高还是不足,需要与基准进行比较。莱姆利和夏皮罗(2007a)使用的基准是一个著名的基准,即根据专利有效性和侵权行为可能性进行折算,发明的事前增量价值与次优方案相比所占的份额,其中专利权人的份额则由其议价能力来确定。这可以总结成如下公式:

$$r^* = \theta\beta v$$

其中 r^* 表示专利许可费基准,β 表示专利权人的议价能力,θ 代表专利有效和被侵权的可能性,v 表示发明的事前增量价值[1]。

7.2.2 事前增量价值[2]：v

7.2.2.1 概述

从专利制度的目的来看,专利权人的发明激励应与发明的社会价值相称[3],

---

[1] Lemley & Shapiro 2007a, 1999。
[2] 超过最佳替代方案。
[3] Farrell et al. 2007, 610–611; Shapiro 2007。

并且技术的社会价值是其相对于次优替代方案的事前增量价值[①]。

发明的价值取决于其相对于最佳替代方案的价值，这种观点的前提是专利制度应当激励对社会有益的产品的发明。如果已知药物能有效治疗疼痛，而一种新药与其具有同等功效，并且这种新药与已知药物相比在任何方面都没有改善或更有优势，那么在这种新药上花费社会资源就是一种浪费。尽管人们已经广泛接受了此观点，但仍有许多细节值得讨论[②]。

7.2.2.2 增量价值

（1）专利的替代方案

尽管人们普遍认为发明的价值是其超过最佳替代方案的增量价值，但当最佳替代方案也获得专利时，如何衡量发明的价值尚无共识。一些作者明确地将专利技术的价值确定为其超过非专利替代方案的增量价值[③]，并且根本不

[①] Swanson & Baumol 2005，10-11；Farrell et al. 2007，610-611；Elhauge 2008，545；Denicolò et al. 2008，577-578；Layne-Farrar et al. 2009，448；Shapiro 2010，282；Gilbert 2011，642；Camesasca et al. 2013，304；Cotter 2013a，128；Carlton & Shampine 2013，536，545；Jarosz & Chapman 2013，812；Cotter 2014a，357；Sedona Conference 2014，23-24；Contreras & Gilbert 2015，1468-1469，1499-1500；Siebrasse &Cotter 2017a；Lee & Melamed 2016，411-412。Golden 2007，2144，文中对此提出质疑，称"专利发明的价值不一定仅仅是相对于替代方案的价值。这一点可以通过以下认识到，例如，我能以1美元的价格购买一瓶苏打水a，而不是以1.25美元购买一瓶苏打水b，并不意味着苏打水b只要0.25美元：这是两种选择的价值之差。"一看便知，这一论点显然没有意识到本发明价值和该发明实施价值的区别。发明是一种文字信息，其具有零边际成本，而发明的实施很可能具有实质性的边际成本。假设一个消费者对1美元的苏打a和1.25美元的苏打b之间的差别并不在意，因为两种苏打水原料的成本完全相同，但苏打b有一种边际成本为零的增味技术。增味技术的价值是0.25美元，因此由于有形成分的成本，一瓶苏打水b的价值是1.25美元。然而，从文章的其余部分来看，Golden真正关心的可能是替代方案也获得专利的情况：见下文第7.2.2."专利替代方案"中的讨论。Golden 2007，2138还认为，一项发明的边际价值很难确定。虽然这无疑是正确的，但这并不是从概念上反对基准，而是实际的反例。谈到这里，也许自然会涉及合理的专利许可费是否足够补偿损失的问题，这将在下文第7.5.1节"损害赔偿金的不准确"中讨论。此外，正如Lemley&Shapiro 2007b，2169所指出的那样，没有必要对边际价值进行衡量之后才能得出专利权人可以通过劫持获得超额收益的结论。

[②] Lemley & Shapiro 2007b，2169 指出，"事实上，[ν] 在概念上有很好的定义。"这只适用于典型案例。

[③] Farrell et al. 2007，612-615；Layne-Farrar et al. 2009，456。

考虑专利替代方案的情况,但是在这个问题上他们经常保持沉默[1]。

事前增量方法"严格"的解释是将专利和非专利的替代方案以完全相同的方式来对待。最有代表性的是,斯旺森和鲍莫尔(2005)明确地将基准定为专利相对于专利的最佳替代方案的严格增量价值,因此,如果两种专利技术同样有效,则基准许可费是其边际成本(可能为零)[2]。席伯拉斯和科特尔(2017a)认为,这种"严格"的方法是错误的,因为如果专利权人获得的专利许可费等于制造和许可技术的边际成本,他们将没有足够的动机将沉没成本投入发明的最初阶段。他们指出:"两个专利权人同时开发同样的技术并不意味着他们都不渴望获得专利权。伟哥和西力士在治疗勃起功能障碍方面可能同样有效,但这并不意味着如果药物不可以获得专利,这两种药物都会被发明出来。"[3] 因此,这种对事前增量方法的严格解释与专利制度的基本原理并不一致,专利制度的基本原理是使发明人能够收回其发明沉没成本的一部分。

莱姆利和夏皮罗(2007a)在脚注中讨论了专利替代方案的问题,他说,当最佳替代方案获得专利时,"将专利权人一方的成本和价值与替代方案的成本和价值进行比对是较为合理的,这里的替代方案的成本和价值包括在适当的情况下必须向替代方案支付的专利许可费。"[4] 当替代方案没有确定的专利许可费时,莱姆利和夏皮罗并没有就如何向替代方案支付专利许可费给出明确

---

[1] 例如,联邦贸易委员会 2011,191-194;Shapiro 2010,282。

[2] Swanson & Baumol 2005,18-19;Layne Farrar 在 2007 年的文章中扩展了 Swanson & Baumol 2005 的模型,并做出了同样的假设;Carlton & Shampine(2013)提出"替代方案可以是专利替代方案,也可以是非专利替代方案"。

[3] Siebrasse & Cotter 2017a,1192-1193;另见 Kieff & Layne Farrar 2013,1120,在标准必要专利的背景下,对这一严格方法的批评基本相同,指出这将导致"标准制定组织参与度减少,对创新的投资将不是最优";Golden 2007,2144,指出"一项专利激发了申请专利的替代方案的事实并不意味着专利贡献应被视为没有价值的发现"。

[4] Lemley & Shapiro 2007a,2039 n.153;另见 Contreras & Gilbert 2015,1468,文章的立场基本相同。

阐述。① 此外，即使替代方案有既定的专利许可费，新发明专利的竞争可能会影响替代方案专利技术的专利许可费。目前尚不清楚替代方案所考虑的专利许可费是在采用新专利技术之前实际收取的专利许可费，还是在采用新专利技术之后收取的专利许可费。

席伯拉斯和科特（Siebrasse & Cotter，2017a）认为，与专利的替代方案相比，目前还没有令人满意的方法来确定发明的价值②。

（2）相对于不同使用者的增量价值

爱泼斯坦等人（2012）认为，"假定存在某个可以算作专利增量价值的特定数字，那就大错特错了。通常在实施任何特定技术的过程中，不同的购买者将获得不同的益处"，因此，增量价值"不应给予任何规定的权重"③。他们认为这个观点从概念上和实践上都否定了衡量增量价值的方法。由于发明的社会增量价值是其对每个个体的增量价值总和④，这使得他们认为衡量增量价值方法在概念上是错误的。虽然增量价值基准在应用上面临很大的困难，但任何概念模型都是如此。没有一种评估损害赔偿的方法是完美的，并且衡量增量价值方法的具体应用是否不切实际以至于不值得推广，取决于具体案例

---

① Elhauge 2008，564-565，指出专利权人之间的伯特兰竞争意味着，如果两种获得专利的替代方案与未获得专利的替代方案具有同等价值，专利权许可费将为零。

② Siebrasse & Cotter 2017a，声明"我们不知道有任何文献对这个问题进行了全面的理论分析，也没有提出明显解决这一个问题的方案"。

③ Epstein et al. 2012，37。

④ Epstein 等人认为在标准必要专利的背景下，这样的解释会导致不同用户的专利许可费不同，这将"违背 FRAND 的原则"。对于不同地位的实施者收取不同的专利许可费是否会违反非歧视性要求，这一点并没有得到解决：见 Carlton & Shampine 2013，546（"非歧视性"意味着处于相似地位的公司应支付相同的专利许可费，而只有与次优替代方案相比，使用者预期应支付相同的专利许可费，专利技术的增量价值相同时，公司才处于相似的地位）；比较 Gilbert 2011，875（认为所有被许可方应能够从相同的专利许可费表中进行选择，即使他们支付的费率不同）。在任何情况下，即使有很好的政策说明在标准必要专利背景下，非歧视性要求应解释为不同的实施者应支付相同的专利许可费，关键在于专利技术的价值是其对特定个人的增值的总和。

中可用的证据和可行的替代方案。[1]

7.2.2.3 事前

（1）为什么要采用"事前"

合理的基准许可费应与已申请专利技术的价值有关。在某些情况下，拥有禁令的专利权人与实施者[2]之间的谈判所涉金额不仅仅是技术的价值。例如，如果实施者在实施该技术时有沉没成本，那么禁止实施者使用专利技术将会使专利权人"劫持"实施者的部分沉没成本。考虑到由于因劫持产生的回报不是发明带来的，因此需要在可能发生劫持之前（即"事前"）对增量价值进行评估[3]。其中的原理是：专利技术相对于最佳替代方案的真正增值是被许可人在许可前的谈判中为专利技术的许可所支付的最大价值，如果专利权人要求更高的专利许可费，那么对于被许可人来说，采用非专利的替代方案会更有利可图。[4] 正如席伯拉斯和科特（2016）所强调的那样，"事先谈判"的构建只是一种机制，用于将专利技术的价值与其他可能由拥有禁令的专利权人占有的其他价值（例如实施者的沉没成本）予以拆分。

（2）何时是"事前"

尽管人们普遍认为合适的基准是事前价值，但具体内容并不一致："事前"是指沉没成本发生之前；是指在标准被采纳之前（就标准必要专利而言）；

---

[1] Epstein et al. 2012，38，提出"复杂的制度框架明显使我们无法进行有意义的'增量价值'计算"。这种说法有些言过其实了。法院经常试图评估有争议的发明的价值，而不是替代方案，虽然结果毫无疑问是不完美的，但肯定是有意义的：例如，*Microsoft Corp.v.Motorola，Inc.*（W.D. Wash. 2013）（美国）；*In re Innovatio IP Ventures，LLC Patent Litigation*（N.D. Ill. 2013）（美国）；*Grain Processing Corp. v. Am. Maize-Prods.* Co.（N.D. Ind. 1995，1390–1393）（美国）。

[2] 虽然术语"实施者"通常与标准相关，在这里它是指实施标准技术的一方，但在本章中，将更广泛地使用它作为可能使用或实施专利技术的任何一方的通用术语，包括侵权人和潜在侵权人。尽管诉讼是以侵权行为的判定而尘埃落定的，但这里的实施者还包括非侵权主体，如被许可方和潜在被许可方，以及因谈判失败而选择不使用该技术的各方。

[3] Lemley & Shapiro 2007a，1999（将基准专利权许可费描述为"在理想专利制度中，没有任何劫持因素的合理和预期的许可费"）。

[4] Carlton & Shampine 2013，540；Lee & Melamed 2016，392。

指在首次侵权发生之前[①]。由于事前评估的原因是避免将专利劫持的价值囊括进来，因此"事前"的确切含义取决于所关注的专利劫持类型。如果关注的是沉没成本的劫持，则事前是指在实施者产生沉没成本之前。如果关注的是专利权人不应获取标准化过程中网络效应所产生的价值，那么事前则指在标准被采纳和网络效应产生之前。

（3）事前信息和事后信息

如上所述，人们广泛接受的观点是，发明的价值是根据有意愿的双方当事人事前商定的数额。通常认为，该"事前"价值仅须考虑事前各方当事人实际可获得的信息，因此，如果后续信息（事后信息）表明发明的价值或多于或少于各方期望，就应忽略所述信息。席伯拉斯和科特（2016）将此称为"纯"事前方法。他们并不认同这种方法并且指出，基准许可费的事前性质的基本原理是避免向专利权人提供反映专利劫持的收益，而这并不能证明排除事后信息是合理的。基于马里耶洛（2011）的观点，发明的增量价值应在"事前事实"的基础上确定，在此基础上，假设实施者未投入任何沉没成本，但所有可用的信息都可以用于评估该发明的价值，这里的信息包括事后信息。[②] 席伯拉斯和科特（2016）认为，使用所有可用信息可以对发明的真实社会价值进行更准确的评估，进而使专利制度对发明的激励与发明的社会价值更为一致。[③]

[①] 美国法律的一般规则是，合理的专利许可费是根据第一次侵权时发生的假设性谈判进行评估的；见 Lee & Melamed 2016，422-425（审查案例）。然而，一些法院表示，在标准必要专利的背景下，将标准被采纳之前认为是事前是适当的：参见 *Apple, Inc. v. Motorola, Inc.*（N.D. Ill. 2012, 913）（美国）；*In re Innovatio IP Ventures, LLC Patent Litigation*（N.D. Ill. 2013）（美国）；*Microsoft Corp. v. Motorola, Inc.*（W.D. Wash. 2013）（美国）。一些专注于成本锁定的研究表明，合适的时机是成本锁定发生前，例如，Lee & Melamed 2016。

[②] Carlton & Shampine 2013，545，将 Mariniello 2011 中的观点定性为不同意事前方法，而事实上他只是不同意使用事前信息。也就是说，Carlton & Shampine 假设，如果为了沉没成本的目的，谈判是事前的，那么为了信息的目的，谈判也必须是事前的。

[③] Jarosz & Chapman 2013（主张合理的专利许可费损害评估应考虑所有可用证据，包括假设的谈判日期之后产生的信息）；Geradin & Layne-Farrar 2007, 98（批评指出"任何事前方法"，基于此，"在标准化阶段发明价值不明确的情况下，这可能会阻碍创新。"假设所有事前方法必须只使用事前信息）；Epstein et al. 2012，34（主张标准被采纳时所确定的损害赔偿方案随着时间推移将无法用于认定技术的价值）。

李和梅拉迈德（2016）提出了最为经典的学术观点，其主张采用纯事前方法。在这种方法中所有事后证据均被排除在外，除非是将事后证据用于建立当事方仅仅基于事前信息原本就已经能够达成的协议[①]。他们反对使用事后信息的意见主要包括三个方面：①[使用事后证据]的理由是假设实施者的实际利润在进行假想交易时完全无法预料；②根据事后证据确定的许可费通常会包括基于事后经济社会发展带来的溢价，所述溢价增加了侵权人对专利，特别是固定成本的依存，并且与专利所带来的增量收益无关；③因为基本原则是为了避免给予专利权人的赔偿不足，所以通常唯一考虑的事后信息就是倾向于增加专利许可费的信息。[②]席伯拉斯和科特（2016）提供的分析并不支持第①点；关于第②点，席伯拉斯和科特（2016）同意应将固定成本产生的价值排除在外，但他们认为通常不需要排除事后信息；关于第③点，他们并不反对如此使用事后信息，而是反对单独使用事后信息的观点。席伯拉斯和科特（2016）强调，使用事后信息的目的是，它可以更准确地评估发明的真实价值，无论该真实价值是高于还是低于事前双方的预期。

综上所述，虽然发明的价值是有意愿的双方当事人事前协商金额的观点已被广泛接受，但相对而言，很少有学者将事前协商与事后信息的使用区分开来，而且关于是否应使用事后信息尚未达成共识。

（4）完全事前方法

学术界对标准事前方法的批评是，假想交易发生在实施者为实施发明付出沉没成本之前，但却是在专利权人为创造专利技术投入沉没成本之后。爱泼斯坦等人（2012）指出，既然专利制度的目的是鼓励发明创造，因此假定发明已经被创造是荒谬的。相反，他们认为，应该考虑在"纯'事前'环境中会达成什么交易，即在新技术诞生之初，在发明人或制造商为该项技术的

---

① Gooding 2014。
② Lee & Melamed 2016，416。

成功研发进行必要的投资之前。"①而爱泼斯坦等人（2012）的观点是对标准事前方法的批评，他们没有解释"纯"事前方法与标准事前方法有何不同。正如他们自己所指出的那样，在专利权人发明之后但在实施者承担沉没成本之前，标准方法所使用的事前许可在实践中是很常见的，这种自愿事前许可为专利权人提供了主要收益，因此这也是在许多（也许是大多数）技术领域发明的主要动机。②从表面看，"真正"事前方法反映了实际的交易，专利权人将其发明的成本沉没，以换取实施者在产生实施的沉没成本之前协商许可的权利。合理许可费赔偿的增量事前基准只是试图再现这种交易。这意味着标准事前模型对应于爱泼斯坦等人（2012）提倡的"纯"事前模型。当然，实际上作为发明最初动机的自愿事前许可可能不会对发明创造提供最佳的激励。如果真是如此，那么这是需要更大的专利体系来解决的问题，可能需要调整专利期限或保护范围。

7.2.3 议价能力贬值：β

7.2.3.1 什么是议价能力？

"议价能力"或"议价技巧"是用于两种相关但截然不同的方式所使用的术语[③]。理论上，它是在纳什著名的论文中提出在解决议价问题时使

---

① Epstein et al. 2012, 10（具体指 2011 年联邦贸易委员会"事前"模型；但这一点同样适用于 Lemley & Shapiro 的模型）；另见 Layne-Farrar et al. 2014, 29（指出事前术语尽管是标准术语，但可能会产生误导。这一时期对实施者来说是事前的，但对于专利权人来说却是事后的，因为他们当时已经投入了研发资金。一个更好的术语是"medio amne"或"midstream"）。

② Epstein et al. 2012, 17。

③ 议价的"技巧"一词经常被用来指我们所说的议价的"能力"，因为它包含了所有可能影响交易收益分配的剩余因素：Nash 1950 指议价的"技巧"，而不是议价的"能力"。Lemley & Shapiro 2007a，用"技巧"来指代从贸易中获得的收益一般份额，以及"谈判能力"或类似术语，指的是影响谈判专利许可费的具体因素，如专利劫持。使用"技巧"来指谈判技巧更为自然，因为一个资金有限的小专利权人可能不得不从贸易中获得一小部分收益，即使其首席谈判代表是一个非常熟练的议价者。然而，当贬值等因素被明确地建模时，使用"技巧"来指代影响分割的任何剩余因素是有用的。

用①。如果有机会进行互利合作的两个当事方是理性的,他们将进行交易,以使双方共同获得的总净收益最大化②。这种净收益通常被称为交易收益③。议价能力 β 的贬值,表示谈判各方对交易收益分配的方式④。因此,如果专利权人从交易中获得全部收益,则 β = 1;如果议价能力相同当事各方将平均分配收益,则 β = 0.5。

基于此理论,专利许可谈判通常被建模为议价的问题,其中交易收益是专利权人的最低接受意愿与实施者的最高支付意愿(有时也称为威胁点)之间的差额⑤。在就某项稳定的专利权进行事先谈判时,实施者的最高支付意愿通常被认为是发明的事前增量价值 v,因为其威胁点是放弃谈判并使用最优非侵权替代方案。在评估合理的专利许可费时,专利权人的最低接受意愿通常被视为其(接受意愿)边际成本⑥。

根据这种模型,议价能力通常也用于表示发明价值与专利权人的边际成本之间的部分差额,而该部分差额将由专利权人在实际的许可谈判中获得。只有在所述议价模型准确地描述了现实中的谈判时,议价能力的实际含义和理论含义才相对应。特别地,纳什议价解决方案仅严格适用于就纯交易收益进行的谈判。众所周知,发明创造仅仅是迈向商业化的第一步,实施者还必须在制造、推广和销售等方面对产品投资,以使产品成功地商业化。许多文章指出,在实践中,实施者在利润中所占的份额至少在一定程度上是实施者

---

① Nash 1950。
② 同①,155,159。
③ Lemley & Shapiro 2007a,1997;Elhauge 2008,538。
④ Lemley & Shapiro 2007a,1995-1998(citing Nash 1950)。
⑤ 同④,1997-1998。
⑥ 严格地说,只有当专利权人不能利用发明本身时,接受的许可费的最低意愿才等于专利权人的边际成本。在这种情况下,接受这种损害是适当的,但如果愿意这样做的话,通常会失去获利的机会。

对联合价值贡献的回报[①]。如果真的如此，那么现实中的协议各方的收益分配并不完全与理论上的纳什议价模型中的交易收益分配相对应。[②]

回到基本的理论议价模型，关于决定议价能力的文献很少。纳什著名的论文提出了如今众所周知的纳什议价解决方案，以议价能力相同为前提，并且未考虑任何可能影响议价的因素。[③]正式的博弈论没有为该概念赋予更多的现实意义。鲁宾斯坦（1982）进行了主要的理论修正，他认为在一定条件下，贬值率越高（即货币的时间价值越高）的一方议价能力越低。这支持了一种非正式的观点，即资源限制会影响议价能力。毫无疑问，还有许多其他因素也会影响现实的议价能力，例如通过心理谈判策略（也称议价技巧）进行艰难议价的能力，或重复博弈以及声誉效应。

纳什议价解决方案仅在存在一定程度的双边垄断时才适用，至少在交易物对一方当事人具有特定价值的情况下。这意味着市场结构也与议价能力有关。[④]例如，在市场竞争中与交易对象进行谈判的一方可以通过威胁许可给另一交易对象来获取全部盈余。

总体而言，纳什议价模型的精确性和简易性使其成为非常有吸引力的建

[①] Goldscheider 2002，130（通常75%的产品开发和商业化所需的工作必须由被许可方完成）；Cotter 2009，1169（在某种意义上，最终产品的生产者不仅仅是专利技术的使用者，而且可能被视为连续的创新者）；Lemley & Shapiro 2007b，2167（解释创新的价值是由"包括其他专利权人和下游公司自身"的各方共同创造的）；Siebrasse & Cotter 2016，954-955（在实际许可协议中，在将一项发明转化为具有商业价值的创收产品的过程中，双方都拿出了一些东西。专利权人最明显的贡献是发明创造，但将最终产品推向市场通常需要进一步的开发和技术实施，例如临床试验，以及市场营销、制造和分销，所有这些都需要在风险下进一步投资，而不只是专利权人在发明本身的投资。这些进一步的服务可以由任何一方提供，而双方在实际谈判中分配增量利润的方式取决于谁提供什么服务以及这些服务的相对重要性和成本）。

[②] 如果实施者的利润份额反映了这类特定交易投资的回报，原则上可以通过相应调整实施者的最大支付意愿来反映在谈判模型中。在某种程度上，谈判能力折扣是通过观察处于相似地位的当事人实际谈判来决定的，在现实世界中任何必要的对实施者的回报都将自动包括在内。重点仍然是，我们熟悉的理论议价问题可能不是实际专利许可谈判的完整模型。

[③] Nash 1950，159。更确切地说，纳什假设（命题8）处境相似的各方将平均分配贸易收益，并表明各方将理性达成一项协议，使贸易收益最大化。

[④] 同[③]，155（该条处理的是"典型的交换问题，更具体地说，是双边垄断问题"）。

模框架，但是如果它能够对影响现实议价能力的因素进行更全面的描述，那么将更具实用价值。

7.2.3.2 议价能力贬值的依据

莱姆利和夏皮罗采用 $\theta\beta\nu$ 作为基准的主要依据是，它反映了当事方进行事先谈判时所协商的许可费，并且在没有任何已知市场失灵的情况下，回到自愿市场谈判在理论上是适当的。因此，实施者在利润中所占的份额可能部分代表了实施者为使发明商业化而进行投资的回报。[1] 如果是这样，自愿市场谈判将为该投资提供适当的回报，参考市场的基准也将如此。

除了考虑对发明的激励，许可费也会影响对实施者的激励。在一定程度上，交易收益代表了纯经济租金，那么特定的收益分配原则上不会影响对实施技术的激励，因为任何份额都会为实施者带来比最优替代方案更大的回报。[2] 但是，如果考虑到实施者的利润是其对技术投资的回报，即使许可费小于 $\theta\nu$，专利劫持也是无效的，因为实施者为实施专利技术支付的费用可能比从该技术获得的价值还要高。在这种情况下，即使技术本身会带来社会净收益，实施者也可能会避免实施该技术[3]。实施者不愿意对专利技术进行有效的投资才是专利劫持的真正弊端所在[4]。

---

[1] Lemley & Shapiro 2007a, 1999（声明基准旨在 "反映在任何侵权之前，如果已知专利有效，将协商专利许可费"）；另见 Lemley & Shapiro 2007b, 2165；Cotter 2009, 1182（更倾向于 Lemley 和 Shapiro 的方法使用议价能力贴现而不是 Elhauge 的方法）。

[2] Elhauge 2008, 538, 明确指出，在 Lemley & Shapiro 的模型中，β 只反映了贸易共同收益的一部分，而不是对各方在创造联合价值方面的相对贡献的任何奖励。然而，尚不清楚这是否是对 Lemley 和 Shapiro 模型的准确描述，也不清楚各方如何更普遍地分割发明价值的模型。

[3] 如果实施者肯定地知道其将不得不支付比从发明中获得的价值更多的钱，其将避免完全使用该专利技术。更普遍地说，劫持的潜在性使投资风险更大，有效地抑制了投资的程度。

[4] Lemley & Shapiro 2007b, 2164（专利劫持被认为是市场失灵的一种形式，它会导致市场效率低下，主要是因为阻碍了本来是预期获得的投资）。

7.2.3.3 对议价能力贬值的批评

（1）专利权人的最优回报

埃尔豪格（2008）认为，议价能力贬值原则上是不适当的[1]。他的基本论点是，如果专利权人的收益低于发明的全部社会价值，专利权人将失去进行发明创造的动力。[2] 议价能力 β 的贬值，简单地压低了专利权人的收益。因此，埃尔豪格将 θν 作为收益基准[3]，他认为专利劫持发生的概率远小于莱姆利和夏皮罗的结论。

对埃尔豪格观点的主要反对意见是，发明社会价值的完全独占性是否为适当的基准是存有疑问的。如前所述，莱姆利和夏皮罗提出的议价能力贬值的主要理由是对市场进行了还原。如果自愿交易的各方都存在这样的贬值，那么表面上看来是有效的。

埃尔豪格的潜台词是市场失灵，因为即使是自愿协商，议价贬值也不足以为发明创造提供充分的激励。如前所述，他的观点是，如果专利权人无法获得发明的全部社会价值，那么发明人将没有足够的动机去创造对社会有益的发明。[4] 主流观点是，完全独占性的观点可能不是最优，并且也未能够证明偏离自愿市场交易的表面基准是合理的。[5]

埃尔豪格关于完全独占性的论点不具备足够的说服力取代主流观点。一方面，不完全独占性的问题往往导致对发明的投资不足；另一方面，所谓的专利竞赛往往会导致过度研究。当多方竞争者均试图获得专利（胜者为王，

---

[1] 另见 Denicolo et al. 2008（他们认为"更自然的假设是，谈判双方将同意 ν 的许可费，为专利权人的创新对产品的价值提供全额报酬"，但他们没有解释为什么他们认为这更自然，在任何情况下，他们的分析都使用 β 折算）。

[2] Elhauge 2008，541。

[3] 同[2]，545。

[4] 同[2]，543（指出莱姆利－夏皮罗模型忽视了这一点是错误的）；另见 Shavell & van Ypersele 2001，535（表明专利权人对发明的社会价值的充分占有性是适当的基准）。

[5] 例如，Frischmann & Lemley 2007，268-271；Golden 2010，529-531；Scotchmer 1991，31；Shapiro 2007，114-177。另见 Sichelman 2014（认为与社会最优回报相比，传统救济措施可能会过度或不足补偿专利权人，取决于具体情况）。

赢者通吃）的奖励时，专利竞赛就出现了。其他研究的社会边际效益是由更早的发明日期带来的利益，但个人边际效益是获得专利技术全部价值所增加的机会，而不仅仅是更早的发明日期带来的边际效益。这种社会利益和个体利益之间的差异往往会导致竞争专利奖励的公司进行大量无用且重复的研究，或是极力缩短发明创造的周期，或两者兼而有之。

这两个问题所指向的方向不同，达斯古塔和斯蒂格利茨（1980）得出结论：''没有明确的假设是否……当专利权人能够获得全部盈余时，就会出现研究过度或不足[①]。''埃尔豪格承认了此观点，认为可通过设置最恰当的专利期限来赋予创新最大的激励，并且，''对于小专利来说，市场提供的研究通常是不充分的。''[②]但是，达斯古塔和斯蒂格利茨（1980）的结论是以''在简单模型范围内''并且''在特定参数下''，特别是涉及拥有无限寿命的专利得出的。[③]他们不认为这一结论是可以推广的。

埃尔豪格（2008）引用了达斯古塔和斯蒂格利茨（1980）的话，''如果专利无限期有效，并且研发支出充分，就能产生最佳的专利期限。''[④]''如果我们假设，排除现有的救济问题是有意义的，实体专利法对专利期限等问题的规定是最佳的，那么该文献支持判予专利持有人全部的 θv，而不是按 β 贬值该金额。''[⑤]然而，达斯古塔和斯蒂格利茨提出的观点是，专利竞赛问题是由发明的独占价值驱动的，该价值随着专利期限的延长而增加，这意味着如果专利的期限是无限的，专利竞赛问题将处于最糟糕的状态。如果专利竞赛问题在未获得社会盈余而导致的发明激励不足的问题中起了主导作用，那么可以通过缩短专利期限来缓解专利竞赛的问题，直至达到最佳平衡。达斯古塔和

[①] Dasgupta & Stiglitz 1980，21（自由进入研发市场的无限期专利）；另见 Tandon 1983，156-157（专利权竞争可能导致研究投资不足或过度投资）。

[②] Dasgupta & Stiglitz 1980，19（他们的重点），引自 Elhauge 2008，544。

[③] Dasgupta & Stiglitz 1980，1819。特别是，他们假设弹性需求曲线不变（弹性小于统一）和专利寿命无限长。参见同上，第 19 页。Shapiro 2007 还提供了两个简单的模型，其中充分可支配性是最优的，这些模型的限制性要求再次说明了完全独占性作为基准的局限性。

[④] Dasgupta & Stiglitz 1980，21，引自 Elhauge 2008，544。

[⑤] Elhauge 2008，544。

斯蒂格利茨这句话的其余部分（埃尔豪格没有引用）的结论是："专利的最佳期限将因发明的保护范围和行业需求的弹性而有所不同""市场分配不存在简单的干预，没有适用于所有发明和产业的统一规则能够实现社会最优。"[1]正如我们所知道的，专利期限实际上并不随这些因素发生变化，因此达斯古塔和斯蒂格利茨得出的正确结论是，我们知道专利期限不是最优的，这意味着完全独占性通常不是最优的。

埃尔豪格（2008）还认为 $\theta\nu$ 低估了发明的社会价值，因为 ν 不包括专利期满后产生的社会价值。[2]然而，相较于技术进步即使没有专利诱惑也会产生的发明，专利的回报应当反映发明人在发明日期之前所作的贡献。如果假设专利期限已经是最优，那么专利期满后消费者剩余将无法反映发明人的任何贡献，即使这样发明也会产生。然而我们没有特定的理由认为专利期限是最佳的，无论是平均期限还是任何特定的行业，我们都无法确定专利期限是过长还是过短。

综上所述，基于专利权人无法获取发明的全部社会价值这一简单事实本身并不能让我们得出以下结论，即莱姆利和夏皮罗提出的回报基准（包括议价能力贬值）无法为发明提供充分的激励作用。

（2）循环性

与此相关的是，戈尔登（2007）认为，莱姆利和夏皮罗对于 $\theta\beta\nu$ 基准的论点是"基本循环的"，理由是，它表示"合理且可预期的专利许可费率是在没有任何劫持因素的理想专利体系中"，假设专利持有人"应该是在没有禁令时所获得的回报"[3]。然而，这并不是真正的循环性问题，因为莱姆利和夏皮罗的主要观点是，适当的基准反映了在没有市场失灵时可以协商的许可费，并且在某些情况下，禁令救济可能会导致专利劫持，这是众所周知的市场失

---

[1] Dasgupta & Stiglitz 1980，21。

[2] Elhauge 2008，543（辩称莱姆利－夏皮罗模型忽视这一点是错误的）；另见 Golden 2007，2138（有限的专利期限意味着专利权人无法获取发明的全部社会价值）。

[3] Golden 2007，2139–2140，引用 Lemley & Shapiro 2007a，1999。

灵的根源①。因此，基准并不是简单地假定禁令不适用，而是假定禁令不会导致专利劫持。事实上，他们的基准假设：当双方在事前进行谈判时，如果他们不能达成一致，将发出禁令以限制实施者侵权；正是这一假设将实施者的最高支付意愿设定为发明超过最优替代方案的增量价值。

如前所述，尽管戈尔登将这一问题定义为循环性问题，但他的主要观点在于，莱姆利和夏皮罗没有充分认识到禁令救济的好处，尽管其可能会导致专利劫持，但这种救济可能是正当的。②戈尔登认为仅仅从禁令救济在特定案件中可能（甚至肯定）会引起劫持这一事实，并不能成为在不考虑补偿作用的情况下拒绝禁令救济的充分理由。

（3）独立创造

莱姆利和夏皮罗（2007b）对专利权人因无法在期限届满后获取发明的社会价值而导致回报不足的论点回应："在侵权人独立研发了专利发明的情况下，这一论点显然是不正确的，这是一种常见的专利劫持情况。在这种情况下，尽管专利权的期限有限，专利持有人的回报通常也会超过其社会贡献"③。这是一个奇怪的回应。从表面上看，莱姆利和夏皮罗（2007b）研究的主要结论是，由于专利劫持，即使发明被侵权人抄袭，专利权人的回报依然超过其社会贡献。如果侵权人独立开发了发明，即便根本不存在任何专利劫持，专利权人的回报也将超过其社会贡献，这是完全不同的论点。莱姆利和夏皮罗（2007b）确实提出，"拒绝禁令的另一个先决条件应该是被告独立研发技术，而不是从原告那里抄袭技术"④，但这表明他们将其视为补偿的考虑因素，而不是认为如果侵权人抄袭就不存在劫持。

---

① Lemley & Shapiro 2007a, 1999（声明基准旨在"反映在任何侵权之前，如果已知专利有效，将协商的专利权许可费"）。

② Golden 2007, 2140（一个更令人满意的分析至少会承认侵权禁令的长期公认利益，并将对其成本是否大于其利益进行一些实质性分析）。

③ Lemley & Shapiro 2007b, 2169。他们将这一论点归因于 Golden 2007, 2136，尽管它的主要观点是，对专利权人的最佳回报是不确定的，而不是专利权人的奖励不足。Elhauge 2008 确实提出了这个论点，更重要的一点是 Lemley & Shapiro 的回应。

④ Lemley & Shapiro 2007a，2036–2037。

如果实施者独立研发了专利涵盖的技术，那么专利权人贡献的社会价值肯定会小于 v（与最优替代方案相比的发明价值）。而专利有效性和议价能力的贬值与专利权人贡献的真实价值无关，因此该价值很可能小于 $θβv$。[1] 这可能意味着，在独立创造的情况下，基准许可费应基于完全不同的因素来贬值，以反映专利权人的真实贡献。此观点支持了在专利法中应当引入独立发明抗辩的观点，因为如果侵权人独立进行技术研发，那么专利权人对侵权人产品的贡献永远为零。[2] 独立发明抗辩在个案的基础上有效地将许可费进行"贬值"（至零），这比对所有许可费采用一般贬值来反映独立创造在侵权人未抄袭时的一般百分比更为贴切。虽然引入独立发明抗辩在理论上具有相当大的吸引力，但并未被纳入专利法。许多人建议在专利法中引入独立发明抗辩，但尚未展开充分的讨论，因此无法确认缺乏独立发明抗辩是否是专利法应作为政策问题予以纠正的缺陷，或者是否存在反对独立发明抗辩的有力论据。在这种情况下，出于救济的目的，我们应该假设专利法是最优的，或者说它实际上是最优的，或者最好的解决方案是修改专利法。这又引出了另一个问题，即独立发明是否应作为判断给予禁令救济的因素。这与独立发明抗辩问题不同，因为即使禁令救济被驳回，专利权人仍有权获得基准金额的合理许可费，该基准不会因独立发明而做出调整。

（4）信息不对称

戈尔登（2007）指出，专利持有人可能会在掌握的信息上处于明显劣势的情况下进行谈判，这似乎"使谈判的可能结论偏向 $β$ 值较低的结果"[3]，尚不清楚信息不对称是否会有利于侵权人[4]。即使信息不对称确实有利于侵权人，

---

[1] Shapiro 2007, 115–117; Shapiro 2010, 304。

[2] Shapiro 2007, 127–135 为此理由主张独立发明抗辩。

[3] Golden, 2007, 2132–2133；同见 Elhauge 2008, 549–550。

[4] Golden, 2007, 2132 指出, 实施者将获得关于其成本和利润率的更好信息, 但专利权人可能会获得对其专利有效性更好的信息, Lemley & Shapiro 2007b, 2170, 这些许可可能会影响诉讼中判予的专利许可费。如果专利权人有权获得所失利润赔偿, 那么专利权人也将获得更多的信息。此外, 正如 Lemley & Shapiro 2007b, 2170 指出的, 以及 Golden 2007, 2130 所承认的那样, 任何信息不对称都会因发现而减轻, 至少在美国的诉讼系统中是这样。

也不确定这是否会使专利权人获得的价值降低。专利权人的信息缺失可能导致其要求太多而不是太少，信息不对称的主要影响可能只是降低了和解的机会，提高了诉讼率。[1]

7.2.3.4 专利强度：θ

基准合理许可费要求将专利技术的价值根据专利强度，即专利权有效和受到侵权的可能性，来进行贬值。否则，实施者将为其未使用的技术或者不应授予专利的技术支付费用。在美国法律中，原则上是在假定已知专利是有效且会被侵权的前提下判予合理许可费赔偿，也就是说专利强度没有任何削弱，因为只有在专利被认定为有效和受到侵权的情况下才判予损害赔偿。这与合理许可费要求按照专利强度进行贬值的原则并不矛盾；相反，有必要避免双重贬值（译者注）。[2] 虽然这些原则不存在争议，但法院在多大程度上恰当适用或忽略专利强度贬值是另一个问题。对此分析最为全面的是马苏尔（2015），他将美国关于这个问题的现行法律定性为"前后不一"。[3]

---

[1] Lemley & Shapiro 2007b, 2170。Elhauge 2008, 550 回应说，"当专利权人要求过低的专利许可费时，实施者会接受，但当专利权人要求太高时，他们不会接受"，因此"实际协商的专利许可费将低于他们的预测"。这是"期权效应"论点的衍变，讨论如第 7.5.4.2.b 节"期权效应"。即使期权效应确实抑制了专利权人的回报（假设存在有利于实施者的系统性的信息不对称），但这并不影响通过改变与救济相关的法律规则难以解决的问题。

[2] 假设当事方知道专利是有效的并且被侵权的话，他们会事先同意支付 100 万美元的专利许可费，但是他们都相信专利权只有 70% 的概率是有效的。他们实际协商的许可将适当贬值至 70 万美元。如果发生侵权，专利权人提起诉讼，专利权人知道只有 70% 的机会获得有利判决。如果有利判决的金额是双方实际协商的 70 万美元，那么专利权人从庭审中得到的预期回报只有 49 万美元（70 万美元的 70%），这意味着专利权人因侵权而遭受的损失将比侵权人获得许可的情况更糟。有效性和侵权的假设纠正了这一问题，如果专利权人胜诉，则授予她 100 万美元，因此她的预审预期为 70 万美元，正好是她事先同意的金额：有关进一步讨论，请参阅 Cotter 2009, 1183; Taylor 2014, 115-116。

[3] Masur 2015, 127（通常很难对专利强度进行适当调整，因为专利强度的估计值是法院通常无法获得的私人信息，此外，侵权人在庭审中败诉的情况下协商达成的许可是专利价值的最佳衡量标准，但此类许可在系统上被排除在外）。

7.3 专利劫持的种类

尽管"专利劫持"这一概念很重要,但它没有任何精确的定义,或者说,它有各种各样的精确定义。从最广义的层面来说,专利劫持是指专利权人可以获取高于基准合理许可费的方法。从狭义的层面来说,专利劫持是指任何使专利权人事后要求的许可费可能高于其事前要求的许可费的方法,其中"事前"定义为侵权开始的时间,或者实施者发生沉没成本的时间,或者在标准必要专利中是指标准被采纳的时间。[1]

专注于专利劫持的事前/事后形式,席伯拉斯和科特尔(2017a)指出,有三种不同的方法可以使事后许可费高于事前许可费,他们称之为①沉没成本劫持,②网络价值独占,③分配问题,这些将在本节后面讨论。莱姆利和夏皮罗(2007a)提出了一个非常有影响力的专利劫持模型,将劫持分析扩展到了专利或然性。所有这些方法都被认为是专利权人获得过度回报的潜在原因。高昂的诉讼费用也被认为是造成劫持的另一个潜在原因。然而,由于诉讼费用而造成的偏离是不明确的,如第 6 部分"专利反向劫持"所述。

7.3.1 沉没成本劫持

法雷尔等人(2007)将"投机行为"或"专利劫持"描述如下:在当事人就某项协议的所有条款和条件达成一致之前,一方当事人针对这一协议进行特定投资时,专利劫持就会出现。[2]

法雷尔等人提供了一个专利劫持的示例:若不包括任何许可费的专利技术实施成本为 40 美元,而最优替代方案的成本为 50 美元,因此专利技术的固有优势为 10 美元,基准合理许可费为任何低于 10 美元的金额:假设在实

---

[1] 这些概念可能是相关的,因为基准公平许可费的一个定义是事先协商的专利许可费。
[2] Farrell et al. 2007,604。

施专利技术的 40 美元成本中，有 25 美元是在协商许可费之前花费的，那么这 25 美元是专利技术固有的，即如果使用者后来决定不采用该技术，这 25 美元将被浪费。那么，在谈判时，使用专利技术的预期成本（不包括许可费）为 40 美元 -25 美元 =15 美元，而使用最优替代方案的成本为 50 美元（如果使用者采用替代技术，专利权人已经花费的 25 美元将没有价值）……使用者愿意支付的最高许可费仍然是专利技术的附加值，但关键的区别是，所述附加值现在是 35 美元（50 美元 -15 美元）或比我们第一次计算的 10 美元多 25 美元。事后协商增加了使用者购买专利技术的意愿，因为使用者在专利技术上花费了 25 美元后，发现替代方案的吸引力相对较小。专利技术的事后优势超过了其固有优势，超过的数额等同于实施者 25 美元的投资。因此，专利持有人可以从使用者的沉没投资中获得一定份额（与其议价的技巧成比例）。[1]

也就是说，使用者在协商技术使用权之前已经进行了特定的投资，这意味着除了专利技术的固有优势外，专利权人还可以获取实施者的部分沉没成本（此处的分析假定胜诉的专利权人将获得禁令）。便于将此类特定投资引起的劫持称为"沉没成本的劫持"，其中交易的特殊性是隐含的。[2]

沉没成本的劫持主要取决于在任何谈判开始之前沉没的特定投资。它并不会使产品变得复杂，因为只有产品涵盖一项专利时，它才会出现。它也不会影响专利的或然性或诉讼成本，在上面的例子中，诉讼成本被假定为零。

如果沉没成本劫持确实发生，则会对专利权人和实施者的行为产生不利影响。它使专利权人获得的不仅仅是发明的价值，还会对专利技术的投资产生过度的激励，同时，被劫持的预期会增加实施者的事前风险，从而降低了

---

[1] Farrell et al. 2007，612–613。

[2] 对这种投机行为的一般分析与威廉森（1985）的文章有关，这种投机行为在任何时候都是以"特定于交易的人力或实物资产的持续投资"为前提的。它并不是专利法，甚至是知识产权，威廉森最初是在合同的背景下讨论的。威廉森惊人地将"投机行为"定义为"用诡计谋取私利"，他强调沉没成本的投资（他称之为"根本转变"）是投机行为产生的可能性。然而，正如 Farrell 等人（2007，604）指出，"纯粹经济学基本上不受是否涉及欺诈的影响。"虽然 Guile 参与了一些沉没成本劫持的案例，例如所谓的专利埋伏，但许多专利劫持案都是作者关注的核心问题，如 Lemley & Shapiro 2007a，Farrell et al. 2007 以及 Lee & Melamed 2016 三篇文章都提及不得对专利权人的任何欺诈行为提起诉讼。

投资可能受到沉没成本劫持影响产品的吸引力。

7.3.2 网络效应独占

席伯拉斯和科特尔（2017a）将另一种主要适用于标准的劫持称为网络效应独占。

网络价值独占，是指由于网络效应的存在，使得某项特定技术的价值在标准化后不断增加的情况。与沉没成本劫持一样，禁令将使专利权人能够在事后获得比事前协商更高的许可费，因此可以认为是由于获得了某些标准价值。在这种情况下，价值的增加是由网络效应带来的，而不取决于是否存在特定的沉没成本。[1]

美国法院一贯认为，合理许可费不应反映"该技术标准化所带来的任何附加值"[2]。从表面上看，这似乎表明专利权人不应获取网络效应产生的任何价值，尽管正如席伯拉斯和科特尔（2017a）指出的，法院通常会以持续许可费的形式判予损害赔偿，包括以持续许可费替代禁令，这确实允许了专利权人获取网络效应产生的价值。[3]

从政策角度来看，席伯拉斯和科特尔（2017a）认为从动态效率的角度分析，允许专利权人获取专利技术因网络效应而产生的部分价值是可取的，因为它为发明提供了正确的激励；而从静态效率的角度来看，这也不是不可取的，因为它对实施者的激励没有负面影响。[4]虽然有许多文章认为，专利权人不应当事后获得比事前更高的许可费，这表明专利权人不应该获得网络效应所产生的任何价值，但此类文章通常不区分沉没成本和网络效应产生的价值。

---

[1] Siebrasse & Cotter 2017a, 1166。

[2] *Ericsson*, *Inc. v. D-Link Sys.*（美国联邦巡回上诉法院，2014年，第1232页）；*CSIRO v. Cisco Sys.*, *Inc.*（美国联邦巡回上诉法院，2015年，第1304页）。

[3] Siebrasse & Cotter 2017a, 1220。他们还指出，这些陈述有些含糊不清，因为法院没有明确区分网络效应产生的价值与沉没成本或分配问题。

[4] Geradin & Layne Farrar 2007, 93（不清楚为什么基本专利权人不应获取标准化产生的部分价值）。

两者通常联系紧密，因为标准采纳和随之而来的网络效应，往往伴随着巨大的沉没成本。但是有两个例外，斯旺森和鲍莫尔（2005 年）、李和梅拉姆德（2016 年），都明确指出专利权人不应获取网络效应产生的价值。然而，两者都将网络效应独占等同于沉没成本劫持，且没有具体提供不允许专利权人获得网络效应产生的任何价值的政策理由。① 在这一点上，赵（2016）也对席伯拉斯和科特尔（2017a）提出了质疑，但他的讨论转向了席伯拉斯和科特尔（2017a）称为分配的问题，下一节将对此进行讨论。②

7.3.3 分配问题

当专利要求保护复杂技术产品的微小组成部分时，可能会出现另一种类型的劫持。如果专利权人能够获得禁止销售整个产品的禁令，即使专利技术对价值的贡献很小，他仍可以获取整个产品的部分价值。莱姆利和夏皮罗的模型对这一问题进行了详细的探讨。

当分配问题存在时，它对专利权人和实施者的激励与沉没成本劫持具有同样的负面影响。它允许专利权人获得超过发明的价值，对投资微小专利技术产生了过度激励。以这种方式劫持的预期会增加实施者的事前风险，从而降低了投资于可能面临分配问题的产品的吸引力。

在涉及标准的情况下，分配问题更加严重。正如下面更详细的讨论那样，拥有禁令的专利权人可以获取的超额许可费的上限通常不会超过进行规避设计时所遭受的损失。③ 这意味着，如果这项技术能够迅速且容易地被移除或规避，那么许可费的超额部分将很少。然而，在标准必要专利的情况下并非如

---

① Swanson & Baumol 2005, 8–10; Lee & Melamed 2016, 429–430。

② Chao 2016, 304（专利权人不应获取他所称的"事前兼容性价值"的任何部分）。尽管 Chao 表示，他不同意 Siebrasse & Cotter 2017a 中的观点，他举例说明这一点的是一项专利技术，与现有替代方案相比该技术并没有使标准变得更好。Chao 没有具体说明这些替代方案是否未获得专利。在标准中包含的专利技术并不比未获得专利的替代方案更好的情况下，这将是 Siebrasse & Cotter 2017a 所描述的整分问题的一个例子，在他们的分析中，此类专利将获得零专利许可费。

③ 美国律师协会（ABA）2007, 60–61。

此，因为标准必要专利的许可条款总是规定标准必要专利仅被许可用于符合标准的产品中。这意味着，如果标准必要专利所涵盖的技术可以很容易地作为技术问题进行规避或移除，那么产品将不再符合标准，对真正重要的标准必要专利的其他许可也将失效。这将使不重要的标准必要专利的持有者获取整个标准的价值。[1] 技术上进行标准必要专利规避设计是不够的，相反，实施者必须能够游说标准组织从标准中移除相关技术。虽然并非不可能，但这肯定是漫长的过程。[2] 在这种情况下，下文讨论中提到的"规避设计周期"应解释为从标准中移除标准必要专利所需的时间，而不是技术规避设计所需的时间。

7.3.4 或然性劫持：莱姆利和夏皮罗模型

莱姆利和夏皮罗（2007a）以及夏皮罗本人（2010）提出了一个可供广泛讨论的劫持模型。[3] 他们的模型包括沉没成本劫持和分配问题，并进一步解决了专利或然性的影响，也就是说，在提起诉讼之前，专利的有效性和范围是不确定的。[4] 他们的模型在另外两个方面扩展了简单沉没成本劫持模型。第一，在简单沉没成本模型中，实施者的选择是许可或规避设计其产品，以避免使用专利技术；莱姆利和夏皮罗提出了更明确的诉讼过程模型，其中实施者可以选择在诉讼期间或诉讼结束后进行规避设计。第二，在这个简单的模型中，实施者面临着特定的沉没成本被劫持的风险，这些沉没成本通常被概念化为机器成本或其他有形（财产）成本。莱姆利和夏皮罗指出，在进行规避设计

---

[1] 规避设计的成本将包括游说相关标准开发组织采用排除有争议技术的新版本标准的成本，以及在此期间损失的利润。如果其他标准必要专利的许可证中不包含此类条款，但出于营销目的有必要宣传产品符合标准，问题仍可能出现。在其他情况下，劫持效应主要与规避设计期间的利润损失有关，如 Lemley & Shapiro 2007a 中所述。

[2] 考虑一下 *Microsoft Corp. v. Motorola*, *Inc.*（W.D.Wash. 2013）（美国）案中的交错视频片段。有证据表明，这些对标准的价值几乎没有增加，从微软公司的产品中删除隔行扫描视频的支持可能相对简单，因为这涉及禁用一个功能而不是添加一个功能，但这样做会使微软公司的产品不符合标准。对隔行扫描视频的支持最终从标准中删除。

[3] Lemley & Shapiro 2007a，1995（技术经济分析基于 Shapiro 2010 的工作草案）。

[4] 关于或然专利，一般参见 Lemley & Shapiro 2005。

产品以避免侵权期间，实施者也有可能因所失利润而被劫持。莱姆利和夏皮罗还关注规避设计成本（有时称为转换成本），而不是沉没成本（转换成本和沉没成本之间的关系将在下文讨论）。

他们考虑两种情况：一种是"意外"情况，即实施者在知晓专利时已经在销售其产品；另一种是"早期谈判"情况，即在产品设计之前进行谈判。① 对于"权利稳定的"专利——肯定有效的专利，其模型是标准沉没成本模型的衍变；如果可以进行事前谈判，就不存在过度收费，而在事后情况下，专利权人获得实施者将其专利技术改为非侵权替代方案的部分成本。

在考虑专利或然性时，莱姆利和夏皮罗进一步区分了两种情况。一种情况是，如果专利权相对不稳定，则实施者在败诉之前不进行规避设计更有意义，在这种情况下，其威胁点由沉没成本加上在规避设计期间整个产品的所失利润决定。这就是"诉讼"情况。另一种情况是，如果专利权相对比较稳定，实施者的最佳谈判策略是在诉讼期间威胁规避设计其产品（规避设计并提起诉讼），在这种情况下，其威胁点由规避设计成本决定。这意味着权利不稳定的专利将有一个相对较高的过度收费，因为它不仅可以获得规避设计的成本，还可以获得在规避设计期间整个产品的所失利润。过度收费是根据有效性的概率来贬值的，因此权利不稳定的专利的绝对过度收费通常比涵盖相同技术的权利稳定的专利的绝对过度收费低。

莱姆利和夏皮罗指出，即使在进行事前谈判的情况下，专利或然性也可能导致过度收费。因为实施者的威胁可完全避免使用专利技术，转而采用最优非侵权替代方案。这种情况适用于权利稳定的专利，因为其使得专利权人能够获得发明真正价值的一部分。问题是，由于实施者的威胁完全相同，那么即使专利可能无效的情况下，谈判的结果也别无两样。这意味着过度收费，因为许可费本应按失效的概率进行贬值。正如他们所说的，问题在于被控侵权人选择了不经抗争就放弃，相当于同意了将可能无效的专利视为肯定有效的专利，因此，使得专利无效的可能性不会反映在协商的许可费

---

① 这些术语摘自 Shapiro 2010。

中。①（因为即使在进行事先谈判的情况下，专利权人也可以过度收费，所以将其称为"劫持"严格上说并不准确，因为"劫持"通常意味着专利权人事后可以获取比事先谈判更高的许可费）。总结一下他们的结论：

情况1：意外情况－"诉讼"策略

1）适用于专利权利不稳定、规避设计成本高的情况。

2）由于专利权人可以在规避设计期间从完整产品获得所失利润，加上规避设计成本，两者均按有效性概率折算后导致过度收费。由于进行了折算，过度收费的绝对值很小，但由于所失利润是基于完整产品，过度收费的百分比将很大。

3）过度收费会随着如下因素而增加：①规避设计成本；②规避设计期间的所失利润；③与发明价值相关的产品价值。

情况2：意外情况－"诉讼和规避设计"策略

1）适用于专利权稳定、规避设计成本低的情况。

2）过度收费，因为专利权人可以获取规避设计成本，且不需经过有效性概率进行折算。

3）过度收费百分比①随着规避设计成本的增加而增加，②随着专利权有效性概率的增加而降低（即权利不稳定专利的过度收费百分比更大）。

情况3：早期谈判

1）像意外情况一样。

2）过度收费，因为实施者不确定是否使用专利技术，在这种情况下，超额收费的百分比随着专利有效性概率的增加而降低。

上述结果并不能直接支持产品的复杂性，但复杂技术产品很可能会面临更高的过度收费，因为他们很可能面临情况1，在这种情况下，产品的一项相对低价值且权利不稳定的专利仍然可以获得完整产品价值的一部分。

在意外情况下，莱姆利和夏皮罗模型中劫持对经济的负面影响与沉没成本劫持的影响相同（尽管机制有所不同）。在早期谈判情况下，或然性劫持的

---

① Lemley & Shapiro 2007a，2005。

经济影响略有不同。同样,专利权人获得的不仅仅是其贡献的价值,这产生了对专利投资的过度激励。但原则上,过度收费不会增加实施者的风险,因为事先支付多少费用已经明悉。也不会导致实施者回避使用专利技术,因为专利权人收取的费用不会多到使实施者更愿意使用替代方案。原则上它会降低实施者的预期利润,从而造成投资方向的偏移。偏移程度可能取决于市场结构。

虽然此模型因其对禁令救济的影响而众所周知,且颇具影响力,但在救济措施尤其是拒绝禁令救济的情况下,另一层含义是,在获得许可或提起诉讼之前,应该努力除掉权利不稳定的专利。[1]

7.3.5 沉没成本、转换成本和固定

专利劫持有时被描述为涉及转换成本,因为一旦选择了一项技术,则转换到替代技术的成本可能高到令人望而却步。[2] 这种情况最常用于标准的使用中,即一旦选择了标准实施者就被"固定"在标准中,但是,由于劫持产生的转换成本依赖在其他情况下也会发生。[3] 这与一般经济劫持文献对沉没成本的传统关注正好相反,在这类文献中,当一方试图获得比沉没成本发生前更高的价值时,就会发生劫持。令人困惑的是,沉没成本必然发生在过去:一方面,一方当事人不能被其尚未发生的成本而劫持;另一方面,"转换成本"意味着在谈判失败后,未来采用另一种非标准技术而发生的成本。

科特尔等人(2018)提供了协调转换成本和沉没成本的一般框架。他们解释说,采用次优替代方案的威胁通常会限制专利权人可以获得的许可费,但专利技术和替代方案的价值都可能发生变化。在成本沉没后,由于实施的成本已经产生,所选的技术在未来更有利可图。因此,沉没成本劫持可以被认为是由于所选技术在事前和事后的盈利能力不同而造成的劫持。替代技术的不同盈利

---

[1] Shapiro 2010,307。

[2] Gilbert 2011,862;DOJ & FTC 2007,35;联邦贸易委员会 2011,5。

[3] Lemley & Shapiro 2007a,2037。

能力是造成劫持的另一个原因。如果替代技术的盈利能力发生变化，要么因为其成本发生了变化，要么因为其收入发生了变化，比如当它不被纳入标准时，使用者威胁替换技术的限制作用也会改变。就实施替代技术的预期成本而言，转换成本与劫持无关。如果实施替代技术的事前或事后成本相同，由于实施者希望避免产生这些成本，那么专利权人在事后获得的任何金额也可以事前获得。实施者被"固定"在标准中，不是因为转换需要成本，而是因为一旦原始技术作为标准的一部分被采纳，替代技术的预期收益就会减少。

莱姆利和夏皮罗（2007a）建议，"法院应评估侵权公司为避免侵权而规避设计其产品所需的成本。如果这一成本相对于专利技术在侵权公司产品上增加的价值很高，则不应发布永久禁令。"[1] 但正如戴尼卡罗等人（2008）指出，相关的比较不是规避设计的成本，而是采用替代技术后与事前相比的额外成本。只考虑规避设计成本就有可能不利于"最有价值的专利，即完全知晓但仍很难规避的专利"[2]。他们指出，"该政策应表明，为避免禁令，侵权人不仅必须证明以非侵权方式事后规避设计产品的成本很高，而且还应表明如果在事前就知道［专利持有人的］专利技术，就可以很容易地事前以非侵权的方式设计产品（这再次强调了无意侵权假设的重要性）。"[3] 戴尼卡罗等人（2008）提出的观点与科特尔等人（2018）提供的分析一致；重要的不是转换到替代方案的成本，而是转换成本是否发生了变化。[4]

7.3.6 注意事项和反对意见

（1）综述

本节的其余部分将讨论对劫持模型的众多反对意见。虽然这些观点大多

---

[1] Lemley & Shapiro 2007a, 2037。
[2] Denicolò et al. 2008, 596。
[3] 同②。
[4] 应当强调的是，对事前和事后专利许可费之间的差异来源的分析并不意味着所有这些差异都构成了不受欢迎的"劫持"。他们的分析有助于确定差异的具体来源；是否允许专利权人获取部分差别是不可取的是一个单独的问题。

是针对莱姆利和夏皮罗的模型，但也有一些适用于沉没成本劫持和分配问题，因为他们的模型在某些方面只是这些一般问题最为著名的阐述。对于劫持的论点还有另一种普遍的反对意见，即尽管劫持在理论上可能是一个问题，但也存在一些补偿机制，例如事前议价的可能性，这意味着它在实践中并不会成为实质性问题。这些论据随后在第"7.4 缓解机制"中讨论。关于实证经验的内容将在本章"7.8 实证经验"中论述。

（2）诉讼成本和权利不稳定的专利

戈尔登（2007）认为，"对于 θ 足够接近 0 的权利不稳定的专利侵权案件，诉讼成本有望再次成为潜在侵权人关注的焦点。"[1]表面看来，实施者因劫持而遭受损失的风险按照有效性的概率进行折算，但是根据美国的规则（各方承担自己的费用）诉讼成本则不是。因此，对于权利不稳定的专利，诉讼成本将占主导地位（只要诉讼成本与专利强度大体上无关）。[2]回顾莱姆利和夏皮罗的分析，对于权利不稳定的专利来说，过度收费系数，即过度收费占基准许可费的百分比非常高，但是，过度收费的绝对金额可能相对较小，因为劫持造成的过度收费依照专利有效性的概率进行折算，因此对于权利不稳定的专利而言较小。对此的一种回应是，将诉讼成本从莱姆利和夏皮罗的正式模型中排除，因为它们被假定为是对称的。[3]但事实上，成本并不一定是对称的，在实践中，谈判可能由诉讼成本驱动。在这种情况下，下文第 7.5.2 节中讨论的交易成本分析与可能出现的劫持（或反向劫持）更为相关。[4]

（3）专利是产品的核心

戴尼卡罗等人（2008）说："当被侵权的专利对产品至关重要时，劫持问题的逻辑会发生重大变化。"[5]他们指出，"为了使劫持成为关键限制因素，专

---

[1] Golden 2007, 2131.

[2] 同[1], 2130-2131（分别讨论了实施者的最佳策略是仅在发现有责任的情况下才进行规避设计，以及在任何情况下实施者都会进行规避设计）。

[3] Lemley & Shapiro 2007b 在他们对 Golden 的回复中没有具体回应这一点。

[4] 详见第 6 节。

[5] Denicolò et al. 2008, 593。

利不仅必须涵盖更复杂技术产品的微小组成部分，同时其中每个组成部分必须是微小的（v 很小），且不包括 v 的产品必须事前在商业和技术上是可行的。"[1]这并不是对莱姆利和夏皮罗的核心观点的质疑，这恰恰是对于具有微小专利的复杂技术产品而言，劫持尤为严重。[2]当专利对产品更为重要时，莱姆利和夏皮罗的事后情形中的劫持是由沉没成本（而不是整个产品被市场拒之门外而造成的所失利润）驱动的，而在"早期谈判"的情况下，是由专利的或然性所驱动的。对于戴尼卡罗等人（2008）提出的这些因素是否会导致关键专利的劫持，答案是否定的。

为了支持其论点，他们举了一个示例，即专利权人和实施者都拥有严格互补的技术，即这两项技术对产品的成功都是必不可少的。在这种情况下，把双方将成本投入各自技术之前所协商的许可费作为基准是合理的。[3]如果双方事后协商，并且专利权人可以在谈判破裂时获得禁令，则因为任何一方都可以中止协商，双方的立场不会有太大变化。不同之处在于，双方都会将研发成本投入各自的技术中，但是如果这些研发成本相似，而且议价能力不变，那么事后议价与事前议价的结果相同。[4]

这一论点显然主要针对"早期谈判"的情况，即劫持是受沉没成本驱动的。虽然他们的示例就目前而言是正确的，但并不能有力地支持他们的主张。首先，没有证据表明研发成本大体上是相似的。与他们描述的情况相似的案例是 *NTP v. Research in Motion.*[5] NTP拥有一项对RIM主要产品所必需的专利，但是RIM已经花费了大量的资金来实施这项技术，而且没有证据表明NTP的

---

[1] Denicolò et al. 2008，596。

[2] Lemley & Shapiro 2007a，2001（注意到在规避设计"或复杂技术产品和较小的专利特征"期间利润损失被劫持可能性很高）；同上，2002–2003 年（注意到"专利特征没有什么特别之处"时的劫持可能性）。

[3] Denicolò et al. 2008。他们给出的基准相当于 Siebrasse & Cotter 2017a 中倡导的 Shapley 定价解决方案。

[4] Denicolò et al. 2008，593–594。

[5] *NTP，Inc. v. Research in Motion，Ltd.*（E.D. Va. 2003）（美国）。

专利是一项发明人或 NTP 公司从未商业化且开发成本极高的基础发明。[1] 毫无疑问，在某些情况下，专利权人的研发成本大致相当于实施者对特定技术的沉没成本，但这并不能证明在 NTP v. RIM 案中，仅仅因为 NTP 的技术对产品至关重要，就可以授予禁令。专利技术对产品的核心作用并不能很好地权衡专利权人和实施者之间投资的对称性。其次，具有严格互补技术的实施者的示例与被侵权专利对创新产品所必需的情形在很大程度上是无关的。戴尼卡罗等（2008）认为，莱姆利和夏皮罗在不考虑专利权人投入的研发成本时，专注于实施者的沉没成本是错误的。[2] 这反映了前面讨论过的"纯事前"的论点。但是，如何推广到专利权人拥有对产品必不可少的专利的情况呢？他们认为："由于两家公司都必须在签订合同之前先投入一笔特定的投资，所以两家公司实际上都可能面临劫持问题。"[3] 但只有当专利权人除了与特定实施者进行谈判外别无选择时，这种论点才是正确的。这是从他们的模型中得出的，因为他们认为专利权人和实施者具有严格互补的技术，但这是特例。正如戴尼卡罗等（2008）指出，如果实施者市场为完全竞争的，专利权人将能够获取发明的全部价值。其他极端情况是，如果实施者市场上存在垄断，那么基于标准垄断定价理论，实施者确实具有额外的影响力。但这产生于实施者市场的结构，而不是因为专利技术对产品是必不可少的。实际上，戴尼卡罗等人（2008）认为，当专利权人拥有对产品而言必不可少的专利，而实施者是垄断者时，专利权人应有权获得禁令，以抵消这种垄断权。他们认为，当专利涵盖更复杂技术产品的单个组成部分，其中每个组成部分是微小的，并且产品事前在商业上和技术上是可行的情况下，或更普遍的情况是被侵犯的专利对于产品是必不可少时，专利劫持才有意义。无论是由于实施者拥有互补技术，还是其他原因，尚不清楚这些与实施者拥有垄断权的情况有何关联。

当讨论拥有专利权的众多专利权人获悉实施者销售的产品时，拥有互补

---

[1] Lohr 2010。

[2] Denicolò et al. 2008，594。

[3] 同[2]。

技术的当事人模型是完全适用的，众所周知，标准必要专利就是这样。这确实衍生出一个棘手的问题，即如何分配许可费，以及任何一方是否有权获得禁令。拥有互补技术的专利权人之一也可能是实施者的情况并不少见，但这并不意味着所有专利权人都有权对所有实施者发出禁令，以便使他们对碰巧也是专利权人的特定实施者施加适当的影响力。[①]

（4）市场结构

莱姆利和夏皮罗模型假设专利权人与下游公司谈判，尽管他们对多个下游公司的有关市场问题上发表了看法，但他们承认全面的讨论超出了其文章的范围[②]。埃尔豪格（2008）认为，"如果下游市场是竞争的，有充分的理由认为结果是完全不同的。"[③] 他的主要论点似乎是，在竞争激烈的市场中，由于实施者宁愿完全退出市场，专利权人将获得发明的全部预期价值[④]，因此，不会有任何过度收费。[⑤] 他还认为，专利权人可以收取的许可费被限制在不超过 $v\theta$。

假设任何侵权销售者的损害赔偿被正确设定为 v 乘以 Xi［售出的单位数量］，则预计的侵权损害赔偿将为 $v\theta Xi$。因此，如果专利所有人试图收取超过 $v\theta$ 的许可费，所有下游公司都会拒绝许可，因为他们若同意许可则会遭受损失。[⑥]

上述观点是不正确的，或者至少是过于简单了。这种说法在早期协商时提出，实施者的威胁点是使用最优非侵权替代方案。假设专利的价值体现在

[①] Denicolò et al. 2008，595，也对 Lemley & Shapiro 的主张提出异议，即劫持问题的严重程度与被侵权专利的数量近似呈线性增加的关系；相反，他们得出的结论是，劫持概率的增加不是线性的。这一点在下文第 7.7.2 节"专利劫持累积效应"中进行了更详细的讨论。在目前的背景下，他们的观点显然是，如果涉及的专利对产品不是必不可少的，那么堆叠不会导致显著的专利劫持。

[②] Lemley & Shapiro 2007a，2005-2008。

[③] Elhauge 2008，561。

[④] 同③，562（专利权人可以让一个实施者与另一个实施者相互竞争，因此实际上"如果下游市场具有竞争力，β=1"）。这取决于这样一个观点，即分割发明的价值可能相当于向实施者支付特定于产品的服务，在这种情况下，即使在竞争激烈的市场中，价值也将被分割，但实施者的预期利润仍然为零。

[⑤] 同③。

[⑥] 同③。

节约成本上，并且专利权人与某一实施者进行谈判。如果其他实施者没有获得许可，则其成本将比被许可人的成本高出 v（根据 v 的定义）。被许可人支付超过 $v\theta$ 的费用，但仍然比其他实施者少。另一方面，如果专利权人同时向所有实施者给出同样的要约，我们就又回到了单一下游企业的情况。如果专利权人的要求超过 v，实施者们都会倾向于使用替代方案，除非他们愿意支付高于 $v\theta$ 的费用，因为他们都必须支付相同的金额，因此所有公司都将获得相同的零经济回报，这在竞争市场中是标准的。

埃尔豪格还说，"即使下游公司已经无意中使用了这项技术，专利权人也不能通过试图劫持下游公司规避设计的成本而收取超过 $v\theta$ 的许可费，因为如果这样做，下游公司会因亏损而宁愿退出市场。"[1] 如果实施者事先没有意识到专利权的存在，那么他们在竞争激烈的市场中的预期利润将为零，并且技术节约的所有成本都将转嫁给消费者。如果专利权人随后提出任何许可费，甚至低于 $v\theta$ 的许可费，都将导致实施者亏损，除非他们提高销售价格。如果专利权人只与一个实施者接洽，如果他接受许可而其他人都不接受许可，那么他将亏损而退出市场，专利权人将得不到任何收入。如果专利权人随后与另一个实施者接洽，该过程将继续下去，直到剩下的实施者太少以至于市场不再具有竞争性，至此剩下的实施者可以获得许可并提高其价格。实际上，通过选择性许可，专利权人可以把完全竞争的下游市场转变为不完全竞争的市场。在某些情况下，这种策略可能是合理的，但基于此我们将不再面对激烈竞争的市场，因此埃尔豪格的观点将不适用。或者，专利权人可以以相同的许可费许可所有实施者，在这种情况下，所有实施者可以在不失去市场的情况下将其价格提高相同的金额。每个实施者都愿意支付许可费并留在市场上（严格地说，离开市场和留在市场是无关的，但在事先谈判的情况下也是如此），直到许可费高到需要对产品进行规避设计，即实施者可以承担规避设计的成本。实施者会亏损，但会比他们选择离开市场的损失更少；这是标准

---

[1] Elhauge 2008，561。

沉没成本劫持的结果。①唯一真正的区别在于在规避设计阶段，实施者不能因为失去经济利益而被劫持，因为他们没有获得任何经济利益。但是，如果他们因为有固定成本而获得核算利润，则可能会因为这些利润而被劫持。

这并不是说市场结构根本不影响莱姆利和夏皮罗的研究结果，深入的探讨超出了本章涉及的范围，正如超出了莱姆利和夏皮罗最初文章的范围一样。但埃尔豪格的反对意见并没有给出任何理由认为基础结论不会延伸到不同的市场结构。

（5）弹性需求

埃尔豪格（2008）断言"莱姆利-夏皮罗模型会夸大许可费，因为它假设产出是非弹性的"②。确实，非弹性需求是一个可疑的假设。在专利技术存在的情况下，当需求增加时，过度收费将减少；表面上，当专利技术使得产品价值增加时，实施者通常会通过增加销量以及提高价格的形式从专利中获利，销售增加的利润部分抵消了过度收费。但是莱姆利和夏皮罗的模型并没有考虑非弹性产出的假设，这仅仅是他们举例说明的示例。③需求的弹性将在一定程度上缓解过度收费的问题，但在面对复杂技术产品时，这种缓解就显得微不足道，因为一个产品可能会有数千项专利。

7.3.7 参与竞争的专利权人

莱姆利和夏皮罗（2007a）指出，他们的分析仅限于专利权人在提出专利侵权诉讼中主要商业目的是获得许可收入的情况，而不适用于专利持有人为

---

① Elhauge 2008，563（下游市场的特点是循环固定成本或产品差异化使"垄断竞争"的模式更为恰当，同样，相反的论点也适用）。

② 同①，第 547 页（第三，即使存在上述问题，他们对非弹性产出的假设也是不现实的，并夸大了预计的专利许可费）；同上，第 551 页（Lemley & Shapiro 模型"会高估专利许可费，因为它假设下游产出 X 是恒定的，并且完全不受 D 是否包含增加专利特征的影响产品价值）。

③ Lemley & Shapiro 2007a，2046 Appendix – A。

了保持利润实施发明并试图利用专利将竞争对手排除在市场之外的情况。[1] 戈尔登（2007）和埃尔豪格认为，莱姆利和夏皮罗的观点并不具有说服力，他们指出即使是只寻求许可费的专利权人也应有权获得禁令救济。[2]

无论专利权人是否参与市场竞争，实施者面临的劫持问题同样严重。[3] 因此，关键的问题是，目前是否存在补偿，即尽管存在这些劫持问题，但在市场上竞争的专利权人仍应获得禁令救济。

莱姆利和夏皮罗的模型只考虑合理许可费的损害赔偿，但在考虑有权获得所失利润赔偿的专利权人时，结论尚不明晰。他们在涉及"重大"所失利润的案件中，倾向于给专利持有人授予永久禁令，或许是为了让侵权公司规避设计产品。在这些案件中，永久禁令的权利推定之所以合理，一方面是出于公平的考虑，另一方面是由于在持续进行的侵权中计算和判予所失利润存在严重的困难。[4] 这表明，在所失利润的情况下，由于增加损害赔偿计算的错误的风险而拒绝禁令救济会造成更大的成本。[5] 但这个论点有两个问题。

第一，尽管在持续侵权的基础上评估所失利润无疑是困难的，但准确量化合理许可费也不容易。尚不能证明，所失利润的计算比合理许可费计算困难，特别是在复杂技术产品的情况下，有必要对专利权人寻求所失利润的情

---

[1] Lemley & Shapiro 2007a。

[2] Golden 2007，2155 指出，没有明显的依据来区分寻求利润损失的专利权人和寻求合理专利许可费的专利权人，"为什么不简单地减少对所有专利权人的禁令救济？"他似乎是在反问这个问题。

[3] Denicolò et al. 2008，588–589。

[4] Lemley & Shapiro 2007a，2036. Lemley & Shapiro 2007b，2171–2173 也提到了这一点，但他们没有提出区别的实质性理由，只是说重要的是"专利权人的贡献的性质及其如何在市场上寻求赔偿"，目前尚不清楚 Lemley & Shapiro 所说的"专利权人的贡献"是什么意思，也不清楚为什么实践实体和非实践实体之间应该系统地有所不同，而且他们也没有详细说明为什么禁令救济的可用性应取决于专利权人在市场上寻求赔偿的方式。Shapiro 2010，304，也同样指出了在前瞻性的基础上确定亏损利润的难度。

[5] Lemley & Shapiro 提到的"公平"是模糊的。它们没有提到任何特定的公平原则，这表明它们是指公平意义上的公平，而不是作为法律术语的公平，但它们也没有阐述任何相关的公平意识。

况和不寻求所失利润的情况进行明确区分。①

第二，戈尔登（2007）指出，评估合理许可费损失的困难历来是授予永久禁令的主要理由之一。② 莱姆利和夏皮罗（2007a）回应称，"合理许可费要在诉讼中引导各方协商达成和解发挥作用，唯一需要的就是不偏向任何一方。③" 但这一点消除了合理许可费和所失利润之间的区别，即使所失利润更难评估，只要误差是无偏见的，那也没有区别。重要的问题不是所失利润的损害赔偿是否比合理许可费更难评估，而是它们是否更有可能对专利权人存有偏见。目前没有确凿的理由说明所失利润损害赔偿中的误差会比合理许可费损害赔偿更合理。

除了这两类损害赔偿的相对准确性外，埃尔豪格（2008）和戴尼卡罗等人（2008）认为，当专利权人在下游市场竞争而寻求所失利润损害赔偿时，劫持问题可能更为严重，因为其也在下游市场进行竞争。在这种情况下，专利权人对实施者的劫持可能会更加严重，因为更高的许可费使其在下游市场的市场份额增加，专利权人可以直接受益于高昂的许可费。④ 实际上，当专利权人参与下游市场竞争时，他的议价能力得以增强；当专利权人只许可其专利而不参与竞争时，许可费则受到限制，因为如果许可费太高而不适当地限制销售，专利权人将一无所获，但是，如果专利权人参与下游市场的竞争，这种限制就会得以解除，因为专利权人可能会期望自己获得这些销售利润。

在专利权人实施发明的情况下，首选禁令救济的原因是，在这种情况下，

---

① Golden 2007，2155。合理的专利许可费通常基于相对等的许可，但正如 Lemley & Shapiro 2007a，2022 自己指出的那样，关于相对等的许可的信息是有限的和有偏见的。另见 Masur 2015（解释了基于相对等的许可评估合理专利许可费的困难）。

② Golden 2007，2152。

③ Lemley & Shapiro 2007b，2172。同样，如果损失的利润损失是准确和无偏见的，那么创新的动力就会保持。Lemley & Shapiro 没有理由认为利润损失赔偿金比合理的专利许可费损害赔偿金更不可能公正。（承认有时非实践实体应该能够获得禁令救济，反之亦然，但他们的例子与实体是否遭受销售损失有关，这就引出了一个问题：为什么这应该是一个决定性因素。）

④ Elhauge 2008，560–561；另见 Denicolò et al. 2008。Elhauge 认为这一点是对 Lemley & Shapiro 模型的一种批评，但认为是对这种模型的一种延伸更为恰当。

我们应该期望专利权人的生产效率更高，因为如果侵权人的生产效率比专利权人高，专利权人就会愿意进行许可。在这种情况下，允许专利权人将侵权人排除在外，将市场让给更有效率的生产者。[1] 然而，向未实施专利的专利权人颁布禁令也应具有同样的效果，专利权人将许可给生产效率更高的生产者。

关于该问题的最后一点，杰拉丁（2010a）认为，莱姆利和夏皮罗对寻求所失利润的专利权人和寻求合理许可费的专利权人区分开来，"将不适当地影响到那些出于完全合理的原因选择许可经营模式的创新者，例如他们不具备技术或者开发和制造使用其技术产品的资源"，并且"有效地引导市场转向纵向整合的企业……这将妨碍生产效率的提高，使企业无法专注于其最擅长的领域，并损害了企业的创新能力。"[2] 然而，目前尚不清楚，经过合理评估的每个单元所失利润是否会大于每个单元的许可费。只有在经济学意义上，如果垂直整合的企业有能力满足市场，并且是比实施者更有生产效率的生产者，给予专利权人额外的影响力来对抗实施者并不是无效的。实际上，如果纵向整合的企业更不善于将发明商业化，意味着其所失利润将低于通过许可给更有效的实施者而获得的合理许可费。正如杰拉丁（2010a）指出的，当创新者不具备制造产品的技术或资源时，他们更倾向于选择许可模式，而许可费的较低回报反映了这些缺陷。虽然这是出于经济逻辑的考虑，但它要求所失利润的计算应适当考虑专利权人的生产成本，包括固定成本。如果所失利润的计算对专利权人过于慷慨，那么无论是否获得禁令，纵向整合的专利权人都将拥有更有力的影响力，因为已发生的侵权行为会造成过多的损害。如上所述，实施者的盈余份额最好理解为对其通过推广和销售等方式对产品成功所作投资的补偿，这对专利权人来说是成本。

尽管遭到了反对，莱姆利和夏皮罗的劫持模型在表面上仍适用于与侵权人竞争的专利权人。这并不意味着他们的模型应该被否认，但这确实表明他

---

[1] Blair & Cotter 1998，1626–1628。

[2] Geradin 2010a，126–127；Elhauge 2008，561 提出的第二点。

们的模型是不完整的[①]，在这种情况下也需要认真对待劫持问题。

7.4 缓解机制

7.4.1 概述

在各种劫持类型中，有各种各样的方法可以有效地缓解劫持的影响。本节讨论这些方法的理论合理性。它们是否有效地缓解劫持的影响（如果有的话）是一个经验问题，在下文"7.8 实证经验"中讨论。

有人认为，专利劫持在实践中并不是一个严重的问题，因为法律限制，如 FRAND 承诺或反垄断机构的监督，在防止滥用专利权方面是有效的[②]。虽然这可能是事实，但将此类法律限制视为相关的缓解机制是无益的。最终的问题是，当面临是否给予禁令救济时，如何解释 FRAND 承诺，并且认为 FRAND 承诺有助于防止滥用并不能告诉我们如何解释该承诺。如果说有什么区别的话，FRAND 承诺和竞争法监督是必要的，这意味着如果没有这些承诺和监督，专利劫持就会成为问题。

7.4.2 事前许可

如果事前许可是可能的，劫持问题将大大缓解[③]。在标准必要专利的

[①] "7.5 财产规则和责任规则"（史密斯 2004 年提出的理论可能为区分这两种情况提供依据）。

[②] 例如，Nokia Corp. 2011（特别是针对电信等复杂标准，诺基亚认为 FRAND 是防止专利劫持的唯一可行解决方案）；Denicolo et al. 2008（Rambus 试图劫持使用其专利技术的许可人，但被联邦贸易委员会驳回）。

[③] Lee & Melamed 2016, 460–461。不一定能完全消除。正如 Lemley & Shapiro 2007a 中所显示的那样，事前许可只能避免绝对有效专利的劫持。对于专利或然性，即使在事前议价的情况下，也可能会出现劫持：见上文"7.3.4 或然性劫持：莱姆利和夏皮罗模型"。此外，专利权许可费的堆叠并不是通过事前许可来解决的。

情况下，主流观点是，在标准采纳之前进行许可是罕见的，而且通常是不切实际的[①]，尽管偶尔可能会有事前许可，而且也有人表示这是常见的，并且通常是可行的[②]。事前许可在多大程度上可行是本章无法解决的经验问题[③]。

在标准必要专利的情况之外，是否可能进行事先谈判将取决于实施者进行专利有效性检索（预先掌握专利权的相关状况）的能力。对于某些类型的产品，有效性检索通常是可行的，而且符合成本效益。然而，对于复杂技术产品来说，有效的事先谈判可能比在标准必要专利的情况下更困难。在标准必要专利中，标准的制定将为业内人士所熟知，专利权人的身份也将被知晓，而事先谈判的困难主要是与实际协商的协议相关的成本和延迟[④]。对于标准必要专利之外的同等复杂技术产品，实施者将面临同样的困难，加上实际识别

[①] Contreras 2013, 59（在市场采用之前很少协商 FRAND 许可）；Intel Corp. 2011, 9（在最常见的许可方案中不太可能发生事前许可：涉及新技术、新产品市场和/或标准的早期版本的情形）；Nokia Corp. 2011, 6（在电信环境中，"在知道哪种产品最终将实施该标准之前，根本不可能确定一个有意义的价值/价格"）。

[②] Qualcomm Inc. 2011, 11（高通公司与占 2005 年专利许可费单位销售额 60% 以上的公司签订了事先 WCDMA 许可）；Epstein et al. 2012, 17-18（无论是否部署了 SSO 的情况，制造商在认真投资专利技术之前，都可以对其专利进行双边许可，引用 Qualcomm Inc. 2011, 8）；Geradin & Layne-Farrar 2007, 91（专利权所有人事先自愿披露许可条款；以及与专利权所有人就许可协议进行事前谈判已经是经常发生的事情，引用 Holleman 2002, 2）；Geradin 2010a, 111（大多数关键专利持有人和标准实施者通常会进行事前许可谈判，即他们通常协商专利组合许可或交叉许可与预期的标准或正在开发的标准有关，在标准最终确定之前，尽管没有引用支持来源）；Microsoft 2011, 14（潜在的实施者有时可以在标准最终确定之前与标准必要专利持有者协商）。Ganglmair et al. 2012, 251 断言，"期权合同已被证明是解决问题的一个强有力的解决方案"，并且"高通公司在移动电话方面采用了创新的 CDMA 技术，使用了带有选项功能的合同"。然而，这实际上是一种事前许可，因为它要求在实施者产生沉没成本（同上，252）之前签订一份许可选择权合同，因此该解决方案的可行性取决于事前谈判的可行性。

[③] 如果实施者只是在标准发布之后才进入行业，那么事前协商显然是不可能的。见 Gilbert 2011, 860。原则上，FRAND 要求中的"非歧视"分支将防止在这种情况下被耽搁，尽管在实践中，较晚进入者可能无法找出向其他人提供的条款。

[④] Contreras 2013, 59-62（解释了标准背景下使事前谈判困难的实际因素）。

所有相关专利的额外负担[①]。

7.4.3 对事前有效性的质疑

戴尼卡罗等人（2008）注意到，在莱姆利和夏皮罗的模型中，由于专利的或然性，即使实施者有机会事先进行协商，也会发生劫持。他们认为这一结果是基于实施者在设计其产品之前不能对专利的有效性提出异议[②]的假设。这种批判使得质疑专利有效性既无成本也不耗时。戴尼卡罗等人（2008）主张"类似的结论也适用于代价高昂的诉讼"[③]，但并不清楚其准确性。除了成本，诉讼还需要时间，莱姆利和夏皮罗的观点是，在规避设计期间，由于实施者在谈判中的威胁点是完全不使用专利技术，因此实施者可能会因为规避设计成本和产品所失利润而被劫持。除非在实施者开始生产产品之前可以确定专利权的有效性，否则所有这些劫持的理由都会出现。如果实施者推迟销售直到有效性被确定，则因为在这段时间内放弃利润的机会成本而被劫持。莱姆利和夏皮罗的模型给出了相同的结果，无论假定诉讼是由专利权人提出的侵权诉讼，还是实施者提出的确认之诉。

7.4.4 规范

埃尔豪格（2008）认为，即使是在一次性博弈中，基于公平规范，实施者可以威胁拒绝接受此类许可费，来防止或减轻最终高昂的许可费[④]。然而，如果公平规范确实能够在谈判各方之间的谈判中发挥作用，那么只有在

[①] Lee & Melamed 2016，405-408；Kieff & Layne-Farrar 2013，1105-1108（这表明，如果实施者进行尽职调查，则通常可以进行事前许可，但并非总是如此）。

[②] Denicolò et al. 2008，建议实施者在意识到专利不稳定的情况下可能会对有效性提出质疑，但不管专利的强度如何，一般观点都适用。

[③] 同②。

[④] Elhauge 2008，549-551。

规范本身是公平的情况下，才能产生合理的许可费。他说，"如果当事方认为 $\theta\beta\nu$ 是公平的基准，正如莱姆利和夏皮罗所言，那么他们很可能会拒绝高于这一标准的许可费，使得许可费更加补偿不足。[1]" 鉴于埃尔豪格认为 $\theta\beta\nu$ 是不公平的，尚不清楚他为什么相信 $\theta\beta\nu$ 会成为公平规范。

正如本部分开头所讨论的，当事各方如何谈判以进行收益分配的理论是不完整的，并且可以确定的是，公平规范肯定会在其中发挥作用。但是，如果公平规范被认为只会影响 β（会影响到劫持的程度），不管怎样都不会影响劫持的事实，除非公平规范可以强大到足以取代当事人在诉讼结果压力下的谈判。需要提出比埃尔豪格更多的实质性论据来支撑上述观点。

7.4.5 重复博弈

莱姆利和夏皮罗的劫持模型考虑的是一次性博弈。埃尔豪格（2008）认为，如果一个实施者和多个连续的专利持有人之间就许可费进行重复谈判，那么平衡许可费将低于莱姆利和夏皮罗预测的费率，本质上是因为实施者可以通过建立可靠的、强硬的谈判者形象来提高其谈判地位[2]。埃尔豪格认为，将谈判建模为一个实施者和多个专利权人之间的谈判更为恰当，因为复杂技术产品的实施者必然面临多个专利权人，因此，塑造强硬的谈判者形象符合实施者的利益。然而，重复博弈将导致较低的许可费的结论似乎并不适用于博弈的建模方式。例如，类似的推理表明，如果谈判是在单个专利权人和多个实施者之间进行的，那么许可费可能会高于莱姆利和夏皮罗预测的费率，因为专利权人可以通过建立可靠的、强硬的谈判者形象来提高其谈判地位。而且在许多情况下，将双方建模为重复参与者是很现实的，因为当谈判是在具有大量专利池的非专利实施主体和经常被非专利实施主体所选中的多个大

---

[1] Denicolò et al. 2008，550–551。

[2] 同[1]，547–549。

型实施者之间进行的[①]。另外专利权可由单一专利池的特殊目的实体来主张，根据定义，该实体不是重复参与者，也没有市场形象可维护[②]。埃尔豪格的正式模型考虑了一个实施者和多个连续专利持有人，而不是同时持有人，而且当谈判同时进行时不会产生明显声誉效应。总的来说，重复博弈和声誉效应会对谈判结果产生显著影响，但很难准确概括这种影响可能是什么。

调整禁令

（1）中止禁令

调整后的禁令可以缓解劫持问题。莱姆利和夏皮罗（2007a）建议，如果规避设计的成本是中等或较低的，则应授予永久禁令，该禁令的中止时间应足够长，以允许侵权公司完成规避设计[③]。选择中止禁令是有吸引力的，因为在规避设计成本不太高的情况下中止禁令降低了劫持的风险，同时也将赔偿不足的风险降至最低，因为即使损害赔偿不足，也只有在中止禁令期间才能感受到这种赔偿不足的边际效应[④]。这种选择偶尔会被美国法院采用[⑤]，但这一观点除了被莱姆利和夏皮罗建议外，在学术文献中并未占据显著位置[⑥]。如果规避设计的成本相对于发明的价值来说很高，那么中止禁令对于防止劫持是无效的[⑦]。

---

① Qualcomm Inc. 2011，25-26（非正式地指出如果双方都是重复参与者，需求将得到缓解）。

② Chien 2014，31。

③ Lemley & Shapiro 2007a，2038。

④ 对审前侵权行为的损害赔偿可能是补偿不足的，但这不受中止执行永久禁令的影响。Denicolò et al. 2008，602-603 中指出 Lemley & Shapiro 在提出暂缓建议时忽视了诉讼延迟，称专利侵权案件"可能需要数年时间才能被法庭宣判"。这种批评将中止的效果与诉讼延迟的独立影响混为一谈；更为合理的是，认为莱姆利和夏皮罗的观点是针对美国在实践中很少批准初步禁令。

⑤ 联邦贸易委员会 2011 年第 238 页［引用 *i4i Ltd. Partnership v. Microsoft Corp.*（美国联邦巡回上诉法院，2010 年）］。

⑥ Shapiro 2016，27（重申中止禁令的建议）。

⑦ Lee & Melamed 2016，458。在这种情况下，Lemley & Shapiro 2007a，2036，建议完全否定永久禁令。

（2）专利权人支付转换成本

李和梅拉姆德（2016）提出了一种新的调整禁令形式。它们区分了许可侵权人的自愿许可人和非自愿许可人，后者既包括希望自己实施专利技术的专利权人，也包括希望许可有限数量的其他实施者的专利权人，因此这类专利权人不愿意许可侵权人[1]。他们建议，一个非自愿许可人通常应当能够获得针对"有罪"侵权人的禁令，因为该侵权人本来可以事前进行许可谈判，从而避免任何劫持问题。在涉及非自愿许可人和"无罪"侵权人的案件中，李和梅拉姆德建议向许可人提供一种在持续专利许可费和禁令之间作出选择的权利[2]，但禁令只有在专利权人愿意支付侵权人改用非侵权替代方案的费用的条件下才有效[3]。

这种类型的禁令保护实施者免受转换成本的劫持，甚至比中止禁令更有效，因为承担转换成本的是专利权人而不是实施者。因此，他们建议即使在转换成本远高于发明的价值的情况下也应保护实施者。

李和梅拉姆德没有具体说明是否也将中止禁令判予实施者[4]。相反地，实施者可能会因为产品在规避设计期间的所失利润而受到劫持，正如莱姆利和夏皮罗（2007a）所说，李和梅拉姆德可能会认为这种损失的利润是转换成本的一部分，在这种情况下，它要么由专利权人承担，要么专利权人自愿同意中止禁令，以避免不得不承担这些费用。

他们还提议：一个实施发明的专利权人，通常有权获得所失利润，并且应该有更大的权利获得禁令救济。但是他们对自愿和非自愿许可人的区分，避免了难以区分竞争性的专利权人[5]。

---

[1] Lee & Melamed 2016，445。

[2] 专利许可费将与过去的赔偿金相同。如果专利权人有权因过去的侵权行为而获得利润损失，则目前的专利权使用费将以相同的费率收取；否则，将等于合理的专利许可费：同[1]，445。

[3] 同[1]，390，表1（概述其提案）；同[1]，457-460（更详细地讨论提案）。

[4] 同[1]，458讨论了暂缓的可能性，但未将其作为提案的一部分提及。这表明，根据他们的提议，禁令救济不会以暂缓为条件。

[5] 见前文7.3.7参与竞争的专利权人。

7.5 财产规则和责任规则

7.5.1 不准确的损害赔偿

卡拉布雷斯和梅拉梅德（1972）在其具有里程碑意义的文章中引入了目前的财产规则和责任规则的区分标准。在财产规则中，权利受到禁令救济的保护，赋予个人保留权利的权利，除非个人选择自愿放弃该项权利。相比之下，如果根据责任规则来保护权利，权利所有人必须将权利转让给另一位愿意按法院的客观裁定支付其公允价值的人。

卡拉布雷斯和梅拉梅德认为，财产规则的缺点是，当市场失灵时，它允许权利所有人坚持过高的价格（高价劫持）；责任规则的相应优势是它避免了这种劫持[1]。相应的，财产规则的优势在于，权利所有人能够决定权利的价值，让法院按照责任规则评估权利的价值，本质上是不准确的。这意味着，决定专利持有人是否应被给予禁令救济，要看劫持问题是否比评估问题更严重[2]。

将这一分析直接应用到复杂技术产品专利的情况。戈尔登（2007）指出，"评估合理的专利许可费的困难实际上一直是授予永久禁令的主要理由之一[3]""即使是追溯合理的专利许可费也难以实现"，因为专家提供的证据可能会存在数量级的偏差[4]。

除了由于损害赔偿不准确之外，使用财产规则还有许多其他可能的理由，

---

[1] Calabresi & Melamed 1972，1107-1108，提到了"反向劫持"问题，他们关注的例子是集体行动问题，而不是沉没成本，但只要自愿讨价还价没有导致基于权利真实价值的交换，他们的观点就适用，因此也包括了专利背景下的"劫持"。

[2] Epstein 1997，2094（正式声明，法律制度的任务是将征用和补偿不足引起的错误之和降至最低，而两者是相反的）。

[3] Golden 2007，2152。

[4] 同[3]，2150-2151（同时指出，在发明市场可能因侵权而永久失真时，评估合理的专利许可费会遇到更大的困难）；Cotter 2013a，54-56（主张专利权难以准确估值是给予禁令救济的重要理由）。

而基于损害赔偿不准确的论点本身就是有问题的。下面将依次讨论这些要点。

7.5.2 交易成本讨论

解决这一难题的办法是，可以基于与交易成本广泛相关的各种其他理由来证明禁令救济是合理的。禁令救济，可以节省与量化损害赔偿相关的诉讼成本、降低与持续专利许可费的司法监督相关的行政成本、鼓励发展降低交易成本的机构、在最开始就提供激励措施以避免诉讼和/或避免实施者在诉讼体系中通过拖延而进行劫持的风险[1]。

上述解决办法存在以下问题，即如果这些二阶论点既可以用作禁令救济建议的规范基础，又可以作为当前趋势和做法的描述性理论，则需要对这些不同因素的相对严重性进行难易程度的实证评估。例如，法院更有可能向与侵权公司存在竞争的专利权人颁布禁令救济[2]。如上所述，莱姆利和夏皮罗认为，这种优先选择是合理的，避免了计算损害赔偿的成本[3]，但尚不清楚是否能够区分有权获得所失利润的专利权人与只有权获得合理专利许可费赔偿的专利权人，因为这两种计算的难易程度没有明显的差别[4]。

7.5.3 有关潜在用途的信息

史密斯（2004）辩称，赞成赔偿责任规则文献的基本缺陷是假定潜在的风险分布是已知的[5]，赔偿责任规则的问题并不是用于对已知损失的赔偿不足，

---

[1] Cotter 2009，1175-1176（审阅申请禁令救济的各种正当理由，同时说明评估优势是首选禁令救济的"第一个"理由）；Cotter2013a，54-56。

[2] Seaman 2016，1990。

[3] Lemley & Shapiro 2007b，2172；Kaplow & Shavell 1996，741-742（在有关财产规则及责任规则的适当使用的一般性辩论中提出类似观点）。

[4] 见前文 7.3.7 参与竞争的专利权人。

[5] Smith 2004，1721-1722。

而是未能用于补偿权利人本身应享有的补偿[1]。虽然史密斯提出这一论点是普遍支持财产权的论点,但它并不特别支持在专利权人愿意许可的情况下对专利侵权的禁令救济。在这种情况下,用途本身是已知的,任何不确定性只与用途的价值有关。史密斯的观点可能与以下问题有关,即通过实践专利技术来使用专利的专利权人和仅仅寻求专利许可的专利权人之间是否存在明显的区别[2]。

7.5.4 不准确的损害赔偿评估

7.5.4.1 不准确 v. 偏见损害赔偿

莱姆利和夏皮罗在对戈尔登的答复中承认[3],专利侵权损害赔偿的评估很可能是不准确的,这在很大程度上是没有争议的,但他们认为合理的专利许可费赔偿要在引导诉讼双方在谈判中达成和解方面发挥作用,所需要做的就是做到无偏见,因此,与基准专利许可费的偏离就不会是系统性的[4]。

这种交流反映了一般文献中关于财产规则与责任规则的类似辩论。有大

---

[1] 也就是说,专利权的价值取决于其未来潜在用途的范围,以及每一种用途的预期价值。如果法院不知道某些潜在的未来用途,那么即使对已知用途价值的评估在预期中是正确的,对专利权价值的评估也是不准确的。由于潜在使用价值为正(而非潜在负债),必然会增加专利权的预期价值,因此不考虑潜在使用价值将导致对专利权的预期价值有向下倾斜的趋势。根据史密斯的说法,财产规则解决了这个问题,即赋予专利权所有人对未来所有用途的普遍权利。这使专利权人可以自己评估潜在的未来用途,而不必说服法院。此外,在财产规则下,即使存在专利权所有人也不知道的潜在用途,也不会影响专利权的价值,并且财产权给予所有人调查和发现潜在用途的动力,无论这些潜在用途的价值能否向法院证明。

[2] 见前文 7.3.7 参与竞争的专利权人。Smith 2007,将其理论应用于知识产权法的诸多问题,讨论了专利法中的禁令标准,但由于篇幅太短,在这一问题上对他的一般理论补充甚少。史密斯并不认为损害赔偿评估确实是公正的;他的理论是对财产规则的另一种解释,这并不一定与损害赔偿总体上补偿不足的观点相矛盾。

[3] 例如,*Judge Learned Hand's observation in Cincinnati Car Co. v. New York RapidTransit Corp.* (2d Cir. 1933, 595)(美国)(Golden 2007, 2123, 2152)专利权人损失的评估"确实无法计算",损害赔偿的评估不能超过近似值。

[4] Lemley & Shapiro 2007b, 2172。

量文献对卡拉布雷斯和梅拉梅德做出了回应,认为在许多情况下,责任规则比禁令救济更优越,以至于"在法律经济学家中,支持财产规则的人相对较少[①]"。史密斯(2004)指出,支持责任规则的文献基于两个基本假设:①风险分布是已知的;②司法确定损害赔偿的误差是无偏见的[②]。莱姆利和夏皮罗对戈尔登的回应尤其反映了第二个假设。

如果法院能够可靠地裁定与专利权人所遭受的损失相当的损害赔偿,至少在预期情况下,禁令救济的基本论据就会弱得多,因为所裁定的损害赔偿将完美可靠地补偿专利权人,同时避免专利劫持问题。令人费解的是,这证明了太多问题:如果损害赔偿在预期中是准确的,那么即使是轻微的专利劫持也足以证明有理由拒绝禁令救济,因为这对发明的激励作用没有影响。对这一难题的一种回应是,基于交易成本论点或史密斯的理论,禁令救济是合理的,这在前面几节中讨论过。另一种回应是假设损害赔偿是系统性补偿不足的,除了劫持和禁令救济所产生的所有反馈效应之外,这往往会使损害赔偿过度补偿[③]。如果是这样,这本身并不意味着应当例行给予禁令救济,至少在原则上,这将为专利案件中观察到的禁令救济模式提供现成的解释。自卡拉布雷斯和梅拉梅德以来,支持财产权的文献已经承认,当存在严重的专利劫持风险时,责任规则是合理的。专利法的变化与传统的财产规则主导地位和传统的财产权利理论并不相悖,其基础是不断变化的事实。例如非专利实施实体的数量和标准必要专利的数量的增加等,以及复杂技术产品专利数量的普遍增加,已经显著提高了专利被劫持的严重风险。

如果损害赔偿是系统性的补偿不足,困难不是概念上的而是实际的。正如莱姆利和夏皮罗指出的,"所有优势都是可比较的优势""正如我们已经证明的那样,由于禁令救济会系统性地对零部件行业的专利所有人造成过高的补

[①] Smith 2004,1721-1722,1741-1748;Kaplow & Shavell 1996。

[②] Smith 2004,1725-1726,1746。

[③] 例如 Lemley & Shapiro 2007a;Lee & Melamed 2016。

偿，因此有充分的理由在这些情况下倾向选择损害赔偿规则①"。

但是这个观察是双向的。即使禁令救济确实会系统性地过度补偿专利所有人，但如果没有制衡性理由支持财产权，那么禁令救济本身也只能给选择损害赔偿规则提供一个强有力的理由。仅仅指出赔偿不足的风险来证明财产规则的正当性是不够的，但也不能简单地指出专利劫持的风险来证明责任规则的正当性。相反，将转到补偿不足的问题是否比专利劫持问题更重要。如果损害赔偿是补偿不足的，兼顾两方面本身就很困难，因为它不仅依赖于补偿不足或专利劫持的存在，而且依赖于对每种损害的相对严重程度的估计。

7.5.4.2 损害赔偿有偏见吗？

（1）直接证据

我们不知道是否有直接的证据来评估损害赔偿是否带有偏见，比如将损害赔偿与原告的实际损失进行比较。很难想象如何进行这样的比较，因为至少在由法官主导进行的合法损害评估是评估原告真实损失的最严谨方法。

（2）选择效应

戴尼卡罗等人（2008）和埃尔豪格（2008）辩称，即使在确定合理的专利许可费率时出现无偏见的误差，也可能有利于侵权人，因为下游公司可以在产品价格过低时倾向于支付法院确定的专利许可费，在价格过高时进行规避设计产品②。为方便起见，我们将此称为"选择效应"，理由是法院确定的许可费实际上有效地为侵权人提供了一种可以在获利时行使的选择权。

夏皮罗（2010）同意这一基本观点，但他指出，只要法院确定的专利许可费是公正的，误差足够小就不会影响基本模型及其含义，而且"对于涵盖高利润率产品的小功能专利，即使存在相当大的误差，也不会产生选择效应：下游公司将支付过高的专利许可费，而不是在进行规避设计的同时从市场上

---

① Lemley & Shapiro 2007b，2172。

② Denicolò et al. 2008，578-580；Elhauge 2008，557-558。Kaplow & Shavell 1996，761-762（就此认为财产权适合于保护对物的权利）。

撤出其产品[①]"。夏皮罗（2016）提供了一个模型，在专利权人愿意许可的情况下，选择效应是向专利权人提供补偿不足的唯一原因，并建议出于这一原因有时应给予禁令救济[②]。

如果损害赔偿误差大且固有劫持率较小，则选择效应将更大。对于更稳定的专利来说，选择效应的影响会相对较大，因为只有当专利权人获得诉讼胜利并获得赔偿时，选择效应才显得重要。另外，尽管成为威胁点可能会影响选择效应发挥作用的程度，如果实施者的威胁点是完全避免使用发明，则选择效应对早期谈判就不会产生影响。至少可以清楚地看出，选择效应的大小取决于损害赔偿误差方差的大小，如果没有这方面的实证证据，就很难知道这种效应在实践中会有多重要。

科特（2014a）补充说，这一策略"似乎要求侵权人具有很强的预见性，并愿意忽视高昂的律师费成本，以及（在一些国家）被告故意侵权导致损害赔偿增加的风险[③]"。

总的来说，如果以损害赔偿代替禁令，选择效应可能导致补偿不足，这在原则上是合理的，但这种效应在实践中的重要程度尚不清楚。虽然能够估计损害赔偿误差的方差是有帮助的，但是也是非常困难的，因为我们甚至不清楚如何能够估计误差本身。

（3）举证责任

基耶夫和莱恩-法拉尔（2013）指出，如果想要确定合理的专利许可费损害赔偿数额，让专利权人承担举证责任证明其损失可能是有问题的，因为专利许可费赔偿往往被评估为侵权人价值的一部分，这要求专利权人"提供

---

① Shapiro 2010, 305-306。

② Shapiro 2016, 11-12（描述选择效应），22（"随着转换成本的增加，下游公司谈判而非支付法院裁决的许可费的选择权价值下降"，并讨论何时应相应地给予禁令性救济）。Shapiro 2016, 13-14, 描述了一种选择效应的变体，即当实施者发现不值得在事前使用该发明时，但法院判给的许可费足够低，因此事后也值得使用。在专利权人未反向的向实施者支付费用的情况下，实施者可能支付过低的使用费，专利权人将得不到充分的补偿。

③ Cotter 2014a, 345。

证据证明很久以前在侵权人企业的未公开的商业运作中作出了选择侵权技术，而不是选择当时可能存在或不存在的替代技术的决定[1]"。原告必须证明其损失的一般原则，在原则上可能导致损害赔偿不足。原告的实际损失将得到一系列证据的支持，其中一些损失比其他损失得到更多证据的支持。这直接意味着，至少在某些情况下，原告将遭受无法弥补的实际损失，反过来又意味着损害赔偿通常是补偿不足的[2]。这并不是说，让原告举证证明其损失是错误的，因为相反的规则会导致系统性的过度损害赔偿，但关键仍然是，该规则意味着对原告的损害赔偿将是系统性的补偿不足。

（4）事后偏见

埃尔豪格（2008）认为，由于事后偏见，损害赔偿可能是系统性的补偿不足，因为陪审团可能低估了发明的价值，发明在创造之后往往看起来更加的显而易见。正如科特（2013a）指出的那样，事后诸葛亮的偏见可能同样会导致过度补偿[3]。更普遍地讲，行为经济学已经确定了导致决策中系统性偏见的各种心理机制，这样的机制可能会导致存在系统性偏见的损害似乎是合理的，但这些机制依赖于决策环境的细节，目前还不清楚这些影响在专利损害赔偿中将如何发挥作用。

（5）陪审团偏见

陪审团审判在美国制度中经常使用。陪审团比法官更同情专利权人，更有可能判给他们更大额的损害赔偿[4]。因为没有充分的证据支持而导致陪审团裁定

---

[1] Kieff & Layne-Farrar 2013, 1117。

[2] 关于概率平衡的证明是一个可以完全消除某些损失的阈值。相比之下，根据另一项规则，即对所有存在证据的损失判予损害赔偿，但不考虑证据的力度，举证困难原则上不会造成损害赔偿不足。也就是说，如果原告确定了100万美元的损失，但只能证明该损失是由侵权行为造成的概率为10%，那么将判给原告10万美元。为了明确起见，我并不主张这样一条规则，而只是用它来说明为什么原告必须证明其损失的规则导致损害赔偿补偿不足，至少在原则上是如此。毫无疑问，原告经常试图证明没有发生的损失，但是可以合理地假设，支持未发生的损失的证据将系统性地比支持已发生的损失的证据弱。这意味着，未发生损失的无理由赔偿不足以抵消对实际损失的拒绝赔偿。

[3] Cotter 2013a, 345。

[4] Chien 2014, 22 和其引用的来源。

的损害赔偿在上诉时被推翻,这表明陪审团裁定的损害赔偿是系统性的过度补偿。即使陪审团裁定的损害赔偿是系统性的过度补偿,但这并不意味着由法官单独裁定作出的损害赔偿是公正的。由于法官和陪审团两者均不能做到无偏见。

(6)利息

如果不裁定利息,则损害赔偿将是补偿不足的,这也是一些司法管辖区的现实情况[①]。这种情况可能会导致反向劫持,但这是一个影响专利诉讼乃至所有诉讼的问题,远远超出了复杂技术产品专利诉讼的范畴,显而易见的解决办法是按补偿性利率支付利息。

(7)无偏见损害赔偿的推定

莱姆利和夏皮罗对于相信合理专利许可费损害赔偿(或任何其他损害赔偿)中的错误是无偏见的这一观点没有给出任何解释。同样,我们不知道在一般财产规则和责任规则文献中是否有学术观点能够证明损害评估是公正的,而不是简单地推定。在没有任何相反证据的情况下,我们应当假定损害赔偿是无偏见的,因此举证责任在于那些认为损害赔偿往往补偿不足的人[②]。如上所述,关于损害赔偿评估是否有偏见的直接论据不是结论性的,因此推定很重要。

推定损害是完全补偿的一个可能原因是,一般来说,完全补偿是损害赔偿法的目标,特别是专利损害赔偿法的既定目标。但在法律学术上,法院说他们正在做某事的事实通常并不是他们成功的特别好的证据。

从描述上讲,"几乎所有法律制度中的标准惯例都假定财产规则优先于责任规则",除非存在严重的专利劫持风险[③]。在某种程度上人们认为普通法倾向

[①] Cotter 2013a,276(注意到一些司法管辖区通常裁定利息,而另一些司法管辖区则不裁定利息);Denicolò et al. 2008,602-603(表明损害赔偿可能由于这些原因而补偿不足)。

[②] 例如,Hovenkamp & Cotter 2016,903-904(表明"有某些理由认为法院系统性地可能作出有利于被告的错误判决",没有明显理由推定损害赔偿预期是补偿不足的)。另见 Shapiro 2016(提供了一个司法错误无偏见的模型,并指出错误不会影响创新激励,但不会对假设提供任何支持)。

[③] Epstein 1997,2092;另见 Smith 2004,1731-1740(描述"优先适用法律财产规则的悠久传统",但涉及极高交易成本或反向劫持和策略行为的情况除外)。

于效率，这将表明财产权反映了一种基本和普遍的关注。引起这种普遍关注的另一个问题是损害赔偿补偿不足。也就是说，与其说财产规则以补偿不足为理由是合理的，不如说，普遍存在的财产权本身就是损害赔偿补偿不足的理由。然而，这一推论并不是很有说服力，因为对财产规则的支配地位也存在看似合理的其他解释，主要考虑到财产规则和责任规则理论仍有争议。

史密斯指出，在一般文献中，"关于反向劫持和赔偿不足问题上的相对重要性方面，赞成责任规则的一方不同意支持财产规则的一方的观点"[①]，专利文献中似乎也有同样的情况。即使这两个问题是相互独立的，如果损害赔偿估值准确，就没有特别的理由相信专利劫持很严重，反之亦然。这两个问题似乎都是有道理的。这表明，对损害赔偿评估是否准确的直觉可能取决于对禁令救济可取性的一般直觉，而不是相反。

7.5.5 小结

在一般财产权理论中，损害赔偿的不准确性一直是禁令救济的一个重要理由。当损害赔偿中的错误是系统性的补偿不足，而不是不准确但无偏见时，这一辩证理由最为有力。通常假定损害赔偿中的错误是无偏见的，但这一假定似乎没有充分的理由；同时，也没有任何令人信服的理由假定损害赔偿是严重的系统性补偿不足。鉴于这一问题总体上在财产权中处于中心地位，特别是针对复杂技术产品专利的禁令救济，有必要对这一问题进行进一步研究。

7.6 反向劫持

7.6.1 概述

反向劫持通常指实施者为了支付过低的专利许可费而付出的努力。与专利

---

① Smith 2004，1746。

劫持相反，反向劫持通常被低估①。反向劫持的论点通常是非正式的，在确切机制方面留下相当大的模糊性，从而导致对于可能存在的反向劫持情况缺乏明确的认识。一旦深入研究，这些因素通常是不明确的。一个显著的例外是朗古斯等人（2013）在欧洲法律背景下提供了非常详细的反向劫持模型。他们模型的缺点是，由于它的独特性其结果的普遍性还不清楚。

人们通常认为，专利的实施难度是反向劫持的主要来源，如果损害赔偿是可以后期补偿的，则给予损害赔偿（和成本）禁令的威胁并不能起到有效的威慑作用，因为实施者只要拒绝执行并最终承担责任，就不会比事前许可更糟。例如，爱泼斯坦等人（2012）指出，如果合理的专利许可费赔偿上限不超过侵权人在事前谈判中所支付的金额，当被确认起诉和败诉时，那么鲁莽的侵权人（即不构成"故意"的侵权人）支付的费用不会多于标准制定时实际谈判许可所需支付的费用。如果需要专利权人自己去查明并追究大量的侵权人，情况就会变得非常困难，往往还要付出很大的代价。此外，这些假设还忽略了在调查和行使这些权利时的高昂成本②。这有时被称为"有本事你抓我"的问题③。

---

① Chien 2014，20（反向劫持是"被低估的"）。

② Epstein et al. 2012，26-27。Kieff & Layne-Farrar 2013，1113 辩称，如果 RAND 的承诺被解释为阻止标准必要专利持有人寻求禁令，"侵权人会合理地考虑，只要避免任何事前提出的要约以获得任一许可（无论是否为 RAND），就会带来好处，在事后他们将不必面对来自标准制定组织内部的任何进入 RAND 承诺的专利的禁令。"他们没有解释为什么实施者在发现 RAND 条款的概率很高的情况下避免事先许可是合理的，而且他们最终将被要求按照 RAND 条款获得许可，并为预先许可侵权支付相同的 RAND 专利许可费。另见 Wright 2014，807（"削弱对侵权的禁令救济的可用性将可能增加反向劫持的可能性、降低实施者与专利权利人进行善意谈判的主动性，这是众所周知的"，在缺乏禁令救济的情况下，"潜在被许可人可以推迟 F/RAND 许可的善意谈判，专利权人将被迫接受低于公平市场价值的专利使用费"，但未解释该机制）；Geradin 2010a，125（在不受禁令威胁的情况下，"任何希望实施一项标准的公司都会乐于立即开始使用该项发明，甚至不需要试图从知识产权权利人那里获得许可，也不需要以后在法庭上碰机会"，同样未解释该机制）；Egan & Teece 2015，13（实施者可以使用一项专利涵盖的发明并等待被起诉，在明知专利权人获得禁令很困难、耗时且成本高昂的情况下，在法院提起诉讼时则尽可能使用各种转移注意力的策略）；Sidak 2008，736-743；Camesasca et al. 2013，300）。

③ Golden 2007，2135。

诸如此类的讨论引发了三个不同的问题：①诉讼费用；②调查不足；③损失赔偿在一定程度上的补偿不足[1]。实施者方面的寡头垄断力量有时也被视为第 4 种不同的反向劫持来源，特别是在标准制定组织内部。

7.6.1.1 诉讼成本和资源限制

为了单独体现诉讼成本的作用，假设调查是确定的，损害是可完全补偿的。对于实施者将利用高昂的诉讼成本来强迫达到不公平结果的观点，最基本的反驳是这种策略对实施者来说费用也是高昂的。如果诉讼成本是对等的，那么诉讼成本就会从大多数正式的模式中消失，因为双方会和解以避免诉讼成本，并且对等的诉讼成本不会使任何一方在谈判中获得优势。实际上，为了避免诉讼成本，人们通常认为高昂的诉讼成本会推动提早发放许可，而不是反向劫持[2]。这一推理意味着，在解决诉讼成本使专利许可费赔偿失真之前，当事各方之间必然存在某种程度的不对等性，当不对等性确实存在时会导致不公平的和解[3]。如果风险规避中存在不对等性（可能是因为资源限制导致的），也是如此。

诉讼成本在特定情况下无疑是不对等的，但似乎没有理由相信诉讼成本在总体上或在复杂技术产品专利中系统性地有利于被控侵权人。事实上，专利持有人

---

[1] 在实际的事前谈判中，专利许可费可能按照有效性的概率予以打折，而在美国法律中，至少合理的专利许可费损害赔偿是根据已知专利有效并受到侵权的情况进行评估的。因此，严格地说，被抓获的实施者支付的费用不会超过它在一开始实际协商许可时所支付的费用，这并不完全正确。但是，无论被许可人是谈判获得打折的专利许可费，还是下赌注支付未打折的专利许可费，预期的专利许可费（如果计算准确）是相同的。

[2] 如果每一方自行承担费用，即使全额费用转移有利于胜诉一方，预期的诉讼成本也将是正数，被许可方将严格倾向于事前许可。此外，诉讼成本永远不会完全转移，特别是考虑到业务中断的情况下。Camesasca et al. 2013, 300, 转移成本"或多或少无关紧要"，但即使很小的成本也足以让实施者在其他所有条件相同的情况下选择许可。

[3] Morton & Shapiro 2016（讨论专利持有者和目标公司之间的诉讼成本高度不对等所造成的畸形现象）；Chien 2014（讨论小企业参与诉讼时产生的不对等）；Denicolò et al. 2008, 594（指出诉讼成本不对等可能会导致任一方向的专利劫持问题）。Lemley & Shapiro 2007a, 1999, 诉讼成本之所以不在分析之列，是因为它们关注的是超额收费的百分比，在他们的模型中，不对等的诉讼成本仍然导致绝对的超额/低收费。

可能具有系统性的成本优势，因为诉讼可能会给被控侵权人带来巨大的发现成本，而不会给专利持有人带来同等的负担①。同样，专利主张实体可能比最终用户具有成本优势②。没有任何特别的理由相信被控侵权人比专利权人具有系统性的资源优势③。

毫无疑问，成本或资源的不对等在某些个别情况下，以及在某些类别下，都可能造成严重扭曲。然而，尚不清楚在这种情况下给予禁令救济是否能有效地解决在成本方面对实施者有利的问题。当诉讼成本相对于发明的价值来说很高时，诉讼成本的不对等往往导致不公平的和解，因此实施者的主要手段是威胁将高额诉讼成本强加给专利权人。相对于持续专利许可费赔偿来说，禁令救济作为一种救济措施的前景是，只有当禁令救济对实施者施加的额外成本（相对于持续专利许可费赔偿来说，即相对于专利劫持成本来说）大到足以抵消诉讼成本不对等时，才会改变这种平衡。这意味着，在专利劫持威胁相对较小的情况下，给予禁令救济对专利权人没有帮助。由于极高的成本和延迟，禁令救济变得完全无关紧要④。

即使面临高昂的诉讼成本，如果专利劫持的可能性很大，禁令救济也可能会使平衡发生重大倾斜。但是，允许专利劫持不是一种恰当的反应，例如，如果实施者在专利侵权时不知道该专利，或者实施者善意地认为该专利无效。在事前谈判可行的情况下，这一建议更为合理，因此给予禁令救济的结果是促使谈判。但在这种情况下，反向劫持成为该观点的主要支持理由，在认为可能进行事前谈判

---

① Morton & Shapiro 2016，13；Golden 2007，2133。

② Chien 2014，13（专业专利评估公司能够在不降低抗辩成本的情况下降低提起专利案件的成本，"抗辩成本与主张成本之间的差距创造了令人信服的专利滋扰费经济学"）。

③ Golden 2007，2132，表明"专利持有者的诉讼资源可能比潜在侵权人的资源少得多"，但没有注意到相反的情况也是合理的。戈尔登指出，侵权人享有额外的优势，因为"如果侵权人愿意，在典型的专利诉讼的曲折过程中能够为专利权人带来有利回报之前，它很可能能够从发明中获益数年。"但是，如果胜诉的专利权人已经就其过去的侵权行为获得了充分的赔偿，并且有能力为该诉讼提供资金，则专利权人在诉讼期间未获得使用费的事实不影响谈判结果。

④ Golden 2007，2134–2135（潜在侵权人可能有充分的理由主张永久禁令的威胁根本不是真正的威胁，而在永久禁令可能发出之时，该威胁是：被诉侵权产品在正常业务过程中早已停止生产或进行实质性重新设计，从而使任何持续侵权的权利主张均无效）。

的情况下，应优先采用禁令救济。在专利劫持的情况下，大多数关于诉讼成本的分析都假定美国的规则是当事各方负担各自的费用。费用转移可能是解决诉讼成本不对等引起的反向劫持问题的更有效方法，尽管费用转移本身也存在问题[①]。

7.6.1.2 回报不均衡

戈尔登（2007）指出，专利诉讼中所涉金额存在内在的不对等，因为在诉讼中败诉的专利权人不仅会损失一笔交易的收入，而且如果专利被认定无效还会损失其他潜在许可的收入[②]。然而，这并不反映不良的杠杆作用，它仅反映了谈判达成的专利许可费应该反映专利无效的可能性这一点。

7.6.2 调查不足

戴尼卡罗等人（2008）指出，实施者"寄希望于专利持有人没有调查或追究其每一个专利被侵犯的案例的意愿和资源"，从而可能故意侵权而不寻求许可[③]。如果被发现的概率足够小，即使存在一定程度的专利劫持，预期的专利许可费赔偿也可能补偿不足；如果应支付的专利许可费赔偿太高，则许多根本不会被支付。

因此，如果调查不足就可能出现反向劫持问题，因为实施者即使预计到在可能的禁令威胁下不得不进行事后谈判而会被收取过高的专利许可费赔偿，那也可以选择不进行事前谈判许可。如果禁令救济经常被拒绝，那么问题就会恶化，因为减少了实施者坚持反向劫持的不利因素，将会出现反向劫持对实施者更有利的局面。

在一般救济的背景下，波林斯基和沙维尔（1998）认为，调查不足的问题证

[①] Chien 2014，40-41，其中引用了文献进行了简短的讨论。

[②] Golden 2007，2134（即使不会导致协议无效，如果不能达成协议，与其他方达成协议的可能性也会降低）。

[③] Denicolò et al. 2008，591。

明判予提高的损害赔偿是合理的,其中,倍数反映了侵权人逃避调查的可能性[1]。不过,正如布莱尔和科特(2005)指出的,以任何精度计算倍数都可能是不精确的[2];科特(2013a)指出的,"多数国家通常不予提高赔偿",而在美国(美国确实如此),损害赔偿的增加取决于心态标准,而该标准与低威慑力的基本原理关系不大[3]。

人们较少关注调查不足对禁令救济的影响[4]。原则上,专利劫持的价值,即专利权人在有可能获得禁令的情况下可提取的价值,可作为一种增加损害赔偿的手段,以抵消调查不足的问题。即使被发现的个别实施者会被劫持,但原则上这不会对实施者的行为产生不利影响,因为如果没有专利劫持和调查不足,回报率不会低于预期。没有明显的结构性或制度性考虑因素表明,专利劫持和调查不足的问题有可能相互平衡(即使是大致平衡)。即使法院可以评估调查不足的可能性,但考虑到损害的增加,也没有合适的可调整倍数能够在原则上使法院平衡这两个因素。

7.6.3 损害赔偿不足

为了将损害赔偿不足问题与诉讼成本和调查不足问题区分开来单独呈现,假定调查充足确定、诉讼成本对等,但损害赔偿不足。在这种情况下,如果例行给予禁令救济,通过诉讼审判进行反向劫持才符合实施者的利益,因为在审判前支付的有效专利许可费,即损害赔偿额,将低于在受到禁令威胁的情况下必须谈判时在审判后支付的专利许可费赔偿,所以拖延诉讼才符合实施者的利益。同时,

---

[1] Polinsky & Shavell 1998,887–896。

[2] Blair & Cotter 2005,45–49(分析问题),58(总结为"可能无法计算倍数的适当金额")。

[3] Cotter 2013a,73。

[4] Denicolò et al. 2008,592,在一篇关于禁令救济的文章中提出了这一问题,但他们的结论只是"政策不仅应该关注专利劫持的可能性,还应该关注制造商的机会主义行为、故意侵犯已知专利或未能充分搜索专利的动机。"

如果禁令救济例行被否决，而且在审判后给予的合理专利许可费赔偿与持续专利许可费相同，那么实施者就没有理由拖延审判，因为其责任在审判前和审判后是相同的。在这种情况下，实施者更愿意早点解决以避免诉讼成本，补偿不足的份额是双方当事人在诉讼中都希望得到的。因此，如果唯一关切的是损害赔偿补偿不足，例行给予禁令救济是反向劫持的根源，而不是解决办法。

7.6.4 标准制定组织中的寡头垄断定价

有大量文献论述了实施者可能会行使寡头垄断权力来压低专利权人本应获得的专利许可费，特别是在通过标准组织的框架运作时[①]。这些问题主要通过竞争法解决。这一主题超出了本章的范围，因为它对专利救济没有直接的影响。

7.6.5 总结

"有本事你抓我"这一论点背后的基本主张是，在没有禁令救济威胁的情况下，实施者没有寻求许可的特殊动机，而寻找实施者和启动谈判的责任在于专利权人。禁令救济通过给予实施者及早寻求许可（或者面临被劫持的风险），从而使竞争环境变得平等（或向另一个方向倾斜）。这一论点在事前许可可行时最为有力，在这种情况下，它补充了其他关于禁令救济的论点，例如估价问题和降低交易成本的可取性。

如果事前谈判不可行，则"有本事你抓我"的论点作为禁令救济的理由就不那么有说服力，因为不清楚所讨论的具体机制是否系统性地有利于实施者。专利反向劫持、专利劫持通常被分别描述为反对、赞成禁令救济的观点。池恩（2014）指出，在许多方面，两者都可以被视为专利诉讼体系下的交易成本和当事各方不对等性所带来的后果，同时这也意味着两者都可以通过针对这些根本问

---

① Sidak 2009；Farrell et al. 2007，632；Gilbert 2011；Kieff & Layne-Farrar 2013，1107-1109；Cotter 2009，1200-1206。

题的改革同时解决。因此，直接针对这些根本问题的改革是可取的，如早期解释性裁决、机构协调、费用和成本转移，以及其他程序改革[①]。

7.7 专利许可费堆叠

7.7.1 引言

专利许可费堆叠，一般是指由于多个专利权人的存在而导致总专利许可费负担过度增加的一种现象[②]。该术语可以指两种不同的现象：一是多个专利权人的存在加剧了上述讨论中的专利劫持的影响；二是古诺互补问题，即使在不存在专利劫持时也可能引发这种古诺互补问题。该术语也常用于指累计的专利许可费过高的情形。然而，高总额的专利许可费本身并不是问题，因为它可能只是表明了许可的技术是有价值的。

7.7.2 专利劫持的累积效应

莱姆利和夏皮罗（2007a）指出，"这种'专利许可费堆叠'的存在加剧了专利劫持问题带来的影响"，并且"初步估计，专利劫持问题的严重程度基于产品上所含的专利数量而成倍增长"[③]。不过，戴尼卡罗等人（2008）指出，只有在规避设计的成本是独立的情况下，这一点才成立。因为如果同时围绕两项专利进行规避设计的成本小于分别围绕每项专利进行规避设计的总和，则专利劫持问题小于堆叠问题。在极端情况下，如果一次围绕两项专利进行规避设计的成本与围绕其中一项专利进行规避设计的成本相等，那么任何累积效应都只能是由于与两

---

① Chien 2014；Morton & Shapiro 2016；Golden 2007，2125。

② Lemley & Shapiro 2007a，1993（"专利许可费堆叠"指一件产品可能侵犯多项专利，从而可能承担多项专利许可费负担的情况）。

③ Lemley & Shapiro 2007a，2011；同②（简单计算一下，如果同一产品使用多个专利，专利许可费堆叠放大了与禁令威胁和专利劫持相关的问题）。

个而不是一个专利权人讨价还价带来的困难,而不是由于专利劫持本身。目前还不清楚通常规避设计的成本是否是独立的[1]。此外,即使两项专利可以像一项专利一样容易被规避设计,如果实施者面对连续的需求,独立的规避设计成本可能会增加。

7.7.3 古诺互补

7.7.3.1 理论

古诺互补问题原则上出现在多个拥有市场支配力的独立供应商销售互补性投入品;一个古诺的例子是铜和锌的供应商,铜和锌结合在一起形成黄铜[2]。每个供应商的价格决定对其他供应商的负外部性:具体表现为当一个供应商提高价格时,对产品的需求就会减少,从而导致其他供应商的收入减少。如果供应商独立定价,他们将不会考虑这种外部性,由此产生的总价将高于拥有所有投入品的单一供应商所收取的总价[3]。在施加负外部性时,消费者的境况将更糟,供应商(专利权人)本身的境况也将比所有投入品都由单一公司提供的境况更糟。

古诺问题仅在有多个投入品所有者时才会出现,而随着更多的独立投入品供应商加入,情况会变得更糟。在专利方面,问题不在于互补专利的数量,而在于独立定价的专利拥有者的数量。这意味着,在单独实体拥有所有互补专利的行业中,不会存在古诺互补问题。出于同样的原因,如果一些或所有的投入品所有者协调他们的价格,问题就会减轻或消除。也就是说,这个问题的严重程度取决于

---

[1] Denicolò et al. 2008,假设议价能力对等,因此实施者与两个专利权人谈判只能获得总金额的三分之一,而与他们单独谈判可以获得一半;这些关于议价能力和盈余分割的假设在理论上并不可靠。这并不是要反驳 Denicolò et al 2008 等人提出的基本观点,而是为了强化它;在他们的例子和其他关于议价能力的合理假设中,可能根本不存在任何堆叠效应。

[2] Cournot 1838, 99-116。

[3] 该价格将高于具有竞争力的价格(边际成本),但在专利方面,竞争性价格通常不被用作基准,原因是这不会充分激励发明创造。

独立定价的专利拥有者的数量①。

古诺互补问题并不要求投入品是严格互补的，只要一种投入品的需求依赖于另一种投入品的需求，那么一种投入品的价格上涨就会影响另一种投入品的需求②。

古诺互补的问题不受专利劫持沉没成本存在的影响。在缺少专利劫持沉没成本的情况下，古诺单独的定价不会导致价格高于专利技术的价值。如果投入品是严格的互补，那么对至少一些用户来说，专利许可费总额不能超过产品的综合价值③，尽管其他用户将被排除在市场之外。从某种意义上讲，专利许可费的确是过高的，因为它高于一家拥有所有相关专利的公司所确定的价格。

原则上，社会的损失来自产出的减少，而不是实施者拒绝进入市场。古诺定价在一定程度上加剧了沉没成本的专利劫持，进而可能会导致实施者根本不进入市场。

7.7.3.2 缓解机制

（1）投入品价格协调

正如刚才所讨论的，古诺互补问题的程度取决于独立定价的权利持有人的数量。因此，如果互补投入品的所有者能够协调价格使他们不再独立定价，问题就会得到缓解。在古诺定价法下，每个投入品所有者的收入之和低于拥

---

① Geradin et al. 2008。

② 例如，铜和锌在制造黄铜时并不是严格的互补，因为它们可以以不同的比例组合在一起，产生具有不同性能的黄铜。

③ Lemley & Shapiro 2007a, 2048, 确实表明，单个专利权人收取的专利许可费将超过其贡献的价值，"如果且仅当"不含专利技术的产品的价值减去产品的边际成本，大于专利技术的价值，才将这类专利技术描述为"相对不稳定的条件"。但是，Lemley & Shapiro 2007a, 2047-2048 通过声明"在专利劫持和机会主义存在的情况下，每项专利都有能力收取超过其专利技术价值的专利许可费"，以及"如果规避设计成本很高，那么没有理由必须遵守 $r_i \leqslant v_i$ 的约束"。因此，Lemley & Shapiro 将沉没成本专利劫持纳入专利许可费堆叠的讨论。Elhauge 2008, 565 对 Lemley & Shapiro 的建议提出批评，即在下游公司面临多个专利权利人的情况下，"将产生每个专利权人收取的费用超过其产品价值的'专利许可费堆叠'问题"。Elhauge 2008 说，这一错误的根源是他们没有认识到实施者可以"拒绝使用定价过高的技术"，但更准确的说法是，Lemley & Shapiro 承担了沉没成本。

有所有投入品的单个垄断者,因此,如果可以克服集体行动的问题,那么协调投入品所有者的价格,使投入品的累计价格与垄断者收取的价格相同,则符合投入品所有者的利益。

一些协调机制包括纵向整合公司和专利池之间的交叉许可[1]。当纵向整合的公司基于彼此对同等专利收取相同费率的基础上交叉许可时,如果A公司提高其费率,A公司知道B公司也将会提高费率,需求外部性将被内部化。如果所有的公司都是纵向整合和对等的,那么古诺互补问题就会得到解决[2]。一般地说,古诺互补问题并不取决于拥有互补性投入专利的实体的数量,而是取决于独立制定投入价格的实体,交叉许可的纵向整合公司实际上不是独立的投入价格制定者。非纵向整合的上游公司将不会对交叉许可感兴趣,并"更倾向于采用略高于垄断率的专利许可费",这意味着如果存在非纵向整合的上游公司,古诺互补问题将持续存在[3]。

原则上,即使存在非纵向整合的上游专利持有者,也可以通过专利池来实现协调[4]。专利池将按一定的费率对池中专利进行许可来实现利润最大化,即通过平衡较高的专利许可费和较低的使用量。也就是专利池以减少使用量的形式内化了外部性,这就产生了古诺互补问题。由于古诺堆叠的价格高于利润最大化的价格,因此,无论专利是否纵向整合,都有利于专利权人解决问题。由于与专利池形成的集体行动相关的预付费用很高,因而即使成功的专利池会增加专利权人的收入,最终也未必一定形成专利池[5]。这些专利池形成中的问题意味着我们不能确信,为了解决古诺互补问题,通常一定会形成专利池。

---

[1] Layne-Farrar & Schmidt 2010, 1132-1136; Contreras 2015a(讨论专利质押作为另一协调机制)。

[2] Layne-Farrar & Schmidt 2010, 1135-1136。

[3] 同[2], 1136。

[4] 同[2], 1135; Geradin et al. 2008; Lemley & Shapiro 2007 a, 2014-2015。

[5] 例如, Contreras 2013, 76-77(描述与专利池形成相关的较高的前期费用); Lemley & Shapiro 2007a, 2014(注意到潜在专利池成员可能会试图持有更大的池份额,从而阻止专利池的形成)。

（2）通过广泛谈判策略进行默契协调

通过广泛的谈判策略进行默契协调也可以解决古诺互补问题。在产生古诺互补问题的模型中，每一专利权人设定自己的单价，同时考虑其他专利权人的价格，实施者根据要约价格选择数量。与古诺的单阶段定价模型不同，史普博（2016）开发了两阶段数量设定模型。在第一阶段，各投入品供应商（例如专利权人）作出有约束力的承诺，提供实施者要求的任意数量的投入品，但不得超过指定的最大数量；在第二阶段，实施者和专利权人就价格进行谈判，从而在一定数量下形成了市场出清价格（是指市场中实现供给与需求双方平衡时的价格，即为均衡价格）。史普博模型的结果是，互补投入品的供应量等于垄断者将投入品捆绑销售的数量，也就是专利许可费堆叠问题消失了。究其原因，是专利的数量设定导致了专利权人之间的默契协调。由于投入品是互补的，每个专利权人可以通过限制自己的投入品数量单方面设定最大的总产出量。由于每个专利权人都认识到自己的报价对总产出量的影响，因此为了使第二阶段谈判的总价值最大化，每个专利权人都将提供能够使共同利润最大化的数量。

史普博著作的主要观点是，古诺互补问题的产生是因为古诺模型限制了可利用的策略，而不仅是因为互补投入垄断的事实。当然，现实世界中的许可很可能既不遵循古诺模型，也不遵循史普博模型，因为这两种模型都假设了结果均衡。例如，如果专利权人实际上依次与实施者接洽，并在后续的谈判中采用了先前的交易中商定的许可费率，则只有实施者在早期谈判中正确地预测随后的专利许可费需求并据此进行谈判，才能实现总体均衡结果。

一般而言，古诺互补问题的程度取决于专利权持有者在实践中如何设定专利许可费标准。更详细地了解现实世界中的专利许可费谈判做法将有助于建立一个更准确的专利许可费堆叠模型，并有助于确定古诺互补问题可能很突出的行业。

7.8 实证

7.8.1 概述

鉴于存在某些机制可以合理地缓解专利劫持和许可费堆叠的影响,因此至少在某些情况下,这是一个关于专利劫持和许可费堆叠是否"在现实中足够普遍且代价足够高,以至于导致政策的改变[1]"的实证问题。基于此提出了三种类型的证据:案例研究、定量模型检验和产业结构分析。

总体而言,几乎没有证据表明,专利劫持和专利许可费堆叠是系统性问题,但一些个案有力佐证了存在企图专利劫持的问题。据推测,还有其他此类案件已得到解决并保密。

7.8.2 案例研究

7.8.2.1 概述

在案例研究中,带有争议性地要求过多的专利许可费往往被作为发生专利劫持和专利许可费堆叠的证据。案例研究有两个普遍关注的问题。第一个问题是:如果没有针对基于某一案例事实的最佳专利许可费的合理基准,可能很难判断这一专利许可费是否过多;第二个问题是:即使某一案例显示恶意的专利许可费要求确实存在,但该单一示例并不能证明存在系统性问题。尽管如此,识别专利劫持或许可费堆叠的孤立案例仍然很重要。即使问题不是系统性的,法院仍然希望能够根据具体案件的事实对专利劫持或许可费堆叠作出回应。

---

[1] Geradin et al. 2008,145。

7.8.2.2 区分专利劫持和许可费堆叠

在案例研究中，很难将专利劫持和许可费堆叠区别开来。我们可能会得出这样的结论：某一特定许可费过高是由于多个专利技术组合的许可费过高导致的。即使没有古诺互补问题，专利许可费也可能过高，原因在于由于专利劫持导致单个许可费过高；由于古诺互补问题，即使没有专利劫持，也会导致专利许可费过高。当然，这两种情况可能伴随发生，古诺互补问题加剧了单个专利劫持的可能性。专利组合的许可费过高这一事实本身并不能够令我们区分这些情况[①]。

在任一案例中，确定许可费堆叠的主要问题是建立一个可靠的基准，根据实际情况确定合理的许可费总额。解决古诺互补问题的适当许可费总额基准是由持有所有相关专利的单个专利权人收取的专利许可费来决定的。一个成功的专利池可以用于近似上述所有相关专利进而确定这个基准。与单个专利权人一样，通过权衡高专利许可费与该广泛采用的标准，专利池可以寻求收益的最大化。但是，专利池在形成过程中面临很大的障碍，而且通常不存在包括所有相关专利的专利池。此外，被排除在专利池之外的专利可能与被包括在内的专利存在系统性差异。例如，如果所讨论的专利池纯粹以数值为基础将专利许可费分配给每个专利权人，而不考虑特定专利的价值，那么标准必要专利的专利权人可能无法通过专利池费率得到充分补偿。当专利权人退出专利池，并要求高于专利池费率时，可能是由于该专利权人拥有一项相对普通或不稳定的专利，并且正在企图劫持实施者；也可能是该专利权人拥有一项高价值专利，而专利池费率不足。这就需要对专利质量进行评估，以区分这些可能性。

7.8.2.3 案例研究

莱姆利和夏皮罗（2007a）提供了两个专利劫持的例子。第一个例子是

[①] 例如，在 *Microsoft Corp. v. Motorola, Inc.* 中（W.D. Wash. 2013, 73, 86）（美国），法院裁定，RAND许可费的上限主要由许可费堆叠而非专利劫持决定，但有关堆叠的证据只是一个直观的评估，即累计许可费过高。

Rambus 公司"对不符合行业标准的专利组收取 0.75% 的专利许可费,对符合行业标准的专利组收取 3.50% 的专利许可费[①]"。然而,正如戴尼卡罗等人(2008)所指出的,这歪曲了 Rambus 诉讼中的事实;两组专利都符合行业标准,而专利许可费的差异是由于后者包含了更多具有专利的组件[②]。第二个例子是 RIM 与 NTP 达成了 6.125 亿美元的和解,此例更具有说服力[③]。和解金额是陪审团裁决的合理许可费赔偿金额的 18 倍,双方将不得不预期未来销售额会增长 12 倍,以使和解金额与陪审团裁决的合理许可费赔偿额相应[④]。除非销售额能够急速增长,或者陪审团在裁决合理专利许可费赔偿额时严重低估了专利技术的价值,否则这很容易使人联想到专利劫持。

除 Rambus 外,莱姆利和夏皮罗(2007a)还提供了两个与标准相关的案例研究。第一个涉及 3G 蜂窝技术,尤其是 WCDMA(3GPP)和 CDMA2000(3GPP2)标准[⑤]。他们指出,与每个标准相关的专利同族数量众多,至少由 41 家不同的公司拥有[⑥]。这表明满足了许可费堆叠的结构要求。莱姆利和夏皮罗随后引用 20% 左右的手机价格估计值作为相关许可的总成本。戴尼卡罗(2008)对综合费率的准确性提出了质疑,引用的数据显示其接近 5% 的手机价格[⑦]。更重要的是,戴尼卡罗(2008)指出,即使 20% 是真正的综合许可费

---

① Lemley & Shapiro 2007a,2009(Patterson 2003,2001)。Patterson 援引 Smith 2001 年的报告称帕特森和史密斯都没有声明其他专利不符合行业标准。

② Lemley & Shapiro 2007a,2016 [*Rambus*,*Inc.*(联邦贸易委员会,2004 年 2 月 23 日,¶ 1262,1390)(美国)(初始裁决)]。尽管初始决定的事实结果被后来的联邦贸易委员会责任意见书 Rambus,Inc.(联邦贸易委员会,2006 年 8 月 2 日)(美国)推翻,但委员会仍会在标准的一个方面给予更高的专利许可费:参见 Rambus Inc. 联邦贸易委员会(D.C. Cir. 2008,462)(美国)(注意到有两项标准存在争议,其中一项的专利许可费高于另一项)。

③ 同①;*NTP*,*Inc. v. Research in Motion*,*Ltd.*(E. D. Va.2003)(美国)(裁定合理的专利许可费赔偿约 3350 万美元),2006 年结算了 6.125 亿美元。

④ 这是经过调整后的事实,陪审团的裁决涵盖了约六年和九年的剩余的专利。Denicolò et al. 2008,597,认为和解协议可能预估了增长的销售额,但增长 12 倍似乎令人难以置信的高。

⑤ 同①,2025-2027。

⑥ 同①,2026(WCDMA 涉及 732 个同族专利,CDMA2000 涉及 527 个同族专利,并且可能存在其他未上市的标准必要专利)。

⑦ Denicolò et al. 2008,599-600。

率，这个数字本身并不能说明许可费过高。手机的大部分价值在于其专利技术，针对手机的核心功能来说，20%的综合许可费率并不明显偏高。人们并不觉得一本书的知识产权价值过高，是因为它所体现的是它的物理媒介价值的数倍，即使倍数非常大。在没有针对专利技术的价值作出客观估计之前，许可费率本身是没有意义的。此外，所涉及的3G技术已获得广泛许可，并取得了相当大的市场渗透[1]，这表明专利劫持和许可费堆叠将不会产生严重不利影响；与以往的案例研究一样，可以说在没有许可费堆叠的情况下，市场渗透会更广泛。

莱姆利和夏皮罗（2007a）提供的第二个案例研究是关于IEEE 802.11系列Wi-Fi标准[2]。他们再次指出，多家公司拥有的众多专利对该标准都是必不可少的，这表明许可费堆叠很可能成为问题所在，但是他们提供的能够表明专利许可费赔偿实际上过高的唯一证据是，一个专利权人在诉讼后获得了6%的专利许可费赔偿[3]。杰拉丁等人（2008）指出，在不知道专利对标准的重要性时，我们不能仅从许可费率上判断专利许可费赔偿是否过高[4]。

这个判决可能是一个例外[5]。法院和陪审团有时会犯错误。正如莱姆利和夏皮罗（2007b）指出的，只有系统性错误才会影响谈判的动机[6]。单一错误，即使是一个明显的异常值，也不会对预期结果或协商许可费赔偿产生实质性影响。

科特（2009）提供了其他几个可能存在"专利伏击"的例子，在这些例子中，专利权人被指控诱使标准制定机构采用包含了专利技术或即将成为专

---

[1] Geradin et al. 2008, 160–161。

[2] Lemley & Shapiro 2007a, 2027–2028。

[3] 同[2], 2028（系指以标志技术为受益人的裁决）。

[4] Geradin et al. 2008, 161。

[5] 同[4]，明确指出，"这一费率与非诉讼费率相比可能是一个异常值"，因为"法院裁定的专利许可费率常常包括一个惩罚因子，以确保未来侵权行为得到遏制。"这一点是推测性的，在任何情况下都不应将其作为对Lemley & Shapiro的批评；如果法院系统地在专利的真正价值之上增加威慑性制裁，这将加剧专利劫持问题，除非威慑性制裁只在事前许可可行的情况下实施。

[6] Lemley & Shapiro, 2007b, 2172。

利技术的标准,"一旦诱使成功,专利权人将要求比之前协商的更高的专利许可费"①。显然,在这些案例中,专利权人试图通过在标准被采用后谈判来获得更高的专利许可费,但这并不一定能说明沉没成本被劫持而不是网络价值独占②。正如上面所讨论的,专利技术作为标准的一部分被采用后,即使没有任何沉没成本,其价值也会上升,这仅仅是因为该技术更有可能被广泛采用。西布雷斯和科特(2017a)认为,从政策角度来看,允许专利权人获取该网络效应价值的一部分是无可厚非的。在任何情况下,这都是一种独特的效应,因为专利劫持可能使专利权人获得的价值不亚于其技术对实施者的价值,而网络效应则不然。如果没有对事实进行更详细的评估,我们就不能确定所要求的许可费增加是由于网络价值独占还是沉没成本劫持。

最近的诉讼还提供了其他具有启发性的例子。在 *Microsoft Corp. v. Motorola, Inc.* 案③ 中,摩托罗拉公司要求从最终产品售价中收取 2.25% 的专利许可费,以获得涉及 Wi-Fi 和视频的标准必要专利许可。这相当于一台 Xbox 仅关于 Wi-Fi 的标准必要专利的许可费就达到 5.85 美元④。罗巴特法官发现,合理的专利许可费仅为每台 3.5 美分,合理专利许可费的上限为 19.5 美分⑤。因此,摩托罗拉对 Xbox 的专利许可费的要求至少比罗巴特法官认为的合理水平高出

---

① Cotter 2009,1188-1189 [讨论 *Rambus Inc. v. Fed. Trade Comm'n.*(D.C. Cir. 2008),(美国);*Broadcom Corp. v. Qualcomm Inc.*(3d Cir. 2007)(美国);*Negotiated Data Solutions*,*LLC*,*Analysis of Proposed Consent Order to Aid Public Comment*,73 Fed. Reg. 5846-01(Jan. 31,2008)(日本);*Union Oil Co. of Cal.*(联邦贸易委员会,2004 年 7 月 6 日)(美国)(委员会意见);*Dell Computer Corp.*(联邦贸易委员会,1996 年 5 月 20 日)(美国)(双方同意的法庭命令及相关命令和诉讼]。

② Denicolò et al. 2008,597,声称,"Rambus 似乎毫无疑问地试图劫持其权利许可持有人,但试图劫持的做法被联邦贸易委员会否决了",但他们显然没有区分沉没成本劫持和网络价值独占。

③ *Microsoft Corp. v. Motorola,Inc.*(W.D. Wash. 2013)(美国)。

④ 同③,65(讨论与 802.11 系列组合相关的证据)。Xbox 是微软唯一一款使用摩托罗拉 802.11 标准必要专利的产品。同③,54,摩托罗拉实际上提出的专利许可费是每台 Xbox 3.00 到 4.50 美元,因为摩托罗拉也想要微软的交叉专利许可。同③,65,这相当于 5.85 美元,如果加上交叉许可的价值;罗巴特法官发现 FRAND 费率并没有反映任何交叉许可的价值。

⑤ 同③,101。

30 倍，最多甚至可能高出 1600 倍[1]。因此，美国第九巡回上诉法院表示，"有证据表明，陪审团可以推断，要求 2.25% 的专利许可费并不是一种实现技术价值的善意努力，而是企图利用标准本身获得专利劫持价值[2]"。如果我们接受罗巴特法官对 FRAND 费率的判定，即使是大致准确的，就很难不把该实例看作是某种形式的专利劫持。视频标准必要专利就是一个特别引人注目的例子，因为与隔行扫描相关的视频专利已经基本过期了，所以这项技术对标准的附加值很小[3]。

一方面，莱姆利和夏皮罗还指出，已经通过许可建立了一个专利池以"试图解决涉及 802.11 产品的专利许可费堆叠问题"。也就是说，他们将专利池的存在作为专利许可费堆叠问题存在的证据。另一方面，在对证据的审查中，格瑞丁等人（2008）发现，在标准制定范围内存在的许可费堆叠的系统性问题"均通过包括专利池在内的现有机制以及其他机制得到充分解决"。事实上，莱姆利和夏皮罗引用专利池的存在作为专利许可费堆叠问题存在的证据，而格瑞丁等人（2008）引用专利池的存在作为专利许可费堆叠问题不存在的证据。更准确地说，格瑞丁等人（2008）并不否认存在专利许可费堆叠问题[4]，但他们认为该问题已经得到了充分的解决。即使是那些对专利劫持和专利许可费堆叠是否是系统性问题持怀疑态度的人，也不否认它们可能发生在个别案件中。令人意外的是并没有更明确的个案，由于①难以评估专利许可费是否存在双向过度降价，②大多数谈判都是保密的。综上所述，这些个案集中表明在某些情况下确实存在由于专利劫持和/或专利许可费堆叠而产生的专利许可费过高的问题。

---

[1] 摩托罗拉视频（H.264）专利组合的差异甚至更大，摩托罗拉要求同样的 2.25% 的专利许可费，而罗巴特法官发现 FRAND 费率仅为 0.555 美分/单位，上限为 16.389 美分/单位。

[2] *Microsoft Corp. v. Motorola*, *Inc.*（9th Cir. 2015，1053）（美国）。

[3] 摩托罗拉的产品组合中包括 24 项专利，而 FRAND 的专利许可费只基于 11 项专利。摩托罗拉最初的需求可能反映了一种善意的理念，即这些专利是有效的并且受到了侵犯，但即使摩托罗拉是对的，至多也就会使 FRAND 专利许可费增加一倍。

[4] Geradin et al. 2008，149（专利许可费堆叠背后的补充理论经受住了时间的考验）。

7.8.3 实证模型检验

7.8.3.1 概述

实证研究一般不能证明专利劫持和专利许可费堆叠是严重的系统性问题。格瑞丁等人（2008）回顾了半导体、软件和生物医疗器械行业的实证证据，发现没有明确证据表明反共享和专利许可费堆叠存在重大问题[1]。

7.8.3.2 专利劫持

目前最重要的研究是伽列托维奇等人（2015）的研究，该研究涉及检验标准必要专利。他们检验了标准必要专利劫持假说的两个实证影响。首先，如果涉及标准的专利劫持导致创新速度减慢，那么高度依赖标准必要专利的产品在质量调整后价格的下降速度将比不依赖标准必要专利的同类产品更慢。其次，2006年美国最高法院在 *eBay Inc. v. MercExchange，LLC* 案[2] 中所作的准自然检验，使得标准必要专利持有人比非标准必要专利持有人更难获得针对侵权者的禁令救济。他们在两项检验中都没有发现标准必要专利劫持的证据。对比各行业情况发现：

在过去 16 年中，依赖于标准必要专利的产品的消费者价格指数（CPI）跌幅大于其他商品。依赖于标准必要专利的产品价格下降的速度不仅快于传统的存在专利劫持行业的产品，而且快于其他受益于摩尔定律但不依赖于标准必要专利的专利密集型产品[3]。

在控制行业和年份影响的条件下，使用不同规格的差异来检验，在 eBay 案之后依赖于标准必要专利的行业中是否是经质量调整的价格下降更快。他

---

[1] Geradin et al. 2008，155-159。他们还考虑了上面讨论的移动电话中的 WCDMA 和 Wi-Fi 的例子，得出了相同的结论。Geradin et al. 2008，159-163。

[2] *eBay Inc. v. MercExchange，LLC*（U.S. 2006）。

[3] Galetovic et al. 2015，554。

们的分析并没有否定这一零假设——eBay 案没有对依赖标准必要专利的行业产生差异性影响。

这些结果表明，在依赖于标准必要专利的行业中，专利劫持并没有系统性地阻碍创新。基于上述结果，有两点潜在的与补偿问题相关的注意事项。

第一，他们并没有声称个别公司从未企图从事可被定性为专利劫持的行为[①]。即使专利劫持不是一个系统性问题，法院也可能希望对个别的专利劫持事件作出回应。

第二，他们不认同依赖于标准必要专利的行业存在专利劫持的理论条件的观点，这说明某种缓解机制解释了他们的结果。一方面，系统性专利劫持由于结构性因素得以避免，如普遍存在的事前谈判或重复博弈机制；另一方面，有时正是诸如 FRAND 原则这样的法律约束，减轻了专利劫持的影响。这一假设与以下结论基本一致：依赖于标准必要专利的产品价格相对于其他不依赖于标准必要专利的专利密集型产品价格下降速度更快。eBay 案在专利劫持方面没有明显的影响，这有可能是由于 eBay 案是在标准必要专利的情况下被有效地预期，甚至在 eBay 案出现之前，专利实施者就已经理解 FRAND 原则的含义，在 FRAND 许可义务下，他们将能够实施包括有相应标准的专利，而不必担心受到禁令或过高的许可费的阻碍。

从补偿的角度来看，重要的是具体的机制是什么。如果是结构性因素在起作用，这就意味着法院相对愿意向成功的专利权人颁布禁令救济。相反，如果是 FRAND 原则避免了依赖于标准必要专利的行业的专利劫持，那么伽列托维奇等人的研究结果（2015）恰恰表明 FRAND 系统正在发挥作用，但这可能意味着法院应继续相对积极地适用 FRAND 原则，以确保该系统持续发挥作用。这也可能导致，面对可能存在专利劫持的情况，法院即使对非 FRAND 原则的专利也应当适用类似的怠于颁发禁令的情况。凡事都有其两面性，FRAND 原则的过度应用可能会导致发明激励不足。目前似乎还没有针对这种可能性的系统性研究，不过，要让激励效应显现出来可能还为时过早。

---

① Galetovic et al. 2015，555。

7.8.3.3 专利许可费堆叠

伽列托维奇和古普塔（2017）对全球移动无线行业的专利许可费堆叠进行了实证调查，特别是古诺互补问题，重点关注了第三代合作项目（3GPP）定义的第三代（3G）和第四代（4G）无线蜂窝标准。他们的论文借鉴了这样一个事实，即标准必要专利持有者的数量和标准必要专利的数量在这项技术的生命周期中急剧增长："在过去 20 年中，3G 标准和 4G 标准的标准必要专利持有者的数量从 1994 年的 2 个增长到 2013 年的 130 个，标准必要专利的数量从 1994 年的不足 150 个增长到 2013 年的超过 150000 个[1]"。根据古诺互补理论，随着标准必要专利持有者数量的增加，专利许可费堆叠情况会变得更糟。他们特别指出，手机价格应该上涨，或者（如果质量要求提高）至少保持不变；标准必要专利持有者和下游制造商的利润率将会下降；设备制造商的数量将会减少，行业集中度将会提高。他们没有发现任何一种这样的影响。比如，在价格方面，"在 1994 年至 2013 年期间，在控制技术创新的情况下，设备的实际平均销售价格每年下降 11.4% 到 24.8%。而且，连续几代产品的平均指导售价都下降了[2]"。他们还发现利润率没有变化，并且行业集中度降低了[3]。还有许多其他变量也可能影响手机价格。最明显的是，手机的质量提高了，支付意愿提高了，制造成本可能下降了，其他因素如收入、替代品价格和下游价格竞争的强度也发生了变化[4]。然而，在他们的模型中，这种变化不能解释价格下降和其他观察到的影响，因为当堆叠严重时，堆叠的专利许可费将增加，以从成本降低或需求增加中攫取利益[5]。

尽管存在大量的标准必要专利持有者，伽列托维奇和古普塔将这些结果描述为表明专利许可费堆叠在移动无线行业并不是一个系统性问题。这就产

---

[1] Galetovic & Gupta 2017，19–20。
[2] 同[1]，5。
[3] 同[1]，24–25。
[4] 同[1]，20–21。
[5] 同[1]，22。

生了一个难题：这个结果如何与古诺互补理论吻合？由伽列托维奇和古普塔（2017）提出的通用古诺互补模型表明："即使有数量不多的标准必要专利持有者，专利许可费堆叠对产出的影响也很严重，并最终导致产出崩溃"[①]。正如他们所观察到的那样，现代无线产业拥有大量以标准必要专利形式存在的互补性投入品，标准必要专利由独立所有者持有。这意味着市场应该"几乎消失"，但正如他们所观察到的，现代无线产业非常健康。

伽列托维奇和古普塔并没有试图解决这个难题。如上所述，古诺互补问题可以通过大规模的价格协调来缓解或解决，可能是通过专利池，也可能是通过具体的定价策略或做法，但尚不清楚这些因素是否能够解释无线行业明显罕见的专利许可费堆叠。如果复制伽列托维奇和古普塔的基本结果，那么解释无线产业如此强劲的原因就很有意义了，因为这可能为古诺互补问题提供全新的视角。虽然伽列托维奇和古普塔的工作对专利许可费堆叠是手机等复杂技术产品行业中的问题的主张提出了质疑，但他们的工作也可以被视为是对古诺互补理论本身的挑战。

7.8.4 产业结构

在关于专利劫持的一般经济学文献中，专利劫持的存在往往是从其制度效应来推断的[②]。可以将FRAND许可承诺理解为在标准背景下对专利劫持问题的一种制度性回应。然而，很少有研究深入探讨这一分析，也不清楚它可能有什么补救意义。

[①] Galetovic & Gupta 2017, 16, 指的是其他标准必要专利持有者不增加价值的情况。当更多的标准必要专利持有人增加价值时，他们的模型会产生相似的结果：Galetovic & Gupta 2017, 16–17.

[②] Masten 1996.

7.8.5 总结

总体而言，几乎没有证据表明专利劫持和专利许可费堆叠是系统性问题，但也有一些个案强烈暗示了存在专利劫持的可能。这一结论的救济意义尚不清楚，因为制约专利劫持的确切机制尚不清楚。专利劫持较少，可能是因为重复使用等结构性因素，也可能是因为 FRAND 许可承诺和竞争主管机构干预威胁等法律因素；第一个假设表明，普遍善意给予禁令救济是适当的，第二个假设表明，法院应保持警惕，确保禁令救济不会导致专利劫持。同样合理的建议是，即使结构性因素总体上阻止了专利劫持，法院也应该在曾企图专利劫持的案件中拒绝禁令救济。因此，重要的是要区分这些情况，以及在给予禁令救济时应考虑的因素。

附 录

国家法律对货币 FRAND 损害赔偿的考虑

1. 德国

根据《德国专利法》(PatG) 第 139 条，专利权人可以向故意或过失利用德国专利法第 9 条和第 10 条规定的相应专利的侵权人追偿货币损害赔偿。[1] 为了确定侵权人应支付的具体货币损害赔偿额，专利权人可以根据《德国专利法》第 139 条第 2 款的规定，在三种不同计算方法之间进行选择，这些计算损害赔偿的方法既不能累加也不能混合。[2]

根据《德国专利法》第 139 条第 2 款以及《德国民法典》(BGB) 第 249 条和第 252 条，第一种计算方法是指专利权人因侵权导致的"差额法"。[3] 为

---

[1] Mes 2015, § 139 rec. 6, 121; cf. Benkard 2015, § 139 rec. 13 et seq.; Keukenschrijver 2016, § 139 rec. 97。

[2] Benkard 2015, § 139 rec. 61; Mes 2015, § 139 rec. 123, 177; Keukenschrijver 2016, § 139 rec. 140; LG Dusseldorf v. 19.1.2016–4b O 120/14–*Unwired Planet v. Samsung*, ¶ VII.6.b.cc (德国)。

[3] LG Dusseldorf v. 19.1.2016–4b O 120/14–*Unwired Planet v. Samsung*, ¶ VII.6.b.cc (德国)。

了获得补偿，专利权人必须证明经济损失以及损失与侵权之间的因果关系。[1]如果诉讼试图补偿所失利润，则专利权人应当证明，在没有侵权行为的情况下，本可以获得所主张的利润额。[2]

《德国专利法》第139条第2款规定的第二种计算方法，通常称为"损害赔偿的客观计算方法"，在实践中得到广泛应用，[3]指因专利使用而可以从第三方获得的合理许可费赔偿。[4]该方法基于以下假设，即侵权人应当赔偿通过使用涉诉专利所获得的经济利益。精确计算应遵循考虑所有相关因素确定专利价值的理性当事人约定的假想合同条款，例如专利权人的潜在垄断地位、专利的经济重要性、惯常的许可费、已经商定的许可费、标准化许可协议。[5]

《德国专利法》第139条第2款提出的第三种计算方法涉及侵权人利润的追偿。由于这只是一种计算方法，而不是一项独立的索赔，因此必须证明专利权人遭受了实际损失。[6]此外，专利权人只能索赔实际上是因专利侵权而产生的利润。[7]通常，利润的计算方法是从侵权人的收入中减去与专利侵权相关的成本。[8]根据德国联邦法院的规定，侵权人不得扣除与制造侵权产品相关的任何固定成本和生产成本。[9]只有在固定成本仅与侵权有关的情况下，才能考虑固定成本。[10]由于侵权人的一般商业活动而产生的其他成本（"日常经营成本"）与生产量和供应量无关，侵权人必须提供必要的证据。[11]

---

[1] Mes 2015，§139 rec. 123；Keukenschrijver 2016，§139 rec. 154；Benkard 2015，§139 rec. 57 et seq。

[2] Keukenschrijver 2016，§139 rec. 156。

[3] 同[2]，§139 rec. 138。

[4] Mes 2015，§139 rec. 123；Benkard 2015，§139 rec. 61。

[5] Mes 2015，§139 rec. 131 et seq.，134；Benkard 2015，§139 rec. 66；Keukenschrijver 2016，§139 rec. 164。这种计算方法与美国使用的 *Georgia-Pacific* 案框架有些相似。

[6] Mes 2015，§139 rec. 146。

[7] 同[6]，§139 rec. 163。

[8] Benkard 2015，§139 rec. 73。

[9] Mes 2015，§139 rec. 148；Benkard 2015，§139 rec. 73b。

[10] Benkard 2015，§139 rec. 73c。

[11] 同[10]，§139 rec. 73g。

无论采用哪种计算方法，如果专利权人无法证实其经济损失，则允许法院根据《德国民事诉讼法》第 287 条估算应支付的损害赔偿。① 因此，损害赔偿可能与根据 FRAND 许可确定的许可费有关，特别是在专利权人选择"许可类比方法"而不是其他可用计算方法的情况下。但是，在 FRAND 许可费赔偿与侵权人获利相对应的条件下，并不妨碍专利权人要求获得超过 FRAND 许可费的进一步损害赔偿。②

杜塞尔多夫地方法院在 *Unwired Planet v. Samsung* 案中阐述了依据 FRAND 许可的许可费赔偿标准与专利侵权造成的货币损害赔偿之间关系的重要方面。③ 如上所述，*Huawei* 案规定的义务并不妨碍标准必要专利持有人对实施者提起损害赔偿的诉讼，该义务可以在上述计算方法中自由选择。④ 欧盟法院的要求间接影响了对已发生侵权行为寻求补偿的程度。如果实施者已证明有意愿获得许可，则能够根据《德国竞争法》第 33 条以及《欧盟运行条约》第 102 条提出反诉，因为标准必要专利持有人在对涉诉专利做出 FRAND 声明之后，故意拒绝授予许可，因此，在拒绝授予许可之后的货币损害赔偿将限制在 FRAND 许可费赔偿的最高金额内。⑤ 在 *Unwired Planet* 案中，没有对损害赔偿设限，因为标准实施者未表示愿意签署许可协议。⑥ 与禁令诉讼相反，如果标准必要专利持有人没有提供侵权通知函，则不会推定其存在滥用行为。⑦

---

① Benkard 2015，§ 139 rec. 60。
② 同①，§ 139 rec. 63a。
③ LG Dusseldorf v. 19.1.2016-4b O 120/14-*Unwired Planet v. Samsung*（德国）。
④ 同③，¶ VII.6.b.bb。
⑤ 同③，¶ VII.6.b.dd。
⑥ 同③，¶ VII.6.b.ee。
⑦ 同③，¶ VII.6.b.dd。

2. 瑞士

2.1 瑞士法律规定 FRAND 承诺的法律地位

瑞士法院在判决 FRAND 承诺的标准必要专利的损害赔偿问题时，首先必须评估标准必要专利持有人根据适用于此类承诺的合同法向相关标准制定组织做出 FRAND 承诺的法律性质。举例来说，欧洲电信标准化协会（ETSI）知识产权政策[1]提供了 FRAND 承诺，标准必要专利[2]持有人承诺按照 FRAND 条款将专利提供给有意愿获得许可的被许可人。[3] 欧洲电信标准化协会知识产权政策第 6.1 节规定，"当欧洲电信标准化协会注意到与特定标准或技术规范有关且必不可少的知识产权[4]，ETSI 总干事应立即要求持有人在三个月内做出不可撤销的书面承诺，即准备对上述知识产权按照公平、合理和无歧视（FRAND）条款和条件授予不可撤销的许可……"欧洲电信标准化协会知识产权政策附录 A（标题为"知识产权许可声明表"）[5] 包含由相关知识产权持有人填写和签署的不同表格[6]，依据上述表格，知识产权持有人被邀做出正式且具有约束力的声明，根据该声明，"知识产权持有人及其附属公司

---

[1] 欧洲电信标准化协会 2018，附件 6；另请参阅专用于知识产权的网页：欧洲电信标准化协会，知识产权（最新访问于 2018 年 4 月 30 日）。

[2] 在欧洲电信标准化协会 2018 的附件 6 第 15 条第 6 款中定义了必要专利 ["必要的"] 应用于知识产权，意味着考虑到正常的技术实践和标准化时通常可获得的最新技术水平，基于技术（但不是商业）的理由，不可能制造、出售、租赁、以其他方式处置、修理、使用或操作设备或方法，符合标准而不侵犯该知识产权。为了避免对标准只能通过技术解决方案来实施的例外情况产生疑义，而所有技术解决方案都是侵犯知识产权的，则应将所有此类知识产权视为必要的]。

[3] 同②，位于 Annex 6 § 6.1。

[4] 每个大写术语的定义参见同②，位于 Annex 6 § 15。

[5] 同②，位于 Annex 6 app. A。

[6] "一般知识产权许可声明"和"知识产权信息声明与许可声明"同②。

根据欧洲电信标准化协会知识产权政策第 6.1 条规定的条款和条件，准备授予不可撤销的许可……"[1]

这些文件规定了"解释、有效性和履行……应受法国法律的管辖。[2]"因此，法律问题最终是分析相关标准必要专利持有人根据适用的法律向标准制定组织做出的承诺（"许诺"）[3]的性质和可执行性。

通过声明标准必要专利持有人"准备依据标准必要专利向第三方实施者授予不可撤销的许可"[4]（在标准必要专利持有人向标准制定组织做出的正式承诺中），问题是第三方受益人是否可以要求履行该义务，这又取决于这些潜在的被许可人（尚未直接与相关标准必要专利持有人签订任何合同）是否可以被视为第三方受益人。这个问题显然取决于根据适用法律对有关声明的解释，但仍然存在争议[5]，需要指出的是，从跨国角度而言通常承认以合同方式向第三方授予权利[6]。根据与此特别相关的法国法律（鉴于是适用欧洲电信标准化协会声明的法律），有人认为，标准必要专利持有人根据欧洲电信标准化

---

[1] "一般知识产权许可声明"的相关部分包括：它及其附属公司按照欧洲电信标准化协会知识产权政策 6.1 条规定的条款和条件，准备根据其知识产权授予不可撤销的许可，关于标准、技术规范或欧洲电信标准化协会项目，如上所述在某种程度上，知识产权作为或成为并保持实施该标准或技术规范，或在适用的情况下由上述欧洲电信标准化协会项目当前范围内的提案或工作项目产生的任何标准或技术规范是所必需的，适用于该标准或技术规范的实施领域……；同样，"知识产权信息声明与许可声明"包括：在某种程度上，在所附知识产权信息声明附件中披露的知识产权作为或成为并保持对于所附知识产权信息声明附件中确定的欧洲电信标准化协会工作项目、标准和/或技术规范是所必需的，声明人和/或其附属公司按照欧洲电信标准化协会知识产权政策第 6.1 条规定的条款和条件，准备根据其知识产权授予不可撤销的许可……同第 328 页[2]。

[2] 同[1]。

[3] 同[1]（将授予许可描述为"许诺"）。

[4] 同[1]。

[5] 有关 FRAND 承诺的合同分析，参见 Straus 2011；Brooks & Geradin, 2010；对于相反的观点（考虑到合同理论不构成分析 FRAND 的适当法律依据），请参阅 Contreras 2015c。

[6] 例如 Unidroit 2016，第 5.2.1 条（有利于第三方的合同）："a. 当事各方（承诺方和被承诺方）可以通过明示或暗示的协议授予第三方（受益人）权利；b. 受益人针对承诺人权利的存在和内容由当事各方的协议确定，并受协议中条件或其他限制的约束。"

协会声明做出的承诺可以被视为符合《法国民法典》第 1121 条所规定的"对第三人的规定"。①

假设根据相关法律，有意愿的被许可人（标准必要专利涵盖的技术标准的实施者）可以被视为这些承诺的第三方受益人，下一个问题将是准确定义标准必要专利持有人所做承诺的法律性质和范围，即：标准必要专利持有人为了履行对潜在被许可人的利益接受的合同义务是什么？所述被许可人作为第三方受益人直接履行的合同义务是什么？这种分析的特殊性和难点来自于发现相关义务不包含明确的，如易于明确并据此可执行的，合同义务。②恰恰相反，标准必要专利持有人承诺准备按照 FRAND 条款和条件将其专利许可给第三方被许可人，因此对于 FRAND 条款和条件的构成仍留有相当大的空间。③

根据瑞士法律（假设适用），该承诺可被视为《瑞士债法典》第 22 条第 1 款所规定的"签订合同的协议"，其中规定"当事人可以达成具有约束力的协议，以便在之后签订合同。"根据该规定，缔约一方当事人可以向缔约另一方当事人承诺，缔约一方当事人将与第三方当事人签订合同，以便该第三方当事人随后可以（作为第三方受益人）要求履行此义务，例如，可以要求签订合同或因违反此义务而要求赔偿。④这种临时合同（如合同一方当事人同意未来签订正式合同的协议）的有效性取决于合同标的是确定的还是至少是可确定的。⑤

从这个角度来看，针对标准必要专利持有人的义务（与第三方被许可人

---

① Straus 2011；Caron 2013，1008。

② 相比之下（出于比较目的），由第三方受益人容易执行的合同义务将构成债务人在某些情况下向该第三方支付给定金额的义务；请参阅瑞士联邦最高法院的以下决定：4C.5 / 2003（TF 2003）。解释股东协议中不竞争承诺的罚款条款，允许公司强制执行，通过应用 Obligationenrecht [OR][债法典]向第三方受益人（公司）授予直接执行权，SR 220，第 112 ¶ 2 条（瑞士债法典）。

③ 例如 Allensworth 2014。

④ 例如 BGE 98 II 305（BGer 1972，¶ 1）（瑞士）[销售合同当事各方之间的……条款是有利于第三方（即原告）的初步合同（债法典第 22 条）。根据债法典第 112 条第 2 款的规定，可以向应订立主合同的被告提出要求……]。

⑤ BGE 118 II 32（BGer 1992，¶ 3b）（瑞士）；BGE 98 II 305（BGer 1972，¶ 1）（瑞士）。

签订许可协议）的可执行性将取决于该义务是否足以确定为有效的合同义务，是否可以确定为要求履行并执行的有效合同义务。

如果瑞士法院认为（由于根据适用法律对 FRAND 承诺的解释），FRAND 承诺构成了实施者可以对专利权人执行的具有约束力的义务，并将进一步防止专利权人对实施者提起任何专利侵权诉讼，包括损害赔偿诉讼，FRAND 承诺可能会限制或影响专利权人向标准侵权实施者追偿货币损害赔偿的能力。原因是，通过对实施者提起损害赔偿诉讼，专利权人将违反因 FRAND 承诺而产生的合同义务，因此对此类合同违约所造成的损害赔偿承担责任。[①]

2.2 根据瑞士法律的专利损害赔偿

正如瑞士判例法[②]和法律文献所反映的[③]，瑞士法律的特点是缺乏专门规范因侵犯知识产权所造成损害赔偿的具体法律制度。根据瑞士法律，侵犯知识产权的经济后果受《瑞士债法典》[④]规定的一般侵权法管辖[⑤]。侵犯知识产权构成一种侵权行为，根据瑞士民法通则的一般原则，特别是根据《瑞士债法典》第 41 条第 1 款，该侵权行为引发了损害赔偿责任，其中规定"任何人非法造成他人损失或损害，无论是故意还是过失，都有责任提供补偿。"[⑥]

根据判例法，在瑞士法律中有三种方法计算知识产权侵权造成的损害：[⑦]第一种方法要求存在有效或直接的损害；第二种方法是基于所谓的许可类比；第三种方法是基于侵权人收入的类比。

---

① 可以与许可人向被许可人索偿符合许可使用合同条款的赔偿情况进行比较。
② BGE 132 III 379（BGer 2005）（瑞士）。
③ 例如 Benhamou 2013。
④ Obligationenrecht [OR][债法典]，SR 220（瑞士）。
⑤ 通过参考根据《瑞士债法典》中的瑞士知识产权法规来实现的；有关瑞士专利法，请参见 Schweizerisches Zivilgesetzbuch [ZBG][民法典]，SR 232.14，第 73 § 1 条（瑞士）（瑞士专利法）规定：任何人故意或过失地实施第 66 条所述的行为均应被要求。
⑥ 同⑤，位于第 41 ¶ 1 条。
⑦ BGE 132 III 379（BGer 2005，¶ 3.2）（瑞士）。

第一种方法：以存在有效或直接的损害为基础，通常以表明受害人的收入因侵权行为而减少为前提。①

第二种方法：许可类比，意味着侵权人必须支付与合理缔约当事人在许可协议中协商的许可费标准相对应的损害赔偿。②正如判例法所反映的，第二种方法旨在评估受害者的所失利润。③受害人有责任证明因知识产权侵权行为导致许可费损失。受害人必须确定由于侵权行为而损失许可费或至少存在可能。有趣的是，瑞士联邦法院规定，根据许可人和被许可人之间的假想交易确定许可费数额不必考虑许可费的适当性④。换句话说，真正重要的是当事人在有关情况下（主观上）达成共识的许可费，而不是许可费（客观上）是否适当。⑤

瑞士联邦法院的判例法具有非常严格的限制，因此，计算知识产权侵权损害赔偿的许可类比方法极难成功地适用于受害人/知识产权持有人。在主要案件中⑥，知识产权持有人以90000瑞士法郎的固定费用向侵权人提供了许可，侵权人拒绝该提议并随后开始侵犯专利权，而瑞士联邦法院在此案中拒绝因损失许可费判予损害赔偿。在本案中，瑞士联邦法院认为，受害人/知识产权持有人没有足够的可能性确定其将遭受的损害，即没有确定本可以获得许可费。

---

① 同第 331 页⑦，¶3.2.1。
② 同第 331 页⑦，¶3.2.2。使用许可类比法对损害进行量化，意味着侵权人必须向知识产权持有人支付与合理的缔约各方在缔结有关知识产权的许可协议时所同意赔偿金额的赔偿。
③ 同上，¶3.4；BGE 97 II 169（BGer 1971，¶3a）（瑞士）。
④ BGE 132 III 379（BGer 2005，¶3.4）（瑞士）。（但是，该方法应用的前提是证明受害人的资产减少。如果主张所失利润，则必须假定知识产权持有人应当能够获得损失的利润。如果知识产权持有人根本没有使用该知识产权，则不属于这种情况。只有当产权持有人能够证明由于侵权行为而导致他很可能没有获得许可协议和许可费，这才是所失利润。然而，在这种情况下，无论许可费是否适当，许可费的金额均应根据许可人与被许可人之间的假定协议确定。）
⑤ 这种方法唤起了对美国 *Georgia-Pacific* 案框架的假想协商框架。此外，这种方法似乎与德国基于客观合理性来客观地确定许可费的方法不同。
⑥ BGE 132 III 379（BGer 2005）（瑞士）。

第三种方法：类比侵权人的收入，不是基于受害人所遭受的损害，而是基于侵权人所获得利润的追缴。[1] 该方法依据的是《瑞士债法典》第423条，该条规定[2]（在"无权代理"一章），"代理活动的开展并非以委托人的最大利益为出发点，但委托人有权获得由此产生的相应利益。"

在此基础上，参照瑞士联邦法院的判例法，该判例法界定了基于许可类比法的专利侵权损害赔偿计算方法，提出基于许可类比的专利侵权货币损害赔偿理论上可以准予，即使这种损害赔偿不是适当的或合理的。例如，如果专利持有人已经与第三方以高额的许可费成功达成（但尚未签署）许可协议（根据客观标准可能是不适当或不合理），如果侵权行为导致许可协议无法签订（例如，由于侵权产品突然出现在市场上，谈判被许可人可能会终止谈判），则属于这种情况。如果专利持有人有足够的可能性能够证明上述事实，即使该专利许可费不适当或不合理，专利持有人也可以获得损失许可费数额的损害赔偿。

如上所述，FRAND承诺可能意味着专利持有人对实施者（作为第三方受益人）的利益负有合同义务。这种承诺的关键实质要素是有责任以公平、合理和无歧视的条款许可相关专利。在此基础上，定义"合理"含义的第一个依据是FRAND承诺本身，必须根据适用FRAND承诺的法律所采用的解释方法对FRAND承诺进行解释（这可能会考虑与解释合同/合同条款相关的其他依据）。根据瑞士合同法，最重要的是缔约当事人的主观意愿，如《瑞士债法典》第18条第1款所规定的，"在评估合同的形式和条款时，必须确定缔约当事人的真实和共同意愿，而不必关注他们可能错误地或为了掩饰协议真实性质而使用的任何不准确的表述或名称。"

假设瑞士法律适用于FRAND承诺，并且不同争议意见将提交给瑞士法院以决定根据FRAND许可应支付的许可费，瑞士法院将必须根据瑞士合同法

---

[1] 同第332页⑥，¶3.2.3，参考BGE 97 II 169（BGer 1971）（瑞士）；BGE 98 II 325（BGer 1972）（瑞士）。

[2] Obligationenrecht[OR][债法典]，SR 220，第419-424条（瑞士）。

中规定的合同解释的一般方法来定义"合理"一词（如 FRAND 承诺中所使用的）。因此，专利持有人将有权基于法院对 FRAND 承诺中所使用"合理"含义的解释，从实施者那里获得法院认为"合理的"FRAND 许可费。在这方面，瑞士法院可以参考国际法[①]或其他国家法律进行类比，以便根据 FRAND 承诺定义"合理"许可费的概念。

在任何情况下，与基于许可类比法计算的专利侵权损害赔偿相比，可能会与适当的（或合理的）许可费（见上文）有所不同，根据 FRAND 许可应支付的许可费本质上应该是"合理的"（或适当的）。在此基础上，根据 FRAND 许可支付的许可费不太可能与侵犯同一专利的货币损害赔偿相同，并且在 FRAND 承诺构成有效合同义务的情况下，出于 FRAND 目的的"合理"许可费也不太可能与瑞士专利法规定的专利侵权货币损害赔偿标准相同。这反映了根据 FRAND 框架应该是"合理的"合同许可费与基于侵权行为的损害赔偿（即相当于用于补偿受害人所遭受实际损失的许可费）是不同的。因此，只要能够确定损害已经发生/很可能已经发生，则损害赔偿就可能客观上不是"合理的"。

3. 韩国

与美国不同，韩国专利侵权诉讼中典型的衡量标准是"侵权人的总利润"，而不是"合理许可费"。而且，当以被控侵权人总利润的形式计算损害赔偿时，难以区分 FRAND 承诺的标准必要专利和非标准必要专利。此问题在 *Samsung Electronics Co. Ltd. v. Apple Korea Ltd.* 案中出现。[②] 只要涉及侵权人的总利润，法院就很难在计算损害赔偿时体现 FRAND 承诺。然而，即使在"侵权人总利润"的情况下，救济法的一般原则也要求原告证明侵权人的利润

---

① 可参考《与贸易有关的知识产权协议》第 31 条，其规定了一种强制机制（专利强制许可），可以发现这种机制与 FRAND 承诺下的许可义务相似，在这种机制下，"考虑到授权的经济价值，应在每种情况下均应向权利人支付适当的报酬"。

② *Samsung Electronics Co. Ltd. v. Apple Korea Ltd.*（Dist. Ct. 2012）（韩国）。

与侵权行为存在因果关系。因此，实际损害赔偿额仅限于侵权人因专利侵权行为而获得的总利润。一旦考虑到侵权人的利润与专利侵权行为的因果关系，就不得不面临分配的难题。韩国最高法院一直在努力确定被侵权专利在数量、质量和价格方面占整个产品的比例。无论专利是否是 FRAND 承诺的专利，在多部件产品的众多专利中，很难证明其中一项专利在数量、质量和价格中所占的比例。

理论上，根据 FRAND 许可支付的许可费可能与侵犯同一专利的货币损害赔偿相同。目前关于这个问题上还没有司法判决。正如首尔中央地方法院在 *Samsung Electronics Co. Ltd. v. Apple Korea Ltd.* 案中指出的，因为大多数许可协议都必须承担保密义务，并且禁止披露其条款和条件，所以几乎不可能获得足够的出于 FRAND 动机的合理许可费数据。[1]

4. 日本

在 *Samsung v. Apple Japan* 案中，日本知识产权高等法院分析了三星公司因苹果公司涉嫌侵犯欧洲电信标准化协会 UMTS 标准中三星公司的标准必要专利而有权获得的专利侵权损害赔偿[2]。法院在判决中认为，三星公司有权向苹果公司追偿的损害赔偿仅限于 FRAND 许可费的赔偿[3]。寻求超过 FRAND 许可费的赔偿可能构成滥用权利，除非标准必要专利持有人证明实施者无意按照 FRAND 条款获得许可，在这种情况下，可能获得超过 FRAND 费率的损害赔偿。[4]

关于 FRAND 许可费的标准，法院首先确定了 UMTS 标准占侵权产品总价值的百分比[5]。然后，根据对行业惯例的分析以及当事人和其他行业参与者

---

[1] Samsung Electronics Co. Ltd. v. Apple Korea Ltd.（Dist. Ct. 2012）（韩国）。
[2] Samsung Elecs. Co. v. Apple Japan LLC（IP High Ct. 2014）（日本）（FRAND I）。
[3] 同②，124-125。
[4] 同②，123-124。
[5] 同②，132-133。

先前做出的许可费承诺,确定涵盖 UMTS 标准的全部专利适用 5% 的总许可费率。① 随后,通过将 UMTS 标准的总许可费除以由独立第三方确定 UMTS 标准的标准必要专利数量(总共 1889 项声明为标准必要专利中的 529 项),从而确定单个标准必要专利的 FRAND 许可费。②

5. 中国

迄今为止,中国法院已经对三起涉及 FRAND 承诺标准必要专利的案件做出了判决。

第一件案件是 2013 年深圳中级人民法院关于 *Huawei Tech. Co., Ltd. v. InterDigital Commc'ns, Inc.* 案的判决,③ 其中涉及 InterDigital 公司在 WCDMA、CDMA2000 和 TD-SCDMA 3G 无线通信标准中所必不可少的中国专利组合。在双方谈判失败后,华为公司对 InterDigital 公司提出了两项指控,一项是违反了中国反垄断法,另一项要求法院设定 FRAND 许可费。④ 法院判决 InterDigital 公司违反了按照 FRAND 条款许可其专利的义务,根据三星公司和苹果公司为类似许可支付给 InterDigital 公司的许可费率,涉诉专利的 FRAND 许可费率为最终产品价格的 0.019%。广东省高级人民法院在上诉中维持了这一判决。⑤

第二件案件,如第 5.3.5 节所述,在 *Iwncomm v. Sony* 案中,北京知识产权法院颁布了一项侵犯 FRAND 承诺的标准必要专利的禁令,该标准必要专利涉及与无线网络有关的中国 WAPI 标准。⑥ 此外,法院判决向标准必要专利持

---

① *Samsung Elecs. Co. v. Apple Japan LLC*(IP High Ct. 2014)(日本)(FRAND I),135-136。

② 同①,137-138。

③ *Huawei Tech. Co., Ltd. v. InterDigital Commc'ns, Inc.*(广东省高级人民法院,2013 年 10 月 28 日)(中国)。

④ 同③。

⑤ 同③。

⑥ 有关 *Xian Xidian Jietong Wireless Commc'n Co., Ltd.*(IWNComm)*v. SONY Mobile Commc'n Prods.*(*China*) *Co. Ltd.* 案的进一步讨论。(北京知识产权法院,2017 年 3 月 22 日)(中国),Bharadwaj & Verma 2017。

有人 Iwncomm 公司进行货币损害赔偿，赔偿金额为人民币 8629173 元。在货币损害赔偿问题上，据沈建中和葛轶君（译者注：沈建中、葛轶君是安理国际律师事务所的律师，二人于 2017 年 4 月发表的文章"*Iwncomm v. Sony: first SEP-based injunction granted in China*"提到如下内容）介绍：

法院完全采纳了 Iwncomm 公司的赔偿说法，理由是该发明是无线局域网安全领域的一项基本发明，而且索尼公司在谈判中存在过错。法院没有详细分析证据中的许可是否具有可参照性，只是指出这些许可的地域范围和期限表明可以参照这些许可。此外，尽管 Iwncomm 公司的四个许可全部是专利组合的许可，但法院仍判决，每件涉诉 WAPI 专利适用每个单元 1 元人民币的费率。①

随后，法院将该费率乘以侵权产品的数量，并按照《最高人民法院关于审理专利纠纷案件适用法律问题的若干规定》第 21 条允许将所得金额变为三倍。② 因此，该判决似乎并不涉及对 FRAND 许可费的司法认定，而仅仅是一项损害赔偿判决。

如前文第 5 章 5.3.5 节所述，深圳中级人民法院最近在 *Huawei v. Samsung* 案中对侵犯两项 FRAND 承诺的 4G 标准必要专利的侵权行为颁布禁令。③

---

① Shen & Ge 2017.
② 同①。
③ 截至撰写本文时，还没有 2018 年 1 月 *Huawei v. Samsung* 判决的英文译本，但法院的推理摘要可以在 Schindler 2018 中查阅。